组织与人力资源管理系列精品教材

商业伦理与企业社会责任

杨 艳 黄洁萍 邓剑伟 叶选挺 编著

电子工业出版社

Publishing House of Electronics Industry

北京·BEIJING

内 容 简 介

商业伦理是一种客观存在的现象，需要立足于大学科、大商业、大视野的角度进行全面、系统、综合的分析和思考。本书遵循问题导入—知识准备—识别问题—分析问题—实践推进的逻辑，介绍了伦理判断的理论依据和影响因素，构建了识别伦理问题的框架，并从个体、组织、社会、全球化四个层面进行了具体分析，从内部治理和外部推动角度讨论了商业伦理建设的途径。本书为人们理解和学习商业伦理提供了一个系统性框架，反映了该领域的新研究成果和前沿趋势，并致力于讲好中国故事。

本书既可作为管理类、经济类本科生、研究生以及 MBA、EMBA 等学员的教材，也可作为实际工作者和理论工作者的参考用书和培训教材。

图书在版编目（CIP）数据

商业伦理与企业社会责任 / 杨艳等编著. —北京：电子工业出版社，2023.3 （2025.12 重印）
ISBN 978-7-121-45261-1

Ⅰ. ①商…　Ⅱ. ①杨…　Ⅲ. ①商业道德②企业责任－社会责任　Ⅳ. ①F718②F272-05

中国国家版本馆 CIP 数据核字（2023）第 049407 号

责任编辑：王二华　　文字编辑：张天运
特约编辑：武　林
印　　刷：北京七彩京通数码快印有限公司
装　　订：北京七彩京通数码快印有限公司
出版发行：电子工业出版社
　　　　　北京市海淀区万寿路 173 信箱　　邮编：100036
开　　本：787×1092　1/16　　印张：16.25　字数：390 千字
版　　次：2023 年 3 月第 1 版
印　　次：2025 年 12 月第 8 次印刷
定　　价：49.00 元

前　言

作为人类社会生产实践和社会生活的客观现象,伦理的历史与人类的历史一样久远。无论是在以追求公共利益为最终目标的公共领域,还是在以追求个人利益最大化为根本目标的私人领域或市场领域,抑或是在作为传统保留地的以家庭为核心的日常生活领域,时时刻刻都在不断地产生着伦理。伦理既孕育出在人类历史长河中永绽光芒的伦理思想、观念和理论,也滋生了永远值得警惕和令人深思的伦理灾难甚至危机。正是这些伦理思想、观念和理论推动着智慧的人类不断向前,也不会失去方向。即使我们进入了一个"数字化存在"的时代,伦理仍然是也必然是我们生活的一部分,并在某些方面比以往任何时候显得更为必要。

20 世纪初,美国新闻界掀起一场揭露丑闻、呼唤正义与良心的"扒粪运动",引发了人们对商业伦理的关注。第二次世界大战以后,美国社会长期积累的问题集中爆发,一场商业伦理运动就此展开。1962 年,美国政府公布了《关于商业伦理及相应行动的声明》(*A Statement on Business Ethics and a Call for Action*),表达了政府和民众对商业伦理的关注。1964 年,《美国公民权利法案》及系列社会立法运动进一步唤起了公众的觉悟,在人们心目中,商业伦理这一概念变成了"企业的社会责任"。与此同时,商业伦理也开始成为学术界关注的话题,相关论文、著作、期刊、研究机构等纷纷出现。1974 年,美国堪萨斯大学召开了第一届商业伦理学研讨会,标志着商业伦理学作为一门学科正式诞生。

但是,理论关注和实践推动并没有带来商业伦理现状的明显改善,反而在 20 世纪90 年代末到 21 世纪初有愈演愈烈的趋势。安然、安达信、世通等知名跨国公司的商业丑闻,在世纪之交的下一个百年开始之际,将这一趋势推向了高峰。进入 21 世纪后,网络信息技术的快速更新迭代、社会运行和社会变化的加速、社会的高度复杂性和高度不确定性,对我们已拥有的社会生活和活动模式构成了极大的挑战,商业伦理问题也呈现出了"数字化"特征。至此,人工智能伦理、大数据伦理、数字伦理也迅速成为新的议题。

在万物互联的时代,商业伦理问题已经不再是"我"或"你"或"他"的事,而是"你我他"必须共同面对的行动议题。面对商业伦理问题,我们既不能独善其身,也不能随波逐流。我们必须以更加严肃的态度审视商业伦理问题,思考 21 世纪商业发展的方向,这也是人类未来发展的方向。在这百年未有之大变局中,共同面对伦理困境,寻找道德共识,包容、合作、共享,共建人类命运共同体,正是我们行动的方向和目标。

人类有史以来就始终没有中断过对商业伦理问题的关注,总会为商业行为提出一些道德规范和行为规则。例如,在古代埃及,只有把乘客安全送达彼岸以后才会收取过河费。在我国传统文化中，一直倡导"仁中取利，义内求财""利从诚中出，誉从信中来"。《孟子·滕文公上》指出："从许子之道，则市价不贰，国中无伪，虽使五尺之童适市，莫之或欺。"但是，作为一门学科，商业伦理只是近五十年的事。近年来，我国学术界根植于中国深厚的商业实践土壤，在商业伦理研究和教育领域中取得了突出成绩，出版了一大批商业伦理专著和教材。正是在这些研究成果基础上，我们基于自己对商业伦理的理解编写了这本教材。对此，做以下几点说明。

1. 关于书名

目前国内外教材呈现两个特点。一是在名称上商业伦理、企业伦理、管理伦理并列。从学科研究领域来讲，作为商业实践领域伦理问题的一般性研究，取"商业伦理"可能更为合适。"企业伦理"主体更聚焦，但会限制商业伦理研究范围，因为企业之外的其他主体也是该领域的适用主体。"管理伦理"抓住了伦理发生的动态特征，但因研究范围太宽而更像是一门管理哲学，因为商业领域之外也存在大量的管理活动。此外，从英文"business ethics"看，将"business"翻译为"商业"更贴近英文原意，也更符合中文习惯。二是企业社会责任在书名里没有体现。作为一门学科，确无必要在名称中体现"企业社会责任"一词，但是作为面向商科学生的教材，植入"企业社会责任"既是一种"高调"宣示，也是一种必然要求。伦理意味着责任，只讲伦理不谈责任有失偏颇，而很多教材几乎一半篇幅也在谈责任。国际标准化组织(ISO)在 ISO26000 指南中明确用"社会责任"代替"企业社会责任"，尽管说其根本目的是为了扩大社会责任的适用范围，但从这一替代可解读的另外一层含义是：企业社会责任不仅仅是企业的事，还涉及政府、其他社会组织和个人等。当然，企业在其社会责任建设中当仁不让地具有绝对主角地位，也是企业社会责任建设的"内因"所在，因此，将"社会责任"主体限定为"企业"是合适的，至少在目前看是这样的。基于以上考虑，本书定名为《商业伦理与企业社会责任》。

2. 关于内容

本书遵循大学科、大商业和大视野的原则。首先，商业伦理学是伦理学和管理学的交叉学科，同时也涉及哲学、法学、经济学、社会学等学科内容。本书立足从不同学科角度来思考伦理问题，并尽量反映该学科领域的新研究成果和前沿趋势。其次，商业伦理绝不仅仅是企业或公司的"专利"，需要也必须有其他主体的参与，企业社会责任的行动者是一个由多元主体构成的行动者网络，本书既强调作为个体的领导者、管理者和员工在商业伦理中的角色，也论述了政府、社会组织等在企业社会责任建设中的作用。最后，商业伦理有东西之别，但无高低好坏之分，在任何国家、任何时期都会面临不同的商业伦理问题。本书在引介国外经验的基础上，扎根于我国丰富的商业实践，大量选用了本土的案例和阅读材料，尝试用相关理论解读我国企业改革开放四十多年来所取得的成功经验、在中国情境下所贡献的"实践智慧"，试图讲好中国故事。

3．关于结构

目前商业伦理研究呈现出"百家争鸣、百花齐放"的态势，这是学术多元化的体现。但是当我们告诉学生学习最重要的结果之一是要建立起"系统"而非碎片化的知识体系时，商业伦理的系统性是什么？商业伦理是否有统一的体系和分析框架？例如，如何识别商业伦理问题，是否有分析框架？如何从人力资源、营销、会计、环境等角度进行总结，其内在逻辑性是什么？当我们识别出伦理问题后，从何思考，如何解决？如果不加分析地直接列举企业应该承担的责任，这是给其"鱼"而非授其"渔"。本书在系统性和逻辑性方面进行了一定尝试，试图为人们理解和学习商业伦理提供一个系统性框架。具体结构如下。

本书共分 8 章。第 1 章是导论，首先以案例导入，揭示为什么要关心商业伦理，商业伦理是什么，它与企业社会责任之间是什么关系。要做出合乎伦理要求的分析与判断，需要具备哪些知识，影响伦理判断的因素有哪些，是否需要遵循一定的步骤，是否有成熟的模型，这便是第 2 章的内容。

在第 3 章，分别从企业内外、人与物的角度识别出四类常见的伦理问题。企业内部与人相关的是人力资源问题，与物相关的是企业资源使用的问题；企业外部与人相关的是因产品或服务质量引起的客户信心问题，与物相关的是利益冲突问题。此外，还有些伦理问题跨越组织边界，既涉及人，也涉及物，如会计、环境、人工智能等。

识别出商业伦理问题后，要想分析问题和解决问题，可以从个体、组织、社会、国际四个层面具体入手，这构成了第 4～7 章的内容。在个体层面，主要从员工、中层管理者、高层管理者(董事、监事)以及股东角度介绍所面临的伦理问题和社会责任。在组织层面，引入利益相关者治理的分析框架，重点介绍企业作为组织对消费者、员工、投资者、合作者、竞争者及市场的责任。在社会层面，立足于企业公民视角，分别从环境、社区、政府及数字社会的角度探讨企业所面临的伦理问题和应承担的社会责任。应全球化发展的需要，企业有必要意识到商业伦理和社会责任是一个国际性议题，需要从跨文化角度去理解和应对，继而明白有哪些通用的国际规则和规范。

第 8 章讲述商业伦理和企业社会责任如何落地，这是理论走向实践的必然要求，也是学习本门课程的根本目的所在。这一章首先介绍了需要将伦理作为组织文化来建设，继而从四个环节介绍了企业内部如何实现商业伦理建设，并从法律、政府、社会等方面介绍了如何从企业外部推动企业进行伦理建设和社会责任的落地。

4．关于体例

本着"教学相长、学以致用"的原则，本书在体例上做了精心安排。全书 8 章内容基本涵盖了商业伦理与企业社会责任的主要内容。如果将伦理和责任分开论述，并从不同环节或领域分述伦理问题，那么内容会比较分散，系统性和整合性不够。本书整体结构和每章之间具有较强逻辑性，不会因内容增减而改变章数，既保证了内容的系统性和完整性，同时 8 章的安排又便于教学。目前，大多数学校本门课程的安排是 32 学时或

48 学时，本书每章内容相当，4～6 学时均比较适合。本书在每章开始，列出了本章学习目标，随后依次是开篇案例、思维导图、正文内容、本章小结、关键术语、问题讨论、案例分析。每章自成体系，可以作为专题学习。

总体来说，本书具有以下特点。

（1）课程思政引领。本着"无思政不课程"原则，全书坚持以习近平新时代中国特色社会主义思想为指导，每章都充分融入思政元素，主要包括社会主义核心价值观和我国优秀传统文化、现行法律制度和伦理道德规范、我国企业成功经验及新中国成立以来所取得的重大成就等，着力讲好中国故事，引导学生树立正确的价值观、是非观和义利观，将自身发展与国家发展和人民需要相融合。

（2）逻辑紧凑。全书逻辑顺序是：问题导入—知识准备—识别问题—分析问题（个体、组织、社会、国际）—实践推进，在第 3～7 章分别遵循是什么（提出问题）—为什么（分析问题）—怎么办（解决问题）的逻辑顺序，整体内容的逻辑相对严谨。

（3）内容全面。本书紧扣伦理与责任两个主题，强调商业伦理与企业社会责任的有机联系，既从伦理上分析是什么和为什么，又从责任角度探讨怎么办，并尽量反映学科研究前沿。

（4）体例活泼。本书既注重知识的系统性、逻辑性和严谨性，也注重实用性和趣味性，并提供了一些测评工具，介绍了一些实用技巧，还融入了学生提供的案例和讨论成果，语言风格平实，整体可读性强。

本书是团队合作的成果。首先由杨艳提供写作提纲和讲义，在大家讨论之后分工写作，按章节顺序安排如下：杨艳（第 1、2 章）、邓剑伟（第 3、4 章）、叶选挺（第 5、6 章）、黄洁萍（第 7、8 章）。最后，杨艳对全书做了统稿和定稿。参与编写的老师都是该门课程的主讲教师，可以说，本书是大家近几年从事该门课程教学的思考总结。难免有不成熟之处，欢迎大家批评指正。

写作过程中，我们参考了大量国内外学者的研究成果，并尽可能在文中一一标注，但时间和精力有限，定有遗漏，在此一并致谢。本书是北京理工大学"十四五"规划教材、北京理工大学工商管理国家级一流本科专业建设资助项目，也是北京理工大学未来管理学习研究中心系列教育教学成果之一，在出版过程中得到了北京理工大学教务部、研究生院、管理与经济学院的大力支持，在此表示感谢。感谢赵洱崟教授、刘平青教授、高昂副教授为本书提出的宝贵修改意见。感谢臧子璇、马诗敏、丁凯杰、姜汝琳等为本书写作提供的大量辅助性工作。电子工业出版社的王二华、张天运、武林编辑，为本书出版倾注了大量心血，从选题立项到统稿、编辑、出版的全过程都提供了专业指导和最大限度的关怀，在此，特别致以诚挚的谢意。

杨　艳

2022 年 9 月于北京

目　　录

第1章 导　　论

学习目标

1. 认识商业伦理存在的客观性；
2. 掌握伦理、道德、法律之间的联系与区别；
3. 了解商业伦理学的发展过程；
4. 熟悉我国传统文化与商业伦理之间的关系；
5. 理解企业社会责任的含义及结构。

开篇案例

请扫码阅读案例，思考以下问题：

1. 谁被困在系统"算法"中，到底谁有错？
2. 出现上述困境的根本原因是什么？
3. 如何思考上述困境中出现的问题？

（扫码阅读）

思维导图

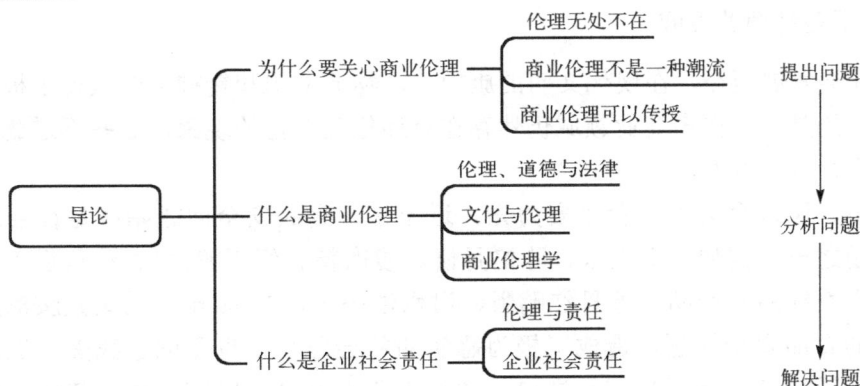

1.1 为什么要关心商业伦理

1.1.1 伦理无处不在

1. 认清道德的起源

公元前 4 世纪，古希腊哲学家亚里士多德命名了"伦理学"这个学科，并在雅典的学园里向学生们系统讲授伦理学。作为一门历史悠久的哲学社会科学，伦理学以道德为其研究对象，探寻道德的本质、范畴及其发生发展过程等。商业伦理学是管理学和伦理学的交叉学科，其内容也是以道德为研究对象的。道德是人类社会活动的一种客观现象，但在古今中外的伦理思想史上，关于道德的来源，有四种不同的认识观点：天意神启论、先天人性论(或称天赋论)、情感欲望论或自然本能论、动物本能论。①马克思唯物主义史观认为，道德作为一种社会现象，属于社会上层建筑和社会意识形态。它的产生和发展是由人类的社会物质生活条件所决定的。只有从人类的历史发展和社会实践中，从人类的社会关系和社会生活本身，才能科学地说明道德起源。

首先，劳动是人类道德起源的首要前提。劳动将人与动物区分开来，创造了人、社会和社会关系，也创造了人类社会的道德。其次，道德是适应社会关系调节需要的产物，或者说社会关系是道德产生的客观条件。最后，道德是人类自觉意识的结晶，或者说人的自觉意识的形成是道德产生的主观条件。总而言之，劳动、社会关系和自觉意识是马克思主义理解道德起源的基本视角，将道德的起源归因于其中任何一个因素都有失偏颇。道德是在劳动、社会关系、自我观念和自我意识这些因素相互作用和交互融合中产生的。

2. 认识各种商业丑闻

人类社会发展至今，在现代文明的旗帜下，物质文明和精神文明获得了极大发展，但不可忽视的是，在很多商业领域仍然存在有违伦理道德的现象。这些不道德的现象遍布于衣食住行各个方面。

俗话说，民以食为天，食以安为先。近年来，食品安全问题始终是社会最为关注的热点话题之一。例如，毒大米、陈馅月饼、瘦肉精、假"鸭血"、敌敌畏火腿、劣质奶粉、孔雀石绿的水产品、苏丹红鸭蛋、泔水油……。2008 年，三聚氰胺毒奶粉引爆了多年来的食品安全问题，造成了极为恶劣的社会影响，也重创了我国制造的商品的信誉，多个国家禁止我国乳制品进口。党的十八大以来，国家出重拳整治，食品安全问题已经得到有效遏制，但是在利益驱使下，仍有一些企业和个人铤而走险，时不时仍会爆出一些问题食品，如镉大米、僵尸肉等。食品安全问题不可忽视，食品安全工作必须常抓不懈。

---

① 《伦理学》编写组. 伦理学[M]. 北京：高等教育出版社，人民出版社，2012.

从穿的方面，要小心服装有毒。据媒体报道，在制衣过程中，一些企业会使用对身体有损害的化学物质，如甲醛、二甲基甲酰胺、直链烷基碘酸盐、萘等。这些化学物质会对人的眼睛、皮肤和皮下组织、黏膜等产生刺激，对人体造成伤害，损伤胃肠道、肝脏等，甚至引起妇女不孕症。

在住的方面，房屋质量问题成为一个绕不开的话题。2011年7月20日，郑州市"汇景嘉园"二期项目8栋安置楼，"砖还没豆腐渣结实"，不得不拆除。……这些倒塌或者被拆除的房屋，无一例外都存在建筑质量问题，在施工过程中为了节约成本而偷工减料或减少工序等。这些楼房也被戏称为"楼倒倒""楼脆脆""楼裂裂""楼薄薄"等。除此之外，还有"楼歪歪""楼靠靠"。

上面这些商业伦理问题存在于人们日常生活领域的各个方面。随着互联网技术的发展，人们交往空间不断扩大，市场经济被赋予了全新的形态，商业伦理问题也出现了新的类型和特点，如大数据伦理、人工智能伦理等。事实上，无论是在过去还是现在，在企业生产经营的各个领域、各个环节都可能会出现不道德的现象。而这些现象也不仅仅发生在我国，商业伦理问题是所有国家都会面临和客观存在的问题。21世纪初期，日本的商业丑闻遍布各行业，如东京电力故意隐瞒核电站安全隐患、日立发电设备存在重大质量问题、雪印公司销售过期乳制品、三笠食品公司售卖工业用(残余农药超标及发霉)大米等。2017年1月，东芝再次被揭虚报巨额利润，6月生产"杀人"安全气囊的高田申请破产，9月日产承认汽车出厂检验手续敷衍，10月钢铁巨鳄神户制钢(简称"神钢")造假丑闻……，"篡改文化"肆虐日本，媒体称那一年是日本制造神话破灭年。

伦理没有国界。在美国，会计、能源、金融、电信、软件等行业是爆发商业伦理丑闻的重灾区。例如，在会计行业中，曾位列全球五大会计师事务所之首的安达信会计师事务所，故意销毁为安然公司做审计时的相关文件，并为其在安然、环球电讯、奎斯特通讯和世界电信的财务审计上的漏洞辩解，后被指控犯有妨碍司法罪。2002年，安达信会计师事务所因安然事件倒闭，五大事务所变成四大事务所。即使是现存的四大事务所，也都出现过有违会计伦理的商业行为。

可以说，在任何国家、任何时间、任何领域，我们都会遇到商业伦理问题。即便是最负盛名的一些国际知名企业或跨国公司，在其发展历史上都可能出现过商业丑闻或伦理问题，即使采取了很多治理措施，也难以保证将来再也不会出现伦理问题。如何看待这些无处不在的商业丑闻，它们是否是不可避免的，原因在哪里？

3. 反思：问题出在哪里

我们从衣食住行各个方面向大家展现无处不在的商业伦理问题，并不是告诉大家这个世界不美好、不安全、不靠谱，不是让大家对这个世界和社会失去信心，而是要告诉大家，商业伦理问题离我们很近，加强商业伦理建设意义重大，我们需要去反思这些问题产生的根源，找到解决这些问题的办法。表1-1中列了10道题，大家可以测一下自己对商业活动的基本态度，①测试的目的在于让大家明白，是否有必要调整和重构自己认识商业伦理问题的分析框架和思维方式。

自我测试

表 1-1　测一下自己对商业活动的基本态度　　(扫码看结果分析)

如实回答，从 1～5 选出最代表你的态度，1 代表绝对不同意……5 代表完全同意	
1．在商业中最重要的就是财务收益	1　2　3　4　5
2．在商业活动中，伦理标准必须做出让步	1　2　3　4　5
3．一个商业人士越成功，其行为越不道德	1　2　3　4　5
4．商业与伦理价值是不相关的	1　2　3　4　5
5．商业世界有属于自己的规则	1　2　3　4　5
6．商业人士只在乎是否能够创造利润	1　2　3　4　5
7．商业就是一个有输有赢的博弈行为	1　2　3　4　5
8．在商业中，人们会不惜一切代价提升自身利益	1　2　3　4　5
9．竞争会促使商业管理者寻求不正直的方式	1　2　3　4　5
10．利润会使得管理者在伦理问题上做出妥协	1　2　3　4　5

在新制度经济学看来，企业是不完全契约的产物。企业是以盈利为目的，运用各种生产要素(土地、劳动力、资本、技术和企业家才能等)，向市场提供商品或服务的社会经济组织。那么，盈利是否是企业唯一的和最高的目的，或者进一步说，企业是否应该承担盈利之外的其他责任？有人认为，在我国，要求现阶段的企业去承担社会责任是一种奢侈，这一说法是否有道理？笔者在教学过程中的一次匿名调查发现，认为该说法有一定道理的接近六成，令人诧异的是有约 5% 的同学认为这种说法完全正确，而认为完全不正确的却不到 40%。

马克思在《资本论》中一针见血地道出了资本的本质：

资本来到世间，从头到脚，每个毛孔都滴着血和肮脏的东西。……

一有适当的利润，资本就胆大起来。如果有 10% 的利润，它就保证到处被使用；有 20% 的利润，它就活跃起来；有 50% 的利润，它就铤而走险；为了 100% 的利润，它就敢践踏一切人间法律；有 300% 的利润，它就敢犯任何罪行，甚至冒绞首的危险。如果动乱和纷争能带来利润，它就会鼓励动乱和纷争。②

如果说资本的本质是赤裸裸地逐利，那么现代企业深受资本逻辑的影响，盈利就成为企业的根本目的。当然，从根本上讲，企业作为人在社会活动中的产物，企业的本性实际上是人性的反映。在经济学中有一个著名的"斯密悖论"，深刻地反映了商业伦理冲突的人性基础。亚当·斯密在其《国富论》中提出了经济人的假设，从而将市场经济体

---

① 屈维诺，尼尔森. 商业伦理管理[M]. 7 版. 吴晓蕊，陈晶，译. 北京：电子工业出版社，2020.

② 马克思. 资本论[M]. 北京：人民出版社，2004.

系建立在理性个体追逐自我利益最大化的利己主义之上，人的利己性被广泛认可并构成了西方社会一切制度立法的基础。而在更早出版的《道德情操论》中，亚当·斯密在研究社会中存在的利他行为时提出了同情心和关心他人的观点，于是就出现了利己主义之"经济人"和利他主义之"社会人"两种截然相反的人性观。

尽管后来的学者们解释说，如果将同情心和关心他人建立在利己动机上，即同情他人和关心他人是出于个人利益的需要，这个悖论就不复存在了，但是这仅仅是解决了所谓"斯密悖论"的内在逻辑性，却并没有为市场经济中的利他行为进行充分合理的解释，反而这种将利他行为建立在利己动机上的解释更进一步夯实了非伦理行为的利己动机。从经济人假设和利己主义出发，企业败德行为的根源得到了非常有说服力的解释，概括起来有以下四点：过分追求利润最大化和股东利益最大化、信息不对称、垄断、权利和责任不对称。

4．如何思考商业伦理问题

如果说通过人们的努力可以避免上述商业伦理问题，那么解决之道在哪里，我们怎么来分析这些问题？一般来说，在思考商业伦理问题时，可以从三个层面入手，即个体、组织和社会。

作为个体，必须关心伦理。在哲学中对生命的意义进行思考时，可以"向死一问"，在伦理学中关于伦理的思考，也可以终极追问——向我一问，即如果地球上就你一个人时，会有伦理和道德吗？我们都是社会群体中的一分子，这里有我们的家人、朋友，有与我们一起构成这个社会的其他人。不管从事什么工作，不管是否在企业或在哪个企业中，首先我们都是一个人，我们必须将自己的行动融入社会，获得社会的认可和尊重，同时也必须尊重和维护其他人，这样才能构成一个完整的社会、一个和谐的共同体。这是个体作为社会人属性的必然要求，也只有每个个体都合乎伦理地参与社会生活，才会构建起一个文明的社会。因此，作为企业中的一员，在从事商业活动时，必须意识到我们自己的行动会影响哪些人，会带来哪些后果。本质上，所有商业伦理问题都是若干个体行为不断叠加的结果，而一个社会的商业伦理状况，归根结底取决于这个社会公民的基本道德素养和水准。

从组织层面看，任何一个企业都必须合乎伦理地参与商业活动。现代社会是一个高度组织化的社会，企业或公司是现代组织的重要形式，是商业活动的主要参与者，是市场经济中最活跃的主体。一方面，在商业活动中的个体，主要是以企业的员工来开展商业活动的，其行为会受到企业的文化、目标、规章制度以及上司、同事和下属等各种因素的直接影响。因此，很多情况下，商业伦理问题首先是一个组织问题，是企业以组织的形式展现出来的。另一方面，企业以组织的形式存在，目的是在市场竞争中获得更大优势。但是，企业作为社会系统中的一个子系统，必须以符合社会一般要求的行为准则进行生产经营活动，才会得到社会的承认和尊重，才能实现可持续发展。企业存在的社会意义就在于其提供的产品和服务符合社会整体利益的需要，如果损害社会整体利益、违背了社会伦理的一般要求，企业也就失去了存在的社会意义。

从社会层面看，商业伦理建设是一个需要所有行动者参与进来的系统性工程。作为构成社会文明的重要部分，商业伦理是社会一般伦理在商业活动领域中的具体体现，商业伦理问题不仅仅是商业领域中孤立存在的现象，也与这个社会息息相关。尽管说商业伦理问题与企业及其经营活动中的个体直接相关，但企业及相关个体并非真空存在，其行为深受社会习俗、传统文化、法律制度、道德观念以及社会中其他组织和个体的影响。可以说，有什么样的社会，就有什么样的商业伦理。因此，商业伦理建设，不仅是企业及其相关人员的事情，也需要社会中的其他组织如政府、行业组织、新闻媒体以及公民个人都参与进来，每一个组织和个人既不能独善其身，也不能随波逐流，都有各自的责任和义务。

1.1.2　商业伦理不是一种潮流

1. 商业伦理是一种客观现象

20 世纪 60 年代以来，随着人们对消费者权利保护的关注，商业伦理逐渐成为人们关注的社会热点话题之一。研究者们开始将商业伦理纳入研究范围，并推向课堂教学和讨论，各种学术杂志和专业出版物上关于商业伦理的内容激增，各种商业伦理学术团体开始设立，商业伦理培训项目成为企业培训的重要内容。新闻媒体秉持"扒粪运动"[①]的精神，对商业伦理过失和丑闻进行热点追踪和持续报道。政府相关部门逐步出台各种行政规制措施，加大对生产行业尤其是垄断性企业的监管。各种行业协会、教育机构、慈善机构等社会组织积极参与人权、环境等公益事业。社会公众对商业伦理和价值观的问题越来越感兴趣，积极参与讨论并落实到行动上。所有这些表明，人们对商业伦理问题越来越关注，这绝不仅仅是一种潮流。

1）个体对商业伦理的关注

作为普通个人，随着社会交往的不断扩大，人们越来越关注自身的名誉，"好事不出门，坏事传千里"，老实人吃亏不会是长期现象，良好的道德形象是个人立足于市场经济的前提和保障。作为企业的员工，尤其是新生代员工，多数是在衣食无忧、物质条件富足以及互联网快速发展的环境下成长起来的，对自由、平等、尊重和自我价值实现有更强的需求，因此他们越来越倾向于并且更忠诚于有商业伦理的企业。"如果人们认为他们在为目标更加崇高的组织工作，他们就会更加忠诚可靠，至少会更受鼓励。"[②]美国斯坦福大学曾调查了来自欧洲和北美 11 所商学院的 800 名学生。结果表明，有 94% 的学生表示会放弃经济利益去商业伦理和社会责任声誉更高的企业工作。目前，我国很多高校毕业生在就业时会签署承诺书，做出诚信就业的保证，一些医学院校的学生在毕业时承

---

① 扒粪运动，又称"揭丑运动"。19 世纪下半叶，美国经济进入前所未有的快速发展阶段，资本主义从自由竞争走向了垄断，出现了百余个经济巨头。这些经济巨头奉行所谓"只要我能发财，让公众利益见鬼去吧"的经营哲学，引起了社会公众舆论的强烈不满和抨击。从 1903 年开始，一批记者、作家开始撰文专门揭发大企业与政客相勾结、贿赂、操纵、贪污等丑闻，形成了近代美国史上著名的"扒粪运动"，这一运动持续到 20 世纪 30 年代。

② 届维诺，尼尔森. 商业伦理管理[M]. 7 版. 吴晓蕊，陈晶，译. 北京：电子工业出版社，2020.

诺"医而忘己，公而忘私，努力践行医学情怀"。在美国一些学校，毕业生自愿签署或背诵"毕业保证"，承诺找工作时会考虑该工作对社会和环境的影响，并保证努力提升所属组织对社会和环境的影响。

2) 企业对商业伦理的关注

不断在媒体出现的商业丑闻让企业首席执行官及高层对企业的形象越来越关注。有些商业问题直指企业高管群体本身，如高管的天价薪酬、掏空企业、奢侈浪费等。企业高层越来越意识到，良好的企业形象有赖于企业内部的伦理建设，或者说企业内部的商业伦理建设是提升企业形象最根本、最有效的途径。除了企业高层，企业的一般管理者们也越来越关注伦理，这是因为他们在企业中扮演着重要的人际关系角色，几乎一半的时间在处理与人有关的事务。他们经常面临的棘手问题是要处理下属的不道德行为，即防止团队中的不道德行为，如员工对企业资源的不合理使用。企业关注商业伦理，不仅仅是为了避免违法产生的成本，更重要的是有助于在社会上建立起良好的商业信用体系。可以说，企业是商业信用体系建立当仁不让的主力军。

3) 各类社会组织对商业伦理的关注

在西方，媒体被称为国家立法权、行政权、司法权之外的第四权力，承担着舆论监督的权力。越来越多的新闻媒体聚焦消费者权利保护、环境保护、员工工作条件的安全健康等，一些媒体发起、参与到受尊敬企业的评选中，这对企业名誉和形象具有十分重要的影响。某些产业组织或行业组织为了推动产业或行业内部的商业伦理行为，制定本产业或行业领域的行为规则、职业伦理规范等。例如，中国纺织工业联合会（原中国纺织工业协会）在 2005 年制定了中国纺织服装企业的社会责任管理体系，即 CSC9000T（China Social Compliance 9000 for Textile & Apparel Industry），目前已经修订到 2018 版。这一体系为我国纺织服装行业如何履行社会责任提供了明确的指引。各类社会组织对商业伦理的关注，在社会中形成了这样一种共识：在经济层面，企业必须对社会负责，否则可能遭受经济损失，丧失合法性；在伦理层面，企业对利益相关者的责任远不止经济利益的维护，否则可能遭受名誉损失，丧失合理性。

4) 政府对于商业伦理的管制

政府在社会治理中承担着"元治理"的角色，"在政策管理、制定规章制度、保障平等、防止歧视或剥削"[①]等方面具有不可替代的作用。在应对商业伦理方面，政府首要的责任就是保护消费者、劳动者以及社会其他群体和组织的利益，防止垄断企业对社会整体利益的损害。早在 19 世纪末 20 世纪初，美国就开始制定反垄断法和反托拉斯法，如《谢尔曼法》（1890）、《克莱顿法》（1914）、《联邦贸易委员会法》（1914）等，限制贸易的协议、共谋垄断或企图垄断市场、兼并、排他性规定、价格歧视、不正当的竞争或欺诈行为等。学界称美国这一时期是从镀金时代到进步时代的转变，根本原因并不在于社会生产力的快速发展和物质财富的突飞猛进，而是在政治文明领域形成了有力的行政管制，加强了对大型企业和利益集团的管理。1993 年，新中国成立不到 50 年，就通过了《中华人民共和国

---

① 奥斯本，盖布勒. 改革政府：企业精神如何改革着公共部门[M]. 周敦仁，等，译. 上海：上海译文出版社，1996.

消费者权益保护法》，2007 年通过了《中华人民共和国反垄断法》。根据国家市场监管总局的消息，2021 年上半年，国家市场监管总局累计对互联网领域 22 起违法实施经营者做出行政处罚，涉及滴滴、阿里巴巴、腾讯、苏宁、美团等多家互联网巨头，旨在保护平台经济领域有效的竞争格局，坚决向垄断企业不合规、不合法的行为说不。

从社会学的意义来讲，"伦理所带来的更加难以言传的好处就是信任"。[①]神经生物学家发现，在错综复杂的信任关系中，人的大脑能够释放出一种荷尔蒙——催产素，使人产生"合作的感觉不错"。无论是个人，还是组织，信任就像一种银行账户，具备了信任储备金，就会获得行为的灵活性和自由度，但是一旦过渡支取，灵活性就会消失，并面临被怀疑。所有市场经济中的商业体系都建立在公众信任之上，"市场经济的成功运作要求市场参与者之间的相互信任，要求对私有财产和法律原则的尊重——对此我们可以称之为'道德资本'，它是市场交换所必需的"[②]。缺少了信任，商业体系就失去了根基，而信任机制一旦被破坏，要重建商业体系就会困难重重。

2．伦理行为的客观动机

美国社会学家阿米泰·埃兹奥尼在《道德维度：迈向新经济学》一书中，通过大量事例和研究结论，揭示了人类行为存在两种不同的驱动力：追求自身利益或追求道德。[③]这表明，人在做决策时，不仅考虑自身利益，还会从道德和情感角度思考问题，人的行为是受经济和道德双重因素驱动的。

行为经济学中一个著名的实验——最后通牒博弈，揭示了人在决策和行动中存在的公平动机。

▶▶ **拓展阅读**

最后通牒博弈

A 获得了 10 张 1 美元的纸币，可自由决定给予 B 多少张纸币。如果 B 接受，那么两人各自得相应部分；如果 B 拒绝，则两人均无所获。

A 面临的最好选择是就给 B 1 美元，其余的都留给自己；而 B 最好是接受，因为有总比无好。

实验表明，实际情况是：大多数情况下 A 都选择给予 B 5 美元，平均是 4 美元；而 B 通常拒绝接受 1 美元或 2 美元。

但是，当 A 与机器或有自闭症的 C 博弈时，A 会做出最好选择。

上述实验和大家熟知的囚徒困境很类似，这一实验结果，很难从理性经济人的角度进行解释，从大多数情况的结果看，无论是做决定给予纸币的 A，还是接受纸币的 B，

① 屈维诺，尼尔森. 商业伦理管理[M]. 7 版. 吴晓蕊，陈晶，译. 北京：电子工业出版社，2020.

② 米德克罗夫特. 市场的伦理[M]. 王首贞，王巧贞，译. 上海：复旦大学出版社，2012.

③ ETZIONI A. The Moral Dimension: Toward a New Economics[M]. New York: the Free Press, 1988.

两人都受到了公平意识的驱使。但是，当 A 与机器或者有自闭症的 C 进行博弈时，A 会从理性经济人角度做出最有利于自己的决定，因为这时机器或患自闭症的 C 并不具有常人的公平意识，这就是说：大多数人在与其他人互动中都期望公平，甚至会放弃经济利益以确保公平。

美国著名政治哲学家、哈佛大学教授迈克尔·桑德尔教授在《金钱不能买什么》一书中描述了一个案例，[①]揭示了人们心目中基于公民身份的义务感的存在。

>> **拓展阅读**

《金钱不能买什么》案例节选

瑞士是一个严重依赖核能的国家，多年来一直在设法寻找一个贮存放射性核废料的地方，但很少有社区想让核废料存放在他们那里。当时，被指定可能堆放核废料的一个地方是位于瑞士中部叫作沃尔芬西斯(Wolfenschiessen)的小山村。

1993 年，在人们对这个问题进行正式公投前，一些经济学家对这个小山村的居民进行了调查，询问这些居民是否会投票赞同在他们的社区里建立一个核废料贮存点——如果瑞士国会直接决定在他们村建立核废料贮存点的话。尽管在该山村贮存核废料对居住在该地的街坊邻里来说被广泛认为是不受欢迎的，但是有超过一半(51%)的居民表示会接受这一决定。

后来，这些经济学家在他们的研究中增加了一个补偿观点，即假设瑞士国会提议在你所在的社区建立一个核废料贮存点，并每年对该社区的每位居民进行现金补偿。那么，你会支持这种做法吗？调查结果表明：小山村居民的支持率不是上升了，而是下降了。经济激励的增加，减少了一半的支持率，即从原来的51%降到了25%。

再后来，即使所提供的补偿金额高达每人8700美元(远远超过瑞士一般人的月收入)时，该山村居民的支持率还是很低。

在上述案例中，存在五种解决方案：①直接决定，不给任何补偿；②征求意见，不给任何补偿；③多方协商，给予现金补偿；④讨价还价，加大补偿金额；⑤多方协商，修建公共设施。当然每一种方案得到的支持率明显不同，这里需要关注的是：为什么更多的村民愿意无偿接受核废料的堆放，却不愿有偿接受核废料的堆放？ （扫码看结果分析）

神经科学研究表明，人的大脑中有一种特别的梭形细胞。当人们感受到不公平或者被欺骗时，这种细胞就会活跃起来，即使有些事情不牵涉到自我的利益或者说与自己无关时，人们也会正义感"爆棚"，甚至愤怒。这种细胞在人类四个月大的时候就开始出现，并随着人的道德感发展而不断增加，一个成年人有 8.2 万个这类细胞。其他动物中只有类人猿具有这种梭形细胞，大猩猩有约 1.6 万个，而黑猩猩只有不到 2000 个。[②]

① 桑德尔. 金钱不能买什么：金钱与公正的正面交锋[M]. 邓正来，译. 北京：中信出版社，2012.
② 屈维诺，尼尔森. 商业伦理管理[M]. 7版. 吴晓蕊，陈晶，译. 北京：电子工业出版社，2020.

3. 如何评判好的企业

如果说人的伦理行为是一种客观现象，那么这种伦理概念是否能应用于企业这种组织？反对的观点认为，企业不是人而是机器，将道德和伦理应用于企业是没有意义的。在市场经济中，"自由竞争、适者生存"，企业只需遵守法律就够了，在"看不见的手"的支配下，追逐利润或利益最大化会提升整个社会的最大利益。支持的观点认为，伦理规范适用于人类所有活动，企业本质上是人类行动的产物，没有商业伦理的企业也就无法生存，并且讲商业伦理与追求利润二者并不冲突。有研究表明，讲商业伦理不但不会降低利润，而且会对利润有所贡献。

在市场经济发展过程中，曾经流行过一些所谓的神话：

神话 1：企业的目的是利润最大化；

神话 2：所有者利益至上；

神话 3：只要守法就足够了；

神话 4：商业伦理与企业经营无关；

神话 5：讲商业伦理与追求利润是对立的；

神话 6：讲商业伦理是为了装饰门面；

神话 7：处理内外部关系靠的是技巧；

神话 8：人是最重要的手段；

......

无论是在欧美发达国家，还是在新兴的市场经济国家，整天都在上演这些神话。即便在我国，改革开放初期，这些思想也很有市场。随着社会主义市场经济制度的不断发展和完善，这些神话逐渐破灭，终究只是神话而已。一个好的企业，绝不能仅仅看它的规模大小、市场占有率、盈利多少，还需要考量其商业伦理文化以及履行社会责任的情况。讲商业伦理与追求利润并不冲突，具有良好商业伦理形象的企业或者说具有高度商业伦理的企业，事实上都会获得极高的利润。

许多研究表明，企业社会责任与财务业绩之间是正相关的，并且这种关系是相互的。也就是说，一个好的企业不仅在经济层面是行业佼佼者，在商业伦理层面也是业界的标杆。尽管说企业承担什么样的社会责任，与企业自身发展阶段是相关的，即在企业发展的不同阶段，其承担的社会责任有所区别。但是，社会中形成的基本共识是：一个好的企业并不仅仅是在财务、利润方面数据好看，而是通过生产和提供满足顾客需要的产品和服务，并做出对员工和社会负责任的行为，以此来获得良好的财务状况。

1.1.3　商业伦理可以传授

当我们列举商业伦理丑闻时，往往会有这样一种观点，认为这些商业丑闻和不道德的行为只是极个别人造成的，也就是说，大多数人本性是好的，而这些商业败类是害群之马，我们对此无能为力，只需要将其清除出组织即可。而伦理是个人的事，不需要对已经完成社会化的个体进行伦理教育了，即使进行伦理教育，也不会有什么效果。有人认为，人过了 10 岁，伦理就不可以教授了，或者说，如果学生没能从家庭、神父、学校那里学到伦理知识，那么商学院对此就无能为力了。情况确实如此吗？清除害群之马就能消除掉企业内部的不道德行为吗？本性很好的人是否就一定能做出符合商业伦理的道德行为？

首先，害群之马既可能是组织内部商业伦理问题的根源，也可能是组织伦理和文化塑造的结果。当然，对于那些一开始就抱着不纯的目的进入企业，借企业资源谋取个人私利，置企业利益甚至社会利益于不顾的道德败坏的害群之马，只能坚决予以清除，但是不能一清了之，还需要分析其"余毒"对组织产生的不利影响，需要向员工说明其行为为何不被接受、不能被容忍，为员工确立明确的商业伦理标准。有一些所谓的害群之马，是组织文化、价值观、考核制度、奖惩制度等因素所塑造的，是组织内部伦理的"受害者"，这时就应该对组织进行深刻反思，找出导致不道德行为的因素，重塑企业文化，消除害群之马生存的空间。总而言之，害群之马恰恰说明了需要对员工进行商业伦理教育。

其次，品行良好的人并不能保证一定能做出符合商业伦理的道德行为。如果说本性就是指人的基本个性，那么个性的形成是社会化的结果，是家庭、学校、新闻媒体和参照群体等社会化因素共同作用的结果，这一过程是缓慢的而不是一蹴而就的，并且是一个持续的过程。但是，即便是在进入企业之前已形成良好品行的人，在做决策时也可能会陷入商业伦理困境，请看下面一个小案例。[①]

思考与讨论

你是某中型组织的副总裁，该组织在生产过程中要使用化学物质。你以极大诚意雇用了一个极具实力的科学家，以确保公司的行为符合环境法和安全规章的要求。该科学家告诉你说，公司使用的一种化学物质现在还不在环保部门的核准清单里，但是研究发现这种物质是安全的，按照进程安排，三个月内会进入核准清单。不用这种化学物质，你的公司就不能生产，但是按照法律规定，除非通过官方批准，否则不能使用该物质。如果等待官方通过，就意味着停产三个月，几百名工人就会失业，公司的生存也会受到威胁。

在这种情况下，到底是遵守法律，做一个守法的好公民，还是维持企业运营，保住工人饭碗？让决策更困难的是，这种物质已经被科学证明是安全的，也仅仅需要三个月就会被批准通过。这种困境并无明确的答案，要解决这类复杂的伦理困境，需要掌握相应的专业知识和职业技能。这表明，品行良好的人并不能保证很好地面对诸如此类的具体商业伦理问题，商业伦理行为不仅仅依赖于好的本性，还需要其他引导，比如法律法规、职业准则、专业知识、伦理推理等，而商业伦理教育和培训则可以帮助我们在出现这些问题时做好充分准备。一般来说，商业伦理决策过程受个人特征、组织因素、行业/职业因素、社会因素的影响（见图 1-1），是这些因素共同作用的结果。本书将对这些因

---

① 屈维诺，尼尔森. 商业伦理管理[M]. 7 版. 吴晓蕊，陈晶，译. 北京：电子工业出版社，2020.

素进行充分说明，目的不是教给大家一目了然的结论，而是让大家在面对商业伦理困境时要明白：需要考虑哪些因素，考虑问题是否全面，决策依据是否充分。

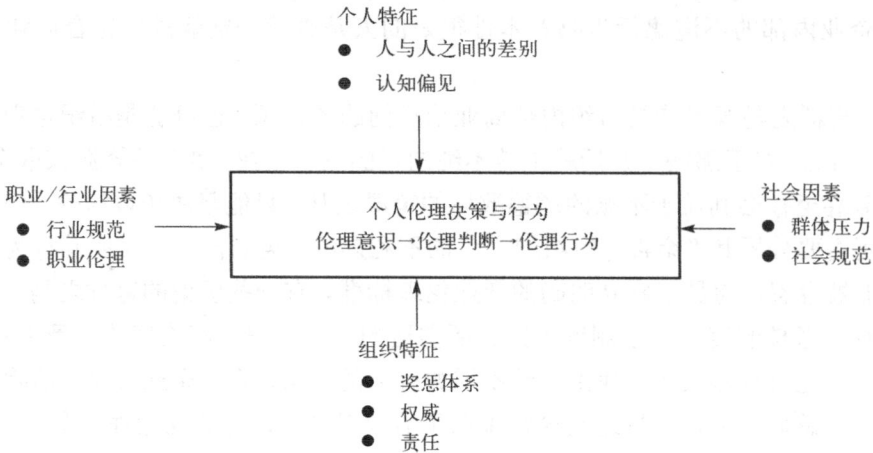

图 1-1　商业伦理决策过程

人的社会化不是阶段性的过程，人并非是在家庭、学校等组织中完成社会化后就成为一个不变的社会"成品"，这种"成品"进入社会之后仍然会继续社会化过程，也就是说，人的社会化包括伦理知识的学习是一个贯穿人生始终的持续过程，尽管这种变化可能是缓慢的和不明显的。关于人在成年后是否还可传授商业伦理知识的分歧，本质上是关于伦理、道德是"先天的本性还是后天的培养"的争论。人的行为是先天和后天因素共同作用的结果，人在进入组织之前已形成的价值观、伦理意识等"先天因素"会影响其在组织中的行为，但是也不能忽视环境因素的影响，这既包括组织内的环境因素，也包括组织外的各种社会因素，这些环境因素无时无刻不在潜移默化地影响着"先天"形成的各种观念。

1.2　什么是商业伦理

1.2.1　伦理、道德与法律

1. 伦理与道德的内涵

在古汉语中，"伦理"和"道德"常分开使用。"伦""理"二字早在《尚书》《诗经》《易经》等典籍中出现。从词源含义来看，"伦"有类别、辈分、顺序等含义，被引申为不同辈分之间、人与人之间的关系。孟子认为，人们"逸居而无教"无异于禽兽，因此必须"教以人伦：父子有亲，君臣有义，夫妇有别，长幼有序，朋友有信"（《孟子·滕文公上》）。这里，父子、君臣、长幼、朋友之间的亲、义、别、序、信是最重要的五种人伦关系。"理"，在许慎的《说文解字》中意为"理，治玉也。从玉，里声，良止切"，朱骏声《说文通训定声》中意为"顺玉之文而剖析之",具有治玉、条理、道理、治理之意。"伦理"二字连用最早出现在秦汉之际的《礼记·乐记》中,"凡音者,生于人心者也;乐者,通伦理者也"。我国古代哲学把自然观、人生观、认识论和伦理观融为一体,并常以伦理为本。延续至今,伦理一般是指人际关系事实如何的规律及其应该如何的规范。

关于道德,我国典籍中的"道",最初是指道路,后引申为原则、规范、规律、道理等。孔子说,"朝闻道,夕死可矣",这里的"道"是指做人、治国的根本原则。早在商朝的甲骨文中已有"德"字,含义甚广。西周初年的大盂鼎铭文的"德"是指"按礼法行事有所得"的意思。"德"就是对"道"的认识,践行而后有所得。许慎在《说文解字》中说,"德,外得于人,内得于己也",即所谓"德",就是指一个人在处理与他人关系时,一方面能够"以善念存诸心中,使身心互得其益",这就是"内得于己";另一方面,又能够"以善德施于他人,使众人各得其益",这就是"外得于人"。在《荀子·劝学》中,"道"与"德"开始连用,"故学至乎礼而止矣,夫是之谓道德之极"。先秦以后,"道德"逐渐有了确定的含义,意指做人的品质、精神境界和处理人际关系时应当遵守的行为规范和准则。

在英语中,"伦理"一词对应的是 ethics,该词源于拉丁文 ethica,而 ethica 又出于希腊文 ethos,意为品性、气禀及风俗与习惯。亚里士多德在《尼各马可伦理学》中进一步将 ethos 扩展和改造为 ethikos,意思是"伦理的""德行的",随后又构建了一门以伦理为研究对象的新学科的名词 ethika,即伦理学。"道德"在英文中一般对应于 morality,该词源于拉丁文 mos,其复数形式是 mores,意思是风俗、习惯以及品性、品德。后来古罗马思想家西塞罗从 mores 一词创造了一个形容词 moralis,以此来指称国家生活的道德风俗和人们的道德个性。由此可见,在西方,伦理与道德的词源含义相同,都是指人们应当如何的行为规范,外化为风俗习惯,内化为品性、品德。

2. 伦理与道德辩义

尽管西语世界中的伦理与道德含义大致相同,但德国著名的哲学家黑格尔对二者进行了明确、辩证地区分,这一区分也被广泛接受。在《法哲学原理》《哲学史讲演录》等著作中,黑格尔系统地论述了伦理与道德的区别与联系。黑格尔把人类社会中的法权、道德、伦理和国家制度及其历史视为客观精神的体现,其发展经历了抽象法—道德—伦理三个阶段。在他看来,道德是伦理发展的一个环节和必经阶段,伦理是道德发展的高级阶段,是道德活动现象、道德意识规范和道德规范现象的统一。概言之,伦理是指人类群体生活中的规范、价值观念和制度的意义,伦理的核心内容是对道德的研究。道德则是作为人的以内心、意向和良心为出发点的行为标准,是个体自由意志的内部规定。

一般来说,日常用语中不区分伦理和道德,二者基本同义,可以互换使用,尤其是在作"规范"讲时,如"伦理标准"和"道德标准"、"伦理规范"和"道德规范"、"合乎伦理"和"合乎道德"等,甚至有时连在一起成为一个词"伦理道德"。尽管如此,二者也有差异,可以说某人或其行为是"不道德的",但不能说是"不伦理的"。又如,道德可以区分为"私德"和"公德",但伦理不存在所谓的"私人伦理"和"公共伦理"。他们之间的细微区别,可概括为:道德更多用于人,源于人的内心,属于精神性原则,表现为个体的"应当",具有内在性、主观性和个体性;伦理是内在道德的外在化,属于客观行为,表现为现实的群体规范,具有外在性、客观性和群体性。[①]

3. 伦理与法律的关系

从规范的角度讲,伦理和法律都是指导、协调、规范和控制人与人、人与社会以及人与自然之间的行为准则。法律是由国家权威机关制定或认可,并依靠国家强制力保证实施的行为规范体系。伦理与法律既有联系也有区别,二者相互依赖、相辅相成。

作为行为规范,既不能以法律取代伦理,也不能主张伦理而忽视法律。西方自由主义道德哲学家、诺贝尔经济学奖获得者哈耶克曾指出,"良好的社会不是简单依赖于在政府所提供的法律框架内追求私有制,相反,它应依赖于一套复杂的法律、道义传统和行为规则的框架,这套框架的特点应该为大多数社会成员所理解和认同"[②]。也就是说,良好的社会不仅依赖于法律制度,也有赖于伦理道德。在西方学者们看来,法律本身就是一种社会秩序,是社会秩序的天然组成部分,任何一种法律秩序都有根本性的道德需求。伯尔曼指出,"法律必须被信仰,否则它将形同虚设"[③]。法律要发挥作用必须被信仰、被内化,尊法、守法、护法是公民素质不可或缺的重要内容,也是个人伦理认知的重要构成部分。

由于人类理性的有限、社会生活的纷繁复杂、语言本身的局限、规则内在的"空缺结构"以及法律普遍公正与现实不公之间的矛盾等,导致法律和实践活动之间的空间隔离,法律客观上不可能周延和完美无缺。"法律不及"正是道德与伦理存在的价值和意义,或者说道德与法律各有其发挥作用的客观空间,一方面,当然这不能成为法律不健全、执行不力的借口,另一方面也确实要看到法律的局限性,古有斯巴达社会严刑峻法仍不能江山永固,现有自诩为法治标杆的美国也存在大量的商业伦理丑闻。法律与道德本质上都是社会行为规范,只是各自表现形式和发挥作用方式不同而已,二者不可偏废。

现代文明在张扬个人权利时放大了法律的功效而弱化了伦理的作用。在黑格尔的客观精神里,抽象法、道德和伦理是从低到高依次递进的三个范畴,这就是人们常常说的"法律是最低的道德,道德是最高的法律"。将法律置于"最低道德"的定位,这是从人性恶的角度出发,基于对人的不信任所提出的"禁止"或"应当",这样一来法律实际上就以规则的形式将"不能为非"的最基本的道德予以规定下来,将人性的"恶"予以制度化。法律虽然确保了社会生活的基本有序,但法律所实现的公平只是针对"恶行"的公平,却无法最大限度地张扬人性善的光辉一面。[④]亚里士多德认为,我们的道德生活,

① 何怀宏. 伦理学是什么[M]. 北京:北京大学出版社,2002.
② 鲍曼. 道德的市场[M]. 肖君,黄承业,译. 北京:中国社会科学出版社,2003.
③ 伯尔曼. 法律与宗教[M]. 梁治平,译. 北京:生活·读书·新知三联书店,1991.
④ 杨艳. 精兵简政之道:公共行政的改革与发展[M]. 北京:中国人事出版社,2014.

不仅是一个求生存的问题，更是一个求"好的生活"的问题。如果说遵守法律就符合伦理道德，这有一个前提，那就是，法律本身是符合伦理道德的。很多情况下，法律有时被认为不够"人性化"或者有违公平正义，甚至被视为"恶法"而屡屡被突破。如果我们的社会仅仅建立在法律的基础上，那将是一个道德水平很低的社会，是一个没有人情味、没有温度的、冷冰冰的社会。请思考：

一个遵纪守法的人是否就是一个有道德的人？

在学习商业伦理课程时，必须清醒地认识到伦理与法律的关系。既然将法律视为最低道德的行为标准和行动准则，那么遵守法律就是一种道德行为，现实中合法行为与道德行为很大一部分是重合的，但也有很多被社会普遍认可和接受的行为标准并未列入法律条文中，即存在某些合法的但不道德的行为。例如，用公司电话与远在海外的女朋友聊天，这可能是合法的，但在很多企业被视为是不道德的。又如，南非的种族隔离、美国的种族歧视，在很长一段时间都是合法的，但种族隔离和种族歧视过去是、现在也是非常不道德的。请思考：

在你的工作经历中，有哪些合法但是不道德，或者符合道德但是不合法的行为？

1.2.2 文化与伦理

1. 文化与伦理的关系

文化与伦理是什么关系，进一步讲，企业文化在企业伦理中会起到什么作用？首先需要厘清文化的基本含义。在我国古代，"文化"被理解为统治者的施政方法，它是与"武功""武威"相对立的"文治"和"教化"的总称。《易经·贲卦象传》中说道，"刚柔交错，天文也；文明以止，人文也。观乎天文，以察时变；观乎人文，以化成天下"，意指用儒家的诗书礼乐来教化天下，使社会变得文明而有秩序。英文中的文化一词是 culture，源于古拉丁文 cultura，原意是指农耕及对植物的培育。文艺复兴时期(15 世纪以后)，人们将农业、手工业、商业、教育等活动归入文化范畴，以与自然存在的东西相对立，文化遂具有"教习""开化"之意。

随后，人们在生产实践中赋予了文化以丰富的内涵，至目前仍无统一定义。英国人类学家爱德华·泰勒、美国著名文化学专家克罗伯和克鲁克洪、英国文化人类学家马林诺夫斯基等学者对文化提出了颇具影响的定义(见表 1-2)。尽管这些定义存在区别，但有一点是共同的，即文化既是一种社会现象，是人们在生产实践活动中长期创造形成的产物，又是一种历史现象，社会历史的积淀物，它为人类社会所独有，是人类社会的普遍特征和表现。文化的本质与人的发展是统一的，文化的实质即人化。所谓文化，就是指人类在改造世界的活动中所体现出来的人的本质、力量、尺度及其成果，其内涵既体现在人们的活动成果和活动方式中，也体现在人们的精神生产、观念形态和思维方式中。[①]

---

① 肖前. 马克思主义哲学原理[M]. 北京：中国人民大学出版社，1994.

表 1-2　几种有代表性的文化定义

学　　者	文　化　的　含　义
爱德华·泰勒	文化是一个复杂的总体，包括知识、信仰、艺术、道德、法律风俗，以及人类在社会里所获得的一切能力与习惯（规范和精神方面）
马林诺夫斯基	文化是就那一群传统的器物、货品、技术、思想、习惯及价值而言的，包括物质（器物）文化和精神文化
克罗伯和克鲁克洪	文化包括内隐和外显的行为模式，它是构成人类群体的出色成就，包括体现于人工制品中的成就。文化的基本核心包括传统的思想观点，尤其是价值观念

伦理是文化的重要内容。文化有广义和狭义之分，广义文化是指人类在社会历史发展的实践过程中所创造的物质财富和精神财富的总和，涵盖一个国家或民族的历史、地理、风土人情、传统习俗、生活方式、文学艺术、行为规范、思维方式、价值观念等。狭义文化是指社会的意识形态及其与之相适应的组织机构、礼仪制度和行为方式等物化的精神，包括宗教、信仰、风俗习惯、道德情操、学术思想、文学艺术、科学技术以及各种制度等。伦理属于精神文化中重要内容，具有创造物、超生理性、超个人性、象征性、传递性、变迁性、民族性和阶级性等文化的基本特征，以及社会整合、社会导进、反向等文化的基本功能。

2．我国文化中的商业伦理

我国传统文化是中华民族几千年文明的结晶，受小农自然经济的生产方式所决定，以家国同构的宗法血缘关系为基础，坚决维护以皇权、神权、父权为中心的等级秩序，形成了以"礼"为主的交往规范、以崇尚和谐统一为最高价值原则、以中庸为最高道德、以人格内在修养为最高境界的文化体系。受儒家文化、道家文化、佛教文化的主要影响，伦理道德是我国传统文化的核心，是我国文化对人类文明最突出的贡献之一。

在我国的原始社会末期，已经有物物交换的原始商业行为，到了夏朝，商部落开始与其他部落进行货物交易，开创了华夏商业贸易先河，出现了职业"商人"。自此之后，经周朝、春秋战国时期，商品逐步丰富，出现了专门的市场，形成了临淄、侯马、新郑、下都、咸阳等著名都会。秦汉以后，统一货币和度量衡，进一步促进了商业的发展，都市商业和农村集市得到了极大发展和繁荣，涌现了诸如唐代的长安、宋代的杭州、明清时期的北京和南京等著名的商业贸易中心，在世界商业体系中占据重要地位，并由此形成了有中国特色的商业伦理思想。我国古代的商业伦理思想可以概括为：买卖公平、诚信无欺、信誉第一、守义谋利、礼貌待客、热情周到。

▶▶ 拓展阅读

义商典范——范蠡

范蠡（公元前 536—公元前 448 年）：春秋末期人，越之上将军。他辅佐越王励精图治，雪会稽之耻，最后终成霸业。范蠡后来功成身退，舍弃高官厚禄，不辞而别，因为他知道越王可共患难不可共欢乐，退隐才能自保。后到齐国，又辞宰相而去。最后到了当时的商业中心陶（今山东省菏泽市定陶区）定居，自称"朱公"，人们称他陶朱公。在19年内有三次赚了千金之多。但他秉持"取之于市场，用之于市场"的理念，仗义疏财，赚钱后从事各种公益事业，一生之中三次散尽家财给穷苦百姓，获得"富而行其德"的美名，成为几千年来我国商业的楷模。

尽管鸦片战争后中国沦为半殖民地半封建社会，以土地为基础的自然经济体系解体，中国经济社会出现了新的变化，出现了一批既是洋行雇员又是独立商人的买办，即替外国资本家在本国市场上服务的中间人或经理人，可以说这是早期的职业经理人。买办阶层的出现，一定程度上推动了中国的洋务运动，催生了中国的民族资本主义，涌现了以张之洞、张謇、卢作孚、范旭东等为代表的民族工商业资本家。他们大多受过良好教育，从事工商业活动不仅仅是为了盈利，更重要的是为了实现自己的理想抱负，以实业救国，振兴民族经济，挽救国家危亡。在企业经营中，他们一方面深受中国传统文化影响，一方面积极吸收西方企业的科学管理内容，形成了中国近代商业伦理思想，主要内容可概括为：维护民族利益，实业救国；坚持"义利在先""至诚待人""信誉第一""薄利多销"等商业原则；坚持仗义疏财、恤孤济贫、及时行善、造福社会等善行；以勤俭道德修养立身。[①]

1949年新中国成立后，由于长年战乱，工业基础十分薄弱，工业企业设备简陋、技术落后、工艺简单，只能生产少量的粗加工产品。在中国共产党的坚强领导下，在几乎一穷二白的基础上，经过七十多年特别是改革开放以来的发展，逐步建立起门类齐全的现代工业体系，实现了由小到大、由弱到强的历史大跨越，使我国由一个贫穷落后的农业国成长为世界第一工业制造大国。党的十八大以来，以习近平同志为核心的党中央高瞻远瞩，提出一系列治国理政新理念、新思想、新战略，工业制造加快向高质量发展推进。[②]在这一过程中，涌现出了一大批优秀企业和企业家，在"引进来"和"走出去"的过程中，立足于中国传统文化，充分吸收西方文化中的合理成分，形成了符合社会主义市场经济本质要求的商业伦理思想，主要体现为：坚持义利统一，奉行取利以义、见利思义；将信誉视为企业生命；提供优质产品和服务；促进社会进步，履行社会责任。

>> **拓展阅读**

"四个不能忘记"的人

新中国成立初期，毛泽东在谈到中国工业发展时，曾说过有四个人不能忘记：讲到重工业，不能忘记张之洞；讲到轻工业，不能忘记张謇；讲到化学工业，不能忘记范旭东；讲到交通运输业，不能忘记卢作孚。

（扫码阅读）

---

① 章金萍. 商业文化伦理[M]. 2 版. 北京：中国人民大学出版社，2017.
② 国家统计局. 工业经济跨越发展 制造大国屹立东方——新中国成立 70 周年经济社会发展成就系列报告之三[EB/OL].
http://www.stats.gov.cn/tjsj/zxfb/201907/t20190710_1675173.htm.

3．西方文化中的商业伦理

从历史发展来看，西方主要源于狩猎民族和社会，而东方主要源于农业民族与社会，因此，不同的地理环境及社会生活实践方式造就了两种文化之间的差异。东方文化一直对自然心存敬畏，主张人与自然的和谐统一，并由此形成了一系列符合农业社会发展的文化传统。总体而言，西方文化在对待人类与自然的关系上主张人类中心主义，强调人对自然的进取、征服，这是西方文化的世界观基础，并在此基础上形成了个人主义、自由主义、理性主义、功利主义等独具特色的文化传统，成为其社会生活实践的指导原则和基本理念。首先，西方文化在处理人与社会的关系上，主张个人主义与自由主义。文艺复兴以来对个体理性的张扬、自然权利的自由主义运动以及对政府限权的宪政运动将个人置于社会之上，既强调个人的主观能动性，又将自我价值的实现视为一切行为的目的。其次，对科学和理性的崇拜产生理性主义，相信科学和技术是解决一切问题最好的办法，进而形成对规则及客观规律的追求，建立并信赖法律制度与规范。最后，社会生活中，功利主义成为一切行为的指导原则，强调理性的计算，注重效率与实用。

西方文化强调个体，起源于古希腊、罗马帝国、基督教传统，主要包括欧洲文化(古希腊、希伯来、古罗马文化)、美国文化等。古希腊和古罗马文化强调个人利益、个人价值、现实幸福和理性自律，主张以道德规范商业活动，反对无限度的谋利交换，其商业伦理思想主要包括：崇尚、赞美劳动，信奉勤劳致富；财富的获得要符合道德；重视商业行为中的奉法精神。在中世纪时期，古希腊的分配公正、交换公正以及诚实、勤劳、节俭等商业伦理观念被保留和传承下来，同时在新教改革过程中，这些观念被普遍化、戒律化，尤其是在以新教改革领袖加尔文和著名社会学家马克斯·韦伯等学者的努力下，劳动成为一种神圣的天职，即辛勤劳动、发财致富被视为是世人向上帝证明是其合格子民的光荣职业，从事商业活动不再是低贱的行为，积累财富被赋予神圣的宗教意义，由此奠定了现代西方市场经济中基本的经济伦理思想。

随着自然经济走向商品经济，经济人假设观、功利主义等思想登堂入室，成为支撑西方经济社会运行和发展的基本理念。尽管说近代西方商业伦理思想仍然强调节俭、公正、诚信等，但其核心是强调个人价值实现，崇尚开拓和竞争，讲求理性和实用，本质上是个人中心主义：个人至上、追求个人利益和个人享受，强调通过个人奋斗、个人自我设计，追求个人价值的最终实现。受经济全球化浪潮的影响，以及人们对人与自然、社会关系的重新认识和定位，西方商业伦理思想出现了一些新动态，比如：痴迷于创新；视利润为未来的利息，追求可持续发展；重视竞争更强调合作双赢；强化企业社会责任意识等。[①]

4．企业文化与商业伦理

如果把企业文化理解为"所有企业实践的总和"，即企业所有活动中形成的有形

---

① 章金萍. 商业文化伦理[M]. 2版. 北京：中国人民大学出版社，2017.

产物和无形产物的综合，那么商业伦理观念是企业文化的重要构成内容，企业文化又会在商业伦理决策和行动中发挥着重要作用。美国著名管理学者罗宾斯认为，文化是一种知觉，这种知觉存在于组织中而不是个人中。人并非是在真空中进行决策的，会受到组织的影响而做出正确或错误的决策。就企业而言，企业中的个人决策会受到企业文化的影响和限制。无论是大型企业还是中小型企业，都会存在企业文化，这些被所有员工所分享的信仰、价值、期望、意义等，会影响和指导企业员工的思考和行为模式。

在企业伦理决策中，当法律失灵时，企业文化就可能成为决定因素。如前所述，法律并非无所不包、完美无缺，很多法律条文因过于原则而导致很模糊，不能对商业伦理决策进行明确的指导，这时就需要发挥企业文化的作用。无论是以企业制度、行为准则、使命愿景、绩效奖惩等为主的正式文化，还是以日常规范、语言、故事等为主的非正式文化，都会在一定程度上鼓励或压制员工进行有责任的商业伦理决策。

企业文化决定了企业行为的道德底线。当商业伦理准则成为企业文化的核心时，就构成了商业伦理型文化。一个"伦理性的企业必须寻找合适的方式来鼓励并允许企业进行有责任的伦理决策"[①]，即通过培训、授权、采用伦理语言等方式在企业中形成一种商业伦理氛围，鼓励员工在做决策时进行充分的商业伦理考量而非仅仅是注重成本效益分析。这样一种商业伦理文化，对于能否守住企业的道德底线具有直接的和实际的影响，员工明确知道什么是坚决不能做的。当然，创造和维护伦理型文化的责任就落到了企业领导者身上。

企业文化会塑造员工个人的习惯和品质。尽管说个人尤其是那些魅力型领导可能会塑造组织，但组织塑造个人是确定无疑的。根据社会化理论，人的社会化因素除家庭、学校、舆论媒体等之外，个人所在的组织也是重要的社会化因素。在工作场所中，人们迅速学习企业所期望和认为合适的行为，了解企业的制度和行为规范，进而养成一定的习惯，形成一定的是非善恶观念。当我们观察身边那些在某一企业或组织中服务超过二三十年乃至更长时间的人，其态度、价值观、期望、心态和习惯，甚至语言都会深深地留有企业或组织的烙印。

1.2.3 商业伦理学

1. 商业伦理学的兴起及发展

阿奇·B.卡罗尔认为，人们对商业伦理的兴趣是由重大丑闻曝光引发的。事实上，人类自有史以来就始终没有中断对商业伦理问题的关注，商业伦理学的历史至少和商业本身一样悠久，在《周礼·地官司徒》中记载，"胥师各掌其次之政令，而平其货贿，宪刑禁焉，察其诈伪、饰行儥慝者而诛罚之"，即掌管市场物价的官员一旦发现有诈骗或以劣货冒充好货的就加以处罚。当然，现代意义上的商业伦理学起源于工业革命时期，此

---

① 哈特曼，德斯贾丁斯，苏勇，等. 企业伦理学[M]. 北京：机械工业出版社，2011.

时个人、公司甚至整个社会经济系统都置于商业伦理学的倡导者和批评家之类的监视下，20 世纪下半叶所发生的一些社会事件和商业丑闻又掀起了商业伦理学的新高潮，为商业伦理学成为一门学科奠定了基础。

20 世纪 60 年代，美国在第二次世界大战后长期积累的社会问题集中爆发，反传统文化、反越战以及生态失衡、环境污染、欺诈交易、垄断价格、消费者权益保护等运动，引起了社会各界的强烈关注。人们开始关心公司应如何对待种族和性别的歧视、空气和水的污染、工厂关闭以及雇员权力等问题，一场商业伦理运动就此展开。1961 年，鲍姆哈特（Baumhart）在其著作中最早对商业伦理展开综合性研究，探讨"商业人员如何才能做到符合伦理"。1962 年，美国政府公布了《关于商业伦理及相应行动的声明》（*A Statement on Business Ethics and a Call for Action*），明确将商业和伦理联系起来，表达了政府和民众对商业伦理的关注。1964 年，《美国公民权利法案》（*U.S. Civil Rights Act*）及后来的系列社会立法运动进一步唤起了公众的觉悟，人们越来越关注那些影响雇员、环境和社会的重大问题，在人们心目中，商业伦理这一概念变成了"企业的社会责任"，标志着公众注意力已经从管理者个人的伦理转移到企业的整体责任上来。[①]

20 世纪 70 年代，随着"水门事件"以及诸如洛克希德事件等向国外官员提供回扣、行贿等现象的发酵，人们又开始思考，究竟是谁授意下属从事明显违背法律和伦理的勾当，公共机构和大型企业中的个人责任又成为公众关注的焦点。1974 年，堪萨斯大学哲学系和商学院的一些教授们倡导并召开了第一届全美商业伦理研讨会，商业伦理（Business Ethics）这一概念随之被确定下来，这也被认为是商业伦理学作为一门学科成立的标志。越来越多的美国高校在本科生及研究生的课程中开设商业伦理学课程，截至 1975 年，全美高校中开设的商业伦理相关课程就已达 550 多门。

到了 20 世纪 80 年代，内幕交易和企业兼并与收购这两种新生事物，进一步拓展了商业伦理学研究的议题和内容，即不能仅就企业而论商业伦理，政府及其他组织也是企业社会责任应该涵盖的范围，企业与社会，甚至公共政策都被纳入商业伦理学的范畴。1980 年，美国商业伦理学会（Society for Business Ethics）成立，明确了企业社会责任不仅是个人的，也是社会的，企业、政府、各种社会组织都不能置身事外。在学术领域，除以商业伦理为主题的专著、教材和案例集大量出版外，专门面向商业伦理的一批杂志和研究机构也纷纷成立，商业伦理研究进入高速发展时期。

与此同时，商业伦理学出现了国际化趋势，尤其是在欧洲，来自哲学和商学院系的学者们纷纷开始建立自己的思想体系，其研究方法具有强烈的哲学色彩，并对美国经济决策中盛行的道德个人主义提出了质疑，相对而言更加关注每个相关者的长远利益。欧洲学者为此组建了一个固定的学术团体——欧洲商业伦理联盟（European Business Ethics Network，EBEN）。1988 年，美国商业伦理学领域中的重要学者理查德·T.乔治提议，成立了商业伦理学研究的全球性学术组织——国际企业、经济学和伦理学学会

---

① 沃海恩，弗里曼. 布莱克韦尔商业伦理学百科辞典[M]. 刘宝成，译. 北京：对外经济贸易大学出版社，2002.

（International Society of Business，Economics，and Ethics，ISBEE），从 1996 年开始，每四年围绕一个主题举行一次大会，其中第六届大会于 2016 年 7 月 13 日在我国上海举行，主题是"企业和经济发展中的伦理、创新和福祉"。

在我国社会主义市场经济体制建立的过程中，诚实劳动、合法经营、信誉第一、质量优先等原则和精神一直贯穿于商业活动中。从 20 世纪 90 年代末期开始，商业伦理开始成为企业经营和企业治理的明确议题。1997 年 5 月，合肥荣事达集团在北京公布《荣事达企业竞争自律宣言》，明确提出践行"相互尊重、互相平等、互利互惠、共同发展、诚信至上、文明经营、以义生利、以德兴企"的"和商"理念，被列为当年全国十大经济新闻之一。1999 年 7 月 15 日，我国 33 位非公有制经济代表在人民大会堂发布《信誉宣言》：在社会主义市场经济活动的各个环节中，从自己做起，带头做到守信用、讲信誉、重信义；做到爱国敬业、照章纳税、关心职工；做到重质量、树品牌、守合同、重服务。2006 年 12 月，在中国高等院校试办 MBA 教育 15 周年之际，全国 MBA 教育指导委员会发表《中国 MBA 教育西湖宣言》，倡导将商业伦理与社会责任融入 MBA 教育全过程，标志着商业伦理学正式进入我国高等教育人才培养的课程体系。

2．作为一门学科

商业伦理学是伦理学和管理学的交叉学科。一般来说，伦理学分为一般伦理学和应用伦理学，其中一般伦理学又分为描述伦理学、规范伦理学和元伦理学；应用伦理学主要是指将一般伦理研究结论和成果运用于具体专业领域所形成的伦理学，如医学伦理学、环境伦理学或生态伦理学、工程伦理学、政治伦理学、家庭伦理学等。

按此角度分类，商业伦理学属于应用伦理学，是关于商业活动道德研究的伦理学，是一般伦理学研究成果在商业领域中的应用和反映。因此，有必要简单介绍下一般伦理学的内容（见图 1-2）。

（1）描述伦理学，目的是对社会所拥有的全部道德准则、标准和价值进行客观展示，对所有伦理现象进行事实性描述，包括人们对于善恶的不同理解以及何谓对与错、何谓负责任的与不负责任的、何谓可接受的与不可接受的看法与判断，这些现象在不同历史时期、不同社会人群中可能有不同的伦理判断甚至是矛盾的。例如，对于奴隶、妇女或外国人的排斥和歧视，在古希腊城邦制时期甚至当今的某些国家或地方仍是被广泛认可的，但在当今很多国家已被视为是不合法也不道德的。描述伦理学不会对这些行为和现象给出明确的伦理判断，只是对个体或团体的价值观进行经验性的、中性的描述和记录。

（2）规范伦理学，以描述伦理学为基础，主要用哲学思辨的方法，致力于对某个特定社会或社会总体的道德进行解释和论证，揭示、发展和证明指导人们行为的基本道德原则。因此，规范伦理学不但会明确提出什么是道德的，即对善恶、美丑、对错进行判定，还会去证明为什么，进而指出应该怎么做，具有很强的可操作性和应用价值。规范伦理学会列出指导人们日常行为的道德清单：避免伤害他人、尊重他人权利（要公平、公正）、不撒谎或欺骗（要诚实）、信守诺言和约定（要讲信义）、遵守法律……

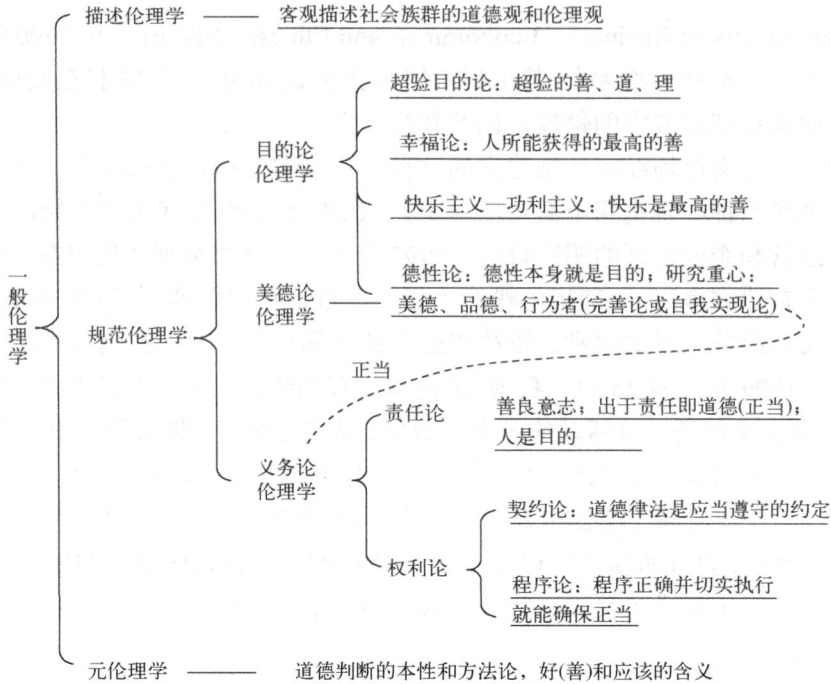

图 1-2 一般伦理学的知识体系

规范伦理学的理论流派包括目的论伦理学、义务论伦理学、美德论伦理学等。概括地讲，目的论伦理学先后经历了超验目的论、幸福论、快乐主义的发展阶段，其中功利主义是快乐主义近晚时的一种形式，而美德论或德性论是最早产生的一种目的论伦理学，后来逐渐发展成为与目的论和义务论相并列的规范伦理学流派。从美德伦理学中逐步分离出的正当概念，经康德开始，成为义务论伦理学的核心范畴，正是基于对正当的不同理解，在义务论中又形成了责任论和权利论两脉。①

(3)元伦理学，以描述伦理学和规范伦理学为基础，旨在探讨道德判断的本性和方法论，以逻辑和语言学的方法分析道德概念或道德术语的含义、道德判断的性质和意义、道德推理的逻辑过程、社会现象或日常生活行为背后隐藏的假设等，也称为分析伦理学。仅仅说一个公司赞成回扣和贿赂或者说不赞成工作歧视，这是描述伦理学，如果接下来对此行为做出对错的判断并提出"对或错"的标准，这是规范伦理学，如果质疑这种对错判断是否有意义、是否客观或者分析对错的含义，这是元伦理学。

商业伦理学的产生是工商管理学科不断发展的产物，也是工商管理学科走向成熟的重要标志。德·乔治认为，商业伦理学从四个层面研究商业伦理：一是宏观层面的经济制度研究，即对经济制度以及这种制度可能存在的替代品或修正版做出道德评判；二是中观层面的企业行为研究，同时包括对工会、消费者行为等方面的研究；三是对经济和商业活动中的个人及其行为进行道德评价，个人包括所有者、管理者、员工和顾客等；

---

① 廖申白. 对伦理学历史演变轨迹的一种概述[J]. 道德与文明，2007(1)(2).

四是对全球化和国际化过程中企业经营行为的研究，包括跨国公司的行为和贸易条件，商品和工作的分布，自然资源的使用、滥用和耗竭，企业经营活动对全球环境变化及人类影响等。[①]

目前，商业伦理学作为一门学科，其内容体系还没有统一框架，国内各种教材和不同高校的授课内容，可谓是百家争鸣、百家齐放。全国 MBA 教育指导委员会将该门课程的内容分为四大模块：商业伦理基础、企业社会责任、商业伦理决策分析、商业伦理建设，既提出了该门课程的基本内容框架，也给本门课程的教学和研究留足了空间，具有很强的指导意义。

商业伦理学是研究商业领域中的伦理关系和道德现象的学科，通过对商业活动中各利益相关者之间的关系和行为进行伦理分析与道德判断，给出社会所认可的替代性解决方案和规范性建议。尽管商业伦理学能够证明不道德的企业行为为什么不道德，并指出取代这种不道德行为的可能选择是什么，但并不能使企业和企业中的个人更道德，不能改善任何人的道德水平，本质上这取决于学习者本人。作为一门学科，商业伦理学的目的是通过理论阐述、案例分析，帮助人们：①认识道德问题——提高道德敏感性；②发展道德想象力——唤醒道德意识；③提高分析和判断技能——培养审慎思考能力；④求同存异——发现共同道德基础；⑤影响决策和行为——促进良好道德风气。

3．商业伦理的前提、定义和特征

商业伦理的前提有两个：一是作为社会现象产生的客观前提（见图 1-3），二是作为一门学科产生的理论前提。商业伦理是人类活动的产物，是管理活动和伦理活动相互联系和有机统一的客观要求，根本上是由人的欲望的无限性和人所拥有的资源的有限性之间的矛盾所决定的。

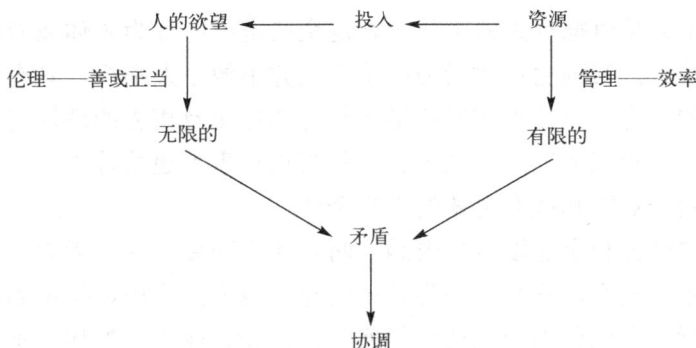

图 1-3　商业伦理的客观前提

一方面，资源是有限的，这就要求管理活动必须遵循效率要求，将有限的资源配置到最需要的地方，继而获得效益的最大化。另一方面，人的欲望是无限的，由于资源有限性的客观限制，人的欲望不可能得到无限地满足，因此伦理活动就必须区分人的欲望

① 乔治. 企业伦理学[M]. 7 版. 王漫天，唐爱军，译. 北京：机械工业出版社，2012.

的正当性与合理性，使有限的资源得到合理的、正当的使用，公平公正地满足所有人的需要。在此意义上，管理活动与伦理活动并不冲突，"效率"也是一种"善"或"正当"，管理着重于作为一种"善"的"效率"，而商业伦理则偏重于作为另一种"善"的"公平"，以及效率与公平的关系。当我们说商业伦理是一种客观现象时，其根本原因在于这是管理活动的效率要求和伦理活动的善或正当性要求共同作用的产物，是人的欲望的无限性和资源的有限性之间的矛盾所决定的。

作为一门学科的研究主题，商业伦理存在的前提是企业的本质假设以及企业活动与伦理的关系。请结合前面的论述，继续思考：道德概念能够应用于企业这种组织吗？

有观点认为：企业就像自然人一样，是一个能够拥有道德权利和义务，并且能够为自身行为负责的代理人。

还有观点认为：只有人类才能具备道德品质，说企业"在道德上负有责任"或者说企业有"道德义务"是没有意义的，因为它们不像人，而更像机器，其成员必须遵从与道德无关的正式规范。[①]

进一步讲，在商业领域中，是否应该存在商业伦理，是否需要讲商业伦理，也存在支持和反对两种截然相反的观点。如何看待这些观点？

反对的观点：在完全竞争市场中，追求利润本身会确保最大的社会利益，因此不需要商业伦理；企业经理最重要的义务是对企业忠诚，因此可以忽视伦理；只要企业遵守法律就够了，合法性的行为必然合乎伦理。

支持的观点：伦理应该管理所有自发的人类活动，而商业正是一种自发的人类活动；没有伦理，商业将难以存续；伦理与追求利润一致，通常伦理不会降低利润，反而对利润有所贡献。[②]

毫无疑问，个人是道德行为的主体，否定企业是道德行为主体或者说不能将道德概念应用于企业的观点，其理由可概括为：①企业并不像个人那样，具有承担道德责任所需要的自觉自愿的能力，企业没有实施道德行为的意愿及相应的理性能力；②将道德赋予企业这一组织会忽视或放弃谴责或惩罚那些真正从事不道德行为的个体；③让企业承担道德责任会殃及企业中那些有道德的无辜个体。

赋予企业中的个体和企业以道德内涵，两者并不冲突。这是因为：①企业并非是企业中所有个体的单纯集合，它具有作为整体的超然地位，这种地位得到法律的认可，进而其作为整体的行为不能归因于企业中任何个体；②企业作为整体，不仅需要承担道德责任，也会承担经济和法律等其他责任，这些责任是不可分割的；③从事不道德行为的个体所需要承担的责任并不能免除企业的责任，个体行为往往受企业文化、战略、目标、权威、责任机制等方面的影响；④殃及无辜的担心是不恰当地将企业和员工进行了绑架，道德个体无须为企业不道德行为承担个人责任，而作为企业雇员有义务承担企业整体行

---

① 贝拉斯克斯. 商业伦理：概念与案例[M]. 8 版. 刘刚，张冷然，程熙镕，译. 北京：中国人民大学出版社，2020.
② 同①.

为的不良后果，更重要的是，企业是个体社会化的重要场所之一，赋予企业道德地位有利于鼓励个体与不道德行为做斗争，形成良好的企业道德风尚。总而言之，企业本质上是经济人和道德人的统一，是经济实体和伦理实体的统一，企业经营活动既要遵守法律要求，也要遵循伦理规范。企业的道德本质假设是商业伦理作为学科存在的前提。

商业伦理是以协调和规范商业领域中个人、企业及其他组织、社会之间的关系为核心的商业行为准则和规范系统。具体而言：①商业伦理是关于企业、公司等商业组织及其成员行为的规范；②商业伦理是关于商业活动善与恶、应该与不应该的判断过程及判断理由；③商业伦理是关于处理商业组织与其员工、消费者、各类组织、社会、环境等利益相关者关系的规范；④商业伦理体现为一定的规范体系，体现为商业道德、伦理观念、良心、责任、信任、人格、行为准则等，因此商业伦理主要是通过社会舆论、内部规范和内心信念来起作用的；⑤作为一种伦理规范体系，商业伦理对于商业从业人员具有导向、规范、调整等作用。

4. 商业伦理行为

人的行为是受其动机意识支配并具有目的性的行为，或者说人的行为具有明确的目的，在实现目的的过程中如何选择手段则受其动机意识的支配。从行为结果来看，这种行为会对自己或他人产生一定的影响，这时可以对这种行为进行道德上的评价，或者说这种行为具有伦理的意义了。所谓伦理行为，就是指受利、害、己、他意识支配的行为。受利他、利己意识支配的行为，符合道德目的，具有正道德价值，是"道德的行为"；受害他、害己意识支配的行为，违背道德目的，具有负道德价值，是"不道德行为"。[①]在商业伦理分析中，这里的"己"可以是个体、企业或某个组织、群体，"他"可以是"己"之外的所有利益相关者，如消费者、投资者、竞争者以及行业组织、产业、政府等，乃至整个社会和地球。

在商业伦理课程中，商业伦理行为可以简单地定义为：符合社会普遍认同之原则、规章和商业标准的行为。这些原则、规章和标准散见于各种法律条文、国际贸易协定、行业规则甚至于公司守则中。在任何社会，诚实、公平和守信都是人际交往和商业活动中最基本的道德原则。

1.3　什么是企业社会责任

1.3.1　伦理与责任

1. 责任的内涵

美国著名管理学者彼得·德鲁克（Peter F. Drucker）指出，我们正在从一个基于资本、土地和劳动力的社会，转向一个以知识为主要资源、以组织为基本结构的社会。

[①] 王海明. 新伦理学[M]. 北京：商务印书馆，2008.

在这一社会中，"构建社会与组织的原理一定是责任"，或者说"这种组织社会或知识社会，要求组织必须以责任为基础"。①随着人类社会越来越网络化、信息化、符号化和匿名化，责任既是包括企业在内的各种组织的基础，也是个人行动的基本准则。到底何谓责任？

汉语中，责任与"分"相关，含义有二：一是分内应做之事；二是未做好分内之事而应受的谴责和制裁。所谓"分"，意味着责任是与责任主体的社会角色相联系的，是社会对行为不符合"分"的社会成员所给予的谴责和制裁。这样一来，责任就往往与错误相联系，即因错误言行进而带来错误的结果承担惩罚性的后果，因此人们的焦点就在于谁应该为错误负责。

责任与义务是既相互联系又相互区别的概念。责任往往与社会角色相联系，被看作人的外在规定，常与职务相关，强调必须性、法规性和强制性。义务常与权利相联系，被看作人的内在规定，与职务无关，更强调应该性、道德性和教育性。但是，本质上，责任与义务是统一的，都是人与他人、社会之间的一种关系，归根结底是人与人之间的一种关系。

在西方，责任一词最先出现在 1787 年的英语和法语中，最初被用来指美法革命中出现的政治体制，后被引申为界定共同价值标准的概念，对行为进行评价。英语中责任概念对应的词汇有 responsibility、accountability、answerability、liability 等，在商业伦理学中用到最多的是 responsibility。根据《麦克米伦高阶美语词典》，responsibility 是指一个人对其工作职位和行为所必须承担的正式责任。

在《布莱克维尔商业伦理学百科全书》中，responsibility 被区分为因果责任和个人责任。所谓因果责任，是指一事物(对象、状态或事件)与另一事物之间的前因后果关系，如安迪饮酒对其醉酒状态负有责任。个人责任又包括预期责任和溯往责任。其中，预期责任是基于职责或义务所规定而产生的以保证其发生或实现的责任，是一种应然状态中的责任，如安迪负有保持清醒的责任；溯往责任是指因已发生的事情而受到相应的评价或对待的责任，这是一种基于结果所产生的责任，如安迪因醉酒这一已发生的行为而受到责备(不利的社会评价)和罚款或处罚(一种不利的待遇)，除了受责备和惩罚的消极责任，溯往责任也可能是受表扬、认可和奖励的积极责任。因果责任、预期责任和溯往责任是相互联系的，但不能混为一谈，如某人有可能对某事负有因果责任却并不负有溯往责任(孩子打翻了牛奶可能并没有因此而受到责备)，同时某人未能尽到预期责任也有可能不用承担溯往责任(一个人可能为做错的事情找到合理的借口)。②

综上，责任主要有两层含义：一是基于职责和义务产生的责任，是一种应然状态中的责任；二是因未履行好职责或承担义务而产生的责任，这是一种实然状态中的责任，可能是消极的，也可能是积极的。

---

① 德鲁克. 后资本主义[M]. 台北：五南图书出版有限公司，1993.
② 沃海恩，弗里曼. 布莱克韦尔商业伦理学百科辞典[M]. 刘宝成，译. 北京：对外经济贸易大学出版社，2002.

2. 伦理与责任密不可分

人在本质上是社会关系的总和，脱离了组织和社会身份，对于单纯的自然个体，责任没有任何意义。在自然个体走向社会化的过程中，社会文化、价值观念包括责任这种外部性规定会内化到责任主体内心和价值观念中。在此意义上，责任不仅仅是一种纯粹的外部性设置，还必须经过内化，转化成责任主体的信念才能得到切实地履行。如果责任没有得到内化，没有转化为人的内心价值与信念，就不会转化为负责任的行动。

因此，责任不仅仅是一个外部性规定，还与人的信念紧密联系在一起，是一种个体的道德自觉。可以说，外部性规定所确立的责任，是一个最低限度的责任，是为了抑制人性中恶的一面所做出的形式上的规定，这对于张扬人性中善的一面来说，其发挥的作用是有限的，甚至会把所有人都拉到使他们满足于履行最低限度责任的状态中来，以致整个组织体系中都不再有任何履行责任的主动性。因此，责任要完整地发挥作用，必须从外部规定转化为内在的价值信念和责任意识，这一过程就是伦理自主性的养成。

伦理与责任相互联系，密不可分。首先，概念上二者互为包含。伦理内涵责任，伦理作为处理人际关系的规范，内含人与人之间相处应负有的责任。责任体现伦理：责任是最具有道德强制力和道德理性的道德规范，是社会道德要求和个人道德信念的高度统一；责任是最高层次的道德规范，道德责任是伦理学的核心问题。责任内含伦理又是一种伦理，即责任伦理，责任信念和责任意识成为伦理的核心内容，责任伦理成为超越传统伦理的一种新的伦理诉求。其次，伦理和责任在实践中逐步融合，伦理道德走向责任实施，责任实践突出伦理要求，伦理责任成为与经济责任、法律责任等相并列的重要责任类型。

商业伦理所要解决的实质问题，就是要明确企业作为经济实体和伦理实体在经营管理活动中如何处理与利益相关者之间的利益关系，关键是各自的权利和责任。[①]

1.3.2 企业社会责任

1. 企业社会责任的起源与发展

学术界关于企业社会责任（Corporate Social Responsibility，CSR）的研究由来已久。早在 1916 年，芝加哥大学莫里斯·克拉克指出，迄今为止，人们并没有认识到社会责任中很大一部分是企业的责任，"我们需要有责任感的经济，并且这种责任感要在我们工作的商业伦理中得到发展和体现"[②]。

一般认为，企业社会责任的概念是由谢尔顿（Oliver Sheldon）在 1923 年出版的《管理哲学》中最早提出的，他认为企业经营者满足产业内外各种人类需求的责任就是一种社会责任，企业社会责任包括了道德因素。[③]1953 年，鲍恩（Howard R. Bowen）出版的《商人的社会责任》被认为是开创了企业社会责任研究的先河，其核心观点是：商人有义务

① 赵斌. 企业伦理与社会责任[M]. 北京：机械工业出版社，2021.
② 沈洪涛，沈艺峰. 公司社会责任思想起源与演变[M]. 上海：上海人民出版社，2007.
③ 张彦宁，陈兰通. 2007 中国企业社会责任发展报告[M]. 北京：中国电力出版社，2008.

按照社会所期望的目标和价值来制定政策、进行决策或采取某些行动。这之后，很多学者、研究机构和国际组织对企业社会责任的概念、内容结构、标准原则等进行了研究。尽管说目前还没有一个被广泛认可和普遍接受的定义和理论框架，但所形成的研究结论具有很大影响力，对企业社会责任的推广和运用产生了很大的促推作用。

从学术讨论和理论发展来看，企业社会责任观的发展经历了三个阶段。[①]

(1)早期的商业社会责任观，以个人为基础，用普通伦理原则反对经济活动中的撒谎、偷窃、欺骗等不道德行为和不合伦理的行为，通过个人的诚实、遵守伦理、关心社会福利等道德行为来实现企业的社会角色。

(2)近代以来的消极企业社会责任观，理论基础是社会达尔文主义，认为市场经济是一个充满竞争、优胜劣汰的经济，企业的责任就是提供产品和服务，企业不能过度活跃(Cultra Vires)，应该守好企业经营的本分，社会责任应该是由政府和其他社会组织承担的。

(3)现代企业社会责任观。随着社会问题不断涌现，企业体制发生变化，一系列关于代理人、利益平衡和服务等方面的理论基础日渐丰富，企业应该积极承担社会责任并逐渐成为共识。

从商业活动的实践历程来看，企业社会责任实践是一个从消极到积极、从被动到主动的不断发展过程。这一过程分为五个阶段：①消极看待企业社会责任；②被动应对企业社会责任；③主动管理企业社会责任；④企业社会责任的发展战略；⑤企业社会责任与企业文明。在这一演进过程中，企业社会责任的理念、内容、范围、形式等不断深化和推进，最终走向企业文明(见图1-4)。

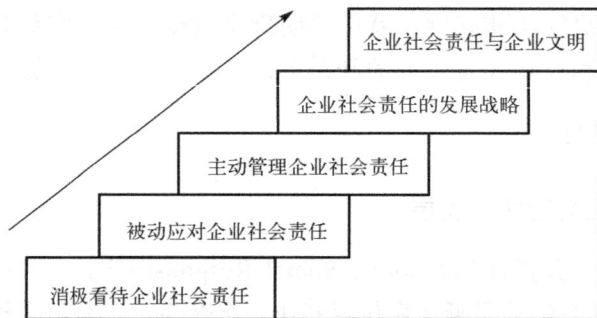

图1-4 企业社会责任实践的发展阶段

2. 商业伦理与企业社会责任的关系

企业社会责任就是指企业及其成员在其经营活动中遵守法律要求，并合乎道德地对待利益相关者，维护和增进利益相关者的正当权益，并对其行为后果承担相应的评价和对待。企业社会责任不是"静止或固定的东西"[②]，是一条发展道路和一种发展方向，一旦明确了展开社会责任行动的方向，接下来就是如何去做以及从什么角度去做的问题了。

---

① 赵斌. 企业伦理与社会责任[M]. 北京：机械工业出版社，2021.

② LOZANO J M, ALBAREDA L, Ysa T. 欧洲政府企业社会责任公共政策[M]. 李凯，译审. 北京：知识产权出版社，2009.

从行动的角度理解企业社会责任，有以下特点：①企业社会责任最主要、最直接的行动者是企业及其成员[①]；②企业社会责任的行动内容是企业与股东、员工、管理者、消费者、供应商、环境、社区、政府等各相关主体的关系及其利益，各方利益诉求不同甚至相互冲突；③企业社会责任的行动方式既要遵循法律要求，也要合乎商业伦理规范和道德要求；④企业社会责任的行动后果要接受社会评价，并承担有利或不利的对待；⑤企业社会责任的行动目的是维护和增进各方正当利益，促进共生共荣，造福于社会。

商业伦理与企业社会责任既相互联系也互相区别：①商业伦理源于企业社会责任问题的探究和思考，企业社会责任观念及理论为商业伦理兴起奠定了基础；②内容上，狭义的企业社会责任主要是指伦理责任，企业社会责任主要是针对伦理责任提出来的，二者在内容上是一致的；③对象上，商业伦理既包括企业外部伦理也包括企业内部伦理，企业社会责任主要是企业外部责任，当然随着企业社会责任内涵的扩展，企业对员工的社会责任也被认为是其重要内容；④商业伦理强调双向的权利与义务，企业社会责任只注重单向的责任；⑤商业伦理重在明确处理好企业与相关利益者的关系，企业社会责任重在回答企业在社会中应尽什么样的责任。

3. 有代表性的两种企业社会责任观

关于企业社会责任的观点很多，目前被普遍接受的有两个：一是美国学者阿奇·B.卡罗尔（Archie B Carroll）的企业社会责任金字塔模型；二是英国学者约翰·埃尔金顿（John Elkington）提出的"三重底线理论"。

卡罗尔是企业社会责任领域享有国际声誉的学者之一。1979 年，他把企业社会责任概括为经济责任、法律责任、伦理责任和自觉责任。1991 年，他又将自觉责任（Discretionary）修正为慈善责任（Philanthropic）。[②]下面具体介绍四种责任及其内容（见表 1-3）。

表 1-3　企业社会责任类别及内容

责 任 类 别	社 会 期 望	例 子
经济责任	社会对企业的基本经济要求	盈利；尽可能扩大销售，降低成本；制定正确决策；关注股息政策合理性
法律责任	社会对企业的基本守法要求	遵守所有法律法规，包括环境保护、消费者权益和员工保护法；完成所有合同义务；承兑保修允诺
伦理责任	社会对企业的基本道德期望	避免造成问题的做法；对法律精神实质和字面条文做出回应；认识到法律能左右企业行为；做正确、公平和正义的事；合乎伦理地开展领导工作

---

① 需要指出的是，传统观点将企业成员和其他利益相关者排除在企业社会责任的主体之外，甚至将他们置于客体地位，容易造成主客二元分离和对立。事实上，除了企业是最主要、最直接的主体，企业成员及其他利益相关者在企业社会责任建设和行动中也具有主体地位，只是各自地位、作用和角色不同而已，他们都是行动者，企业社会责任的行动者是一个多元主体构成的行动者网络。正是在此意义上，国际标准化组织（ISO）在 ISO26000 指南中明确用社会责任（SR）代替了企业社会责任（CSR）。

② 卡罗尔，巴克霍尔茨. 企业与社会：伦理与利益相关者管理[M]. 5 版. 黄煜平，等译. 北京：机械工业出版社，2004.

续表

责 任 类 别	社 会 期 望	例 子
慈善责任	社会对企业从事慈善公益活动的期望	成为一个好的企业公民；对外捐助，支援社区教育，支持健康/人文关怀、文化与艺术、城市建设等项目发展；帮助社区改善公共环境；自愿为社区工作

经济责任（Economic Responsibility）。企业作为社会中的经济组织，首要任务就是向社会提供合格的产品和服务，并以真正反映其价值的公平价格销售，这是企业在社会中存在的价值和理由。社会对企业的这种期望和要求体现为经济责任，如盈利、销售收入最大化、成本最小化、科学合理的战略决策等。

法律责任（Legal Responsibility）。社会在赋予企业生产职责的同时，会制定一些基本规则——法律，希望企业在法律框架内开展活动，遵守所有法律法规、履行合同义务等。企业作为社会的一员，遵从法律是企业的社会责任，但是法律责任涵盖不了社会对企业的所有期望行为，因此仅仅遵从法律责任是不够的。戴维斯在谈企业为什么要承担社会责任时，认为"社会责任开始于法律终结的地方，这是一个好公民应该要做的，如果一个企业的行为仅仅符合法律的最低要求，那就是没有承担社会责任"[①]。

伦理责任（Ethical Responsibility）。社会成员所期望的但尚未形成法律条文的那些活动和做法，就构成了企业的伦理责任。消费者、员工、股东和社区等利益相关者认为公平、正义的，同时也能尊重或保护利益相关者道德权利的，凡能反映如此信义的所有规范、标准和期望都是伦理责任所包含的。伦理责任之所以重要，一方面，伦理规范或价值观的变革是立法的先导；另一方面，伦理责任包含和反映了新出现的、社会期待企业遵守的价值观和规范，反映出的行为标准比当前的法律要求要高，其合法性可能存在许多争议。

慈善责任（Philanthropic Responsibility）。也称为自愿的或自行处理的责任，之所以把企业慈善活动或行为视为责任，是因为它们反映了公众对企业的新期望。一方面，这些活动并非法律要求的，是非强制性的；另一方面，这些活动亦非一般伦理所期望的，只取决于企业从事这些社会活动的意愿。社会确实期望企业多行善，慈善从而成了企业与社会之间契约关系中的一个构成部分，这些活动主要有企业捐款、赠送产品和服务、义务工作，与当地政府和其他组织开展的公益活动，以及企业及其雇员自愿参与社区活动等。

关于上述四类责任的进一步说明。①经济责任和法律责任是社会所要求的（Required），社会要求的经济和法律责任是最基本的责任，是企业必须履行的基本义务。②伦理责任与慈善责任是不同的。伦理责任是社会期望的（Expected），是企业社会责任的实质和核心，是区分不同素质企业的关键，如果企业没有履行好伦理责任，会受到不好的评价甚至为此承担不利的惩罚，狭义的企业社会责任往往指伦理责任。慈善责任是

---

① DAVIS K. The case for and against business assumption of social responsibilities[J]. Academy of Management Journal, 1973.16:312-322.

社会希望的（Desired），如果企业做不到不会被认为是不道德的，如果做到了就会被视为企业"好的品行"，这是慈善责任与伦理责任的区别。③这四类责任之间存在交叉和重叠，如经济责任中提供社会所需的产品和服务同时也是伦理责任所要求的，遵守公正的法律同样也是伦理责任所要求的。④这四种责任的关系实际上是一个利益相关者模型，每一种责任对不同利益相关者的关注各有侧重。经济责任影响最大的是所有者和员工；法律责任对所有者来说很关键，但在当今社会中，企业面临的多数诉讼威胁来自员工和消费者；道德责任对所有利益相关者都有影响，最常涉及的是消费者和员工；慈善责任主要影响社会，接下来是员工，企业在支持慈善事业方面的表现会显著地影响员工的士气。

卡罗尔进一步区分了四个责任的层次，称其为金字塔模型（见图1-5）。其中，经济责任是基本责任，处于金字塔底端。同时，社会期望企业遵守法律，法律是

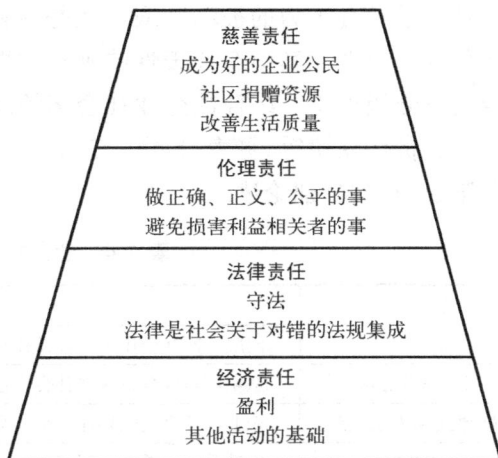

图 1-5　企业社会责任的金字塔模型

社会关于可接受或不可接受行为的法规集成。第三层是伦理责任，企业有义务去做那些正确的、正义的、公平的事情，还要避免或尽量减少对利益相关者的损害。金字塔最上层是慈善责任，寄望企业成为一位好的企业公民，为社区生活质量的改善做出财力和人力资源方面的贡献。金字塔模型旨在说明企业的所有社会责任是由一些具体类别的责任所组成，明确了企业需要承担的社会责任，反映了企业发展阶段的战略重点，逐步从物质层面向精神层面深化，揭示了企业行为的变迁规律。需要指出的是，这些责任之间并非互不兼容，亦非并列关系，更不是由低到高的重要性排序，现实中决不能将各种责任割裂开来片面对待，应将这些责任视为不可分割的整体并从整体上去推进。

除了卡罗尔关于企业社会责任的理论，有代表性的还有欧洲共同体委员会、世界可持续发展企业委员会、国际标准化组织以及一些学者、研究机构提出的企业社会责任的定义及内容等，其中影响力较大的另一种观点是埃尔金顿提出的"三重底线理论"。

1997 年，战略咨询公司 SustainAbility 的主席埃尔金顿在《餐叉食人族：21 世纪商业之三重底线》中提出，企业要充分考虑并照顾到各利益相关方与社会的期望，尤其要注意其经营活动对经济、社会和环境可能产生的不良影响。就责任领域而言，企业社会责任可区分为经济责任、社会责任和环境责任。其中，经济责任是传统的企业责任，主要体现为提高利润、纳税、向股东投资者分红等；社会责任是对社会中其他利益相关方的责任，诸如消费者、合作伙伴等；环境责任就是环境保护，这是人类可持续发展的基本要求。企业在进行企业社会责任实践时，必须履行这三个领域的责任，这是不可逾越

的"三重底线"。这一观点简单明了，并强调了"底线"要求，受到业界广泛认可和接受，并成为很多企业推行社会责任实践的重要依据。

4．企业社会责任相关理论

企业为什么要承担社会责任，到底要承担哪些责任或者说哪些责任是正当的和必要的，是迫于社会压力的被动回应，还是应社会发展的主动实施……，理论界对此进行了不同角度的思考，其中有代表性的观点主要有以下几种：社会回应理论、社会责任分级理论、综合性企业社会契约理论、利益相关者理论、企业公民理论、责任铁律等（见表 1-4）。其中，利益相关者理论和企业公民理论将在第 5、6 章分别论述。

（其他理论请扫码阅读）

表 1-4　企业社会责任的相关理论

观　点	具　体　内　容
社会回应	回应外部社会压力，降低社会风险
社会责任分级	从实证角度分析哪些社会责任是必要和正当的，以及相互之间的关系如何
综合性企业社会契约	企业与社会之间存在一个社会契约
利益相关者	突破股东利益至上观点
企业公民	企业是社会的法人公民
责任铁律	"社会-经济"责任：责任与权力联系在一起；责任越少，权力越小；企业的非经济价值

5．企业承担社会责任的原因和意义

从个体、企业、各类社会组织对伦理的关注以及政府对商业的管制，我们说商业伦理是一种客观现象，而伦理意味着责任，商业伦理与企业社会责任如影相随，企业承担社会责任也是一种客观趋势。企业承担社会责任，既有外在的压力和社会的推动，也有企业发展的自我考虑。

从外部原因来看，企业承担社会责任的原因可概括为：①消费者选择的压力，消费者以足投票，促使企业必须倾听消费者的声音；②投资者选择的压力，投资者越来越重视企业社会责任，而大量资金也由社会责任投资者管理，社会责任投资（Socially Responsible Investment）或可持续性责任投资（Sustainable Responsible Investment）成为一种趋势；③社会批评的压力，对企业社会责任来说，"丑闻是最大的动力"；④社会法制和政府管制的需要。

企业承担社会责任，不仅有利于建立良好的企业形象，实现企业自身的可持续发展，还能通过企业负责任的行为促进社会充满活力，实现人与自然的和谐发展，具体而言，其意义可概括为：①有利于企业自身不断发展壮大；②有利于经济社会的可持续发展；③有利于建设一个包容和谐的世界，推动人类命运共同体的构建。

6．中外企业社会责任发展概况

尽管说企业承担社会责任是一种趋势，但从各国实际情况来看，企业社会责任实践仍在半途中，甚至很多国家还是刚刚起步，还有非常大的提升空间。这里简单介绍下主要国家和地区的企业社会责任状况。

1）美国企业社会责任发展情况

美国是"企业社会责任"概念的发源地。早在20世纪初期，就已经出现了企业社会责任的萌芽，迄今大致经历了三个阶段。[①]

第一阶段（20世纪初—20世纪60年代）：产生阶段。19世纪末20世纪初，随着垄断经济和托拉斯集团的形成，企业为谋取高额利润，无情剥削工人，引发了系列社会运动，企业社会责任被提上议事日程。20世纪50—60年代，越来越多的公司认识到"权力即责任"，通过捐助或承担社会项目来回报社会和公众，捐赠行为获得法律认可，推动了企业社会责任的深化。20世纪中期以后，企业开始真正重视与其有密切关系的利益相关方的利益诉求，成立工会组织、建立专门组织机构处理与供应商、分销商、社区等相关方的意见和建议等。

第二阶段（20世纪60年代—20世纪80年代）：发展阶段。尽管美国社会对于企业是否应该承担社会责任，承担哪些社会责任，如何承担社会责任还未达成共识，但在实践中，企业履行社会责任的步伐仍在加大，范围也越来越广。1962年和1969年，消费者的基本权利以国情咨文的形式被确立。1989年，全国性的消费者组织——美国消费者同盟成立。这些举措不仅推动了美国消费者权益保护进入新的阶段，也是世界消费者权益保护的里程碑。除此之外，环境保护运动、员工权利保护等也进入了一个新的阶段。

第三阶段（20世纪90年代至今）：走向成熟。企业社会责任不仅仅是法律法规、政府机构等外部框架的搭建，也真正进入行业和企业内部。在美国劳工及人权组织的推动下，一些知名公司制定了公司生产守则，掀起了一场"生产守则运动"，并逐步由公司的自我约束发展为由社会约束的社会监督和组织认证。公平劳工协会（Fair Labor Association，FLA）、社会责任国际（Social Accountability International，SAI）等组织纷纷成立，它们制定社会责任标准并监督实施，推动企业社会责任深入发展。21世纪以来，频频爆出的商业丑闻推动了美国在诚信方面的立法建设，社会监督机构加大对企业社会责任的审计和鉴证，这是美国企业社会责任实践的一种新趋势。

2）欧洲企业社会责任概况

受两次世界大战及其他因素的影响，欧洲企业社会责任的产生稍晚于美国。20世纪70年代，欧洲开始关注企业社会责任问题，到了90年代，欧洲从政治层面开始重视企业社会责任，将其作为一项重要课题进行推进。2000年3月，欧盟提出了两个目标：一是加强企业社会责任宣传，推动各方认识企业社会责任；二是提高政府透明度，明确了政府在企业社会责任建设中的地位和作用。2001年，欧盟推出了"欧洲企业社会责任框架绿皮书"，并于2002年建立了一个对话和信息交流机制，在欧洲范围内就企业社会责任进行沟通和信息共享。2006年3月，欧盟通过企业社会责任政策声明，

---

① 赵斌. 企业伦理与社会责任[M]. 北京：机械工业出版社，2021.

把企业社会责任列入经济增长和就业发展战略的核心。在短短三十多年时间里，企业社会责任理念在欧洲得到快速发展并被广泛认可。迄今为止，欧盟所有国家都制定了企业社会责任战略。

在企业社会责任建设方面，近年来，尤其是在 2019 年欧洲委员会和议会大选后，欧洲注重自上而下的政府层面的推动，在欧盟内采取统一的措施。在政策工具方面，欧洲正在通过绿色新政、责任信息披露、生态体系建设、绿色金融工具等一系列措施，推动并帮助建立更有弹性的企业发展战略和行动，支持和引导金融机构、公司向可持续发展方向实现转型。在监管措施方面，强化法律体系建设，修订《欧洲企业社会责任报告法》，强制所有上市和非上市公司从 2024 年开始，每年都要提交综合的数字管理报告，同时要求企业建立可持续治理框架，将环境和人权纳入整个价值链和供应链当中，制定欧盟可持续发展指数，评估企业在可持续发展方面的表现，帮助企业实现可持续治理。在教育方面，推出教育议程和技能公约（*Education Agenda And Pact For Skills*），帮助成千上万名工人适应新变化，掌握新技能，适应新岗位。

3）日本企业社会责任概况[①]

日本早期的企业运营服务于国家需要，目的是强化国家统治权，同时企业为工人们建造房屋、道路和公共设施等，但并没有形成广泛的社会责任经营理念。直到 1956 年，日本产业界经济同友会通过了"经营者对社会责任的觉悟及实践"决议，首次明确提出企业社会责任的概念。总的来看，日本的企业社会责任大致经历了三个阶段。

第一，企业责任产生阶段（2003 年及以前）。

日本产业界起初提出的企业"社会责任"含义很广，只要对可持续发展有贡献都可涵盖在内，集中在社会贡献和环境管理这两方面。1973 年，日本经济团体联合会制定的《行动宪章》提出了践行企业社会责任的七条原则：①向社会提供有用的财富和服务；②努力实现职工的精神与物质两方面的富裕；③在注意保护环境的前提下开展企业活动；④通过各种活动积极为社会做贡献；⑤通过各项事业活动，努力提高所在地区的社会福利水平；⑥不参与破坏社会秩序及安全的活动；⑦努力使企业的行动原则与社会常识一致。[②]1989 年，该联合会设立了日本社团法人海外活动事业联合会（CBCC），致力于协助日本企业在海外投资地作为"优良的企业市民"，履行企业的社会责任。进入 21 世纪后，日本企业的国际意识逐渐加强，融入国际社会的企业社会责任意识也逐步增强，着眼于全球开展企业社会责任活动的企业也逐渐增多。

2003 年，日本进入企业社会责任"元年"，社会责任实践迅速普及，据经济同友会调查，当年有一百多家企业建立了社会责任推进部门，就其动因而言：一是为防范风险，当时日本的商业丑闻不断，如因 BSE 问题对严格控制进口的牛肉产地进行伪装，使用过了保质期的牛奶生产其他乳制品，汽车行业为了逃避回收义务故意隐蔽事实等；二是从众心理，国内媒体大肆宣传，国外企业社会责任实践进展迅速，让日本很多企业纷纷效

---

① 钟宏武. 日本企业社会责任研究[J]. 中国工业经济，2008（9）：150-160.

② 廖申白. 日本企业的实践伦理（续）[J]. 冶金企业文化，1994（3）：44-47.

仿。当然，社会上也存在一些反对意见，认为日本企业缺乏履行社会责任的现实动机，并且会花费不少，对企业盈利贡献也不大。

第二，启蒙普及阶段（2003—2006 年）。

这一阶段，企业社会责任在日本得到了普及，企业主动进行企业社会责任建设，主要从理念、组织和实践三个方面来展开。在理念方面，关键目标是获得高层对企业社会责任的认知和支持；在组织方面，设立组织机构具体开展企业社会责任活动；在实践方面，关键点是员工对企业社会责任的理解和实践（见图 1-6）。

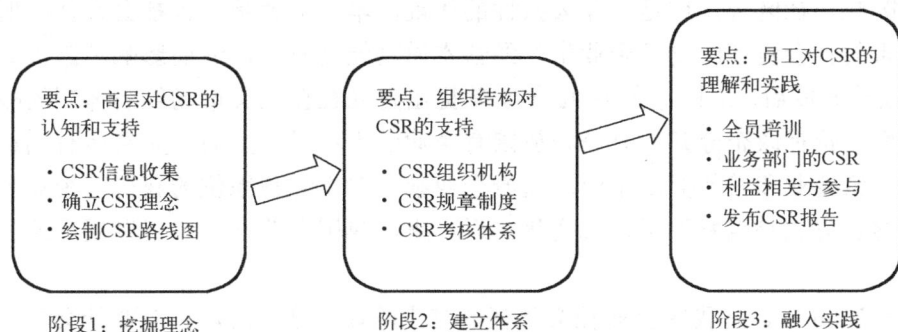

图 1-6 日本企业推动 CSR 的三个阶段

具体而言，首先是建立完善的社会责任推动体系，构建"CSR 推进委员会+CSR 推进部"。社会责任推进委员会是一个高层管理和协调机构，一般由总裁负责，成员包括各副总和业务部长，社会责任推进部是常设机构，负责具体的日常事务，主要有业务规划室、环境管理室、社会贡献室、责任沟通室等。其次是挖掘责任 DNA，形成有企业自身特色的社会责任观。如何将抽象的企业社会责任观与企业实际相结合，第一步就是回到原点，从企业创始人或成立之初的故事中挖掘；第二步是重整 MVV，即重新整理使命（Mission）、愿景（Vision）和价值观（Value），强化社会责任内容。第三步是建章立制，出台环境政策、员工行为守则、供应链责任采购守则等，使社会责任与日常经营相结合。第四步是全员培训，提高员工的社会责任理念，了解企业社会责任战略。

第三，企业社会责任深化阶段（2007 至今）。

从 2007 年开始，日本的企业社会责任运动进入了深化发展期，主要体现为以下五方面。一是社会责任与企业战略相结合，从稳健保守的防守型战略转向积极推进企业社会责任建设的进取型战略。二是社会责任与具体工作相结合，各部门如采购、人力资源等部门的工作要体现相应的社会责任内容。三是尝试利益相关方参与机制。四是探索建立社会责任的考核体系。五是明确提出企业社会责任的未来就是不再需要社会责任部门，将企业社会责任理念融入员工 DNA。

2016 年 1 月 22 日，日本内阁会议首次提出超智能社会——"社会 5.0"（Society 5.0）的国家战略，目标主要是为了让社会更加优化、更加高效，而且还能够保持包容性和可持续性，这是实现联合国所提出的可持续发展目标（Sustainable Development Goals，SDGs）的重要抓手。为此，日本最具有影响力的商业组织——日本经济团体联合会，适时地修订了《企业行动宪章》，纳入"社会5.0"战略，指导和敦促企业制定可持续发展战略，推动企业积极践行社会责任。

4）我国企业社会责任概况

新中国成立后，长期实行高度集中的计划经济体制，在行政制和单位制的制度框架下，不仅企业的生产经营接受计划指令，而且企业也承担大量社会性功能，如为员工修建学校、医院、社区等，这是企业公共性的体现，本质上就是一种社会责任，但是企业过宽、过重的社会责任限制了企业生产经营本质功能的发挥，继而影响了国民经济的整体发展。改革开放后，尤其是在1992年明确提出建立社会主义市场经济体制的战略目标后，一方面，推行政企分开，充分释放国有企业活力；另一方面，完善所有制结构，涌现了大量民营企业和其他类型企业。随着企业独立自主经营地位的获得，企业承担社会责任的内容、方式等也发生了彻底变化。近年来，我国企业社会责任发展迅速，呈现良好趋势。

1992—2006年，是我国企业社会责任的产生阶段。这一阶段，企业社会责任概念逐步被学术界和实务界所接受和认可，一些企业开始有意识地履行社会责任。国有企业作为国民经济的基础，在建立现代企业制度的过程中，尽管存在国有资产流失、收入分配差距扩大、忽视职工权益、垄断寻租等现象，但总体来看，在履行社会责任方面，国有企业扮演了龙头角色，有力地实现了社会主义生产目的和国家战略。2006年3月，国家电网公司率先发布了《2005年企业社会责任报告》，成为第一家发布企业社会责任报告的中央级企业。随后，中远集团、中铝集团等央企相继发布企业社会责任报告，2006年被称为"中国企业社会责任报告元年"。

民营企业经过二十多年发展，已经成为我国国民经济的重要组成部分，成为国家财政收入、稳定就业的重要力量。这一阶段，民营企业履行社会责任主要集中在慈善公益和产业扶贫领域，同时主动融入国际市场，引入社会责任标准，提高自身作为国际市场供应链的竞争力。1994年4月3日，10位非公有制经济代表人士发表了"让我们投身到扶贫的光彩事业中来"的倡议书，共同倡议开展以扶贫开发为主题，面向"老、少、边、穷"地区和中西部地区。光彩事业是我国民营企业和非公有经济人士履行社会责任的一个缩影。

2005年，修订后的《公司法》第五条规定，"公司从事经营活动，必须遵守法律、行政法规，遵守社会公德、商业道德，接受政府和社会的监督，履行社会责任。"这是我国法律第一次明确提出公司要履行社会责任，这意味着企业必须超越把利润作为唯一目标的传统理念，要在生产过程中关注对人和社会的价值，必须考虑企业行为对消费者、对环境、对社会的贡献。

2006年以后，我国的企业社会责任进入快速发展阶段。从法律上看，在《公司法》之后，《合伙企业法》《劳动合同法》《可再生能源法》《节约能源法》《循环经济法》等法律明确了企业履行社会责任的法律义务。与此同时，我国政府及相关部门陆续发布了一系列法规、规定和办法，为企业履行社会责任创造良好条件和环境。例如，2006年，深交所发布《上市公司社会责任指引》；2007年，上海银监局印发《上海银行业金融机构企业社会责任指引》；2008年，国资委发布了《关于中央企业履行社会责任的指导意见》。

2017年9月25日，《中共中央国务院关于营造企业家健康成长环境弘扬优秀企业家精神更好发挥企业家作用的意见》发布，明确提出引导企业家主动履行社会责任，增强企业家履行社会责任的荣誉感和使命感，引导和支持企业家奉献爱心，参与光彩事业、公益慈善事业、"万企帮万村"精准扶贫行动、应急救灾等，支持国防建设，在构建和谐劳动关系、促进就业、关爱员工、依法纳税、节约资源、保护生态等方面发挥更加重要的作用。国有企业家要自觉做履行政治责任、经济责任、社会责任的模范。2019年12月4日，《中共中央国务院关于营造更好发展环境支持民营企业改革发展的意见》发布，提出要推动民营企业积极履行社会责任。

近年来，我国无论是国有企业、民营企业还是外资企业，都加快了投身社会责任实践的步伐，不仅从"量"上扩大了企业社会责任的影响，让越来越多的企业注重企业社会责任建设，也从"质"上提升了企业社会责任实践的水平，让越来越多的企业推行企业社会责任战略，甚至进入企业社会责任管理阶段，成为全球社会责任共识的重要推动者和建设者。

本章小结

1. 思考商业伦理问题时，可以从三个层面入手。作为普通个体，必须关心商业伦理，本质上所有商业伦理问题都是若干个体行为不断叠加的结果。作为一个组织，任何企业都必须合乎商业伦理地参与商业活动，企业存在的社会意义就在于其提供的产品和服务符合社会整体利益的需要。作为社会问题，商业伦理建设是一个需要所有行动者参与进来的系统性工程。

2. 商业伦理是一种客观现象。首先，个体、企业、各类社会组织以及政府，都在关注商业伦理；其次，商业伦理动机的产生在生物学和社会学意义上都具有客观性，人的行为是受经济和道德双重因素驱动的；最后，商业伦理所带来的难以言传的好处是信任，缺少了信任，商业体系就失去了根基，而信任机制一旦被破坏，要重建商业体系就会困难重重。

3. 商业伦理是企业文化的重要构成内容，企业文化又会在商业伦理决策和行动中发挥重要作用。首先，在商业伦理决策中，当法律失灵时，企业文化就可能成为决定因素。其次，企业文化决定了企业行为的道德底线。最后，企业文化会塑造员工个人的习惯和品质。

4. 商业伦理学是研究商业领域中的伦理关系和道德现象的学科，通过对商业活动中各利益相关者之间的关系和行为进行商业伦理分析与道德判断，给出社会所认可的替代性解决方案和规范性建议。

5. 商业伦理是以协调和规范商业领域中个人、企业及其他组织、社会之间的关系为核心的商业行为准则和规范系统。商业伦理的前提有两个：一是作为社会现象产生的客观前提，本质上是资源的有限性和人的欲望的无限性之间矛盾的产物，是管理效率要求和商业伦理正当性要求二者之间协调的结果；二是作为一门学科产生的理论前提，即关于企业的本质假设以及企业活动与商业伦理之间关系的认识。

6. 企业社会责任是指企业及其成员在其经营活动中要遵守法律要求，并合乎道德地对待利益相关者，维护和增进利益相关者的正当权益，并对其行为后果承担相应的评价和对待。

关键术语

伦理　　道德　　法律　　　责任　　　商业伦理　　商业伦理学
企业社会责任　　经济责任　　法律责任　　伦理责任　　慈善责任

问题讨论

1. 如何思考商业伦理问题？
2. 为什么说商业伦理是一种客观现象？
3. 商业伦理是否可以传授，为什么？
4. 道德和伦理有什么区别？
5. 伦理和法律之间是什么关系？
6. 我国传统文化中的商业伦理思想有哪些？
7. 企业文化与商业伦理之间是什么关系？
8. 商业伦理存在的前提是什么？
9. 商业伦理的特征有哪些？
10. 如何理解企业社会责任？

案例分析

请扫码阅读案例，思考如下问题：
1. 魏则西之死到底是谁之错？请列出各相关方并讨论其责任。
2. 单纯依靠法律，能够制止此类悲剧重演吗？为什么？
3. 企业到底应该承担哪些责任？为什么？
4. 根据本案例，谈谈将商业伦理维度引入企业决策的重要性。

（扫码阅读）

第2章 伦理判断与决策

学习目标

1. 掌握功利主义、道义论和美德论的主要内容；
2. 掌握影响伦理判断的影响因素；
3. 掌握伦理决策的步骤；
4. 了解伦理决策的模型。

开篇案例

请扫码阅读案例，思考以下：

1. 所有购买者平均分配成本，或者 180 个购买者承担所有成本，哪个更公正？

2. 福特公司的决策涉及了顾客的哪些权利？哪个更重要？

3. 成本效益分析能否成为企业决策的唯一依据，为什么？

4. 如果你是福特公司的负责人，会如何决策？

（扫码阅读）

思维导图

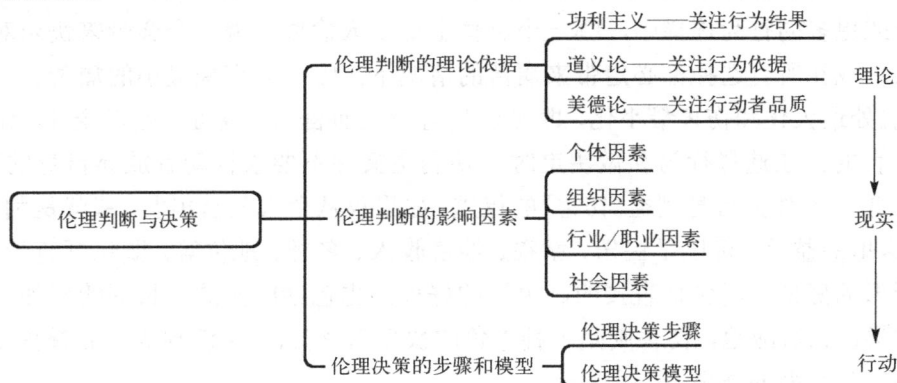

2.1 伦理判断的理论依据

商业伦理无处不在，它是一种客观现象而非潮流，我们时时处处都可能会遇到商业伦理问题，处于商业伦理困境中，如何看待这些伦理问题，如何分析这些伦理困境？一直以来，哲学家们都在努力解决伦理困境问题，并形成了诸多具有指导意义的伦理观点和分析工具，这些观点和工具向我们提供了选择的视角、分析的要点、替代的方案。由于规范伦理学旨在对社会中的道德现象进行解释和论证，进而提出道德判断，并分析为什么，提出怎么做的建议，具有很强的实践意义，是故也被称为"伦理学原理"。下面分别简要介绍规范伦理学中目的论、道义论和美德论的代表性观点。

2.1.1 功利主义——关注行为结果

1．功利主义的基本观点

在哲学中，关注行为结果的理论被归结为结果主义，也称目的论。当你决定什么是对的、什么是错的时候，你所关注的就是结果，结果主义关注决策和行为的结果及后果。在结果主义中，最著名、最常用、最简单的是功利主义（Utilitarianism，也译为效用主义）。

功利主义可简单概括为：伦理行为和决策应该符合益处最大化、伤害最小化的标准，即给整体带来的正面结果大于负面结果。具体如下。

（1）一个行为和决策所带来的益处大于伤害就是道德的。或者说，一种行为是否是道德的，是由其结果决定的，即最终结果带来的益处大于伤害就是道德的。

（2）如果特定情形中可供选择的行为和决策有多种，那么产生效用最大的行为和决策就是道德的。由于行为效用的计算困难而复杂，因此对功利主义来说，关键是在于如何权衡两个或更多的行为选择中，哪一个总体上更令人愉悦，哪一个会带来快乐对痛苦的更大余额，或在所有选择都必定带来痛苦的情况下，哪个会带来最小的痛苦。

（3）益处最大化和伤害最小化，既可以是对个人而言的，也可以是对企业、组织和整个社会而言的。在选择行为和做决定时，功利主义并不要求行动者放弃自身的利益（伤害），当然也不能加大自身利益（伤害）的权重；如果仅从个人利益出发，那就是利己主义。

（4）这里的益处，可以是快乐、幸福、经济收入、名誉、地位等，既包括有形的好处，也包括无形的好处，既包括直接的、短期的好处，也包括间接的、长期的好处，是一种正面的结果；相对应地，伤害则是一种"负的快乐"、痛苦、经济损失、名誉受损、地位降低……，是负面的结果。

（5）"益处最大化、伤害最小化""快乐最多、痛苦最小""绝大多数人的最大幸福"等，表达的都是一个意思，因此在上述定义中可以换用。

2．功利主义的分析步骤

运用功利主义进行伦理分析和判断，主要有以下步骤：

(1)清晰地描述所要评价的行为和决策。

(2)系统审视利益相关者,既包括自己和受直接影响的人或组织,也包括可能会受到间接影响的人或组织。

(3)预测行动和决策对每位利益相关者所带来的结果(益处或伤害),如果有相当严重的后果,如开篇案例中 Pinto 汽车油箱设计缺陷会导致因追尾而爆炸,危及乘客的生命健康安全,这时就可以直接做出评判,不用对所有后果进行分析了。

(4)评估每种选择对每位利益相关者带来的益处和伤害。效用评估时可以为益处和伤害分配权重,用数量、确定性(出现结果的概率,即行为产生益处或伤害的可能性)、临近性(产生益处或伤害的持续时间和程度)、衍生性(一种益处或伤害出现后是否会带来另一种益处或伤害)、纯粹性(带来益处的同时是否会带来伤害)、幅度(行为结果会影响多少人)等进行评估。

(5)计算每种行为对每位利益相关者的益处和伤害,加权计总,进行排序。

(6)确定最终行动方案。"最好的"行动和决策会产生最大的益处,"最差的"行动和决策会带来最大的伤害;如果有多种方案,收益最大化的或伤害最小化的是最终方案,即"两利相衡取其大,两害相权取其轻"。

这里可以列出一张表格(见表 2-1),把各种利益相关者、行动选项以及所带来的结果分门别类地列举。显然,不能期望简单地列举出表格里面的各项内容后,就能得到答案。关键是要找到权衡益处和伤害的"有效方法",这就需要考虑你真正所重视的是什么。

表 2-1　功利主义分析

利益相关者	A 行为伤害	A 行为益处	非 A 行为伤害	非 A 行为益处

3.功利主义的不足

在思考伦理困境时,功利主义方法是极其实用的,因为人们采取行动时常常会考虑行为结果对自己、他人和社会带来的影响,所以考虑行为结果是一种负责任的行为,正所谓"凡事三思而后行"。但是,功利主义只会关注结果而不考虑行为本身,不会考虑行为者,因此会面临一些挑战。功利主义的不足主要表现在两方面:一是获取行为后果的所有信息非常困难;二是不符合权利、公正原则。具体如下。

(1)人们对各种行为的结果并不清楚。在商业活动中,要获得所有事实几乎不可能,一个行为到底会直接或间接影响哪些人,会带来什么结果,我们不可预知。但功利主义要求我们尽可能地预测到潜在后果,这也提醒我们,思考问题时尽量跳出自身局限,尽可能广泛思考,从而预测到对所有相关人员所带来的后果。

(2)有些结果难以衡量。结果是不同层面的东西,无法进行有效比较,如生命的价值、健康的价值、尊严的价值、优美环境的价值、公平的价值、时间的价值等,都无法用金钱来衡量，这不是一个层面的东西；有些结果无法可靠地预测和计量，如企业投入大量资金搞研发，研发结果与企业需要并不相符，但解决了一个数学难题；有些结果能预测但难以计量，如某化工企业投入大量资金升级设备，完善工艺流程，减少污染排放，改善了当地环境，但是环境改善带来的益处却难以统计，如当地居民们的身体健康、寿命延长，吸引更多投资来当地建厂等，这些结果难以衡量。

（3）难以衡量不同人的幸福和不幸。功利主义追求"最大多数人的最大幸福"，事实上，幸福和快乐甚至经济收入和地位等对不同的人而言都是不同的，尤其是那些与个人息息相关的受价值观和个人体验影响的东西。例如，对幸福的看法，可谓千人千面，林语堂讲幸福无非四件事：睡在自家床上、吃父母做的饭菜、听爱人讲情话、跟孩子做游戏。马斯洛认为人的需求有五个甚至六个层次，每个人的需求是有层次差别的，即使同一个人在不同时间的需求层次也可能是不一样的。例如，刚参加工作的小张，充满抱负和理想，决定大干一番事业，实现自身价值，可工作不久就处处碰壁，慢慢灰心丧气，现在只求工作不出错，获得高收入即可。功利主义用功利来概括人的全部动机，把追求功利作为人生的唯一目标，继而把快乐、幸福作为道德的唯一价值和判断标准，忽略了需求的多样性。

（4）对"大多数人"界定困难。当对所有人都有利变得不太现实后，功利主义转而求对"大多数人"有利，然而在现实中如何来确定"大多数"始终是一个难题，无论是简单多数还是特定多数，都缺乏一定说服力。例如，一个行为的结果会影响 100 人，简单多数规定，对 51 人有利这个行为就是道德的，但获利的 51 人只比遭受不利或没有获利的 49 人多 2 人而已；特定多数可以设计复杂程序来计算，如李四因体格强壮、高大帅气算 1.5 人，张三因有突出贡献算 2 人，王五因社会地位高算 2.5 人……，这种加权计算是向现实妥协，并不能让人完全信服。

（5）为了"幸福最大化"可能会容许不道德行为。这是功利主义最受诟病的地方，即为了多数派的利益，牺牲少数派的利益，甚至牺牲个体的生命。在美国南北战争前，南方奴隶主认为，保留奴隶制对大多数人是有利无害的。在 1948—1991 年间南非实行种族隔离政策时，一些白人说这种隔离有利于政局稳定、经济发展与社会和谐，对多数人和整个社会是有利的，因此也是道德的，但种族隔离是一种赤裸裸的种族歧视和剥削，联合国称此是"对人类的犯罪"。

请思考下面火车司机选择难题，选择结果能说明什么问题？

思考与讨论

火车前进的方向有五个孩子在铁轨上玩耍，司机刹车的话必定造成事故甚至翻车，伤到整车人员，后果不可想象，此时，他是选择刹车还是不刹车？

如果必须开过去或根本停不住，紧急时刻发现，另一条废旧铁轨上可以马上拐过去，减速停车，可这时发现那废旧铁轨上也有一个孩子玩耍。这时司机又该如何选择？

2.1.2 道义论——关注行为依据

虽然说功利主义是人们进行商业决策时最常使用的理论，具有很强实用性，但是其他思维方式也同样重要，下面主要介绍规范伦理学中的道义论。不同于功利主义仅关注行为的结果，道义论关注的是行为的过程及依据。在上述火车司机选择困境中，功利主义关心的是不开过去会有什么结果，开过去会有什么结果，撞向五个小孩或一个小孩会有什么结果……，而道义论关注的是火车司机的伦理责任是什么，他采取行动的依据是什么？

道义论者认为道德有其绝对的原则，只要符合相关原则就是道德的，更加注重行为的意图和依据，即是否在做符合道德准则或价值观(如诚实、公平)的"正确的"事，而不管结果如何，有时也被称为绝对主义。道义论者把他们"正确的"决定建立在基本的、抽象的共同道德准则或价值上，如正直、守信、公正、忠诚、权利、正义、负责、同情心、对人身和财产的尊重等，不同的道义论者关注的重心也不一样，由此形成了责任论、权利论、正义论、关怀论等不同观点。

1. 道义论的不同观点

一部分人关注权利，主张尊重作为人所拥有的权利。当行动者有权利从事某一行为，或者从事某一行为没有侵害他人的权利，或从事某一行为能增进他人的权利，该行为就是道德的。强调权利意味着对方的义务，对方有协助实施或不得干涉的义务，同样，每个人都有义务维护自己不可侵犯的正当权利并不侵犯他人的正当权利。权利是法律和道德领域中的重要概念，内涵丰富，外延很广，如隐私权、生命权、健康权、人格尊严权、私人财产权、发展权、居住权、受教育权等。需要指出的是，个人权利的张扬是社会进步的标志，但是权利是建立在原子化个人这一基础上的概念，隐含着个人高于社会、社会充满冲突和竞争的基本假设，因而突出权利的神圣性和不可侵犯性，在现实中有将权利等同于利益、将利益等同于一己私利的个别倾向，继而打着权利之名出现精致的利己主义甚至野蛮的利己主义。

一部分人关注公正，主张给予人应得的权益，无偏见地对待每一个人。关于公正，含义也非常广。①分配公正：相同的人应该受到相同对待，不同的人应该受到不同对待。但是如何分配，既有主张平均分配的，也有主张按贡献分配的，还有主张按需要和能力分配的。②交易公正：在交易过程中要做到对契约性质有充分了解、不能有意歪曲事实、不能被强迫签约、不能约定从事不道德行为，这是市场经济体系的基本要求。③程序公正，其基本要求是普惠性、公平对待、多方参与、公开、科学。④惩罚公正：什么样的行为该受惩罚、谁是该受罚的人、惩罚的力度多大合适。当一个人在无知和无能的情境中，即不知道或不能自由选择自己行为时，被惩罚是不公正的；当一个人确实犯了过失，但依据不足信或不完整的证据进行惩罚是不公正的；当惩罚超过了过失者造成的伤害并且因人而异时，就是不公正的。⑤补偿公正：个人有因他人过失而遭受损害获得补偿的权利，关键是何时补偿、补偿的标准是什么、哪种补偿方式更合适。一般来说，只有满足以下三个条件时，行为者才有道德义务补偿受害者：造成损害的行为是错误的或是疏忽大意的行为；该行为确实是造成该损害的原因；故意造成伤害。[①]三个条件都不满足时，就可以获得道德谅解。

一些人强调义务，尤其是特别的关怀义务，这也被称为关怀论。所谓关怀伦理，核心是"我们有义务对那些和我们有宝贵、亲近关系(特别是依赖关系)的特定人群施加特殊关怀"[②]的义务。关怀伦理是以特定关系的存在为前提的，我们都生活在社会关系网络中，应该维持和培养我们与特定个人拥有的那些具体和宝贵的关系，应该对那些和我们有特殊关系的人施加特殊关怀。因为这些关系是同情、关心、爱、友谊和仁慈产生的沃土，这些情感和美德是一个社会得以延续的基本要求。处于某种困境中，行动者不必遵循普遍和公正的道德原则，可以照顾、回应与之有宝贵和亲密关系的特定人，这被认为是道德的。这里，要区分基于特殊义务的关怀与偏袒的区别。

请思考下面的问题，你会做何种选择？

思考与讨论

假设你进入了一个起火的大楼，听到了来自大楼内两边呼救的声音。而你只能去大楼的一边，你会选择去哪一边？为什么？

情境 1：如果只有一个呼救声音的那边是一个非常著名的科学家(企业家、重要领导人等)，那么你还会选择跑去有多个呼救声音的那边救人吗？如果不去的话，为什么？是什么改变了你的想法？

情境 2：如果只有一个呼救声音的那边是你女儿(爸爸、妈妈等)，那么你还会选择跑去有多个呼救声音的那边救人吗？如果不去的话，为什么？是什么改变了你的想法？

2. 道义论与功利主义的冲突

当道义论强调某一项道德准则和价值观的绝对性时，会面临现实情况的挑战，会与功利主义发生冲突。例如，在第二次世界大战中的德国，如果告诉纳粹分子在自家阁楼上藏有犹太人的事实，那么会带来毁灭性的后果——犹太人会被抓走并惨遭杀害。在这种特殊情况下或者说事出有因，有些道德原则(如诚实、守信)就不是绝对的了。我们是否希望因为说实话、守诚信而导致无辜的人丧命，否则就撒谎吧，这是"善意的谎言"，这里，对生命的尊重战胜了诚实的原则。总的来看，道义论与功利主义有两种冲突。

(1)负面结果与道义的冲突，即行为所带来的负面结果或消极影响与行为需要坚持的道义原则相冲突。一个真实的例子是，船运公司是否给劫持船只的海盗支付赎金？如果支付赎金，这一结果将激励海盗，导致更多绑架和劫持，对整个社会产生巨大危害，但是船员能够得救；如果不支付赎金，将来可能会减少劫持和绑架事件的发生，但结果是

---

① 贝拉斯克斯. 商业伦理：概念与案例[M]. 8 版. 刘刚，张冷然，程熙镕，译. 北京：中国人民大学出版社，2020.
② 同①.

船员遇害。支付行为的负面结果是激励了海盗，对社会产生更大危害，道义要求是尊重船员生命；不支付行为的负面结果是船员遇害，但有利于将来减少劫持和绑架事件，对社会是有利的。该公司最终决定支付赎金，理由是：公司首要责任是对员工负责，对生命的尊重和对员工家庭的同情比支付赎金带来的潜在的长期的危害更为重要。

（2）正面结果与道义的冲突，即行为结果是有利的但与道义原则相冲突。例如，美国弗吉尼亚州曾研发出一种新方法来审判有重新犯罪危险的罪犯，即根据年龄、性别、社会信誉记录、雇用状态和先前犯罪记录等，来预测一个罪犯重新犯罪的可能性。采取这种方法使很多罪犯成功地回归社区，重新融入社会，并节约了大量纳税人税款，这一结果无论是对个人，还是对社区和社会都是有利的。但是这一做法区别对待不同罪犯，并不公平，违背了同罪同罚的公平原则。

3. 主要挑战：哪个应被优先选择？

道义论面临的主要挑战就是，到底哪一种责任、义务、权利或道义应被放到优先的位置。例如，企业决定裁员，你必须裁掉一名下属，裁员的规则是"最后雇用的最先被裁掉"，最后进企业的那名下属能力非常突出，如果这次被解雇的话，他将失去健康保险，而你也知道他家人生病，生活很困难，他是家里唯一的经济支柱。同时，另一位下属来企业时间更长，工作能力也很不错，但他是单身，没有家庭负担。这时，最符合道德的决定是什么？对企业和上司的忠诚、公正、同情，哪一个应该被优先考虑？又如，上文"思考与讨论"情境中处于失火大楼的被困人员，谁更应该被优先考虑救援，著名科学家？自己的女儿？还是多位普通人？

如何确定遵循哪一种道德规则、准则和权利？这里有两种基本方法。

（1）推己及人和康德的绝对命令。推己及人，就是《论语》中所讲的"己所不欲，勿施于人"，这既是我国传统文化中的一种道德心理——行为机制，也是一种道德和人格修养方法。推己及人，也是常说的"换位思考"，即设身处地为他人着想。在西方文化中，"推己及人"被视为人际交往的"黄金法则"。但是要注意，这里的"己"应该是一个有高度道德感的"己"，只有在你具备高度道德感的情况下才会引导你做出最好的决定，而一个具备高度道德感的人会是一个负责任的人。

德国哲学家康德在其"绝对命令"中提出了一条非常实用的道德推理原则。所谓"绝对命令"，从形式上讲，就是要只按照你认为也能成为普遍规律的准则去行动，从质料上讲，在任何时候都不应把自己和他人仅仅视为工具，而应该永远认为自身就是目的。这就是说，要这样行动，就好像你的行为准则应当通过你的意志成为普遍的自然法则一样。这就要求我们在行动时，需要思考行动的本质是否能成为人人都遵守、人人都效仿的自然法则或准则。在行动和决策时，不妨多思考一下："如果每个人都这么做，世界会变成什么样？"

（2）运用"无知之幕（Veil of Ignorance）"。美国著名政治哲学家约翰·罗尔斯（John Rawls，1921—2002）为人们提出了一个行动和决策的实用建议，即运用"无知之幕"来实现基本公正原则。在这种方法中，把所有相关人员都聚集在假设的幕布之后，每个人既不知道自己的自然属性和社会属性，也不知道其他人的任何自然的或社会的属性，并且每一个人都不知道自己走出这个幕布后将在社会/组织里处于什么样的角色。也就是说，行动者既不知道自己和其他人的年龄、性别、肤色、健康状况等，也不知道他们的经济状况、社会地位、职业、职位等，在这样一种"无知"状态中，行动者作为中立者会达成公平的原则，保证所有个人都享有基本自由权和机会平等权，让弱势群体也能够获益。简言之，"理智"地运用"无知之幕"，将制定出对任何一方都不会有失公允的道德准则。这种方法可以指导任何伦理决策，尤其在以公平为核心要求的决策中最有效。

在"无知之幕"下，罗尔斯提出了著名的正义原则，其包含以下两个分原则。一是每一个人都拥有与其他所有人同样的自由体系相容的、最广泛平等的基本自由体系的平等权利。二是社会和经济的不平等应该这样安排，使它们：①适合于最少受惠者的最大利益，并与正义的储蓄原则相一致；②在机会平等的条件下，使所有职务和地位向所有人开放。其中，第一个原则又称为平等原则，适用于政治领域，它用以确保公民平等的自由。第二个原则适用于社会经济领域，用以保证平等的分配，这一原则又被分为两部分，第一部分是差异原则，第二部分是机会均等原则。差异原则揭示出，一个制度或一项决策，如果能让处于最不利境地的人也能获益，那么这就是正义的，也是道德的。

2.1.3 美德论——关注行动者品质

美德论（Virtue Ethics，也译为美德伦理学或德性伦理学）是规范伦理学的重要理论之一，自古希腊时期就已存在。与功利主义关注结果、道义论关注行为过程和依据不同，美德论更关注道德实践者本人的诚实正直，而不是他的行为或决策。换句话说，美德论把关于人的品格判断作为最基本的道德判断，只要具备良好的品性、善良的动机和意图，那么其行为自然就是有道德的，即便行为造成了不好的结果，在道德上也是可以谅解的。

美德论认为道德主体的品性是伦理行为的推动力，继而关注行为者的品质、动机和意图。当然，关注品质并不意味着不再考虑道德原则、规定和行为后果，而是用这些原则、规定和行为后果来评估行动者的品质和诚实正直。要判断一个人是否正直，需要从他坚守的道德原则（如是否公平、是否诚实、是否信守诺言等）、对规则的遵守程度（其行为是否符合职业伦理规范）以及行为后果（如是否做到伤害最小化）等方面进行判定。至于动机和意图，也是判定行为是否道德的重要依据，并且也是判定道德责任的重要考量因素，一般来说，如果造成伤害的行为不是故意为之，在道德上不会受到过多指责。关键是，动机和意图有时不太好判断。因此，与功利主义、道义论最大的不同之处，美德论不会依据单一标准去判断行为是否符合道德，而是从行为者的品质，并结合行为表现来进行综合判断。

美德论的目标是成为善良的人，如何成为一个你想成为的人？如何让你具备诚实正直的道德品质？美德论提出了如下几个途径。

（1）选择高道德标准的团体作为求助对象。美德论认为，一个人的品质很大程度上可以由其所属团体来评定。因此，考虑行动者或决策者所处的团体是重要的。这些团体可以是职业联盟、行业协会、宗教团体、企业的道德委员会，甚至更广泛的大众。不同的团体有其自身的行为规范和道德准则，在行动或决策时尽量参考团体的道德规范和准则，如会计师、律师、医生、工程师等职业群体的规范。当处于伦理困境时，尽量选择一个最高道德标准的团体作为求助对象，最好不要选择所属的工作小组或团体作为求助对象，除非你本就是在一个道德标准要求非常高的环境中工作。

(2)寻求更宏观的社会规范作为指导。如果没有可以参考的职业团体或社会组织，或者说职业团体不能提供良好的指导，又或者指导的方向有误，这时就可以将目光投向更广泛的社会团体。一个有效的方法——坚持公开原则，即假设："如果你的行为在_____上出现，你的感受将如何？"这里的空白处可以是电视媒体或社交网络、各种报纸，甚至是你家小区门口的广告栏。公开原则背后有一个团体标准，本质上是一个共同体规范。如果你的行为被公开，会让你感到很尴尬或非常难堪，那就不应该这么做，否则就会被大家指责为是一个不正直的人。

(3)向身边或心目中最敬重的人学习。可以考虑你最敬重的人或者对你批评最严厉的人会建议你怎么做？会如何看待你的行为？尝试给自己树立一个心目中的道德楷模。

(4)自我思考和自我精进。事实上，商业领域的困境是，难以有达成共识的标准，缺乏普遍的行为规范。因此，更重要的是自我思考和自我训练。可以将工作和生活中所遇到的伦理困境视为伦理适应项目，以此来锻炼自己的思考能力，强化自我对道德价值的认同，提升自我的伦理适应能力。

》》 拓展阅读

迟到的正义

美国的司法系统很大程度上是建立在严格的律师-客户保密特权制度上，即律师对客户所有信息绝对保密，而被告必须对律师完全坦诚，最终由法官和陪审团决定被告有罪与否。

在美国伊利诺伊州，两名刑辩律师向公众披露，其客户对一起谋杀罪认罪，而当年该罪已被错判给一位名叫罗根的人，他们披露该信息时，罗根因莫须有的罪名已在监狱里度过了 26 年。

批评者认为：律师应该及时披露该信息，26 年监狱生活对无辜的罗根很不公平，他们应该阻止这样的事发生。

支持者认为：为客户保密的准则不能突破，这是法律行业的核心道德准则，并且即使当时披露，该信息也不会被法庭采用，无法在罗根被定罪、判刑时起到帮助。

两名律师与客户签订同意书，明确客户死后可将其认罪事实公之于众，披露后罗根被释放。他们为什么这样做？

请问你怎么理解"迟到的正义"[1]案例中两名律师的行为？在客户生前不披露，这是

---

[1] 屈维诺，尼尔森. 商业伦理管理[M]. 7 版. 吴晓蕊，陈晶，译. 北京：电子工业出版社，2020.

理解并遵从职业规范的行为？但让无辜的罗根过了 26 年之久的牢狱生活。在客户死后披露，无辜的罗根被释放，正义得到伸张，但这超越了职业团体的期待？

需要明白的是，没有一种单一的理论能够在任何情境下提供完美指导。如果每一种理论都得到同一种解决方案，那么做决定就会显得相对容易。如果不同的理论得出的结论相冲突，这时就需要在尽可能了解原委的基础上，综合社会效益、个人价值观等信息，想象正直的人会怎样做之后，依靠自己做出最优或者令人满意的决策。

2.2 伦理判断的影响因素

掌握了功利主义、道义论和美德论的相关知识后，只是具备了做出伦理判断的理论和方法，但要做出一个合乎伦理的判断，还需要结合实际情况，厘清现实中影响伦理判断的因素。总体来看，在西方企业伦理决策研究中，关于伦理判断和伦理决策的影响因素，形成了四种不同流派：烂苹果派、染缸派、互动派和问题权变派。[①]这里将影响伦理判断和伦理决策的影响因素概括为个体因素、组织因素、行业/职业因素和社会因素。

2.2.1 个体因素

1．个体差异

正如第一章的分析，所有商业伦理问题本质上都是若干个体行为不断叠加的结果，个人是做出伦理判断和决策的主体。但是，在同样的情境中，不同的人会做出不同的判断和决策，显示出独特的个性差异。人与人之间的差异是多方面的，如态度、气质、能力、性格，知觉等。个体差异是影响伦理判断和决策的首要因素，这里主要介绍伦理意识、伦理认知水平、性格特征、价值观以及情绪等。

1）伦理意识

一个人在采取伦理行动前，需要做出伦理判断，而要启动伦理判断，首先需要有伦理意识（见图 2-1），认识到所处环境的伦理性质。伦理意识是伦理决策过程的第一步，只有具备了伦理意识，才会确定所处环境或所面临的问题是否涉及伦理，是否需要使用伦理术语来思考。如果不具备伦理意识，或不将问题视为伦理问题，就不会启动伦理判断程序，更不会从伦理角度思考问题，当然也就不会采取伦理行动了。

个体差异
- 伦理意识
- 伦理认知水平
- 性格特征
- 价值观
- 情绪

伦理意识→伦理判断→伦理行为

图 2-1　伦理判断中的个体因素

伦理意识是一定社会团体中的成员对于道德规范或伦理的内在自觉，本质上是一种伦理敏感性，是"个体意识到其潜在的决定或行为可能会影响到自己或他人的利益、幸

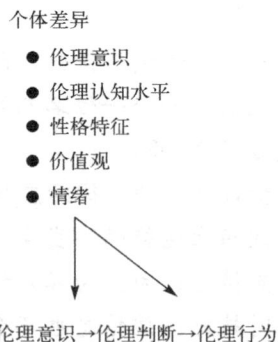

---

① 吴红梅，刘洪. 西方伦理决策研究述评[J]. 外国经济与管理，2006，28(12)：48-55.

福和期望，而且其后果可能会与某个或更多的伦理准则相冲突"[①]。伦理意识是伦理决策过程中的心理现象，它不同于伦理判断和伦理行为，只是确定情境中是否包含着道德内容以及该情境能否合理地从道德角度进行思考，因此伦理意识聚焦于道德和非道德，即什么与道德有关，什么与道德无关，而伦理判断和伦理行为聚焦于区分道德与不道德。[②]简言之，伦理意识就是敏感地意识到"这是一个伦理问题"。

　　课堂上一位同学分享了这样一个案例：公司研发了一款面向中小学生的在线答疑App，为学生提供"拍照搜题+在线老师答疑服务"，并提供标准答案，希望通过技术手段快速解决学生在学习过程中遇到难题不会解决的问题，当老师不在身边时帮助学生答疑解惑。该App推出后，深受学生和家长欢迎，大获成功。但是在运行一段时间后发现，很多学生通过拍照搜题抄作业，违背了初衷。那么在运营该款App时，是否涉及伦理问题，需不需要考虑伦理问题？又如，下面生产手机模型的厂家，生产出来的手机模型会被商家卖给中学生，在校期间将手机模型交给老师，把真正的手机留在身边。订货商、销售商、中学生的行为与生产厂家有没有关系，如果生产厂家按订单生产，是否涉及伦理问题？

思考与讨论

　　一家为各大电商平台及企业生产各类模型的厂家，接到一个有史以来最大的订单，要生产一批手机模型。在确定产品细节时发现，与以往订单不同的是，这次订单不仅仅要求有 1:1 的塑料模型，还要有手机的部分功能，如按键和显示开机画面，这在技术上容易解决。但是，增加这些功能并不能更好地代表手机外观及功能，并且价格会更贵。在和订货商沟通后得知，随着手机越来越普及，越来越多的学生开始使用手机，并成为"低头一族"，影响学习。很多学校规定，学生在校学习期间，手机必须上交。订货商订购这批手机模型，不是为了展示用，而是为了售卖给学生，学生上交手机模型以蒙混过关。工厂内部形成了两种意见：一是正常生产，赚取利润；二是拒绝生产，不助长这种风气。

　　伦理意识是伦理行为发生前在心理层面的逻辑起点，是对情境中道德元素的察觉、领悟和解释以及对该情境中各种可能行为会如何影响当事人的意识，[③]既可以预测及时的伦理行为，也可以预测延时的伦理行为。研究表明，在人们的意识结构中存在或强或弱的伦理意识，人们会自觉不自觉地"感受伦理"。例如，在上课期间偷偷溜出去玩游戏之后有一种负罪感，突然一顿"免费的午餐"会让人感觉到莫名的不自在……。按照弗洛

① BUTTERFIELD K D, TREVIOL L K, WEAVER G R. Moral awareness in business organizations: Influences of issue-related and social context factors[J]. Human Relations, 2000, 53（7）：981-1018.

② REYNOLDS, SCOTT J. Moral awareness and ethical predispositions: investigating the role of individual differences in the recognition of moral issues[J]. Journal of Applied Psychology, 2006, 91（1）：233-243.

③ REST J R, NARVAEZ D, BEBEAU M J, et al. Postconventional Moral Thinking: A Neo-Kohlbergian Approach[M]. London: Lawrence Erlbaum Associates, Inc, 1999.

伊德的观点，这是人格结构中超我的构成内容，是道德良心的体现。当然，这种意识不是自动生成的，是后天经过训练形成的。具体可以通过以下几种方式来培养伦理意识。①认为你的同事会从伦理层面考虑问题。例如，利用公司电话，给远在美国的恋人"煲电话粥"，同事们知道了会怎么看？会认为这没什么大不了？还是会认为这是贪小便宜甚至会认为这是盗窃企业财产行为？②用伦理术语来陈述问题。正面用语如正直、诚实、公平、礼貌……，反面用语如撒谎、欺骗、伪造、剽窃、种族屠杀……。1994 年在非洲国家卢旺达，80 万名图西族人被胡图族偏激分子所杀害，而当时所有国家都袖手旁观，美国克林顿政府长达六周拒绝使用"种族屠杀"这个词，因为使用了这个词就意味着必须采取行动，多年以后，克林顿承认没有向卢旺达伸出援手是其执政生涯中"最大的遗憾"之一。③可能对他人造成严重伤害。当对他人潜在的影响更大、行为可能带来的后果会很快且大概率发生、潜在受害者与决策者在心理和地理上越接近，那么问题的道德感就会越强，即决策者与受害者时空距离越近越容易产生伦理意识，这正是"推己及人""换位思考"产生的结果。

基于上述方式，企业中的管理者可以创造情形来鼓励员工的伦理意识，包括提供培训、和员工讨论可能的伦理问题及类型、鼓励员工用伦理术语展开讨论、鼓励员工思考行为后果并且为其行为负责。

2) 伦理认知水平

一旦意识到情境或决策的伦理维度，伦理判断就开始启动。能否做出一个合乎伦理的判断，很大程度上取决于伦理认知水平。道德心理学中，个体差异基础上的伦理判断和伦理行为的解释框架，主要有皮亚杰的道德成长论、科尔伯格的道德自我发展理论等。这里主要介绍科尔伯格的道德自我发展理论（见表 2-2）。

表 2-2 科尔伯格的道德自我发展理论

层次	年龄	阶段	取向	什么被认为是对的
前习惯层次	小学低年级前	1	避罚服从	坚守规则以避免物质惩罚；为个人利益而服从
		2	功利主义目的和交易	当和个人直接利益相关时才会遵守规则，公平交换，平等交易
习惯层次	从小学高年级始至青年末期	3	考虑人际期望	固定格式的"良好"行为，符合同龄人和身边人的期望
		4	法律与法令，系统维系	认识到并服从法律权威；完成社会制度的义务和责任
后习惯层次	青年末期以后	5	社会契约和个人权利	仍然重视规则和法律，但更坚持生命、自由等价值和权利
		6	普遍性伦理原则	遵循自己选择的正义和正直的伦理原则

科尔伯格认为，伦理发展会经历三个层次六个阶段，当个体按照阶段性顺序发展时，能够理解自己所处水平之下的所有观点，但是不能理解自己所处水平之上的观点。当自己的认知水平和更高的认知水平发生矛盾时，就会导致认知失衡，从而带动伦理认知的

阶段性发展，这种发展可以通过有意识地培训来促进。科尔伯格认为，伦理认知水平发展程度越高，决策的伦理程度就越高。

第一层次是前习惯层次，处于这个层次的个人以自我为中心，将伦理视为外部强加的规则，这一层次包括两个阶段。

阶段 1：避罚服从，为个人利益服从权威，避免被权威人物惩罚是其主要想法。例如，为什么要听上级的，没其他理由，因为不服从就会被罚。这一阶段，"我是否会被惩罚""我能否脱得了干系"是经常被思考的问题。

阶段 2：对个人的奖励和满足作为考虑的关键。这时已经意识到不能仅仅避免惩罚，还可以从互惠的角度获得满足和奖励。为什么要服从上级，因为支持上级会获得认可和表扬，或者上级对自己很好也曾帮助过自己，有义务回报上级。这一阶段，"我会得到什么好处或哪些回报"则是经常考虑的问题。

简言之，这一层次的人总是站在"从中我能得到什么"的角度思考问题，以关注自己为出发点。阶段 1 的伦理正确标准是服从规则和权力，阶段 2 的伦理正确标准是满足自己需要和要求。如果只是将避免惩罚或者对自身是否有利作为正确的行为标准和出发点，那么就要注意自己是否还处在这个阶段，现实中总有一些人无法从这一阶段成长，即常说的"长不大"。

第二层次是习惯层次，这一层次的个人关注点逐渐从自我转移到他人身上，自我中心程度有所减弱，开始融入社会，将社会所共享的道德准则内化为家庭、工作团队的准则。阶段 3 的伦理正确标准就是为相关者着想，效仿榜样并符合他人期望，阶段 4 的伦理正确标准是承担责任和义务，遵守规则和法律，要对社会负责。

阶段 3：符合周围人期望的事情就是正确的。在这一阶段开始树立他者意识，通过愉悦或帮助他人，获得信任和社会认同是比较重要的。为什么不应该对抗上级？因为这会被认为不忠，可能失去上级和同事的信任以及社会认同。如果这时家人认为应该违抗上级，可能会以家人的期望为正确标准，因为家人相对而言是更为信任的人。这时逐渐将社会的期许内化为自己的行为准则，形成固定格式的"良好"行为。

阶段 4：从社会整体的角度思考问题。这一阶段开始明确自己作为社会一员的责任和义务，遵守法律和规则，承担社会义务，维护社会秩序。为什么应该服从上级？这是基于组织制度和规则的要求，这是组织正常运行的需要，尽管不喜欢上级但违抗是不符合规定的。如果上级的命令有违法律规定，这时可能跳离组织成员的身份要求而转向社会成员的公民身份，违抗上级要求，虽然不符合组织规定，但作为社会公民，更有维护法律的责任和义务。

简言之，处于第二层次的人在做决定时不再以自我为中心，而是寻求外部指导。阶段 3 会考虑周边人的期望，并有一个信任排序，"我的同事会怎么做""我信任的指导者会怎么建议""我的家人有什么建议"等。阶段 4 则从一般法律规定寻找行动的依据，如"法律和规则是如何规定的"。研究表明，在美国，大多数成年人处于阶段 4，养成了以法律作为行动一般要求的习惯，因而这一层次被称为习惯层次。

第三层次是后习惯层次，处于这一层次的个人十分清楚来自他人的期望、法律和规则的要求，但会突破这些期望和要求，更多地从公平正义等道德原则方面思考问题，并坚持自己所坚守的价值观，因此在做决定时自发性更强。

阶段 5：仍然重视法律和规则，因为这代表了社会契约。但是，有些个体在这一阶段会质疑法律，运用公平、正义、生命等伦理价值分析法律的不合理之处，并思考为社会利益而修改法律的可能性。因此，这一阶段的个体会将伦理法则置于社会法律之上，以维护公平正义为目的，以创造最大社会效益为出发点。处于阶段 5 的个体经常会问，"法律是如何规定的""怎么样做才能创造最大的社会效益"

阶段 6：以普遍伦理原则为思考出发点，现实中很少有人能达到这一阶段。需要指出的是，有些人宣称是以什么"原则"或"价值"为出发点的，但是遵从这种原则或价值往往是没有经过深思熟虑的一种盲从，或者是基于害怕和惩罚，典型的就是宗教极端分子所宣称的根据信仰行动。因此，最重要的是要独立思考，审慎行动，基于公正权利和更大利益自发地做出决策。

科尔伯格的理论只是揭示了人的伦理认知发展阶段，在不同阶段具备相应的伦理判断的"能力"，但是在实际决策中，最终行动可能与实际判断能力不相符。但这种状态不会长期存在，因为会造成认知失衡，带来认知压力，会促使个人寻求改变。请阅读下面资料，[①]根据科尔伯格的道德自我发展理论，分析在不同阶段 Heinz 可能会采取的行为。

思考与讨论

Heinz 的妻子得了一种特殊癌症，生命危在旦夕。但有一种药可能可以救她，购买成本为 4000 美元。

Heinz 向所有认识的人借钱，并尝试了所有合法途径，仍只筹得了 2000 美元。于是，他问发明这个药品的医生能否打折或者分期付款，但医生坚决拒绝了。

问题：Heinz 应该闯入实验室为妻子偷药吗？

科尔伯格的道德自我发展理论对于管理的启示是：①因为大多数人处于阶段 4，意味着人们对外界影响力存在高度关注，受奖励系统、角色预期、权威人物要求、团队准则等方面的影响，并四处寻找行为指导规则，这时管理者有责任以一种支持伦理行为的方式去营造工作环境；②处于前习惯层次的员工需要强力监管；③处于普遍性伦理原则水平的个体应被挑选出来领导决策团队；④领导者有高伦理水平，组织伦理氛围更浓，反之亦然；⑤员工与领导者伦理发展水平相似，员工满意度更高、忠诚度更高，若领导伦理水平低，员工满意度和忠诚度都会特别低。[②]

3）性格特征

性格是个人对现实所持有的稳定化的态度和习惯化的行为方式。一般来说，有四种

---

① 科尔伯格. 道德发展心理学——道德阶段的本质与确证[M]. 郭本禹，等译. 上海：华东师范大学出版社，2004.

② 屈维诺，尼尔森. 商业伦理管理[M]. 7 版. 吴晓蕊，陈晶，译. 北京：电子工业出版社，2020.

性格属性能更好地预测和解释人在组织中的行为，分别是控制观念、权威主义、权术主义和风险偏好。[①]

(1)控制观念，包括内控和外控两种类型。内控型是指相信自己命运应该也必须由自己主宰，意志较为坚强，但对世界看得比较冷漠，更多只相信自己不求依赖别人，他们很重视机会并积极寻求发展机会。外控型即认为自己命运受别人控制，这些人一般来说对工作满足感低，对组织较为疏离，工作不想投入。持控制观念的人一般表现出或是满足或是被动的行为特征。相对而言，内控型的人具有更大伦理自主性，外控型的人可通过不断要求他们对自己行为负责来帮助他们认清行动和结果之间的关系。

(2)权威主义，是指对权势的崇拜和渴望的信念。权威主义性格，表现在观念上较为僵化，对上谦恭退让，对下恫吓威胁，不信任别人，由此：①顺从所属群体的道德权威，以权威和地位作为行动依据；②固守自己所属群体或阶层的"优越感"价值观念，排斥甚至仇视其他价值观念的人；③遇事喜欢简单判断(容不得他人意见)。权威主义性格表现出的行为特征大体上或是忠诚或是喜好攻击。管理者需要做的就是如何让员工信任有道德的权威人物，同时加强沟通和意见交换，培养员工的包容心、尊重差异。

(3)权术主义，是指为达目的不择手段进行权谋的企图。这种性格的人趋于自我臆断，重实效和结果(不注重长期目标)，与人保持情感上的距离(视他人为工具或手段)；对上态度毕恭毕敬，报喜不报忧，千方百计讨上级欢心；对下采用恩赐手法，在下级取得业绩或晋升时以感恩态度回敬他，以此网络人心。权术主义者经常表现出或是挑斗或是野心的行为特征。相对而言，高权术主义者更可能有违反道德准则的意图，更可能产生撒谎、作弊、吃回扣等行为。对待权术主义者，必须通过监督机制约束其权力或权欲，并以制度规范、职业道德建设约束其行为。

(4)风险偏好，是指为达目标而敢于承担可能发生的损失的态度。持风险偏好性格的人往往决策果断，办事利索，追求目标更新。高风险偏好者会更快做出决定，并在决策时较少对相关信息进行反复比较分析。相对而言，高风险偏好的人更容易突破伦理准则和规定，管理者可根据员工风险偏好分配工作，同时对有高风险偏好的员工时刻提醒纪律要求和伦理规范。

4)价值观

价值观可以被定义为个人的核心观念，是个人对客观事物(包括人、物、事)以及对自己行为结果的意义、作用、效果和重要性的综合评价，是对什么是好的、什么是重要的、什么是应该的总看法，支配着个人的需要、动机和行为，是个性心理结构的核心因素之一。

关于价值观的研究，有代表性的观点有：奥尔波特-弗农-林赛(Allport-Veraon-Lindzey)价值观量表(1931、1951、1960)、莫里斯(Morris)生活方式问卷(1956)、格雷夫斯(Graves)的价值观等级分类、克拉克洪和斯特罗德贝克(Kluckhohn & Strodtbeck，

---

① 朱国云. 公共组织理论[M]. 南京：南京大学出版社，2003.

1961）的价值观取向、高顿（Gordon LV，1961）的人际价值观量表（The Scale of Interpersonal Values）以及塞普尔（Super D E，1970）的职业价值观调查表（Work Values Inventory）等。

米尔顿·罗克奇（Milton Rokeach，1967、1973）认为，各种价值观是按一定的逻辑意义联结在一起的，它们按一定的结构层次或价值系统而存在，价值系统就是沿着价值观的重要性程度的连续体而形成的层次序列。进而他将价值观分为终极性价值观（Terminal Values）和工具性价值观（Instrumental Values），终极性价值观代表着一种理想化的状态和结果，是人一生希望实现的目标，指向的是个人价值和社会价值，而工具性价值观是指实现这些理想化状态的行为方式或手段，指的是道德或能力（见表 2-3）。

表 2-3　罗克奇价值观调查表（1967，1973）

终极性价值观	工具性价值观
舒适的生活（富足的生活）	有抱负（辛勤工作、奋发向上）
振奋的生活（刺激、积极的生活）	心胸宽广（开放）
成就感（持续的贡献）	有才干（有能力、有效率）
和平的世界（没有冲突和战争）	欢乐（轻松愉快）
美丽的世界（艺术和自然的美）	清洁（卫生、整洁）
平等（兄弟情谊、机会均等）	勇敢（坚持自己的信仰）
家庭保障（照顾自己所爱的人）	助人（为他人福利工作）
自由（独立、自主的选择）	宽容（谅解他人）
幸福（满足）	正直（真挚、诚实）
内在和谐（没有内心冲突）	富于想象（大胆、有创造性）
成熟的爱（性和精神上的亲密）	独立（自力更生、自给自足）
国家安全（免遭攻击）	有理智（有知识、善思考）
享乐（快乐、休闲的生活）	有逻辑性（理性的）
灵魂得到拯救（救世的、永恒的生活）	博爱（温情的、温柔的）
自尊（自重）	顺从（有责任感、尊重）
社会承认（尊重、赞赏）	有教养（有礼貌、性情好）
真正的友谊（亲密关系）	负责任（可靠的）
睿智（对生活有成熟理解）	自控（自律的、约束的）

每个人都或多或少地具有各种价值观，只是核心价值观因人而异，社会交往中人与人的主要区别就在于人们如何将价值观排序。有的人认为欲望的满足重于一切，有的人认为健康比什么都重要，也有人认为助人为乐是最重要的。秉持什么样的价值观，不仅会影响人们的职业选择和生活方式，也会影响人们在具体情境中的决策和行动。

自我测试

认清自己的价值观很重要，请扫码测试你的价值观。

5）情绪　　　　　　　　　　　　　　　　　　　　　　　　　　　　　（扫码测试）

很多理论和方法都假定人们会冷静、理智地做出决策，事实上，在具体情境中，人们的理性并不总是会得到充分的激活和运用的，总会"慢半拍"，所以才有"事后诸葛亮"一说，才会有"激情犯罪"这一现象。作为一种心理活动，移情、愧疚、愤怒等情绪在伦理决策过程中也很重要。关于情绪的研究理论有很多，这里对相关理论不做介绍，只是提醒大家，人们在做决策时，一定不要忽略情绪的影响。请思考下面两种情境的哲学难题。

思考与讨论

情境一：一辆失控的火车朝着五个人驶去，如果什么都不做，这五个人肯定会死。如果你可以把火车转向另一个轨道救这五个人，但这样会杀死另外那个轨道上的一个人。你应该将火车转向吗？

情境二：你和一个陌生人并肩站在立于轨道之上的桥上，唯一能救那五个人的方法是将这个陌生人推到轨道上，这样他的身体就能使火车停住。你应该把这个陌生人推下去吗？

在功利主义者看来，这两个情境的逻辑是一样的，因为都是要牺牲一个人来换取五个人的生命。但是，当具体问到现场中的人们时，绝大多数人认为在第一个情境应该调转车头，牺牲那一个人，但在第二个情境中不应该推下那个陌生人。为什么？心理学家通过实验进行了解释。在第二个情境中，大脑中和情绪过程相联系的部分更为活跃，在决定将陌生人推下去时会花更长时间决策，情绪在这一过程中减缓了思维过程，而对于大脑前额叶皮质损伤(控制情绪的区域)的人，就没有这种反应。日常生活中，在某些情境下，人们会感到不好意思，也许在上述第二个情境中就会出现，还有对某些与自己无关的事或者不存在个人得失的情况下，有些人会义愤填膺，甚至惩罚他们。公平感、同情心、感动等情绪是随人类进化而形成的几种基本的伦理动机。

2. 良好伦理认知的壁垒

在做伦理决策时，认识到上面所提到的个体差异因素非常重要，但是这些因素并不必然保证我们能做出一个理性决策。心理学研究表明，人们在决策中存在很多缺陷和偏见，要形成良好的伦理认知，很必要意识到这些障碍因素的存在。

1) 事实收集

一是人们总是对自己所了解和掌握的事实过于自信。正如人们对"天下乌鸦一般黑"的认知，又如当两个人发生矛盾或者吵架时，人们总是习惯于说"一个巴掌拍不响"。过于自信会让人们看不到其他事实，或者无法找到支持现有事实的证据。二是证实陷阱(Confirmation Trap)的认知偏见，即使收集到所有事实，但人们有一种认知倾向，就是寻找能够支持自己所偏好的答案或信息的证据，而不是寻找能够证明其错误的证据。要克服这种陷阱，就有必要反向思考，多向自己提问："还缺少哪些事实？""现有事实中哪些能证明我们是错误的？"

2) 结果因素

功利主义鼓励我们行动前思考可能产生的结果，但是要考虑各种结果是费时费力的，有些结果甚至不很明朗，因此简化决策，往往会减少所考虑到的可能结果。一是忽视那些影响人数较少的结果，当有些结果虽然影响到的人数少，但后果很严重，如一种药物研发，虽然发生致死概率很小，但是只要发生可能就是致命的，这种结果不能被忽视。二是更偏向于考虑对自己(或与自己时空距离更近的人)影响更直接或更明显的结果，尤其是当有些结果模糊不清时。三是对风险结果存在幻觉，例如：乐观主义的幻觉(Illusion of Optimism)，总是高估出现好事的可能性，低估出现坏事的可能性，口头禅是"不会那么倒霉""这种可能性很小"；控制幻觉(Illusion of Control)，过于自信，认为一切尽在掌握中，"这种事情不可能发生"；证实偏见(Confirmation Bias)，即前面所讲，人们倾向于只关注那些能够证实个人偏好决策正确性的信息，因而即使考虑到了风险，也不会以完全理性的方式看待；更少损失更多收益(Less Lost and More Gain)，如果决策时太注重损失而不是收益，就会更倾向于违反道德准则。四是沉淀成本所引起的承诺升级，虽然已出现明显的损失，但是有前期大量的人力、物力投入而不愿及时止损，从而"赔了夫人又折兵"。

3) 正直感

心理学研究表明，人们会有一种"优越幻觉"(Illusion of Superiority)，把自己的道德标准想得太正面了，认为自己(自己所代表的群体、组织)会比其他绝大多数人更有道德、更公平和更正直，前面提到的权威主义者更可能会有这种"优越幻觉"。

这里有一个小小的建议，当你发现有下列想法时，请停下来并思考：

事实支持了我们的决定；

坏事不会发生；

我们是有道德的人——我们不会做任何坏事；

我们已经投入这么多了——现在没法放弃。

4) 下意识的偏见

意识到偏见的存在，对我们做伦理决策是非常重要的。一种被称为内隐联结测试(Implicit Association Test，IAT)的研究表明，人们倾向于将白人、年轻人、正常人、爱情……与积极的或正面的词汇联系起来，而将黑人、老年人、残疾人……与消极的或负面的词汇联系起来。暂且不论这种研究结果的科学性如何，但下意识的偏见对我们决策和行动的影响远远超出我们的想象。很多时候，我们有意识地反对而且真心觉得自己没有那些偏见，如种族歧视、地域歧视等，但意识到这种偏见的潜在性是没有坏处的。

有必要注意现实中一种被称为道德推脱(Moral Disengagement，也译为道德脱离)的心理现象。所谓道德推脱，是指一种个体特定的认知倾向，即在做出不道德行为后关闭自我控制系统的倾向，不会因不道德行为而感到不舒服，甚至将不道德行为看成是正当的、道德的。毫无疑问，这种道德推脱心理也是阻碍我们形成良好伦理判断的影响因素。如果出现下列道德推脱的情况(表 2-4)，请停下来并思考。

表 2-4 道德推脱的表现

类 型	道 德 机 制	示 例
与看法有关	委婉标签	读书人不算偷
	道德辩护	打你是为你好
	优势对比	五十步笑百步
与结果有关	责任转移	老板叫我做的
	责任分散	这是团队所做的决定
	结果扭曲	这没什么大不了的
与身份认同有关	去人性化	可怜之人必有可恨之处
	责备归因	这是他们自己的错

2.2.2 组织因素

现代社会，组织无孔不入，"从摇篮到坟墓"，我们时时刻刻都在与组织打交道。正如美国学者威廉·怀特所言，现代社会中的人是一个"组织人(Organization Man)"。作为一名"组织人"，人们做决策时会受到组织战略目标、奖励体系、工作中的权威、责任、组织文化等各方面因素的影响。其中，奖励体系、工作中的权威以及责任是最为直接的影响因素。

1. 奖励体系

请阅读以下案例，并思考案例中提出的问题。

A 公司的市场活动费采取与合作伙伴 B 公司各负担 50%的方式。每次举办活动时先由 A 公司市场总监个人垫付，活动结束后市场总监向 A 公司财务部提交费用明细和全部发票，财务部为其报销全部费用后再向 B 公司申请 50%的费用返还。由于 B 公司不派人参与具体活动，因此也就不清楚每次活动到底花多少钱。于是，A 公司为了激励市场总监，默许其每次报销时加进去 1000～5000 元发票，当然这些发票并没有用于真正的市场活动，同时 A 公司与 B 公司市场费审核人提前约定好，只要通过了审核，多报销出来的费用由 A 公司的市场总监和 B 公司的审核人均分。这样一来，A 公司通过这种操作变相给市场总监增加收入，同时维护了与 B 公司审核人的关系。如果你作为 A 公司新上任的总经理，你会怎么办？你会首先从哪个角度分析？

上述案例存在的问题，可以从很多角度去分析，其中有一点就是，A 公司对市场总监的激励显然是一种不道德的方式(也许还有法律层面的问题)。关于奖励体系，可以从以下几方面来思考。

(1)人们总是做能得到奖励的事，回避受惩罚的事。趋利避害是人的本能，组织中的人会持续寻找奖励和惩罚的信息，他们知道要在工作中获得成功，就要确定并去做受到奖励的事情，奖励意味着组织的认可。"有回报才有动力"，这是一句道理再明显不过的谚语。

(2)奖励体系也会刺激不道德行为。目标管理是企业中最为流行的管理方式之一，能够指导并激励人们去完成组织设定的目标，并因此而获得奖励，积极意义在于能很好地实现组织战略和目标，消极意义在于会鼓励人们只盯着目标而忘了其他方面，只追求结果而不顾手段和方式，追求"短平快"，忽略长期目标，甚至为了实现短期目标而弄虚作假，等等。

(3)关于奖励体系的建议，充分运用伦理的"皮格马利翁效应"（在心理学上也称为罗森塔尔效应），设置较高预期的伦理行为和绩效，让人们在关注达成目标的同时，也要注意达成目标所使用的方式，既保证人们去做"正确的事"，也督促他们"正确地"做事。

(4)要运用好惩罚。同错同罚是公平原则最基本的内容，公平的惩罚会带来积极效果，如行为得到改善，员工变成更好的公民；同时在适用惩罚时要给员工以解释机会，任何人都有为自己"有罪"行为辩护的权利，这是自然正义的核心；当然惩罚在私下进行，是对员工最基本的尊重，因为公开惩罚只会增加员工"被审判"的羞辱感。

2．工作中的权威

在马克斯·韦伯看来，现代社会中的组织是一个纵向等级化、横向部门化的科层制组织（Bureaucracy，也译为官僚制组织）。这些组织如企业、协会、政党、军队等都是权威结构。这种权威结构要获得理性化的秩序，隐含着一个基本假设：作为一个"好的"成员，必须放弃一定程度的独立性和自主性。美国心理学家阿基里斯（Chris Argyris）提出的"不成熟-成熟"理论，揭示了组织中的成员是被动、依赖和缺乏自觉的。组织中，管理者的角色是告诉员工做什么，员工的角色是接受管理者的指令，一切行动听指挥，只有这样才能让组织避免混乱而有序运行。可以说，现代社会中的所有组织都是以权威结构为其基本架构的，其组织伦理就是强调团队以及对组织的忠诚高于个人的良知。[①]著名的米尔格拉姆实验证实了这种组织伦理。

>> **拓展阅读**

米尔格拉姆实验

20世纪60年代末，美国社会心理学家米尔格拉姆（Stanley Milgram）花钱招募了来自康涅狄格州纽黑文的人来参加一个小时的研究，以观察惩罚在学习上的效应。

这些实验对象被要求在一个学习实验中扮演教师和学生。学生被固定在一个椅子上，他的手腕系着电线。教师坐在一个发电机旁边，向学生提问。每当学生回答错误，教师被告知要对其加以电击——事实上没有真正给予电击。当"电击"加强时，学生表达了不适，最后尖叫直到保持沉默。在这个实验中，很多教师都会质疑实验主持者而且表达了停止要求。穿着白色实验室服的主持者只是做出如下程式化的回答："虽然电击可能很

---

① WILLIAM W. The Organization Man[M], New York: Simon and Schuster, 1965.

疼，但是不会留下永久的组织性损伤，请继续。"如果教师继续抵抗，实验者就会用三句话连续刺激："这个实验要求你继续。""你继续是绝对必要的。""你没有选择，你必须继续。"如果教师继续抵抗，这个实验就会停止。

让米尔格拉姆和其他观察者惊讶的是，实验中 65%的(40 人中 26 人)教师接受权威人物指令坚持到最后，尽管他们感觉不适并表达了他们的矛盾。他们可能觉得拒绝继续下去会挑战实验主持者的权威、实验的合法性，而且可能会让自己尴尬。这时，他们仿佛受到权威约束必须去做，而不是作为独立的成年人可以在任何时间结束这种实验。而具有道德认知的教师更可能挑战实验者的权威，更可能停止给予电击。

这一实验在 2009 年被部分地复制，得到的结果与米尔格拉姆的实验结果类似，而现实中很多事情也证实，即便是进入 21 世纪，人们仍然会遵从权威人物的指令，即使其发出的指令是不道德的甚至是违法的。这一实验结果给管理的启示就是：组织中权威人物的行为必须有道德，并且权威人物要传递这样的信号，即每个人都应该有高道德标准。可问题是，当权威人物发出了不道德的和违法的命令时，下属应该怎么办？别无他法，此时一定要停下来想一想，即便困难重重，也要学会说"不"，要敢于说"不"。

3. 碎片化的责任

米尔格拉姆实验同时向我们表明，要求权威人物任何时候都有道德或合乎伦理的行为是不现实的，个人责任感才是道德行为的前提。换言之，行动的内在决定力量是个体。但是在组织中，个人通常会和他的行动脱节，而且意识不到这种脱节，不觉得自己应该负有责任。这是因为，在层级化和部门化的组织中，责任被碎片化了。没有人觉得有必要负责，最后也就没人负责，不道德行为就更可能发生。具体来说，个人可能觉得不对组织行为负有责任的原因有以下四方面。

(1)责任被转移了。在层级组织中，每个人都是组织的螺丝钉，每个人都在执行上级的指令，个人通常被鼓励将责任转移给更高层级的人，直到将责任转移到最高层级的决策者。一方面，个人认为是在执行上级的命令，自己别无选择，自然责任也应该归属到上级，继而会疏于从伦理角度思考问题；另一方面，即使个人意识到伦理问题，在向上级报告时，通常得到的回答是"别担心，我们会考虑每件事"，这种行为免除了个人对行为后果的责任，以后遇到潜在的伦理问题也会停止向上级报告。

(2)群体决策的思维。在组织中，重要的决策通常是群体行为。因此，决策的责任在所有成员中分散开来，结果是没有任何人觉得应该负有责任。群体决策思维有以下几种："旁观者思维"，即当有其他人在场时，往往将责任分散给所有旁观者；存在一种"群体思维"，既可能是出于群体表面一致的压力，也可能是对保持群体和谐一致的高度关心，个人往往会放弃独立思考或者对自己的不同意见保持沉默；存在一种"道德幻觉"，即认为作为一个团队，不会做任何不好的事情。

(3)责任被分散了。科层制组织中，责任是按照等级和部门划分的，责任划分对于现代工作所要求的专业化是必要的，但这同时也将一个完整的责任分散到了不同层级、不同部门、不同岗位，这意味着每个岗位上的人只能看到自己面前的东西，而不能看到完整的画面，所掌握的信息是片面的，因此只能对自己的"部分行为"负"片面责任"，如果每个人都只承担"片面责任"，也就无人承担"整体责任"，最后是责任被取消了。1968 年，美国军队在越南南部美莱村，对没有任何武器的妇女、儿童和老人，持续屠杀了一个早晨。但是在最后的调查中，几乎没人应该对此负责，因为从下达命令的五角大楼官员到执行轰炸任务的飞行员、运送炸弹的人、生产炸弹的人，甚至提供情报的人，都在忠实地履行组织赋予的岗位责任，每个人作为组织一部分，都必须通过自己的工作为整个团队负责。任何成员都毫无例外地没有道德心，这就是"良知的破碎"。

(4)与潜在受害者的心理距离稀释。当潜在受害者在心理上很遥远或不在视线范围内时，人们会很难觉得自己应该对任何消极后果负责。在米尔格拉姆实验中，当教师和学生在一个房间时，教师的服从水平下跌了 20%多（从 65%下跌至近 40%）；当教师被要求强迫学生把手放在电击碟子上，服从水平又下降了 10%。这表明，心理距离越短，教师个体责任感越强。此外，当米尔格拉姆穿着普通人服装主持实验时，教师的服从水平从65%下跌到 20%，这表明之前的实验中责任被分散给权威人物了，人们在心理上觉得自己远离了他们的行为结果，时空距离越远，认为责任越小甚至与自己无关。

作为组织的领导者和管理者，要意识到碎片化的责任往往是组织成员不道德行为的重要组织根源。如何应对这一组织困境？简单来说：一是要梳理和重新设计组织流程，合理划分权利和责任，岗责明确；二是纵向上充分授权，横向上整合部门，权责一致；三是加强信息共享，强化合作；四是突出个人责任，明确奖惩制度。

2.2.3　行业/职业因素

1．角色的去个体化

在社会经济活动中，个人不仅是组织中的一员，也是更大范围内某一行业领域内的从业者或者职业人员。社会对某一行业和职业都有某种期许，集中体现为从事这一行业的从业者或职业人员的行为标准和模式，这就是社会角色。员工不仅是企业中的一员，也被赋予了社会角色，角色为人的行为确定了适配的标准，是指导行为强有力的力量。因此，在进入某一行业或从事某项职业伊始，组织领导和管理者、同事甚至家人都会要求或建议尽快进入角色，以角色规范要求自己，快速成为一个合格的角色扮演者。人们往往也会努力完成社会赋予他的角色，而对角色的认同会减少自己作为独立个体的意识，这一过程就是"去个体化（Deindividuation）"。

当个体"在角色中"行动并且按预期的去做，就意味着是在做正确的事，会被认为合格地甚至成功地扮演了赋予他的社会角色，因而也是道德的。但是，当不道德或者非法行为被不恰当地赋予"角色"时，或者"角色"所允许的行为与其他价值原则相冲突时，按照角色行动是否还会在道德上被认可呢？请看下面的一则经典试验——津巴多实验。

>> **拓展阅读**

津巴多实验

1971 年夏天,斯坦福大学心理学教授菲利普 · 津巴多(Philip G. Zimbardo)和同事们在大学地下室搭建了一个模拟的监狱,并且征集了 24 名心智正常、身体健康的志愿者,每人每天可以得到 15 美元报酬,但是必须完成 14 天的实验。这些志愿者被随机分成两部分,12 个人充当"警察"的角色,另外 12 个充当"囚犯"的角色,实验时每组只有 9 人,其余 3 人后备。实验模拟真实监狱环境,"囚犯"分别被"警车"押送到"监狱",然后被搜身,扒光衣服,清洗消毒,穿囚服(像连衣裙一样的罩衫),右脚戴脚镣。

几乎没有例外,"狱警们"都很享受这种社会权力和狱警角色的地位,一些人因这个经历感到欢欣鼓舞,强化了他们角色中的进攻、威胁和侮辱性。"囚犯们"情绪也发生了很大变化,表现出极度焦虑、绝望和卑躬屈膝,有些还极度抑郁。实验仅进行了 6 天便终止了。

实验结束后,"狱警们"表现出了兴奋和对自己出现的黑暗面的沮丧。当一个完全正常的人被放置到一个残忍的和具有侵略行为的角色位置时,他就会变成那样的人。

2. 角色冲突会导致不道德行为

任何一个社会对每一个职业都会有角色期待,例如,社会对医生职业的最基本的期待就是"救死扶伤";对教师职业的基本期待是"为人师表""学为人师、行为世范";对法官、律师等法律从业者的基本期待就是"维护社会公平正义"。请思考,你所在的行业或职业是否有角色要求?如果没有,为什么?如果有,请描述出来。

在社会中,角色不是孤立存在的,那些相互依存、相互联系和相互补充的角色就构成了角色集。一个人不仅承担着多重角色(内部关系),并且总是与不同人群打交道(人与人之间的外部关系),这些角色之间并不总是一致的,甚至会有冲突。这就是说,角色冲突既可能是来自不同个体之间的角色要求,如管理者与员工、医生与护士之间的冲突,也可能来自一个人承担的多重角色之间的要求,如在家中既是孩子的父亲,也是父亲的儿子,同时还是组织中的领导……。不同的角色要求,会给个体心理带来冲突和压力,而这种冲突和压力会通过不道德行为得到解决,如撒谎、造假。

在伦理决策中,个人所面临的角色冲突主要是内部的,这是由人的社会属性所决定的。这些冲突可高度概括为"组织角色—职业角色—社会角色"之间的冲突。例如,某会计师事务所的审计人员,既是事务所的工作人员,有忠于事务所的基本义务,同时也是会计行业的从业人员,需要遵守会计师协会的道德指南,最后也是社会公民,有维护国家和社会整体利益的责任和义务。研究表明,很多人会更认可组织角色,这也证明了组织因素在个人伦理决策中的地位,但是要明白,在组织角色外,职业角色和社会角色同样也是不可忽视的重要角色。在很多商业丑闻中，组织成员正是基于组织角色行动而忽略了职业角色和社会角色的要求，如安然事件中的审计人员。

3. 角色规范能支持道德行为

冲突性角色会给人带来压力，使他们不诚实，会弄虚作假或者做出其他不道德行为，那么，作为管理者，应该怎么办？最好的办法就是将不同角色要求的冲突最小化。首先，要明白这些角色冲突既可以是组织内的(组织角色)，也可以是组织外的(职业角色和社会角色)，既可以是与工作直接相关的，也可以是与工作无直接关系但会影响工作的，如在家庭中的角色、在其他组织中的角色等。其次，与员工讨论，分析在工作中会遇到哪些角色冲突，查找冲突来源。最后，尝试重新设计工作流程和行为规范，将这些冲突最小化。

客观上讲，将角色冲突最小化是很难做到的，即便不能做到最小化，但意识到角色能够影响行为，这对于伦理决策也有重要意义。这就是说，一方面，从消极角度看，尽量将不同角色要求的冲突最小化，避免不道德行为的出现；另一方面，从积极角度看，意识到角色对行为的影响力，可以将道德行为纳入角色要求里。例如，检举揭发在很多组织中都是一个困难的行动，对于警察、审计人员如此，对于考场上的学生而言也一样，这有背叛组织和同事、同学的考虑。但是，如果将检举揭发写入工作规范和守则里，这种行动可能就变得容易了。因为，检举揭发同事、同学的不当行为是角色的明确要求，这是一项角色义务，是一项角色责任而不是自愿的道德行为。

组织中的管理者，应当考虑组织角色在多大程度上鼓励了道德或不道德的行为，对于支持或鼓励不道德行为的角色应当改变，对于支持和鼓励道德行为的角色应当加强，最好可以明确为角色的内容和要求，强化员工的角色意识和角色期待。

2.2.4 社会因素

1. 群体规范的影响

作为一个社会人，我们生活在群体中，组织中有非正式群体的存在，社会中我们都有自己的朋友圈子。无论是正式的还是非正式群体，都能成为伦理决策的重要影响因素，尤其要注意的是非正式群体的影响。因为"非正式群体"通常被误认为"社会"的代名词，前面我们在介绍美德论时，提到向社会公开的原则，公开背后隐含着一个"社会"群体的判断标准。"大家都这么做""每个人都这么做"，这种说辞会被频繁地用于不道德行为的辩解。

首先，遵从群体规范会将不道德行为合理化。如果群体规范是不道德的甚至违法的，那么遵从群体规范的行为就会将不道德行为或违法行为合理化。例如，组织开展活动时会有一些无法正常报销的发票，虚报开支或者用其他发票替代成为大家的基本做法，甚至管理者自己也是这么做的，实际上这就默许了违反规则是可以的。又如，有一位在职学生所在的公司，规定了严格的进出办公区域打卡制度，上班时间离开办公区域不得超过 15 分钟，上卫生间、打水、外出取快递甚至因工作事宜，只要离开办公区域超过 15

分钟即视为办私事。为此，员工们的做法是出办公区域时不刷卡或尾随同事出去，进办公区域时请同事再帮忙开门，而且"每个人都这么做"。这样的例子举不胜举。

其次，遵从群体规范会鼓励或迫使人们做出不道德行为。"每个人都这么做"除了可以合理化不道德行为，还会使得一些人基于从众心理而"不得已为之"，这些人内心其实十分清楚这种行为是不道德或不符合规则的。从众压力是一种和群体配合的压力，如果不配合就会显得其特立独行，并不讨人喜欢，当然也不会赢得群体的信任，甚至被群体所排斥，这就是"水至清则无鱼，人至察则无徒"。很多人愿意配合不道德行为，是因为他们需要被接受，尽管他们不愿意违背规则，但在群体环境中，他们认为自己没得选择，只能遵从，或者至少别人这么做时自己保持沉默。

无论是基于合理化的考虑，还是从众压力的选择，如果"每个人都这么做"，那么社会共识会很低。我们往往会认同偷盗行为是可耻的，但当处于利益关系中时，我们又会想着依靠"利益输送"和"关系交往"，并认为这是我们不得不做的"社会现实"的一部分。需要反思的是：这种屈从于所谓"社会现实"的行为是否比盗窃行为在道德上就高尚？现实中，这种"不得已而为之"的事情还有多少？请阅读下面的故事。

>> 拓展阅读

平庸之恶

美国著名犹太裔学者阿伦特（Hannah Arendt）参加了 20 世纪 60 年代初对德国纳粹分子艾希曼（Adolf Eichmann）的战争罪审判。

艾希曼出身卑微，后成为德国纳粹党卫军的高级官僚。他负责驱逐欧洲犹太人，并参与策划"最终解决方案"——第二次世界大战期间有计划地杀害数百万犹太人和其他人，因此被称为"死刑执行者"。第二次世界大战之后，艾希曼被美军抓获，但他设法逃离了美国的羁押，并在天主教会的帮助下逃到阿根廷。在那里他以各种化名居住，直到以色列特勤局摩萨德于 1960 年将他抓获并带到以色列。

以色列指控艾希曼对犹太人犯下罪行，并在耶路撒冷对他进行审判。他被判处死刑，并于 1962 年 5 月 31 日被处以绞刑。

阿伦特以特约撰稿人的身份，现场报道了这场审判，并出版了《耶路撒冷的艾希曼——一份关于平庸之恶的报告》，提出了著名的"平庸之恶"的概念。阿伦特认为，罪恶分为两种：一种是极权主义统治者本身的"极端之恶"；一种是被统治者或参与者的"平庸之恶"。对于显而易见的恶行不加限制，或是直接参与其中，这就是"平庸之恶"。与"极端之恶"相比，"平庸之恶"有过之无不及，更需要人们警惕。

阿伦特描述道，坐在审判席上的艾希曼，"不阴险，也不凶横"，完全看不出是一个恶贯满盈的刽子手。艾希曼自己也辩解道：他是完全按照康德的道德律令生活，作为一名军人，他只是在服从和执行上级命令，作为一名公民，他所做的是当时国家法律所允许的。阿伦特指出，与托儿所或奴役状态下不同，成人的服从隐含着同意，对那些参与恶行并服从命令之人提出的问题绝不应该是"你为何服从"而是"你为何支持"，在道德事务中没有"服从"这回事。①阿伦特通过对艾希曼事件的反思，揭示了现实生活中广泛存在的"平庸之恶"，这种恶以"每个人都这么做"之名，放弃了自我思考和判断，事实上当时卷入杀害犹太人的纳粹分子，大多是普通的社会公民，并且有些犹太人还参与了纳粹集中营的修建等工作。如果以体制之名，以社会之名，放弃对道德问题的思考，对明显违反道德价值的现象无动于衷甚至"助纣为虐"，这就是集体沉默和集体无道德意识，集体沉默意味着个人责任的全面崩溃，集体无道德意识则意味着全面的道德瓦解。

2. 整合多重标准的自我

作为企业中的一员，无论是管理者还是员工，对于社会群体中的不道德行为，怎么办？最简单的应对之道就是：清楚地说明规则并强化它们。

如果规则是合理的，就要重申规则并坚定地维护规则，如关于准时上课的规定。如果诚信是你一直奉行的价值准则，那么当你上司或同事让你帮他(她)撒谎的时候，你就要坚定地说出来。如果规则不合理，就要思考如何修改规则。例如，上文中大家都用其他发票来冲抵开展组织活动时无法报销的费用，那么就需要修改财务规则，让员工在组织正式活动中所支出的一些费用得到合法的补偿；关于进出办公区域打卡的制度，如果大家都无视该规定，就应该改变规则，将合理行为纳入规则允许范围之内。当然，作为管理者，还需要敏锐地意识到组织中非正式群体规范的力量，有必要识别非正式群体的领导并影响他，或者改变奖励系统，激励人们做符合道德的行为。

前面分别从个体、组织、行业/职业、社会等方面描述了伦理判断的影响因素，从理论上区分这些因素是容易的，全面考虑这些因素，也许并不会让我们做决定更容易。怎么办？如何平衡这些因素的影响？没有灵丹妙药。从自己做起，确立多重伦理标准的自我。

首先要分析你自己。你必须充分意识到，在不同环境背景下，不同的人有不同的道德标准，包括你自己。从分析你自己开始，你秉持什么样的价值观？你是一个什么样的人？职场中的你和日常生活中的你是一致的吗？如果不一致，怎样才能把两者统一起来？办公室中的你，在同事们心目中是什么样的？请依据美国阿斯彭研究所曾经开发的一个项目"为你所重视的事情发声"②，认识你自己。毫无疑问，如果你是一个"完全"正直的人，就能成为下属的榜样和同事们心目中值得信赖的伙伴，那么他们也更可能会受到启发而成为"完全正直的"人。

自我测试

请扫码进行"为你所重视的事情发声"测试。

（扫码测试）

---

① 阿伦特. 责任与判断[M]. 陈联营，译. 上海：上海人民出版社，2011.37-38.
② 屈维诺，尼尔森. 商业伦理管理[M]. 7版. 吴晓蕊，陈晶，译. 北京：电子工业出版社，2020.

　　其次，想想你的直接下属和同事们。当然，不要以个人背景、学习经历、职业经历、宗教信仰、家庭生活或者为社区做的好事来假设他们在工作中的伦理表现。这些因素的确能预测或反映一个人的伦理形象，但这并不意味着他们在工作中一定会有伦理的行为。最好的办法，就是和他们交流，通过询问或者以调查问卷等形式，了解他们的道德观点、分析问题的思维方式，并通过交流，将你所关心的伦理问题传递给他们。这种双向交流，可以帮助你认清组织中哪些因素会制约伦理行为。

　　最后，评估组织环境是否支持伦理行为。如果组织支持伦理行为和正直感的工作环境，这正是你想要的，那么恭喜你。如果组织不支持伦理行为，甚至有一个糟糕的文化环境，这与你的希望大相径庭，那么可以考虑"择良木而栖"。

　　无论是什么样的情况，如果想要平衡好各种因素对自己伦理判断的影响，想要成为自己所希望的那样，一定要独立思考，整合多重标准的自我，不受公共领域、私人领域、日常生活领域多重划分的藩篱所限，做到在人前人后、台上台下、家里家外都一样有道德。

2.3　伦理决策的步骤和模型

　　伦理决策是人们应用自身所具备和社会通行的道德观念分析具有道德意义的现实问题，并做出合乎道德的选择、判断等导向行为的过程。这是一个理论联系实际的复杂过程，相关理论主要有功利主义、道义论和美德论，实际影响因素包括个人、组织、行业/职业以及社会四个方面的因素。在此基础上，依据相应步骤，运用相关决策模型，有助于更好地进行伦理决策。

2.3.1　伦理决策步骤

　　诺贝尔经济学奖获得者赫伯特·西蒙认为"管理就是决策"，决策是管理活动的核心内容，贯穿于管理的全过程。他认为，决策的前提有两个因素：价值因素和事实因素，价值因素是指决策者的个人好恶，事实因素是决策中所依据的客观事实。在此基础上，做出伦理决策一般需要具备以下三个条件。一是存在一个具有道德意义的急需解决的客观问题。是否具有道德意义，取决于我们的伦理意识和敏感性，事实上几乎所有商业活动都或多或少地涉及伦理问题，而是否纳入伦理决策议程，还需要判断其是否"急需解决"。这里的"急需"并非仅仅指时间上的紧迫性，也指决策后果产生影响的重要性，有些伦理问题的后果在时间上可能并不紧迫，但其结果的影响会很大。二是必须拥有特定道德观念的决策主体，这是伦理决策价值因素的载体，决策主体拥有什么样的道德观念，具备什么样的伦理认知水平和能力，会影响伦理决策的质量。三是受到限制的决策环境，这是伦理决策事实因素的集合，正是环境中这些客观条件的限制才构成了一个伦理困境，这些条件确定了伦理决策要分析的基本内容——用什么伦理原则、会影响谁、有什么后果、相关人员权益是否得到保障等。

关于伦理决策的步骤，理查德·T.乔治总结了 13 个步骤，[1]德鲁克概括了 6 个步骤，这些步骤基本包括了西蒙所提出的决策分析四个阶段。[2]这里主要介绍屈维诺和尼尔森所提出的 8 个步骤。[3]

步骤 1：收集事实，明确限定条件。 这一步就是情报收集活动，"没有调查就没有发言权""做好功课"，是伦理决策的基础。如何收集事实，有哪些事实，有时我们并不是很清楚，即使清楚了也不一定能收集到。因此，事实收集没有范围，当然是越全面越好，除一般的时间、地点、人物、内容、过程外，也包括可能涉及的法律条文、行业规范、公司守则等。

步骤 2：确定伦理问题，界定伦理冲突。 在遇到伦理困境时不要直接跳向解决方案。这一步要对问题进行分类：是企业或者行业内普遍存在的伦理问题，还是本企业存在的特例性问题？特别在什么地方？抑或是新出现的伦理问题，没有前例可循？明确了问题类型，需要进一步审视伦理问题，分析其中涉及的主要价值观的冲突。这些冲突既可能是忠诚、诚实、守信、公平、公正等价值原则之间的冲突，也可能是功利主义与道义论之间的冲突。这一步会考验我们的伦理意识和伦理认知能力。

步骤 3：确定受影响各方，厘清所有利益相关者。 功利主义者希望界定出所有可能得到益处或受到伤害的利益相关者，道义论者则希望了解到该情境中涉及了谁的权利、谁有义务采取行动。在这一步，需要从他人立场思考问题，即"换位思考"和"角色扮演"，鉴别出所有受影响的利益相关者。事实上，一旦从利益相关者角度思考问题，可能的结果就会慢慢浮现出来。

步骤 4：确定结果。 明确了有哪些利益相关者，进一步思考该决策会给他们带来的结果，这是功利主义的做法。在这分析结果时，注意：①列出可能性很高的结果，没有必要将所有结果都列出来；②不能忽视发生概率很低但会带来很大负面影响的结果（如涉及生命健康的结果）；③要考虑长期结果和短期结果，不能仅仅聚焦于眼前的短期结果；④思考行动潜在的象征性结果，该行动会给周边的人传递什么信息；⑤思考公开性后果的影响，即该决定和行动一旦被公开，会有什么潜在后果。

步骤 5：确定义务，并给出原因，这是道义论的做法。 确定结果后，进一步分析谁对这一结果负有责任、承担什么样的义务、为什么被赋予这些义务，是基于权利规定，还是基于行为准则或者某种价值观的要求。义务基于各利益相关者在社会中所扮演的角色，如审计师对财务信息有如实报告的义务、数据分析师有提供客观数据的义务等。

步骤 6：考虑诚实正直与你的个人品格，这是美德论的做法。 在这一步，首先，思考诚实正直的人会怎么做，你所属的职业团体或者你最尊重的人会怎么做或向你提出什么建议。其次，记住公开原则，最终决策或行动能否经受公开的"审判"，如果不愿公开，

---

① 乔治. 企业伦理学[M]. 7 版. 王漫天，唐爱军，译. 北京：机械工业出版社，2012.

② 西蒙. 管理决策新科学[M]. 李柱流，汤俊澄，译. 北京：中国社会科学出版社，1982.

③ 屈维诺，尼尔森. 商业伦理管理[M]. 7 版. 吴晓蕊，陈晶，译. 北京：电子工业出版社，2020.

意味着肯定有错误。最后，终极思考——向死一问，在一些重大问题上拿不定主意时，想象一下人们会在你的墓碑上刻上哪些字，会在你弥留之际如何评价你。

步骤 7：有创造性地去思考你能采取的行动。经过了功利主义、道义论和美德论的轮番拷问后，发挥想象力，跳出常规思维，去思考是否只存在非此即彼的两种方案、是否有折中的方案。

步骤 8：检验一下你的直觉。上述步骤是一个高度理性的事实收集和分析过程，但也不要忘记直觉的功能。尽管说不要仅仅依靠直觉做决定，但直觉是伦理意识、道德情感、伦理认知水平的反映，是多年社会化经验的积累，做出决定后，用直觉检验一下是非常必要的，当直觉发出警报时，就再思考一下。

上述步骤包含了伦理分析过程的所有要点(事实、结果、道义、美德、直觉等)，但伦理决策从来都不是一个线性的过程。例如，在第 4 步确定结果时，可能由于信息不够全面，又会返回第 1 步再扩大搜索范围。又如，在确定义务时，发现遗漏了某些潜在的重要的利益相关者。有时第 7 步可能就是第 1 步，因为伦理决策是面对伦理困境的，在没有逼入死胡同时根据经验和直觉就可能跳出了非此即彼的选择，有时第 8 步就是第 1 步，在直觉发出警告时再进行理性分析。

此外，上述理性分析过程"费时费力"，而现实中"商场如战场"，有时需要快速做出决定，而迅速做决策的能力往往被视为优秀管理者的重要素质。因此在面临需要快速做决策时：首先不要低估直觉的重要性；其次要争取思考和分析的时间；再次如果有明确的法律条文和组织规则等，迅速找出来，并尽量向周边的人征求建议；最后迅速用公开原则检验。要具备这种快速做决策的能力，归根结底，只能在平时做好功课，了解相关法律条文，阅读公司守则和行业规范，多提问多思考，加强伦理训练。

2.3.2 伦理决策模型

在伦理决策时，既要有充分的理论依据，也要立足现实的情境因素。如何将功利主义、道义论、美德论运用于对现实问题进行分析和道德评价，不同的学者有不同的对待方式，并基于自己所秉持的观点，总结概括出了相应的伦理决策模型。这里主要介绍 4 种伦理决策模型[1]，在按照上述步骤分析时[2]，可以结合这些伦理决策模型进行更进一步的伦理检验。

模型一：伦理检查模型。这是肯尼斯·布兰查德和诺曼·皮尔在 1988 年提出来的，主要包括三个伦理检查项目，被认为是一种"三方模式"(见图 2-2)的伦理检查模型。该模型依据合理的利己论和显要义务论，较为简单实用，无须掌握抽象的伦理原则就可使用，因而被很多企业采用，但该模型将检查重点聚焦于法律和公司规定，缺少系统和深入的伦理分析，并且没有考虑其他利益相关者。

---

① 阎俊，常亚平. 西方企业伦理决策：理论及模型[J]. 生产力研究，2005(8)：167-169.
② 某种意义上，屈维诺和尼尔森提出的伦理决策的 8 步骤，也是一种伦理决策模型，该模型立足于伦理问题的客观分析，充分运用了功利主义、道义论和美德论这三种典型的伦理观点和方法。

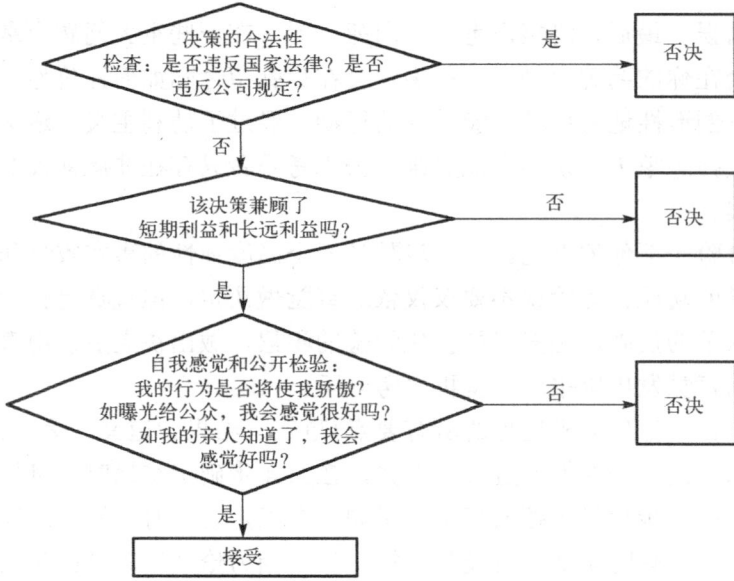

图 2-2 肯尼斯·布兰查德和诺曼·皮尔伦理检查模型

模型二：道德决策树模型。这是杰拉尔德·卡瓦纳等人在 1981 提出来的一种模型。该模型整合了功利主义和道义论的观点（见图 2-3）。根据此模型，一项决策要是道德的，需要通过"三关"检验，除非存在"正当且关键"的理由才能跳过某一关。所谓"正当且关键"的理由是指：标准之间发生了冲突；标准内部发生了冲突；完全缺乏能力来执行这些标准。该模型在具体应用上操作性不强，但也提出了一种伦理决策的思路。

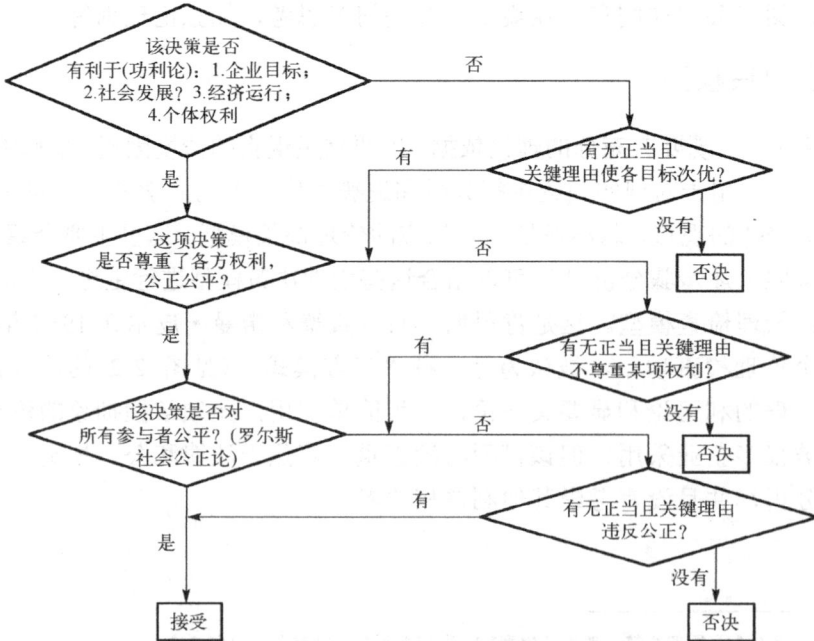

图 2-3 道德决策树模型

模型三："九问式"模型。这是基恩·拉克兹尼亚克，在道德决策树模型基础上于 1983 年提出的。该模型综合运用了功利主义与道义论相结合的对称论，以及显要义务论和公平公正论，共提炼出了 9 个问题(见表 2-5)。决策者可以通过回答这些问题来制定符合道德的决策，如果回答全部是否，则该决策在道德上是可以被接受的。该模型从法律检验开始，逐次进行义务检验、特定组织责任检验、结果检验、过程检验、权利检验和公正检验，不仅考虑了一般道德原则，还兼顾了特殊行业、特定产品所面临的特殊原则。

表 2-5 "九问式"模型

1	该行动违法吗？	法律检验
2	该行动违反以下任一条普遍性道义吗？ ——诚实的责任 ——感恩的责任 ——公平的责任 ——仁慈的责任 ——自我完善的责任 ——无伤害的责任	义务检验
3	该行动侵犯由组织类型产生的特定义务吗？	特殊行业责任检验
4	该行动的动机是邪恶的吗？	目的检验
5	采取该行动会不会发生某种"大恶"？	结果检验
6	是否故意放弃好处相同或更多，而邪恶更少的方案？	过程检验
7	该行动侵犯了消费者不可剥夺的权利吗？	权利检验
8	该行动是否侵犯了其他组织的利益？	公正检验
9	利益受损群体是否属于弱势群体？	

模型四：问题式伦理检验模型。这是劳拉·纳什在 1989 年提出的又一个问题式伦理检验模型(见表 2-6)。该模型从决策动机、结果、利益相关者和长远利益来考虑决策是否道德，并考虑了例外情况。相对于"九问式"模型，该模型的问题更具体、更容易回答，具有一定操作性，但是该模型缺乏一定的理论逻辑，因此其结论难以令人信服。

表 2-6 问题式伦理检验模型

1	你已经准确定义决策问题了吗？
2	如你站在他人立场，会怎样定义问题？
3	问题是怎样产生的？
4	作为一个个人和公司成员，你忠于谁，忠诚于什么？
5	你做该决策的意图是什么？
6	你的决策意图与可能的结果相符吗？
7	你的决策会损害谁的利益？
8	你能在决策前与受影响各方讨论该问题吗？
9	你能确信你的观点在未来能与现在一样有效吗？
10	你能毫无顾忌地与上司、高管、董事、家庭及整个社会讨论你的决策行动吗？在电视上报道如何？

| 11 | 如果理解正确，人们会对你的行为有何看法？误解了又会怎样？ |
| 12 | 在什么样条件下，你会允许对你的立场有例外？ |

除了上述四种伦理决策模型，较有影响的模型还有莱斯特在 1986 年提出的道德决策四要素(道德意识、道德判断、道德意向和道德行为)模型[①]，托马斯·琼斯在 1991 年建立的以道德问题为导向的组织内个人道德决策模型，戴维·弗里切在 1999 年提出的决策支持模型和符合伦理的决策过程模型。[②]另外，有些学者专门针对某一领域提出专门的伦理评价模型。例如，关于营销伦理评价和决策模型，亨特、维特尔在 1986 年提出了营销道德理论模型，迈克尔·布默等人在 1987 年提出了道德和不道德决策的行为模型，欧·费雷尔和约翰·弗雷德里克在 1993 年提出的营销道德决策模型，克雷格·史密斯在 1993 年提出的营销道德连续体模型等。[③]还有就会计领域提出的伦理模型，如保罗·邓恩和芭芭拉·桑迪在 2019 年提出的五因素伦理决策模型。[④]值得指出的是，我国学者周祖城教授在 2001 年提出了二层次企业伦理决策评价模型，[⑤]也具有一定影响力。

本章小结

1．功利主义可概括为：伦理行为和决策应该符合益处最大化、伤害最小化的标准，即给整体带来的正面结果大于负面结果。功利主义关注行为结果，现实中考虑结果是一种负责任的行为，这一方法具有很强的实用性。但是，功利主义不考虑行为过程和行为者，因此也存在不足，主要表现在两方面：一是获取行为后果的所有信息非常困难；二是不符合权利、公正原则。

2．道义论主张道德有其绝对的原则，只要符合相关原则就是道德的，更加注重行为的意图和依据，而不管结果如何。不同的道义论者关注的重心不一样，形成了责任论、权利论、正义论、关怀论等不同观点。一部分人关注权利，主张尊重作为人所拥有的权利；一部分人关注公正，主张给予人应得的权益，无偏见地对待每一个人。一些人强调义务，尤其是特别的关怀义务。

3．美德论认为道德主体的品性是伦理行为的推动力，继而关注行为者的品质、动机和意图，因此美德论更关注道德实践者本人的诚实正直，而不是他的行为或决策。美德伦理学的目标是成为善良的人，达成的途径：一是选择高道德标准的团体作为求助对象；

---

① JAMES R. Rest. Moral Development: Advances in research and theory[M]. New York: Praeger,1986.

② 弗里切. 商业伦理学[M]. 杨斌，等译. 北京：机械工业出版社，1999.

③ 贝克. 市场营销百科[M]. 李垣，刘益，译. 沈阳：辽宁教育出版社，1998.

④ DUNN P, SAINTY B. Professionalism in accounting: a five-factor model of ethical decision-making[J]. Social Responsibility Journal, 2019, 16(2): 255-269.

⑤ 周祖城. 企业决策的伦理评价模型[J]. 决策借鉴，2001，(14)3：11-15.

二是寻求更宏观的社会规范作为指导；三是向身边或心目中最敬重的人学习；四是自我思考和自我精进。

4．伦理判断具有个体差异，影响伦理判断的个体因素主要有伦理意识、伦理认知水平、性格特征、价值观以及情绪等。同时，要形成良好的伦理认知，还有必要意识到在个体方面存在的障碍因素：事实收集、结果因素、正直感、下意识的偏见、道德推脱等。

5．影响伦理判断的组织因素主要有奖励体系、工作中的权威以及碎片化的责任。奖励体系会刺激不道德行为，要充分运用伦理的"皮格马利翁效应"。同时，组织中权威人物的行为必须有道德，并且权威人物要传递这样的信号，即每个人都应该有高道德标准。责任碎片化是组织成员不道德行为的重要组织根源。

6．从行业/职业角度看，社会角色的去个体化功能将减少个体的独立意识。当不道德或者非法行为被不恰当地赋予"角色"时，按照"角色"行动就可能会出现不道德行为。社会角色不是孤立存在的，在伦理决策中，个人所面临的角色冲突主要是"组织角色—职业角色—社会角色"之间的冲突。应尽量将角色要求的冲突最小化，避免不道德行为的出现。同时，角色规范能支持道德行为，可以将道德行为有意识地纳入角色要求里。

7．群体规范是伦理决策的重要影响因素，尤其要注意非正式群体的影响。遵从群体规范有可能会将不道德行为合理化，同时也可能会鼓励或迫使人们做出不道德行为。对于社会群体中的不道德行为，最简单的应对之道就是：清楚地说明规则并强化它们。

8．伦理决策是人们应用自身所具备和社会通行的道德观念分析具有道德意义的现实问题，并做出合乎道德的选择、判断等导向行为的过程。遵循必要的步骤，运用伦理决策模型，有助于更好地做出伦理决策。

关键术语

功利主义	道义论	公正	绝对命令	无知之幕	差异原则
伦理意识	伦理认知发展水平	控制观念	权威主义	权术主义	风险偏好
价值观	伦理认知壁垒	道德推脱	碎片化责任	去个体化	群体规范
平庸之恶	伦理决策				

问题讨论

1．功利主义的主要观点及不足是什么？
2．道义论有哪些不同的观点？
3．美德论的基本观点是什么？
4．影响伦理判断的个体因素有哪些？
5．形成良好伦理认知的壁垒是什么？
6．影响伦理判断的组织因素有哪些？

7．如何认识行业/职业因素对伦理判断的影响？

8．如何理解群体规范对伦理判断的影响？

9．屈维诺和尼尔森关于伦理决策的步骤是什么？

10．从伦理认知发展和控制观念的角度来评价你自己。你的伦理决策过程是怎么样的？和你所知道的其他人的相同吗？

案例分析

请扫码阅读案例，思考以下问题：

1．如果按正常牛奶售卖，请用功利主义分析可能的结果有哪些？

2．请列出可能出现的伦理冲突。

3．你作为这位员工，会采取何种措施，请给出理由。

（扫码阅读）

第3章　普遍存在的商业伦理问题

学习目标

1. 掌握识别商业伦理问题的框架;
2. 理解人力资源伦理问题的主要类型;
3. 理解顾客信心方面的伦理问题;
4. 理解企业资源使用方面的伦理问题;
5. 理解利益冲突方面的伦理问题;
6. 了解会计、环境和大数据方面的伦理问题。

开篇案例

请扫码阅读案例, 思考以下问题:

1. 谁应该为"Q 二药"事件负主要责任?
2. 作为生产者, "Q 二药"应该对消费者承担什么样的道德责任?
3. "Q 二药"在企业管理上存在哪些严重问题?具体原因是什么?
4. 该案例中存在哪些商业伦理问题? 如何评价?

(扫码阅读)

思维导图

3.1 识别商业伦理问题

在商业领域中到底存在哪些伦理问题？除了那些被社会广泛关注的商业丑闻，大部分商业伦理问题也许并不是那么引人注目，但这并不意味着这些问题不重要，事实上正是这些日常活动中的商业伦理构成了商业实践的合法性基础。当我们带着伦理思维来看待现实中的商业活动和企业治理时，就会发现无处不在的商业伦理问题。如何识别这些纷繁复杂的商业伦理问题？

任何一个企业都是一个组织，商业伦理问题实际上是关于企业这个组织的伦理问题，是组织内外各要素之间相互联系、相互作用的结果。一方面，组织是一个技术统一体，更主要的是人类关系的集合，是个人行动的产物。因此，从组织构成角度，可以把企业简单区分为人和物。另一方面，组织有机体不仅有清晰的边界，还自发地与所处环境不断地进行投入—转换—产出—再投入或者输入—输出的转化互动。因此，从系统或环境角度，可把企业边界简单区分为内外两个维度。由此形成了四类商业伦理问题：人力资源伦理问题、顾客信心问题、企业资源使用问题和利益冲突问题，并且随着社会发展，还会出现一些特殊的商业伦理问题（见图 3-1）。

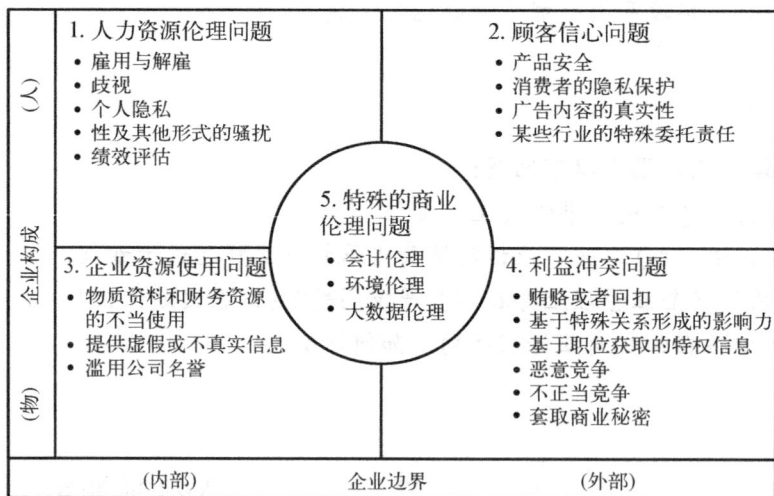

图 3-1　识别商业伦理问题的框架

（1）人力资源伦理问题，这是企业内部与人相关的商业伦理问题。人力资源管理包括员工的选、用、育、留等环节，主要涉及雇佣关系、工作场所、薪酬福利以及日常的"如何相处"等方面的伦理问题。一般来说，人力资源方面的伦理问题，更多体现在企业对员工的义务方面，其中雇用与解雇、歧视、个人隐私、性及其他形式的骚扰、绩效评估等是较为突出的问题。

（2）顾客信心问题，这是企业外部与人相关的商业伦理问题。顾客对企业期许的是优质优价的产品和服务、诚实的产品或服务代理以及顾客信息的安全等，当这些期许不能得到很好实现时，将会影响顾客对该企业的信心。这方面的伦理问题主要涉及产品安全、消费者的隐私保护、广告内容的真实性，以及会计、审计、法律、医学等某些行业的特殊委托责任。

（3）企业资源使用问题，这是企业内部与物相关的商业伦理问题。作为企业的一员，有忠于企业的基本义务，要像对待自己的财产那样对待企业的资源，包括有形资源和无形资源。其中较为常见的伦理问题有财物资源的不当使用、提供虚假或不真实信息、滥用企业名誉等。这类问题主要是员工所面临的伦理困境。

（4）利益冲突问题，这是企业外部与物相关的商业伦理问题。这里的"物"不是指产品和服务，而是指可能会影响商业决策和判断的客观性、公正性的那些"物"，体现为一种利益，只不过这种利益并非其应该拥有的合法利益。这种利益会在企业及其员工与客户、供应商、社区甚至家人和朋友之间带来冲突，从而破坏商业活动的基础——信任。这方面的伦理问题主要涉及贿赂或者回扣、基于特殊关系形成的影响力、基于职位获取的特权信息、恶意竞争、不正当竞争、套取商业秘密等。

（5）特殊的商业伦理问题。随着社会发展，企业活动范围逐渐扩展，其所面临的商业伦理问题不再局限于某些方面，而是全方位的，既涉及企业内部的人和物，又不局限于企业内部。这方面的伦理问题具有很强的专业性，主要有会计伦理、环境伦理和大数据伦理等问题。

上述问题既可能是个人层面的，即员工、管理者在企业中可能会面临的问题，也可能是组织层面的，是企业在经营过程中的组织问题。例如，人力资源中的歧视问题，既有可能发生在员工之间、员工和管理者之间，也有可能是由企业相关规定和制度造成的。又如，产品安全问题，既有可能是员工在生产中所面临的问题，也有可能是一种组织行为。

3.2 人力资源伦理问题

3.2.1 是什么——常见类型

有人说，21 世纪人才最贵。一些研究报告显示，未来商业面临的最大竞争是如何聘用、激励和留住人才。可以说，现代企业的竞争本质上是人才的竞争。笔者的调查结果显示，在企业所面临的商业伦理问题中，人力资源方面的伦理问题占有最大比重，超过了三分之一。作为企业管理的重要职能和内容，人力资源的议题是如何为企业获取（选人）、利用（用人）、开发（育人）和保持住（留人）所需要的人力资源，涉及的人力资源伦理问题主要集中在雇用与解雇、薪酬管理与绩效评估、工作场所中的个人隐私、性及其他形式的骚扰、工作健康等。

1. 工作的权利——人力资源伦理问题的根源

《世界人权宣言》指出，"每个人都有工作的权利，有自由选择就业的机会，有获得公正和有利的工作条件的权利以及受到保护免于失业的权利"。工作权既是一种消极权利——每个人都有权找工作并且任何人都不得阻止他这么做,也是一种积极权利——每个人都有权获得工作的机会,并以工作来获得自我的表达和参与社会。工作权既是一种个人维度的权利——个体通过生产性劳动获得自我发展和自我表达的权利,也是一种社会维度的权利——工作需要并总是和他人一起完成的。如果被雇用是工作的普遍方式,那么积极意义的工作权就变成就业权。

对于员工而言,就业权是否在道德上被承认取决于这项权利是否是一个合理要求。员工为什么享有就业权?学术界从生存权、发展权和被尊重的权利等角度进行了论证,但是一方面并没有充分证明就业权是员工的一项必须被保障实现的权利,因为无论是生存、发展还是被尊重,不一定必须通过就业来实现;另一方面,由于经济社会发展的不平衡,以及个体生理、心理条件的差异性,就业权的具体实现存在着区别,继而存在个体上的"不平等"。即使员工被证明拥有就业权,但这是否意味着企业必须为员工提供就业机会和就业岗位?

从本质上讲,就业权只是一种客观权利,是一种未实现或者说可能的权利,这种权利一旦成为现实,就赋予了企业相应的义务。权利意味着对方的义务,当双方相应的权利、义务失去平衡时就会产生商业伦理问题。本质上,人力资源伦理问题产生的根源是就业权(积极意义上的工作权利)如何实现的问题。

2. 雇佣关系中的人力资源伦理问题

1) 聘用自由

聘用自由是指企业可以在任何时间、任何地点甚至是没有理由的条件下雇用和开除员工;同样,员工也可以在任何条件下自由选择企业。聘用自由的前提是企业和员工双方根据自身意志自由达成合同,但现实中由于客观因素的存在,这种合同的达成往往"不自由"。造成"不自由"的主要原因是员工和企业之间固有的不平等关系,如因生活所迫、受高失业率驱使以及劳动力市场供大于求等因素的限制,员工往往不能自由选择企业,更不能自由确定就业条件,工作往往是被迫的。

2) 就业歧视

歧视是指个人由于与工作要求不相关的原因或者说个人资格要求以外的因素受到了区别、不公平的对待,这些因素包括性别、种族、肤色、宗教信仰、年龄、身高体重、口音、相貌、怀孕、乙肝病毒携带……。因与工作无关的标准就剥夺某些人被雇用的机会,是不合理的。如果所有公司都这样做,某些特定人群的就业机会就不复存在了,这是一种歧视,不仅不道德,在很多国家也受到法律的限制。《中华人民共和国劳动法》明确规定,"劳动者就业,不因民族、种族、性别、宗教信仰不同而受歧视"。2005 年 8 月,全国人民代表大会常务委员会批准了于 1958 年经第 42 届国际劳工大会通过的《消除就业和职业歧视公约》。根据该公约的定义,就业与职业歧视是指,"基于种族、肤色、性别、宗教、政治见解、民族血统或社会出身等原因,具有取消或损害就业或职业机会均等或待遇平等作用的任何区别、排斥或优惠,以及有关会员国经与有代表性的雇主组织和工人组织(如存在此种组织)以及其他适当机构协商后可能确定的，具有取消或损害就业或职业机会均等或待遇平等作用的其他此种区别、排斥或优惠"。

歧视行为既可能是故意的(有意识)，也可能是无意的(无意识)，既可能是个人的(单独)，也可能是制度的(系统)。常见的有四类歧视行为：个人且故意的歧视、制度且故意的歧视、个人且无意的歧视以及制度且无意的歧视(见表 3-1)。[①]需要指出的是，除了招聘中的歧视，在工作场所中也普遍存在歧视，如在升职、薪酬、赔偿或解雇等方面也可能会遭到有区别的不公平对待。

表 3-1　四类歧视

类　别	描　述
个人且故意	歧视行为可能是个人由于偏见而故意做出的个体行为。例如，面试官对女性求职者的偏见
制度且故意	歧视行为可能是故意进行歧视的群体的部分常规制度行为。例如，南非曾经存在的种族隔离政策
个人且无意	歧视行为可能是个人无意识的行为。这种无意识是个人在社会化过程中形成的刻板印象。例如，上述对女性求职者的歧视也可能不是故意的
制度且无意	歧视行为可能是企业的制度化规定造成的结果，其程序和实践对某一群体的歧视并非是故意的。例如，公司基于性别差异而将员工安排在不同岗位，潜在的刻板印象是女性适合某些工作，或不能胜任某些工作

3) 员工流动

这主要体现在员工的频繁跳槽和企业的无正当理由解雇两个方面。员工频繁跳槽，既有员工为寻求更好的发展机会主动跳槽等原因，也有企业重使用、轻发展的"挖墙脚""拿来主义"等原因。企业无正当理由解雇，当一些企业想要解雇某员工而又没有正当理由时，便会通过"软裁员"的方式，即不直接解雇，而是通过改变企业的外部环境(如搬迁)，或通过苛刻的内部制度如绩效考核制度和作业制度等(这些制度本身设计有失公允)来变相地解雇员工，这些均属于无正当理由解雇。

4) 竞业限制

这类人力资源伦理问题的产生主要是因为商业秘密的存在。商业秘密具有秘密性、商业利益性、实用性、保密性等特征。理论上，任何企业的内部信息都是一种秘密。企业为了防止商业秘密被泄露，常用的方法是"竞业限制"。竞业限制，实质是限制员工在本企业任职期间和离职后与本企业业务竞争，特别是禁止职工离职后就职于或创建与原企业业务范围相同的企业。竞业限制与员工自由选择就业的权利相冲突，企业作为相对强势的一方，员工往往在"限制"的时间范围、行业领域、经济补偿、工作条件等方面不具有选择的权利。当然，竞业限制对于企业和员工也有好处，企业可以避免员工频繁流动带来的损失和商业机密的泄露，员工可以要求企业提供培训机会、成长空间以及在离职后获得相应补偿。

除了上述较为常见的人力资源伦理问题，雇佣关系中存在的伦理问题还有劳动争议处理、劳务派遣、实习生、职场"天花板"、临时工等问题。

[①] 贝拉斯克斯. 商业伦理：概念与案例(第 8 版)[M]. 刘刚，张冷然，程熙镕，译. 北京：中国人民大学出版社，2020.

3. 工作场所中的伦理问题

1）个人隐私问题

"隐私"主要有两种类型：一是心理隐私，与个人精神生活有关，包括个人的思想、信仰、价值观、计划、感情和欲望等；二是生理隐私，与个人生理活动有关，这些活动揭示了人的精神生活，是保护心理隐私的重要手段。"隐私"是一个相对的词汇，很大程度上取决于社会的文化传统和法律规定等。隐私是个人人格的体现，是个人作为人之存在的完整性的体现，它不仅能让人们在私密基础上发展出友谊、爱和信任关系，让个人维持自我独特的社会角色，而且也是某些专业（医学、会计、法律……）存在的客观基础。隐私一旦泄露，会让人感到羞耻、荒唐、尴尬，甚至会被勒索或受到其他伤害，因此隐私保护具有非常重要的意义。

工作场所中的个人隐私方面的人力资源伦理问题主要有三类。第一类是企业对员工个人信息的收集与利用。企业在收集和利用员工个人信息时，应该仅限于绝对必要的个人信息，并且要以适当的方式加以利用。一些企业不注重员工个人信息的保护，甚至把员工信息作为一种商品去交换、出售或未经员工同意或授权，把员工信息公开给第三方。第二类是电子监控。随着信息技术的不断发展，越来越多的企业开始将信息技术应用到日常的商业运作中。员工会利用这些工具进行私人的活动，甚至会有意无意地泄露公司秘密。为了防止员工网络聊天、网络购物、上班炒股以及工作时间干私活等行为，越来越多的企业采用电子监控等措施，使得大量的个人隐私暴露在人力资源管理的视线下。目前，常用的电子监控形式包括电话监听、计算机监控、电子邮件与语音邮件监控、定位监控等。如何确立恰当界限，确保企业和员工的正当权利，是电子监控所面临的伦理困境和法律困境。第三类是测谎器和心理测试。一些企业喜欢采用此类测试来防止和检测工作场所的犯罪行为，但是测谎器和心理测试是有缺陷的，这些测试在某种程度上是可以被操作者操控和影响的；测试可能还包括不相关的问题（如性别、生活类型、信仰和个人私生活习惯等），这就侵犯了个人隐私。

2）性骚扰问题

性骚扰是指在工作场合中的一种让人感觉不舒服、不受人欢迎的性倾向行为。美国联邦法律区分了两种类型的性骚扰：一是交换型，即为获得晋升发展等而要求性恩惠；二是敌意的工作环境，指不受欢迎的性攻击、性要求，或其他带有性色彩的语言或身体行为，形成了不利于工作的，甚至是有害的工作环境。《中华人民共和国民法典》第一千零一十条规定，违背他人意愿，以言语、文字、图像、肢体行为等方式对他人实施性骚扰的，受害人有权依法请求行为人承担民事责任。简言之，性骚扰有三种表现形式：口头方式、行动方式、设置环境方式。在工作环境中所摆设的物品、物件等如果具有明显的性暗示，也会被视为一种性骚扰，如在办公室显眼的地方摆放裸照。需要注意，是否构成性骚扰不是以行为者的意图来解释的，而是以受害者的反应来判断的。因此，有些语言、行为或环境设置，有些人可能没有感觉甚至感觉很舒服，有些人可能就会感到很不舒服甚至有被冒犯之感。

3）健康与安全问题

一方面，正如工作一样，健康和安全是个人的一项基本权利。健康安全不仅具有工具价值——作为一种手段达到其他目标的价值，而且具有内在的目的价值——其本身就是一个需要达到的目标，不能因为其他目标被牺牲。另一方面，到底什么样的工作场所是安全的？如果"健康"被视为一种物质上和精神上的幸福，可能没有人是完全健康的；如果"安全"意味着完全脱离危险，可能没有哪个场所是绝对安全的。因此，如果健康和安全是一种不可能实现的理想境界，那么声称员工要求一个健康安全的工作场所或工作条件就是非理智的。[①]简言之，员工对于健康安全的权利要求与企业提供安全工作环境的义务之间往往会产生冲突。工作场所中的健康问题主要体现在某些工作的物理环境恶劣、工作时间过长、压力过大等方面。

4）工作参与问题

现代企业越来越强调员工在工作中的参与，但是一些企业仍然固守传统的管理原则和方式，视员工为管理的对象，无视员工的主体地位，管理方式更多以命令控制为主，不重视员工的参与。存在的问题主要包括：管理信息不公开，剥夺员工的知情权；民主参与平台不健全，漠视员工的决策权；监督反馈机制缺乏，忽视员工的监督建议权。

4．绩效与薪酬的伦理问题

吸引和留住人才的中间环节是识别出优秀人才并给予有效的奖励。首先，要求设立科学合理的绩效评估体系，公正、客观地识别出何谓"卓越"或"优秀"。事实上，尽管企业的绩效考核指标相对于其他组织更容易量化和测量，但要对企业中所有员工的工作绩效进行公正客观的衡量，并不容易，容易出现不公平的结果。其次，在绩效评估的基础上，需要根据评估结果进行奖惩，主要体现在薪酬上。

目前，这方面的伦理问题主要体现在三个方面：一是最低工资保障的权利，这是来自生活权、就业权和被尊重权利的一项重要权利，因此也被称为获得公正工资的权利，任何企业提供给员工的工资都不得低于本地的最低工资标准；二是同工同酬问题，用人单位对于从事相同工作、付出等量劳动且取得相同劳动业绩的劳动者，支付同等的劳动报酬，不能以性别、身份、户籍或用工形式等作为工资支付的依据；三是高管薪酬问题（一个企业中最高工资和最低工资的比例应该多少才合适？高管的薪酬到底多少才公平？），这是一直以来备受关注的商业伦理问题之一。

3.2.2　为什么——有违公平

1．公平——人力资源伦理的核心原则

从伦理角度思考人力资源问题时，所遵循的最根本的原则就是公平。这一原则会贯穿企业人力资源管理的整个过程和环节。一般而言，公平就是平等、互惠和公正。

① 哈特曼，德斯贾丁斯，苏勇，等. 企业伦理学[M]. 北京：机械工业出版社，2011.

所谓平等，最基本的要求就是同工同酬、同错同罚。如果两个人履行同样的职责，却得到不同的待遇和奖励，那就是不公平。同样，如果犯了同样的错误，却被区别对待，那也是不公平的。

所谓互惠，就是公平地交换，"你为我做这些，我为你做那些"。企业为员工提供必要的工作条件和相应的薪酬待遇，员工则为企业完成相应的任务，这是一种公平交换。如果一个人没有完成他应完成的那一部分工作，就是不公平的。不仅对企业是不公平的，对其他员工而言也是不公平的，因为没有完成的那部分工作可能会由其他员工来完成，或者挤占其他工作时间来完成，这样势必会影响后续工作，拖累整个企业的效率。因此，互惠不仅存在于企业和员工之间，也存在于员工与员工之间。

所谓公正，就是不先入为主，不带有偏见。在人力资源管理过程中，公正存在于分配、奖励、惩罚、补偿以及程序之中。在任何时候，工作以外的其他因素都不能成为被区别对待的依据和理由，不能"事先就对某事有了判断"，也不能"持有某种偏见"。

无论是政府的立法还是企业内部的人力资源政策，都试图将公平因素囊括进去，目的是创造一个公平的竞争环境。如果企业是按照员工的资格，而不是依据种族、性别、年龄、出身等因素来雇用、对待、晋升、评价、奖惩以及解雇员工的，这就是公平的。当然，对于员工而言，公平不仅仅表现在结果上(薪酬、待遇、晋升等)，也表现在决策过程中，还表现在传递有关结果信息时人与人之间的相处方式上。如果人们相信决策是公平的，并且在对结果信息的沟通和解释中得到了足够的尊重，那么员工就会感受到公平，即使是糟糕的结果也易于被接受。简言之，公平就是员工的业绩表现是唯一起作用的因素(即平等)，员工和企业理解彼此的期望并且满足了这种期望(即互惠)，偏见并不存在(即公正)。

下面以歧视为例做进一步分析。

2．为什么歧视是不道德的？

在人力资源管理中，歧视是非常普遍的一类伦理问题，在招聘、升职、评价、薪酬、赔偿或解雇等各方面都会存在，并且歧视不仅会发生在员工个体之间，也会存在于企业和员工之间。请阅读下面的小案例[①]，思考你会怎么办。

思考与讨论

五年前，你和丽莎因一块参加公司组织的培训而相识，尽管在同一公司的不同部门工作，但你们彼此关系非常要好。最近，丽莎做了妈妈，并且打算充分利用公司所给的六个月的产假。在你去看望她时，她很确定地告诉你，假期之后她肯定回到公司，她所在部门已经答应为她保留这个职位，谈到工作时她仍一如既往地充满激情。不久，你看到公司网站上登出了她所在职位的空缺信息。你碰到了她同部门的一个同事，询问关于这个职位的事情。该同事说："对，这个职位空缺太久，他们要找人来填补那个职位。不

---

① 屈维诺，尼尔森. 商业伦理管理[M]. 7 版. 吴晓蕊，陈晶，译. 北京：电子工业出版社，2020.

要告诉丽莎，她还有五个月的假期呢，让她做个开心的妈妈吧。如果她回来了，公司会给她找些其他事情做的。"

作为丽莎的好朋友，你如何看待这个问题？首先，这是否是一个人力资源伦理问题？尽管怀孕及产假受法律保护，但对于丽莎而言，远离工作岗位显然是个人应该承担的责任；对于公司而言，公司有权替换那些因病或者完成学业等原因而长期离开岗位的员工。问题的关键是：丽莎在毫不知情的情况下可能会因为休产假而被其他人顶替岗位。如果丽莎知道此事，可能会缩短假期或做其他打算。被蒙在鼓里显然是不公平的，丽莎的产假导致了歧视。接下来，你会怎么办？请尝试运用第 2 章所介绍的功利主义、道义论以及美德论进行分析，这是看待商业伦理问题的不同视角。无论怎么做，都会面临人力资源伦理困境。关键是，歧视为什么是不道德的？因为歧视超越了所有法律的保护范围，这是工作环境公平的核心。

（扫码看分析）

各国法律及政策实践之所以反对歧视，根本目的是强调对多样性价值的重视。种族、性别、年龄等各种岗位资格要求以外的多样性因素，不仅是个体作为人之存在的独特性的来源，也是创新的源泉。被尊重的是差异性，而不是相同性。尊重多样性，要求我们在接受他人不同观点时要平等对待他人，关键是要认识到差异并不是一种缺陷，并不意味着比较差，而仅仅是一种不同而已。一个人的格局不仅仅体现在看得更高更远，还体现在对那些所谓的"更低更差"的尊重和包容。

3.3 顾客信心问题

俗话说，"顾客是上帝""客户永远是对的"，有些企业甚至将其写进了企业文化里。这种文化理念把顾客放在最重要的位置，并将此贯穿于企业生产经营的整个过程。出色的顾客服务不仅是周到细致的微笑服务，或是退换有问题的产品，还意味着质优价廉的产品和服务、诚实的产品和服务代理，以及消费者隐私的保护等。

3.3.1 是什么——常见类型

1. 顾客隐私

隐私权是一项基本权利。企业不仅要保护员工的个人隐私，还要保护顾客的隐私。对于企业而言，顾客既可能是单一的个体，也可能是一个组织（企业、公司等）。因此，顾客的隐私主要包括：①作为顾客个人的所有信息，包括但不限于年龄、性别、身高、体重、职业、婚姻状况、健康状况、身份证号码、电话号码、家庭住址、出行状况、宗教信仰等；②作为企业的重要信息，包括但不限于销售信息或者财务信息、保密并购、迁址、裁员以及企业高层的健康或者婚姻问题等信息。在某些行业或产业，保密是非常重要的。例如，在金融服务行业，他人或组织是否属于公司的顾客都不允许泄露。还有一些行业，其存在本身就是建立在保密基础上的，可以说，没有保密，该行业就失去了存在的基础，如审计、咨询等服务行业。

企业对顾客隐私信息的获取是开展工作的合理需要，但顾客的隐私又必须得到尊重和保护。因此，顾客隐私方面的伦理问题本质上是如何平衡顾客隐私权的保护与企业的合理需要。对此，有些在法律上有明确要求，有些则在法律上没有明确规定，企业必须提高顾客隐私的保密意识，谨防顾客隐私泄露的"陷阱"。

2．产品安全

企业对顾客最重要的责任莫过于保证所提供的产品是安全的，这涉及了企业及其员工的诚信和责任心。如果产品对于顾客是不安全的甚至带来危险，无疑会影响顾客对企业的信心。但是，何谓安全，难以有一个客观的绝对标准。要使所有产品在任何情况下都绝对安全是不现实的。如果要求绝对安全，某些产品根本就无法面世，因为技术上做不到。有些产品则是经济上不可行，因为要使产品绝对安全，所增加的成本是消费者无法支付的。尽管如此，社会对产品安全有一个合理的期望值，这个期望值是在顾客意料之中的。

3．广告中的伦理问题

向社会广而告之的产品或服务应该是真实有效的。现代广告的种类繁多，包括电视广告、电台广告、报纸广告、期刊广告、印刷广告、户外广告、网络广告等。这些广告通过文字、图像、声音以及这些元素的精心安排，向大众传播企业或产品的一组特定信息。广告信息本身可以划分为三类：①陈述性信息，表示"有什么"；②暗示性信息，表示"可能有什么"；③承诺性信息，表示"将会有什么"。广告中的伦理问题既可能是个人层面的(如销售人员)，也可能是企业层面的，主要表现在虚假广告、误导性广告、媚俗性广告、比较性广告、暴力性广告以及针对儿童的不良广告等。

4．特殊委托责任

某些特殊行业对顾客承担有委托责任，如银行业、会计、法律和医学等，因为在为顾客提供服务的过程中，相关企业要接触并获取顾客大量个人隐私或重要信息。这些信息一旦披露出来，可能会对顾客的声誉、尊严以及其他利益产生重要的不利影响。因此，这些行业对顾客承担有特殊的责任。很多国家的法律和司法体系都承认这些特殊责任，并将其列为这些行业的伦理准则。当然，委托责任的存在，也使得这些行业的行为标准有很大提升，违反这些责任所面临的惩罚也是非常严厉的。

3.3.2　为什么——有损信任

上述系列伦理问题能够影响企业与顾客之间的关系，损害企业的形象，动摇顾客对企业的信心，因此被称为顾客信心问题。进一步而言，这些问题之所以会成为商业伦理问题，是因为这些问题都涉及公平、诚实和尊重。如果这些最基本的信任都不存在，那么顾客关系也就不存在了。

对于企业而言，失去顾客的最迅速的方式就是违背了诚实和公平进行虚假宣传，或者提供了不安全的产品或服务，以及不尊重顾客的隐私。对于员工而言，没有什么比不诚实更能摧毁一个人的名声了，丢失了顾客也就等于缩短了职业生命期。

几乎所有国家和地区，针对虚假广告、在产品和服务的有效性或安全性上误导公众的行为，都出台了严厉的惩罚措施。同时，社会媒体对产品安全也越来越关注，公众的反应也越来越大。即使企业因产品安全问题被免除了长期惩罚，但是由此而引发的媒体报道也会给企业带来很大的破坏性；企业至少要很长时间才能恢复过来。尤其是有证据证明该企业有犯罪行为，公众对该企业的信任被破坏的时候，恢复的时间可能更长。此外，如果是有特殊委托责任的行业，违背顾客的信任或者保密性，可能要受到更严厉的制裁或审查。

3.4　企业资源使用问题

企业与员工之间有一种特殊的契约关系，彼此之间有相互忠诚的义务。如果说人力资源方面的伦理问题更多反映的是企业对员工的责任，那么企业资源使用方面的伦理问题更多反映的是员工对企业的责任。员工需要利用企业的资源完成与企业之间的合同，这意味着员工要坦诚地面对企业和管理者，负责地使用企业的资源(主要涉及企业名誉、企业的财物资源和企业经营信息等)。

3.4.1　是什么——常见类型

1. 利用企业的名誉

在"从身份到契约"的社会转变中，依附于家庭和家族的身份逐渐从人的社会交往中隐退，但人们从家庭中走入社会所获得的职业身份仍在发挥重要作用。在商务活动中，当你告诉别人或别人明确知道你是某企业的一名员工时，人们往往会认为你是在代表该企业行动，因此你的一言一行往往被视为所属企业的言行，这就要求当你将自己与企业相联系时必须谨慎。维护企业名誉是员工忠诚义务的基本表现。作为员工，必须将自己的私人行为与代表企业的行为区分开来，尽管有时并不是故意的，但稍有不慎就会给企业声誉带来不良影响。

可能影响所在企业名誉的行为，除了代表企业进行的商务活动，还有可能是从事的与企业无关的一些活动。例如，使用企业信笺给别人写推荐信或者对电话公司的服务提出意见，对方很可能认为这是代表企业的意见。因而，企业信笺应当只能用于企业的商业活动，如果非要表明自己是某一企业的员工，可以用普通信纸，附上你在企业的编号或职位等，以此来区别个人观点和官方意见。

在可能以企业身份获邀从事与企业无关的活动时，最好征求上级领导、企业法律部门或人力资源部门的意见，必要时征得他们的同意。例如，被邀请参加可能暴露你与某企业雇佣关系的活动，甚至正是因为对方知道你在某企业的身份与职位而被邀请参与某项活动，如进行演讲、发表文章、加入公益组织等。目前，对于政府官员，在其他组织兼职是有明确规定的，对于企业员工并没有明确规定。又如，在与新闻媒体打交道时，除非经过相关的训练或者得到企业授权，否则不要轻易发表意见，尤其是与企业相关的事务，因为你的言行一旦被媒体报道出来，很有可能被误解，也有可能无意泄露了企业的商业秘密，给企业带来负面影响。

2．利用企业的财物资源

这里的财物资源包括财务和物质资料，这是企业最基本的有形资源。企业所有资源的使用，都应该满足企业的生产需要，都应该服务于企业的战略目标。作为员工，要合理使用企业的财物资源，尽量发挥企业资源的使用价值，为企业创造最大利益。重要的是要像对待自己的财产一样认真对待企业的资源。现实中，某些看似不起眼的行为，可能会在无意中不合理地使用了企业资源。

有一个名为"伦理界限在哪儿"的游戏，要求参与者找出如下三种行为之间的区别：①从企业拿走价值10美元的铅笔送给贫穷的孩子；②用企业的电话打了价值10美元的私人长途电话；③从企业拿走了10美元的现金。这三种情况有区别吗？大多数人最终的结论是，不管该员工的意图是什么，最后都是从企业偷走了价值10美元的资源。

上述游戏告诉我们，企业的设备和服务应该只能用于企业的商业活动，这是底线。不管是打私人电话、垫支报告费用、挪用办公室用品、利用企业的邮件收发室邮寄私人物品，还是为你的社团打印传单，私自挪用或者不恰当使用企业资源，都是不道德的。

3．提供诚实的信息

除了财物资源，企业运营相关的所有信息也是重要的资源，包括生产、销售、人力资源、财务等信息。作为员工，要确保向上级和企业提供的所有信息是客观真实的。因为，一线员工层层上报的信息，将是企业高层做出决策的重要依据。著名管理学家西蒙认为"管理就是决策"，有效的组织应以正确的决策为基础。毫无疑问，虚假或扭曲的数据信息，必然会带来糟糕的决策。

所有信息中，财务信息尤为重要，客观真实的财务信息不仅是企业内部决策的重要依据，而且是企业需要向社会公众、政府监管部门等提供的重要内容，因为财务信息是反映企业经营状况的重要指标。因此，在很多国家，对财务造假行为规定了严格的惩罚措施，不仅企业要遭受巨额罚款，很多企业因财务丑闻倒闭了，而且参与造假或负有责任的员工也会面临牢狱之灾。记住，最好的员工就是如实提供真实信息的员工，千万不要提供虚假信息，不要因为在你看来可能是微不足道的信息而为之，也不要因为"就做这一次"而心存侥幸。"千里之堤，溃于蚁穴"，很多丑闻都是从所谓的"小恶"开始的。如果有人要求你扭曲企业的信息，那么你最好咨询一下企业的法律、人力资源或者审计等部门。

3.4.2 为什么——违背忠诚

不恰当地使用企业资源既可能是一个法律问题，也可能是一个伦理问题。事实上，无论是法律问题还是伦理问题，一个共同的原因就是：这违反了企业与员工之间基于合同的忠诚义务，违背了公平与诚实的根本原则。

在遇到上述问题时，可以借助结果主义、道义论、美德论来思考。从结果主义中的功利主义来看，对企业资源的不当使用会有哪些利益相关者？对这些利益相关者会带来哪些潜在的利益和危害？要记住，既要考虑短期的或眼前的结果，又要考虑长远的结果。从道义论角度看，作为员工对于企业有什么样的义务？对员工来讲，不恰当地使用企业资源，会让人怀疑其是否诚实和正直，而这是在很多人的价值序列表中处于前列位置的。换个角度想，我们也希望他人诚实地对待我们。从美德论看，什么样的员工会被认为是一个好的员工？你是否很在乎你的声誉？你是否会坚持你的价值观？你所尊敬的人会怎么评价你？

很多企业规定，员工在晚上加班到 9 点以后，可以免费享受企业提供的晚餐，并打车回家，可由公司买单。请阅读下面的小案例，[①]思考这一行为是否符合公司规定，有没有商业伦理问题。

思考与讨论

过去几个小时，你一直在为你们企业的董事会主席做一个特殊的项目。根据企业的政策，如果员工一天的工作时间超过 12 小时，那么员工可以乘坐企业的车回家，费用由企业承担。企业的政策还规定，如果员工的工作时间超过了通常的上班时间两个小时以上，那么员工可以在办公室就餐，费用由企业负担。你和另外一名做这个特殊项目的同事早 8 点来到办公室，晚 7 点订了晚饭，然后你们两个边吃饭边谈话，长达一个小时，然后你们坐企业的车回家。这样做符合企业的规定吗？

3.5 利益冲突问题

当员工基于某种特殊关系而非工作本身要求，需要对自己的判断能力或者客观性做出妥协时，或者说当员工以实现自身利益而非服务于企业、顾客等他人利益的方式工作时，利益冲突就出现了。首先，这里的利益是指能为个人带来的经济收益或其他好处，常常与金钱有关，但也可以不涉及金钱，而与情感或其他因素相关。其次，这是非个人所应该获得的利益，即这些利益的获得并非是为企业做贡献而获得的回报，因此体现的是个人与行业、企业、顾客、公众等之间的冲突。再次，这些利益的获得是建立在特殊关系基础上的，主要包括：亲属关系，如父子(女)、母子(女)、夫妻关系、兄弟姐妹关

---

① 屈维诺，尼尔森. 商业伦理管理[M]. 7 版. 吴晓蕊，陈晶，译. 北京：电子工业出版社，2020.

系等；重要私人关系，如朋友、同学等关系；其他对企业利益构成潜在损害的可能行为，如商业贿赂、回扣等。最后，利益冲突可以是实际的利益冲突，即实实在在发生的，也可以是潜在的利益冲突，即可能会产生但不一定产生。

利益冲突还可以区分为内部利益冲突和外部利益冲突，前者是指在企业内员工之间因特殊关系可能影响客观判断的情形，尤其是那些处于相互检查或制约以及相互汇报的岗位，如收款业务和销售业务、采购业务和付款业务、收款和记账、收发货物和计算机记账，以及上下级的直接隶属关系等；后者是指员工与企业外部相关人员因特殊关系可能影响客观判断的情形。相对而言，大多数企业对内部利益冲突的情形有明确的回避规定，较易控制和处理，正如在公务员管理中，有明确的任职回避规定一样。因此，这里的利益冲突主要指外部的冲突，常见的有公开的或者私下的贿赂行为、回扣、影响力或者特权信息的交换，以及恶意竞争、不正当竞争等。这里主要介绍贿赂或回扣、影响力、特权信息这几类。

3.5.1 是什么——常见类型

1. 贿赂或回扣

毫无疑问，所有贿赂或回扣行为都是利益冲突的表现。俗话说，"拿人手短、吃人嘴软"，这些赤裸裸的利益输送，会影响最终的决策，为贿赂或者回扣提供方带来好处。贿赂或者回扣的目的是交换某种特别的产品、服务或者影响力，使其在交易、销售等关系中处于优势地位，其形式可能是金钱，也可能是其他有价值的物品。

需要特别强调的是，谨防微妙的贿赂行为。微妙的贿赂包括礼物或者娱乐。在任何国家，送礼物是人际交往的一种正常行为，各地也有不同的风俗习惯。正是在正常的人情往来和正式的商业活动之间，形成了一个伦理模糊的地带。除礼物外，娱乐或者宴请也是一种常见的微妙贿赂，如美国超级杯的门票、高尔夫的入场券、俱乐部的会员资格、高档宴请活动……

2. 影响力

员工与他人的关系本身也会构成利益冲突，这些关系包括亲属、朋友、同学、邻居等。因为这些特殊关系的存在，可能意味着他们会得到特殊的照顾，对其他没有此类关系的人形成了不公平对待或者出现了认知偏见。现实中，很难做到"举贤不避亲，举亲不避嫌"，即使做到了也难以免除其他人的质疑，尤其是直接利害关系者的质疑。在商业活动中，如果第三方认为你的判断力已经出现妥协的时候，与发生实际冲突所带来的危害是一样的。

3. 特权信息

作为企业的一名员工，自然会掌握一些对企业的竞争者有价值的信息。一方面，当员工所掌握的信息，可能会被竞争者利用的时候，或者会为竞争者的利益服务的时候，就产生了利益冲突。例如，作为 ABC 保险公司的全职员工，在给 XYZ 保险公司提供咨询服务时，就会面临利益冲突。另一方面，员工所掌握的有价值的信息，既可能是在员工自己的行动中出现利益冲突，也可能是因为其他关系而出现潜在的利益冲突。例如，如果一个亲戚或者亲密朋友所在的企业和你的企业是竞争者，或者他们所在的组织（如媒体公司）对你所在企业的活动感兴趣，那么你可能会遇到利益冲突问题。

3.5.2　为什么——破坏商业信任

利益冲突之所以是商业伦理问题，是将歧视、偏见、不诚实和不公平带入了商业活动中，从而动摇了商业活动的基础——信任。人际关系和企业关系的基础都是信任。只有当个人和企业感觉到公平、公开、开放的时候，这种关系才会存在。然而，利益冲突意味着只有那些特殊的朋友才能得到特别的优惠待遇，虽然加强了与特殊朋友的关系，但是削弱了与更广的其他人之间的信任关系。

在思考利益冲突问题时，可以运用功利主义、道义论或美德论进行分析。从功利主义角度来看，你的行为会影响到谁？至少要考虑你自己、所在企业和被影响的第三方。你的行为会带来什么样的后果？既要考虑法律后果（是否违背了法律规定，是否会遭受法律惩罚），也要考虑商业伦理后果（你的职业声誉、企业的声誉是否会受影响）；既要考虑短期结果，也要考虑长远结果。如何做才能最大限度地使多数人受益？如果从道义论分析，你有维护企业、客户利益的义务，你有责任创造一个公平的竞争环境。换位思考，你是否也需要别人公平地对待你？从美德论角度分析，你的行为是否不想被媒体曝光？

很多国家的法律严厉禁止商业贿赂，这首先是一个法律问题。例如，《中华人民共和国反不正当竞争法》规定，经营者不得采用财物或者其他手段贿赂下列单位或者个人，以谋取交易机会或者竞争优势：①交易相对方的工作人员；②受交易相对方委托办理相关事务的单位或者个人；③利用职权或者影响力影响交易的单位或者个人。员工收受贿赂或索取贿赂，既是一个违法行为，也是一个不道德的行为。对于微妙的贿赂行为和有影响力的特殊关系，要完全避免这样的冲突，最好的办法就是从根源上消除偏见（拒绝礼物）或者干脆退出决策过程（让其他人参与决策）。事实上，即使你基于互惠原则回报了相应的礼物，或者对方的礼物是面向企业所有人员的，也难以免除第三方包括媒体、社会公众的质疑。

请分析下面案例中存在哪些利益冲突。

思考与讨论

有关利益冲突的最好例子也许就是 A 公司的倒闭。回想 2001 年年末，A 公司倒闭前的情景，A 公司在每一个转折点上都遇到了利益冲突问题。

财务总监安德鲁·法斯托为了掩盖 A 公司的债务，精心编造了一系列新的金融伙伴关系，为此，他得到了 3000 万美元的管理费。

温迪·格莱姆原来是美国参议员。她从商品期货交易委员会(CFTC)主席的职位辞职五周之后，出任了 A 公司的董事会成员。在此期间，为了维护 A 公司的利益，在她的庇护下，另一个董事会成员通过了一次关键的监管豁免。

公司董事会主席杰弗里·斯基林雇用他的女朋友，即他后来的妻子为 A 公司的秘书，每年的薪金达 60 万美元。

媒体对这些事件进行了大肆宣传，并宣称这些冲突是 A 公司管理人的罪责。似乎 A 公司的人从来都没有考虑过他们的行为会以什么样的形式出现在美国的报纸上，或者他们太高傲了，并不在乎。大多数理智的人都会认为 A 公司复杂纠结的人际关系所构成的蜘蛛网严重影响了公司的决策力和判断力。

3.6 特殊的商业伦理问题

前面从企业构成的人和物以及企业边界角度，识别出人力资源、顾客信心、企业资源使用和利益冲突这四类主要的商业伦理问题，还有些商业伦理问题，既横跨企业内外，也涵盖企业中的人和物，主要有会计伦理、环境伦理和大数据伦理等问题。

3.6.1 会计伦理问题

1. 会计活动及其伦理

会计是以货币为主要计量单位，反映和监督一个单位经济活动的一种经济管理工作。在企业，会计主要反映企业的财务状况、经营成果和现金流量，并对企业经营活动和财务收支进行监督。会计是反映经济活动的主要手段，是适应生产的发展和经济管理的需要而产生和发展起来的。一般而言，会计活动包括财务会计、审计、咨询等。

会计伦理是指建立在会计关系上的伦理要求，是处理与会计相关的利益主体关系的原则和准则，该原则和准则要反映会计服务各利益主体的要求和利益。当代会计伦理规范要求会计师不但是会计信息的收集者和加工者，而且是会计信息的第一解释者，以及不断地探索和挖掘本企业提高经济效益的分析者。会计服务对象包括政府部门、投资者、债权人、企业。会计的多重服务责任使会计立场也具有多重性。总体来看，会计伦理主要包括会计人员的职业道德和会计活动中的伦理(财务活动中的伦理、审计中的伦理和财务咨询中的伦理)。

2. 财务活动中的伦理问题

财务会计是指通过核算特定单位会计期末的资产、负债和所有者权益，以及会计期间的收入、费用和利润及其构成，据以编制财务报表，反映财务状况、经营成果和现金流量情况的一种会计活动；是为外部与企业有经济利害关系的投资人、债权人和政府有关部门提供企业的财务状况与盈利能力等经济信息而进行的经济管理活动。财务会计人员记录企业的经济活动，同时为外部相关主体提供会计报表和财务报告。

1) 会计信息失真

会计信息失真是指会计信息的形成与提供违背了客观的真实性原则，不能正确反映会计主体真实的财务状况和经营成果。从行为动机看，会计信息失真行为包括主观性失真和客观性失真两类。常见的会计信息失真的形式有原始凭证虚假、账务管理混乱和会计报表虚假。原始凭证是会计账簿的原始依据，其真实性、重要性是会计之首，原始凭证虚假会严重影响会计信息质量。账务管理混乱包括三种：一是在会计账簿设置和会计科目使用上没有严格按照《中华人民共和国会计法》及相关规章设置；二是账务关系处理不当；三是资金管理混乱。会计报表虚假具体表现在离开账簿，人为地调整报表数字，粉饰财务报告，夸大经营业绩，甚至编制两套报表，一套自用，一套对外提供，导致报表使用者不能了解企业真实的财务状况和经营成果。

近年来，中外资本证券市场少数企业诚信缺失严重，将上市作为圈钱的手段，为此不择手段炮制假账、虚构盈利、蒙骗公众、牟取私利，从而导致企业因巨额造假纷纷破产倒闭，层出不穷的会计信息失真会对社会造成巨大危害。

2) 会计信息披露质量不高

会计信息披露是上市公司的重要义务。这方面的问题主要表现在：①会计信息中存在虚假陈述；②利用关联交易操纵利润；③会计信息披露内容蓄意误导信息使用者；④会计信息披露不公平。近年来，我国上市企业会计信息披露质量有所提高，但信息披露违规现象仍较为普遍，会计信息披露质量仍有很大的改善空间。

3．审计中的伦理问题

根据中国审计学会的定义，审计是由独立的专职机构或人员，依法对被审计单位的财政、财务收支及其有关经济活动的真实性、合法性、效益性进行审查，评价经济责任，用于维护财经法纪，改善经营管理，提高经济效益，促进宏观调控的独立性监督活动。审计主体是执行审计的组织机构及人员，即审计活动的执行者。随着经济发展的要求，审计也扩展到企业内部，形成企业内部审计和外部审计(包括国家审计和民间审计)并存的格局。

内部审计中的伦理问题主要有：①内部审计角色定位不准；②内部审计结果质量不高；③内部审计机构及其职能设置不合理；④内部审计人员素质偏低。

外部审计以民间审计为主。民间审计又称社会审计、独立审计，是指由独立、客观、公正的社会审计组织和人员接受委托，对被审计单位进行的审计。外部审计中的伦理问题主要有：①执业不规范，审计造假；②采取各种不正当手段招揽客户；③无视自己的专业胜任能力，承接不能胜任的业务；④为牟取私利而有意泄露客户的商业秘密；⑤按服务成果的大小决定收费标准。

4．财务咨询中的伦理问题

财务咨询是指具有财务会计专业知识的自然人或法人，接受委托向委托人提供业务解答、筹划及指导等服务的行为。财务咨询的含义十分宽泛，既包括接受委托提供专业服务的财务咨询，也包括从属于全面管理提供咨询服务的附属性财务咨询。广义上的财务咨询可以定义为：咨询公司、证券公司、投资银行等专业机构及其专业人员，为客户、投资者等服务对象提供的有关资产管理、证券投资等财务方面的管理咨询服务，即一切有关财务的咨询服务活动。

财务咨询目的在于借助专业人员的知识经验，弥补企业、个人等财务主体自身知识结构、运营能力等方面的不足，从而避免企业经营和管理中遇到的风险。财务咨询不仅对企业及个人有重要的意义，在社会层面，也有助于引导企业和个人进行理性投资，优化社会经济资源配置。但是，受"利益至上"思想的驱使，财务咨询活动中出现了不道德的现象，主要存在三方面的伦理问题：财务咨询与审计之间的伦理冲突；财务咨询从业人员的道德问题；财务咨询公司的道德问题。

财务咨询与审计之间伦理冲突的本质是损害了审计的独立性，主要有以下几种情况：①审计关系模糊，委托人、被审计人与审计人三者之间关系纠缠不清，审计人在从事咨询服务时难以独立于委托人和被审计人；②"低价揽客"行为影响了审计的独立性，审计人为获取业务或延长聘期会屈从于被审计人的压力，与被审计人合谋；③对客户成功的预期影响了审计的独立性，审计人总是希望客户能够获得成功，进而获得更多审计收费和其他费用。

财务咨询从业人员的道德问题主要有：①信息采集中缺乏保密意识，保密意识淡薄，甚至为个人利益将所掌握的企业信息透露给媒体或竞争对手；②在诊断分析中缺乏责任意识，没有充分展示出专业性，如随意减少样本、收集的外部资料不足、不严格遵守程序等。

财务咨询公司的道德问题主要有：①缺乏基本的伦理定位，只注重经济收益和市场份额等；②缺乏合理的价值目标；③专业化程度不高。

》》》 拓展阅读

《中国注册会计师职业道德守则第 4 号——审计和审阅业务对独立性的要求》节选

（2020 年 12 月 17 日修订）

第四条　注册会计师在执行审计业务时应当保持独立性。

第五条　独立性包括实质上的独立性和形式上的独立性：

（一）实质上的独立性。实质上的独立性是一种内心状态，使得注册会计师在提出结论时不受损害职业判断的因素影响，诚信行事，遵循客观公正原则，保持职业怀疑。

（二）形式上的独立性。形式上的独立性是一种外在表现，使得一个理性且掌握充分信息的第三方，在权衡所有相关事实和情况后，认为会计师事务所或审计项目团队成员没有损害诚信原则、客观公正原则或职业怀疑。

第六条　在执行审计业务时，注册会计师应当遵循职业道德基本原则，并运用职业道德概念框架识别、评价和应对可能对职业道德基本原则产生的不利影响。

3.6.2　环境伦理问题

1．环境问题的类别

人类对环境的关注历史悠久。早在 13 世纪，阿拉伯的思想家们就讨论了空气和水污染，以及这些污染对人类健康的影响。英格兰国王爱德华一世（1272—1307 年在位）为避免海运煤对伦敦空气的影响，曾禁止燃烧海运煤。[①]当然，环境问题真正被广泛关注是近代才发生的事。18、19 世纪的工业革命给环境带来了更恶劣、更迅速的破坏，直到 19 世纪末，人们才意识到保护自然环境就是自我保护。20 世纪后半叶，环境保护主义开始盛行，20 世纪 70 年代环境保护进入公共政策的议题。总的来看，环境保护一开始是以人类为中心的，是以人类的利益为判断标准的。随着环境伦理尤其是环境权利概念的提出，环境保护逐渐跳出"人类中心主义"的窠臼，环境不再是从属于人（人类生存）的工具和手段。

商品生产的过程是企业与两个外部环境交流和互动的过程，一个是自然环境，另一个是消费者环境。企业从自然环境获取原材料进行加工生产，转化为成品，而后再向外部推广销售给消费者，满足消费者的需求。因此，自然环境提供了商业原材料的输入，而消费者环境吸收了其最终产出。如此一来，企业与环境有关的伦理问题包括两类：①与自然环境相关的伦理问题，即环境伦理问题；②与消费者环境相关的伦理问题，即组织层面的企业对消费者的伦理问题。进一步而言，企业所面临的环境伦理问题，主要有两种类型——污染与资源消耗。

污染是指人类在生产制造、水处理、燃烧化石燃料等各种活动中无意和不希望产生的对人类或其他生物有害的环境杂质的现象，当这些杂质数量或有害程度达到或超出环境承载力，就会改变环境的正常状态。从污染领域或被污染对象看，主要有空气污染、水污染、土地污染，这是三种最基本的环境污染。从污染源来看，可进一步区分为排气污染、燃烧污染、放射性污染、重金属污染、噪声污染、射频污染、工业固定废弃物污染、电子废弃物污染、农药污染、白色污染等。

资源消耗是指对有限和稀缺资源的消耗。某种意义上，污染也是一种资源消耗，因为以现代观点看，空气、水和土地的污染会降低它们的质量，使得它们也成为一种有限的和稀缺的资源。相对而言，污染对环境的破坏更直接、更恶劣，也是更急迫需要解决的问题。这里将资源消耗与污染相区别，在于提醒人们除关注污染问题外，资源消耗问题尽管不会造成污染，但同样是需要关注和解决的环境问题。资源消耗主要包括物种和栖息地的消耗、化石燃料的消耗、矿物资源的消耗。

2．为什么成为伦理问题——基本观点

1）对污染的伦理学解释

一直以来，企业对环境问题都漠不关心，忽视其活动对环境带来的破坏。一方面，

[①]　贝拉斯克斯. 商业伦理：概念与案例[M]. 8 版. 刘刚，张冷然，程熙镕，译. 北京：中国人民大学出版社，2020.

企业总是把水和空气当成免费产品，这是一种无主物，使用它们无须向任何人付费或补偿；另一方面，企业总是将环境视为无限商品，无论是空气还是水，似乎总是有无限的容量，而企业所造成的影响并不那么重要，尤其企业行为对环境的影响不那么明显时，企业更容易忽视这些影响。但是随着环境问题逐渐成为社会关心的共同议题，学者们从多个角度对人类为什么应该关注环境问题进行理论解释，大致可归类为功利主义、道义论和美德论三种解释观点。

从功利主义来看，破坏环境最终会损害人类自己，因此必须停止破坏环境，这也是"人类中心主义"支持保护环境的观点。康德从"人类中心主义"角度出发的解释是，对动物的残忍违背了人类对自身的义务，因为对动物残忍的结果会麻木人对动物的同情，进而削弱个人与他人关系中那种同情的自然倾向，而这种自然倾向具有重要的道德意义。延伸开来，对环境的破坏会最终损害与他人的道德关系。更为流行的功利主义认为，环境中的非人类生命也拥有自身的利益，尽管它们带给人类的利益有所不同，但都是值得保护的。保护它们的利益就是保护人类自身的利益。

道义论者认为人类中心主义并不承认自然的价值，如果不改变"人类中心主义"的观点，无益于真正保护环境，只有当我们接受自然具有内在价值时，我们才会有义务尊重和保护自然，才会关怀自然。正是因为环境中的非人类拥有内在价值，人类在没有足够充分和重要的理由时，有道德义务避免伤害它们。还有观点认为，不仅动物具有内在价值和权利，所有生物包括植物，也拥有"继续生存的利益"，值得人类以道德的方式对待它们。另一种道义论观点提出了"环境权利"的概念，舒适的环境不仅是受欢迎的事实，还是每个人都有权利拥有的东西，即每个人都拥有一种环境权利，其他人有义务让我们拥有适合生活的环境，而不能任意破坏。环境权利的观点被广泛接受，甚至有些国家的立法借鉴了这一概念。

从美德论角度看，敬畏生命是人的一种道德品行。一个敬畏生命的人承认所有生物都有内在价值——一种让人不忍破坏、希望延续的价值。敬畏生命的人会在自己生命中感受其他生命，因此于他而言的善良是保护生命、促进生命以及将能够发展的生命提升到最高价值形式；而相对应的邪恶就是毁灭生命、伤害生命以及抑制能够发展的生命。另一种观点认为，如果一个人的性格特点包含有或表达出敬畏自然的态度，那么这一性格特点就合乎道德。因为，敬畏自然是基于这一事实，即每个生物追求的善良都是"生命的目的中心"，每一个生命体的根本目的都是维持生物体的延续。

2) 对资源消耗的伦理学解释

污染问题和资源消耗问题是有区别的。污染既会影响当代人，也会影响我们的后代，而资源消耗问题主要是影响我们的子孙后代。污染针对的是"可再生"的空气、水和土地，给予充足时间就可能恢复，因此解决污染问题一般是减少污染和控制污染；而资源消耗问题针对的是有限的、不可再生资源，一旦耗尽就不可再生，因此解决资源消耗问题一般是保护。那么，我们为什么应该为后代保护资源，仅仅是为了我们的后代就需要限制我们的权利吗？我们应该为后代保留多少资源？

从行为对后代影响的结果来看，功利主义者认为，每代人都有义务最大化行为的未来收益，最小化行为的未来伤害。但是，我们的行为对后代到底能带来哪些收益，造成哪些伤害，却并不好确定。功利主义者认为，可以按照不确定性和时间跨度来"折现"（即赋予不同权重）以确定影响后代的结果。虽然难以确定遥远将来的后果，但至少我们有义务为下一代考虑，对下一代的伤害至少不能超过我们从行为获得的收益。

道义论关注的是后代的权利和分配正义。后代的权利观认为，后代也有平等的权利获得这个星球上的有限资源，意味着我们有义务为后代保护资源。反对者认为，后代在当下既不存在，在未来也可能不会存在，何来的权利？如果说承认后代有权利，那么为了他们有必要牺牲他们之前的整个文明？权利保护的是权利拥有者的利益，但我们并不是非常清楚地知道后代的利益、欲望以及技术发展情况，如何来保护？这些反对观点似乎很犀利，但立足点是以当代的"人类"自我为中心，如果换位思考或者运用罗尔斯的"无知之幕"，这些反对观点就无法立足。因此，另一种观点认为，保护资源是我们对后代的正义要求。为了后代把过重的负担放在现代人身上是不公正的，但现代人什么也不给后代留下也是不公平的。正义原则要求我们，我们留给下一代的世界应该不亚于我们从祖先那里接手的世界。还有一种观点是关怀论，认为尽管离我们较远的后代很抽象，也可能并不存在，但我们的下一代与我们有直接的关系，我们对他们有直接的照顾和关怀义务，因此我们应该给下一代留下一个不亚于我们接手的世界。

3. 环境保护的责任

现代工业既为我们提供了无与伦比的物质繁荣，极大提高了生活的便利程度，也给我们和后代带来了史无前例的环境威胁。赋予我们操纵和控制自然的技术也污染了自然环境，消耗了自然资源。因此，环境污染本质上是人类活动所带来的双重效果中负面的效果，是人类需要和技术应用相互作用的结果，不只是企业活动的产物。这意味着，控制环境污染，保护自然环境，不仅是企业的责任，还是每个人、每个组织的责任，是整个人类共同体的一致行动。

尽管说我们不能把环境恶化完全归咎于企业，不能把环境污染完全视为企业贪婪的结果，但企业在环境保护中具有不可替代的作用。首先，企业的一举一动对环境带来直接的影响，有影响就有责任。据统计，工业排放占废气中主要污染物排放量的近九成。其次，企业或股东、消费者从环境中获得收益却不必承担污染的外部成本，而污染的负担往往落在那些买不起企业股票或产品的穷人身上，穷人们生活环境更糟，因此使富人受益而穷人负担成本是不公平的。企业承担保护环境的责任是分配正义的根本要求。最后，企业在环境保护方面，具有个体和其他组织无可比拟的资金优势、技术优势、信息优势等，特别是对企业自身所造成的环境问题，企业更了解问题产生的原因及治理的方法，因而更有专业能力来消除对环境的消极影响。

总而言之，人类在技术进步与生产发展的基础上逐步改造着自然界，改变着我们生存的环境，然而每一次改造都为人类和自然带来许多的不幸。恩格斯早就警告过："我们不要过分陶醉于我们人类对自然界的胜利。对于每一次这样的胜利，自然界都对我们进行报复。"①环境问题是现代工业文明的产物，它是技术达到一定水平而又不完善所带来的副产品。要想从根本上解决环境污染问题，人类必须转变以往以自我为中心的观念，在发展生产、提高自身生活水平的同时，注意生态环境的保护与改善。

3.6.3 大数据伦理问题

1．大数据带来的困境

随着信息技术尤其是网络和移动通信技术的发展，万物互联，地球俨然被连接成一个"村庄"，"村里"的人既相互熟悉又相互陌生，每时每刻的行为都在互联网上留下足迹，每个人的基本信息、情感欲望、行为偏好以"比特"的形式在网络中留存并流转。数字化已经是一种存在、一种生活方式而非仅仅是预测，因为我们已进入了大数据时代。个人生存以数字化的方式游走于现实与网络之中，而企业则依赖于个人行为的海量数据来设计、生产、推销产品和服务。在这一过程中，个人信息、隐私和数据权利如何得到有效保护，是大数据时代面临的最大挑战。

著名的 IBM 公司用 4 个"V"来概括大数据的特点：数量大（Volume）、类别多（Variety）、增长速度快（Velocity）和真实可信（Veracity）。如何面对 4 个"V"来寻找合适的计算架构和算法，创造出真正的价值（Value），是大数据时代众多商业和政府治理创新的关注焦点所在。在大数据之父维克托·迈尔-舍恩伯格看来，大数据与以往数据应用不同之处在于三个方面：第一，可以获得全体数据而非随机样本数据，这既决定了大数据算法原理与样本分析方法明显不同，也体现了其复杂度迥异；第二，追求的不是精确性而是混杂性，允许获取的数据呈现混乱、复杂状态而不再强求干净、精确，即大方向的正确比微观精准更重要；第三，聚焦发现和分析事物的相关性而非因果性，避免在因果性上劳而无获、止步不前。②

事实上与任何技术一样，一方面，大数据的兴起大大地改变了人类的生活，提升了生活的质量，拓展了生活的空间，使人们进入了有史以来生活水准最高的时代；另一方面，大数据也带来了前所未有的问题和挑战，其中最大的挑战无疑是个人隐私的保护。这些存在于网络中关于个人信息和隐私的数据易复制、易流传、易分享、易公开，根据大数据分析，很容易准确定位到设备、IP 地址、用户账号直到个人，从而可以从多源、海量、关联的数据中提取和刻画出人的情感、需求、欲望和活动。个体在互联网中不再是匿名的，而是透明的，正如 20 世纪 90 年代的一句经典调侃所言，"在互联网络上，没有人知道你是一条狗"③，而不久的将来，边检官员会说"根据你在亚马逊购物历史、推特积分和位置轨迹，判定你在我国受欢迎程度是 23.5%"。

技术进步使大数据创新成为现实，"人"被大数据化了。在这些大数据背后，我们需

① 马克思，恩格斯. 马克思恩格斯选集[M]. 第 4 卷. 中共中央翻译局，译. 北京：人民出版社，1995.

② 迈尔-舍恩伯格，库克耶. 大数据时代：生活、工作与思维的大变革[M]. 盛杨燕，周涛，译. 杭州：浙江人民出版社，2012.

③ 尼葛洛庞帝. 数字化生存[M]. 胡泳，范海燕，译. 北京：电子工业出版社，2017.

要思考：①关于隐私保护，企业或其他组织获取个人隐私是否得到逐一且明确的授权？其分析结果是否合理可信？其存储和使用是否安全？其应用是否平等、惠民？其收益能否让参与数据提供的个体共享？②以牺牲部分个人隐私换取提升整个社会生活质量的公共政策和商业创新是否正当？③线上交易的扩展和渗透是否会将"信息贫困者"打入更加贫困的境地而严重危害社会公平正义？④大数据、云计算的物理架构和管控模式是否会进一步集中信息安全风险进而变成高度集中的社会风险？[①]

2．大数据伦理

大数据伦理属于科技伦理，而科技伦理是科学技术创新与运用活动中的道德标准和行为准则，规定了科学技术共同体应遵守的价值观、行为规范和社会责任范畴。作为互联网时代兴起的一种新技术，与其他所有技术一样，大数据技术本身无所谓好坏，其"善"与"恶"取决于大数据技术的使用者。在大数据的使用过程中，个人、企业及其他组织出于不同的目的和动机，给社会带来积极的或消极的影响，由此产生大数据伦理问题。简言之，大数据伦理，是指在大数据技术的产生和使用过程中，处理个人、组织、社会相互之间各类关系的道德原则和行为准则。

与其他商业伦理问题一样，企业所面临的大数据伦理主要涉及一些被广泛珍视的价值，如个人被尊重的权利、平等、安全感、交易公平，以及诚信、自由、公正等。大数据伦理问题主要包三类：①隐私泄露问题，包括个人的身份信息、行为信息、位置信息，甚至信仰、观念、情感与社交关系等隐私信息的泄露；②信息安全问题，包括数据泄露、伪造、失真等问题，以及大数据使用的权责问题、相关信息产品的社会责任问题以及高科技犯罪活动等；③数据鸿沟问题，产生信息红利分配不公，加剧群体差异和社会矛盾等。[②]这些大数据伦理问题既是企业所面临的，也是个人、社会其他组织等共同面临的。

应对大数据伦理问题，应遵循以下基本原则：①无害性原则，无论是大数据技术发展还是大数据使用，都应坚持以人为本，服务于人类社会健康发展和提高人民生活质量；②权责统一原则，坚持谁搜集谁负责、谁使用谁负责；③尊重自主原则，即将数据的存储、删除、使用、知情等权利充分赋予数据产生者。企业及其员工，在企业经营中，除了遵循这些伦理原则，还必须遵守相关的法律规定，切实采取措施，加强自身责任意识，消除大数据异化引起的商业伦理风险。

因应数字革命的时代变化，我国适时出台了网络安全、大数据使用的相关法律。《中华人民共和国网络安全法》（自 2017 年 6 月 1 日起施行）、《中华人民共和国数据安全法》（自 2021 年 9 月 1 日起施行）、《中华人民共和国个人信息保护法》（自 2021 年 11 月 1 日起施行）先后颁布并施行，这些法律为大数据使用和个人信息保护确定了基本的法律框架和指导原则。在此基础上，我国还提出了系列治理原则、伦理规范和全球倡议。2019

---

① 李正风，丛杭青，王前. 工程伦理[M]. 北京：清华大学出版社，2016.
② 杨维东. 有效应对大数据技术的伦理问题[N]. 人民日报，2018-03-23（07）.

年 6 月 17 日，国家新一代人工智能治理专业委员会印发了《新一代人工智能治理原则——发展负责任的人工智能》，提出了人工智能治理的框架和行动指南，突出了发展负责任的人工智能这一主题，强调了和谐友好、公平公正、包容共享、尊重隐私、安全可控、共担责任、开放协作、敏捷治理等八条原则。2020 年 9 月 8 日，我国在"抓住数字机遇，共谋合作发展"国际研讨会上提出《全球数据安全倡议》，明确提出"秉持共商、共建、共享理念，齐心协力促进数据安全"。2021 年 9 月 25 日，《新一代人工智能伦理规范》发布，强调将伦理道德融入人工智能全生命周期，促进公平、公正、和谐、安全，避免偏见、歧视、隐私和信息泄露等问题，为从事人工智能相关活动的自然人、法人和其他相关机构等提供了伦理指引。

本章识别出商业领域中的人力资源、顾客信心、企业资源使用和利益冲突以及会计、环境、大数据等方面的伦理问题，只是让我们明白了以上伦理问题是什么，如何进一步分析这些商业伦理问题，面对这些问题时应该怎么做。总体来看，这些商业伦理问题既是个人层面的，也是组织层面的，有些更是社会层面的。接下来的三章内容分别从个体、组织和社会层面来具体分析商业伦理问题以及各自应承担的责任。

本章小结

1．从组织构成和企业边界，可以识别出四类商业伦理问题：人力资源伦理问题、顾客信心问题、利益冲突问题和企业资源使用的问题。随着社会发展，还会出现一些特殊的商业伦理问题，如会计伦理、环境伦理和大数据伦理问题。这些伦理问题既是个人层面的，也是组织层面的，还有可能是社会层面的。

2．人力资源方面的伦理问题主要集中在雇用与解雇、薪酬管理与绩效评估、工作场所中的个人隐私、性及其他形式的骚扰、工作健康等。人力资源伦理问题产生的根源是就业权(积极意义上的工作权利)如何实现的问题，更多反映的是企业对员工的责任。处理人力资源伦理问题的核心原则是公平。公平就是平等、互惠和公正，即员工的业绩表现是唯一起作用的因素(即平等)，员工和企业理解彼此的期望并且满足了这种期望(即互惠)，偏见并不存在(即公正)。

3．顾客对企业的期许是优质优价的产品和服务、诚实的产品或服务代理，以及顾客信息的安全等，当这些期许不能得到很好实现时，将会影响顾客对该企业的信心。这方面的伦理问题主要涉及产品安全、顾客的隐私保护、广告内容的真实性，以及会计、审计、法律、医学等某些行业的特殊委托责任。

4．企业与员工之间有一种特殊的契约关系，彼此之间有相互忠诚的义务。企业资源使用问题，更多反映的是员工对企业的责任。较为常见的伦理问题有物质资料和财务资源的不当使用、提供虚假或不真实信息、滥用企业名誉等。

5．当员工个人基于某种特殊关系而非工作本身要求，需要对自己的判断能力或者客观性做出妥协时，利益冲突就出现了。利益冲突可以区分为内部利益冲突和外部利益冲突，内部利益冲突较易控制和处理；常见的外部冲突有公开的或者私下的贿赂行为、回扣、影响力或者特权信息的交换等。

6．会计伦理是指建立在会计关系上的伦理要求，是处理与会计相关的利益主体关系的原则和准则。会计伦理主要包括会计人员的职业道德和会计活动中的伦理（财务活动中的伦理、审计中的伦理和财务咨询中的伦理）。

7．企业所面临的环境伦理问题，主要有两种类型：污染和资源消耗。保护环境是企业的重要责任。首先，企业的行动对环境带来直接的影响，有影响就有责任。其次，企业承担保护环境的责任是分配正义的根本要求。最后，企业在环境保护方面，具有个体和其他组织无可比拟优势。

8．大数据伦理问题主要包括隐私泄露问题、信息安全问题和数据鸿沟问题。应对大数据伦理问题，应遵循无害性原则、权责统一原则、尊重自主原则。

关键术语

工作权　　就业权　　聘用自由　　歧视　　就业歧视　　员工流动　　竞业限制
个人隐私　　性骚扰　　健康与安全　　工作参与　　公平　　顾客信心　　隐私
产品安全　　广告伦理　　特殊委托责任　　企业资源使用　　忠诚　　利益冲突
会计伦理　　环境伦理　　污染　　资源消耗　　环境保护　　大数据伦理

问题讨论

1．从企业构成和内外边界可以识别出哪些伦理问题？

2．如何理解将公平作为处理人力资源商业伦理问题的核心原则？

3．为什么说影响顾客信心是一个商业伦理问题？

4．为什么说企业资源使用问题是一个商业伦理问题？

5．利益冲突有哪些类型？

6．财务活动中的商业伦理问题主要有哪些？

7．如何理解审计中的商业伦理问题？

8．如何理解财务咨询中的伦理问题？

9．如何从商业伦理角度理解污染问题？

10．如何从商业伦理角度理解资源消耗？

11．为什么说保护环境是企业的责任？

12．如何理解大数据带来的困境？

案例分析

请扫码阅读案例，思考以下问题：

1. 你认为客户的数据是资产吗？
2. 关于客户的数据可以随意获取、定价、交易吗？
3. 该案例中存在哪些商业伦理问题？
4. 企业在数字社会中的责任有哪些？

（扫码阅读）

第 4 章　个体层面的伦理与责任

学习目标

1. 理解员工活动中的商业伦理问题;
2. 掌握员工享有的权利与应承担的雇员责任;
3. 掌握管理者伦理;
4. 理解员工参与的基本内容;
5. 了解董事、监事与股东的非商业伦理行为。

开篇案例

请扫码阅读案例,思考以下问题:

1. R 咖啡的经营出现了什么问题? R 咖啡损害了谁的利益?
2. 谁应该为 R 咖啡的行为负责?请具体分析。
3. R 咖啡要避免上述问题的再次发生,应如何做?
4. 如何理解 R 咖啡的经营之道?企业取得成功的关键到底是什么?

(扫码阅读)

思维导图

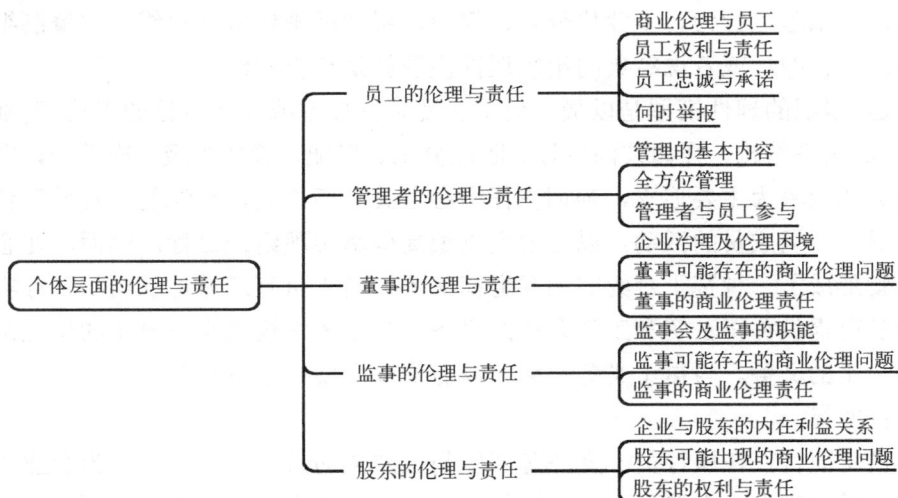

4.1 员工的伦理与责任

如果说伦理问题是人的活动的产物，那么伦理问题首先是个人层面的伦理。之所以首先强调个人伦理与责任，并不是否认企业的伦理与责任；而在传统的观点里，正是从"法人"或"组织"的角度来理解企业，个人被视为企业的构成要素，忽略了个人的重要性和主体地位，继而使得企业伦理与责任往往难以坐实。从个人层面来看，企业伦理与责任的主体主要包括员工、管理者、董事、监事及股东。

4.1.1 商业伦理与员工

可以从以下两个角度理解企业中员工的商业伦理问题：①将企业视为理性组织，更多强调的是员工的义务；②将企业视为政治组织，更多强调的是员工的权利。理性组织以契约关系为基础，追求利润率或生产效率最大化，将员工视为企业这部大"机器"中的"螺丝钉"，而政治组织以权力关系为基础，聚焦于企业中的非理性因素，这里的非理性仅仅是就利润或生产效率而言的，非理性的运用是服务于员工自我目的实现的。无论是理性模型还是政治模型，员工都被视为追求自我利益最大化的理性个体。契约关系和权力关系不足以描述组织中的所有行为，组织中商业伦理问题的另一重要的维度是人际关系，由此出发，还可以将企业视为一种关怀组织，即着眼于企业、员工之间互助互爱的人际关系。这里着重介绍员工作为理性组织和政治组织成员所面临的伦理问题及相应的责任。

1. 作为理性组织的成员

在传统的管理学诸观点中，企业首先是一个理性组织，其中的典型代表就是马克斯·韦伯的官僚制（Bureaucracy，也译为科层制）组织。官僚制组织，是指以普遍主义为价值取向，追求理性行为、专业化分工、权力作用和严密控制的组织。官僚制组织是典型的组织理性模型，或者说经典的组织理性模型就是官僚制组织。

简言之，组织的理性模型是以最大效率实现某种技术或经济目标的正式（明确界定且公开使用）的关系结构，强调共同目标、职能分工、权威、责任等级，排斥一切非理性因素，以最大化效率为主要追求，强调责任中心主义。基于此，组织的"理性"体现在通过合约来寻求协调成员的活动，以便他们以最高效率实现组织目标。因而，在企业与员工之间，就形成了一种基于合约的相互道德义务：员工负有忠诚追求组织目标实现的义务，企业负有提供公正工资和工作条件的义务。基于理性模型来看员工的伦理问题，更多体现为员工的义务。与员工义务冲突的商业伦理主要有以下几种。

1）利益冲突

对于员工而言，在履行员工义务时产生利益冲突的条件有：①员工为企业执行某项任务，即利益冲突发生在履行职责的过程中；②员工拥有非工作方面的利益，该利益会激励或鼓动员工以实现自身利益的方式完成任务；③员工有义务以服务于企业利益而非其他利益动机的方式完成任务。

员工伦理方面利益冲突的形式：①既包括金钱或经济上的，这是一种客观的利益冲突，也包括情感上的利益冲突，这是一种主观的利益冲突；②既可能是潜在的利益冲突，也可能是明显发生的利益冲突。

员工伦理方面利益冲突的结果：①损害企业的利益；②破坏企业对员工的信任。

作为员工，要有效避免或消除利益冲突，可采取以下形式：①回避，即从产生利益冲突的任务中退出，不参与产生利益冲突的任务；②消除或改变利益，即消除或改变可能刺激个人行动的利益，当没有个人利益时也就不可能有利益冲突；③消除或改变义务，可用服务于企业利益而非其他利益动机的方式消除或改变个人在该任务中的义务，如离开企业，或者向企业坦白可能存在的个人利益，让企业来做决定。

2) 典型的利益冲突 —— 商业贿赂或礼物

员工在履行义务时，如果接受商业贿赂（受贿）或者进行商业敲诈（索贿），就可能会在做出决定时有失公平，最直接的结果就是违反代表企业做出公正判断的义务，同时也会损害市场经济的基础——商业信任关系。此外，正如第 3 章所述，礼物或微妙的贿赂也可能会损害上述义务。但是，在商业活动中，对于这些微妙的行为，是一律拒绝还是可适当接受？如何从伦理上进行判断？这需要结合礼物价值、送礼目的、商业惯例、企业政策及法律规定等来考虑。

文森特·巴里（Vincent Barry）给出了在接受礼物时应该考虑的因素（见表 4-1）。[①]此外，一些行业协会为本行业的从业人员会提供指导意见，如 2020 年 12 月 17 日修订的《中国注册会计师职业道德守则第 3 号——提供专业服务的具体要求》，对利益诱惑（包括礼品和款待）（第 6 章）进行了明确规定，也给出了相应建议。

表 4-1　接受礼物的道德判断

判 断 要 素	解 释
礼物的价值	是否足以影响个人判断和决定
送礼的目的	性质是否为贿赂
送礼的情况	是否公开，是否为庆祝特殊事件
礼物的收受者和赠予者的职位	该职位是否影响交易
当地的商业惯例	收礼是公开且可接受的行为吗
公司政策	公司是否禁止接受礼物
法律如何规定	法律有无禁止性规定

政策链接

《中国注册会计师职业道德守则第 3 号——提供专业服务的具体要求》节选

（2020 年 12 月 17 日修订）

（扫码阅读）

[①] VINCENT B. Moral Issues in Business[M]. Belmont, CA: Wadsworth Publishing Company, Inc., 1986.

3) 盗窃 —— 企业资源使用方面的伦理问题

作为受雇于企业的一员，员工在使用企业资源和物品时应该追求合法目的，促进企业利益的最大化。因此，一旦员工使用企业资源和物品追求自身利益，无论利益大小，都会被视为盗窃，除非经过企业同意。未经合法拥有者同意，使用企业资源和物品追求自身利益，则侵犯了合法拥有者的财产权，这是一种绝对的排他权。

盗窃的非伦理性非常明显，因此规模一般比较小，主要形式有：①实物盗窃，如各种小工具、办公物品、工作服等，如将企业的签字笔、打印纸等拿回家；②操纵或填补支出记账，常常是在一些小的支出方面占企业便宜，如在因公出差的票据中夹杂私人打车票据等；③涉嫌犯罪的行为，如侵占、盗窃或处理财物时诈骗及伪造等；④信息盗窃，这是一种特殊的盗窃，包括盗窃数字化程序、音乐、电影、电子书等，以及商业秘密、公司计划和专有公式或其他数据等。

关于信息盗窃，需要说明三点。

(1) 关于信息盗窃的判断，不在于一定要取得实际的利益，即该行为可能并没有给行为者带来实际的利益，但只要未经合法拥有者同意或者不符合企业的正式或非正式规定：任何复制、检验或使用，即使仅进入电脑系统查看，原件未被拍摄或更改，这些行为都被视为盗窃，因为侵犯财产权本身就是错误的，并不要求还有其他任何的额外伤害。

(2) 关于商业秘密的规定。有些信息属于商业秘密，有时被称为商业机密或者专属信息，主要包括：有关企业本身的技术、活动、未来计划、政策或记录的非公开信息，如管理诀窍、产销策略、招投标中的标底及标书内容等；由企业所拥有的非公开信息，这些信息可能并非专利或版权，但是是利用企业资源开发或合法购得且用于企业目的的，如产品的设计、程序、配方、制作工艺、制作方法等；企业通过明确指示、安全措施或与员工在协议中明确禁止公开的信息，如客户名单、货源情报等。

(3) 要区分技能和信息。员工从企业获得的技能不是信息，离开企业时不是盗窃，这时可以签订竞业限制或竞业禁止协议，以此来对双方的权利、义务进行明确规定。

4) 内幕交易

内幕交易是指企业内部人员和以不正当手段获取内幕信息的其他人员违反法律法规的规定，根据内幕信息买卖证券或者与外人勾结买卖证券的行为。内幕交易人员利用其特殊地位或机会获取内幕信息进行证券交易，达到获利或避损的目的。这种不道德行为违反了证券市场"公开、公平、公正"的原则，侵犯了投资公众的平等知情权和财产权益，给企业的社会信誉、社会声誉造成了不可挽回的负面影响。

关于内幕交易，存在赞同和批评两种不同观点。相对而言，批评观点是主流。在很多国家和地区，内幕交易既被视为一种违法行为，也被视为一种不道德的行为，因为其违背了权利(侵犯了股东的权利)、正义(给内部人带来不公平的优势)和效用标准(降低社会的整体效用)。

2. 作为政治组织的成员

在任何一个组织中，都存在那些既不完全是目标导向的也不是完全有效率的行为，即组织行为并不完全是理性的，即便是在追求利润或生产率最大化的企业中。从组织的非理性角度出发，组织政治模型认为，组织是一个竞争力量联盟，组织本质上是权力的获取和运用。所谓权力，是个人或一群人按照自己意愿控制别人同时不被别人控制的能力。

组织政治模型不仅仅关注组织中的正式权威及交流路线，还会关注那些非正式权威及其发展，这就是组织中的"政治"。因此，从"政治"角度出发的伦理问题，不是关注企业与员工的合约义务，而是聚焦于组织中行使权力会受到什么道德限制，意即上级对下属行使权力存在哪些道德限制，或者，员工获得并行使权力存在哪些道德限制。简言之，基于"政治"所产生的伦理问题是权力的获得和使用或者说与滥用权力有关，体现为两个主要的伦理问题：员工权利——员工如何获得和行使权力；组织政治——管理者行使对下属的权力会有哪些限制。

1）权力与权利

员工在组织中获得的权力主要体现为员工的权利。权力与权利既相互联系又相互区别。马克斯·韦伯从社会关系的角度认为，权力意味着哪怕是遇到反对也能实现自己意志的任何机会，不管这种机会建立在什么基础上。[①]布劳认为，"权力是个人或群体将其意志强加于其他人的能力，尽管有反抗，这些个人或群体也可以通过威慑这样做"[②]。这就是说，权力是使他人为或不为的一种能力，如此一来，权力非常普遍，公共领域、市场领域甚至日常生活领域都存在权力。

但是，并非所有权力都具有正当性和合法性，其中与人们生活息息相关、具有基础性作用的那些权力被国家以法律的形式所认可，并以国家强制力为后盾来保障其得以实现，被法律所认可和保障实施的那些权力保障了个体的利益，因此就转化为权利，其他人负有不得阻碍个体权利实现的义务。可见，权利是一个法律概念，更多与义务相对应，而权力是一个政治概念，主要与服从相联系。

2）管理者权力与员工权利的争论

关于管理者权力与员工权利也有两种观点：①支持管理者对员工行使权力，员工必须无条件地服从管理者的命令，或者说反对"员工权利"；②倡导员工享有权利，从现实情况来看，尽管关于员工权利的理由似乎并不充分，但在很多国家都得到了法律的支持和认可。这些权利主要涉及隐

（扫码阅读具体观点）

私权、正当程序权、良知的自由决定权、参与企业管理的民主权利、工作权利、参与组织的权利、工作场所安全权、公平对待权、工作环境无歧视权等。员工权利本质上是员工在组织中获得的权力，并被法律、公司章程、合约条款、岗位职责等所承认，因此这些权利体现的是正式权力关系。

3）组织中的政治（非正式权力关系）[③]

组织中除了正式的权力关系，还存在大量非正式的权力关系。企业作为一个组织，

① 韦伯. 经济与社会（上）[M]. 林荣远，译. 北京：商务印书馆，1997.
② 布劳. 社会生活中的交换与权力[M]. 孙非，张黎勤，译. 北京：华夏出版社，1988.
③ 贝拉斯克斯：商业伦理：概念与案例[M]. 8 版. 刘刚，张冷然，程熙镕，译. 北京：中国人民大学出版社，2020.

不太可能会完全被政治行为所渗透，但也没有任何一个组织可以与政治绝缘。所谓非正式权力关系，即指那些并没有体现在组织结构图上，或者没有被写入员工对企业承担责任的合约及工作描述中，或者被法律所承认，由管理者公开行使的权力，一般是私下或隐蔽使用，不被法律所承认的那些权力。

组织政治关注的是组织中的非正式权力关系，旨在通过对其他个人或群体行使非正式认可的权力，以实现个人或群体的利益，如获得晋升、提级加薪、增加预算、提升地位等。这种用非正式认可的权力策略来实现自身目的的过程，就是政治策略。这里的自身目的，既可以体现为个人利益，也可以体现为所代表的群体或机构的利益。一般来说，组织中存在的政治策略有以下几种(见表 4-2)。

表 4-2 组织中存在的不同类型的政治策略

政 治 策 略	描 述
推诿或攻击他人	最小化自己与失败的联系，并责怪对手导致失败，或者将对手成绩诋毁为不重要、自私自利或运气好
控制信息	保留或模糊于己不利的信息，选择性公开和暗示来创造印象以歪曲信息，或者以客观数据来推翻主题
发展自身想法的支持基础	提前做工作，获得别人理解和支持
形象塑造	创造深思熟虑、诚实、敏锐、参加重要活动、广为喜爱和自信的表象
奉承	巴结上级或有权力的人，让他们觉得自己钦佩他们或与他们关系不错
巴结有影响的人	尽量使自己的上级或那些有权力的人觉得自己是朋友
形成权力联盟并发展强势同盟	建立或加入已经形成并能够帮助自己追求自身利益的群体
创造义务	通过给别人提供服务或帮助别人使他们觉得欠了自己人情

政治策略通常很隐蔽，意味着很容易变成欺诈和操纵。总体来看，政治策略既可以服务于组织目标和社会目标，甚至保护弱势者，或者是个人对他人操控的反抗，也可能牺牲组织和群体利益以实现个人利益或小团体的利益，这种操控会使组织陷入伦理困境。毫无疑问，组织政治会对员工的生活带来显著影响，最好不要卷入组织政治中。但是，人是政治动物，只要有非正式权力关系的存在，就会出现一些政治策略。如果被卷入组织政治中，可以从效用(结果)、权利、正义、关怀等角度进行伦理思考，从而进行更好的判断和选择(见表 4-3)。

表 4-3 解决组织政治的伦理问题

角 度	描 述
效用问题	个人企图使用策略实现的目标是否对社会有利
权利问题	有助于实现这些目标的政治策略是否侵犯了他人的道德权利
正义问题	政治策略会带来收益和负担的平等分配吗
关怀问题	政治策略会给组织内的关系网络带来什么影响

4.1.2 员工权利与责任

1. 员工的权利

从组织的"政治"模型看，主要是企业对员工的伦理，更多体现为员工的权利。从公平的伦理原则出发，作为契约关系的一方，员工应该享有与企业平等的权利和义务。然而，由于现实条件的制约，员工在与企业的契约关系中往往处于不平等的地位，员工诸多权利问题的解决变得复杂而困难。

《中华人民共和国劳动法》第三条明确规定："劳动者享有平等就业和选择职业的权利、取得劳动报酬的权利、休息休假的权利、获得劳动安全卫生保护的权利、接受职业技能培训的权利、享受社会保险和福利的权利、提请劳动争议处理的权利以及法律规定的其他劳动权利。"下面介绍几种主要的权利。

1) 自由签约权

员工作为与企业契约关系中的一方，具有自由签约的权利。自由签约是指雇佣双方必须是自愿达成协议的，双方都不得将自身的意志强加于另一方，现实中更常见的是，员工作为求职者，因处于弱势地位而被迫签约。自由签约与源于平等契约论的聘用自由是有区别的。聘用自由中，员工与企业之间是一种自由平等的契约关系，员工可以自由地选择企业，企业也可以自由地选择员工；员工可以根据自己的意愿变换工作，企业也可以自由解雇员工。聘用自由的前提是市场经济条件下存在着充分就业。但是，现实是大多数情况下都是劳动力供大于求，这样企业自然就处于优势地位；而员工为了维持生存，必须工作，实际上无法自由地选择职业。正是基于这一现实因素，催生了员工的自由签约权，即任何时候、任何条件下企业都不得以任何形式将自身意志强加于员工，是否签约必须出于员工的自由意志。

员工在与企业签订雇用合同时，有权知道自己受雇的真实条件，有权知道自己受雇的岗位是否为临时性、试用期多长、企业对自己是否有超出雇用合同上规定的工作性质的要求等，有权知道关于晋升、增加工资、解聘的条件。如果企业不主动向员工介绍这些条件，员工有权提问并得到诚实的回答。

2) 公平工资权

从员工的角度看，工资是满足员工及其家庭基本生活需要的主要甚至是唯一的方式。从企业的角度看，工资是必须压低的生产成本，否则会提升产品在市场中的价格。因此，在企业与员工之间就存在一个如何设定公平工资的困境：如何在企业最小化成本与员工为自己和家庭提供体面收入之间取得公正的平衡？

关于公平工资，并没有一个绝对的标准或简单的公式进行测算。工资的公平性一般取决于三方面因素：①社会因素，即社会为工人提供的公共支持(如社会保障、医疗保健、失业补偿、住房补贴、公立教育、生活福利等)、劳动力市场的自由程度等；②企业因素，即企业的竞争地位和收入、企业提供的非工资福利等；③个人因素，即工人的贡献和生产力、工人及其家庭的需求等。从多数国家的实践来看，主要有以下几个因素：

a．该行业和该地区的现行工资；

b．企业的能力与政策；

c．工作性质，主要包括风险、技能要求和需求，以及工作稳定性的保证程度；

d．最低工资的法律要求；

e．同工同酬，即组织内工作大致相同的工人得到差不多的薪酬；

f．当地的生活成本。

3）晋升权

当员工进入企业具体工作后，一般他们关注的核心问题是职位晋升，因为晋升代表着一种将来获得合理工资的期望。员工在企业工作中有权得到定期的、公正的评估，有权要求在职位晋升的竞争中获得公平的待遇，即得到公正的评价以及平等的竞争机会，不能因为性别、种族、信仰等与职位无关的因素而受到歧视性待遇。同时，员工即便没有得到晋升机会，也不能因此而得到不公正的评价。通常情况下在应当得到提升的时候而没有得到提升，员工有权得知理由。在企业实际运行中，存在着一些不合理的现象，如只使用不晋升、缺乏适当的培训等。

4）员工在被解雇时的权利

员工在受雇前有获得工作机会的权利，在工作中有享受平等待遇的权利，在被解雇时也同样享有一定的权利。员工为企业发展做出了自己的贡献，企业不能无故解雇员工。企业解雇员工应该遵循一定的规则。

（1）企业解雇员工必须要有充分正当的理由。对解雇原因有异议的员工有权利按照正当程序进行申诉，有权自我辩护，有权得到公正的裁决。员工被解雇的原因很多，有正当的理由，如经济衰退、工作能力差、行为不道德、经常迟到和旷工等；也有正当性不明显的理由，如人际关系差、对领导不尊重、工作态度差等；还有不正当的理由，如老板不喜欢、告发企业不法行为、拒绝性骚扰等。

（2）员工在被解雇时应当被告知解雇理由，并尽早提前通知，这是对员工的一种尊重。

（3）对于受雇时间较短的员工，包括试用期的员工，企业应该给予其充分的时间施展自己的才能，并改正自己的错误，而不应该假借试用期的名义随意地将其无理由解雇；对于在企业工作时间较长的老员工，在没有经济环境或企业财政因素影响之下，企业应该给予帮助和鼓励，甚至给予晋升的机会，不应当随意将其解雇。

5）员工在工作时间之外的权利

员工作为公民，不仅享有在工作时间内的权利，而且还享有在工作时间之外的权利，而这些权利，企业同样是需要尊重的。

员工在企业工作时间之外，享有言论自由的权利。一方面，员工可以在合理的限度内，善意地批评企业、企业领导以及企业管理人员，这项权利不能被剥夺；另一方面，员工不能无故抱怨企业及其领导的过错，或出于宣泄不满而散布谣言，或利用工作之便泄露企业经营秘密和企业工作计划等。员工可以通过企业的沟通渠道与企业进行交流，而不是采取消极抱怨的方式解决问题。

员工是社会成员的一分子，有权加入自己喜欢的合法社团或者组织，有权选择自己的生活方式。例如，某些员工在下班时间吸烟、喝酒或者运动、娱乐等，企业不能出于这些理由而解雇员工，除非员工因为自己的某种不良生活方式如吸烟、喝酒等而影响到工作绩效。

2．员工的责任

从组织的"理性"模型看，主要是员工对企业的伦理，更多体现为员工的义务和责任，包括员工对企业的雇员责任、员工忠诚以及承诺等。员工对企业履行自己应尽的责任是所有企业发展的基础。只有企业责任而没有员工责任的企业，不可能成为一个真正对社会负责的企业。在世界 500 强企业中，"责任"是最常见也是最关键的理念和价值观，也是员工的第一行为准则。员工做事必须从小处培养责任心，从大处培养责任感，养成自觉的行为，自觉形成企业员工的责任文化，这对企业的发展无疑具有重要的作用。员工的雇员责任主要有以下几方面。

(1)为企业劳动的责任。企业雇用员工并付给员工报酬，是要员工完成一定的工作任务，为企业创造价值。员工在企业中所从事的工作，一般由岗位责任说明书进行确定，但更为重要的是，员工应该勤奋工作、正视困难、对结果负责、勇于执行。具体而言：①员工必须敢于对工作结果负责，不能在身处顺境时对企业邀功请赏，在遇到困难时寻找借口推卸责任；②员工在工作中应该努力追求水平线上的表现，不断探究"我怎么做才能更好""我还可以做些什么"；③员工在工作中应该具备良好的执行力，无论因何原因、面临何种工作形势，都要对自己的工作结果及其实现途径完全负责。

(2)立足本职，放眼全局。尽管是普通员工，也需要确立全局观念，从全局出发，正确认识本职工作在企业全局中的地位作用，把本职工作和企业整体利益结合起来。企业员工具体从事的工作往往是局部的，每个员工的局部工作都是企业整体工作的一部分，局部工作质量的高低不仅影响个人的利益，而且影响企业全局的利益。站在领导和企业的角度思考问题，这是一种换位思考，有利于从道德上认识本职工作，从而做出合乎伦理的行为。

(3)遵纪守法，以身作则。这要求企业员工带头严格遵守国家法律法规和各项政策，自觉遵纪守法，严格遵守劳动纪律，自觉维护和遵守考勤制度、生产制度、质量制度、操作规程等厂规厂纪。

(4)敬业精神。敬业是一种人生态度，是一种珍重就业机会，对自己的行为负责、肯定自己的劳动成果的态度。这种态度不仅保证了人们的职业秩序，也使得社会得以实现专业分工。在企业就职的人，如果不敬业、不能成为所从事的业务方面的行家里手，就不会有好的绩效，也就得不到晋升和加薪。在企业中，敬业往往被简单而错误地理解为员工对工作安排的服从，这是非常片面的，也是非常有害的。敬业在深层次上包含着一份对专业精神的执着，这一份执着也包括对作业标准和秩序的肯定。

4.1.3 员工忠诚与承诺

1. 员工忠诚[①]

员工忠诚是指员工对企业使命、愿景、价值观的认同以及为实现企业目标而竭尽全力的态度和行为，具体表现为员工在思想上与企业价值观和政策保持一致，在行动上尽其所能为企业努力工作、维护企业利益，在情感上愿意与企业同甘共苦、共同成长。

员工忠诚是一个等级体系，由低到高分别是：对个体的忠诚，对团体的忠诚，对价值和原则的忠诚。这意味着，忠诚管理不仅仅是指面向个人或团体的忠诚，更重要的是忠于企业据以长期服务于所有成员的各项价值观和原则。

员工忠诚可分为主动忠诚和被动忠诚。主动忠诚是指员工在主观上有强烈的忠诚于企业的愿望。这种愿望往往是由企业与员工目标的高度协调一致、企业帮助员工发展自我和实现自我等因素造成的。被动忠诚是指员工本人并不愿意长期留在企业，只是由于客观上的约束因素而不得不继续待在企业。例如，与同行业相比，较高的工资、良好的福利、便利的交通条件、熟悉的人际关系等，一旦约束因素消失，员工就可能不再对企业保持忠诚了。相对而言，主动忠诚比较稳定。

员工忠诚应该建立在企业与员工之间相互尊重、相互信任、视彼此为合作伙伴的关系之上。具体体现在以下几个方面：①积极参与企业管理，在完成好本职工作的基础上，努力改进工作方法，对企业发展积极献计献策，主动承担企业各项工作，勇于对工作承担责任；②高标准要求自己，自觉履行好自己的工作职责，高标准完成工作任务，同时努力用自己良好的行为影响身边的同事，增强企业的凝聚力；③严格维护和主动执行企业制度，服从企业的指挥监督，严格遵守企业的各项管理制度，保守企业经营秘密；④关心企业外部形象，对外不恶意散布企业内部发生的事故，不盗用企业名义做有损于企业的事情，自觉管理个人社会行为，不给企业抹黑。

2. 关于员工忠诚的几个错误认识

（1）行为服从等于员工忠诚。一方面，作为企业员工，应该服从企业的安排，听从上级的调遣，这是企业得以正常运转的必然要求；另一方面，忠诚有一个界限，那就是企业或上级的命令应该是符合法律政策和合乎道德的。如果命令违背了法律政策要求、企业规定，或者不符合道德要求，员工有拒绝的权利。《中华人民共和国公务员法》明确赋予了公务员对上级"明显违法的决定或者命令"有说"不"的权利，这一原则对于企业员工而言具有指导和参考意义。简言之，员工忠诚绝不等于行为服从，尤其是遇到"企业或上级不合法或不道德的要求"时。

（2）思维趋同等于员工忠诚。既不能将行为服从等同于忠诚，也不能将思维趋同等同于忠诚。思维趋同只会导致上下一致的僵化文化模式，企业中容不得不同声音和不同意见，将会打压很多具有创新性的想法和意见，限制企业的个性和创新性。企业一方面需

---

① 赵斌. 企业伦理与社会责任[M]. 北京：机械工业出版社，2021.

要追求同一性，将企业拧成一股绳，为了一个共同目标努力奋斗；另一方面，差异性是企业创新的源泉，企业要持续发展，就要重视员工差异的价值，不能将员工忠诚建立在员工思维趋同的基础上。

（3）从一而终等于员工忠诚。有种观点认为员工终生服务于一家企业就是对企业的忠诚。其理由是：员工进入企业后，企业为员工提供了基本的物质生活保障，为员工的发展提供培训、学习、锻炼等各种机会，员工取得的成绩和进步是建立在企业花费了大量资源基础上的，因此员工在企业中学习成长，就应该终生服务于企业。员工一旦跳槽到其他企业，尤其竞争对手那里，企业就会遭受损失，这是不公平的。从一而终虽能保持企业的稳定，但也可能导致企业缺乏活力，更不利于人才在社会上的流动。更为根本的是，员工与企业之间是一种双向选择的契约关系，企业有雇用员工的权利，员工也有选择企业的自由。双方只要形成雇用合同，在合同有效期内，员工为企业尽心尽力，做出自己的贡献，就不必也不应该强求其从一而终。当然，员工在离职后，能够保守原企业的商业机密，不做有损于原企业利益的行为，这就是忠诚。

自我测试

请根据表 4-4 中题目，测试一下你的忠诚度(可以扫码看结果分析)。

表 4-4　看看你的忠诚度　　　　　　　　　　　　(扫码看结果分析)

对照自身情况，符合的画"√"，不相符的画"×"。	
1．你是否觉得薪水是你目前工作的唯一动力？	（　）
2．如果其他公司提供更好的薪水和待遇，你会立刻选择离开现在的公司吗？	（　）
3．你是否能够像老板那样对待自己的工作？	（　）
4．你是否经常对工作具有高度热情？	（　）
5．你是否对工作中的一些利益冲突、是非得失很在意并为此殚精竭虑？	（　）
6．你是否对企业和行业前景充满了信心？	（　）
7．你是否很信任你的老板？	（　）
8．你是否能够与同事和谐愉快地相处？	（　）
9．你是否经常自觉维护企业利益和形象，坚持以最佳态度面对客户？	（　）
10．你是否为自己能在当前企业任职而感到自豪？	（　）

3．员工承诺

员工的责任感要求员工做出承诺、遵守承诺并为之负责，要求员工在现在或将来为自己的承诺付出努力，而不是被动地对已发生的事情进行解释。这里，员工承诺与员工满意和员工忠诚是有区别的。一般来说，员工满意只是对其工作状态感到满足，与工作付出及效率等并不构成正比关系，因而是最低层次的。员工忠诚表明员工认同企业追求，愿意留在企业，但并不一定就会有高效率的产出，因此仅有忠诚也是不够的。员工承诺不仅包含了满意和忠诚，还表示员工有能力并懂得如何为实现企业战略目标而努力，并积极取得有利于企业发展的业绩。

员工承诺被分为三个层次：①延续承诺，是指员工认识到离职给自己所带来的损失，为了不失去多年投入所换来的待遇而不得不继续留在该企业的一种承诺，这是一种低层次的承诺；②感情承诺，是指员工对企业的情感依赖、认同和投入，因对企业有深厚感情而表现出来的忠诚和努力工作，真正"以厂为家"；③规范承诺，是指员工基于义务对企业的承诺，这种义务往往是对企业使命、价值观、愿景的认同所激发的社会责任感，是一种高层次的承诺。

简言之，员工对企业的伦理不能仅仅局限于员工对企业应尽的雇员责任上，也不应该停留在员工对企业的忠诚层次上，因为忠诚仅仅表明员工"愿不愿"，只有上升到员工对企业的承诺层次，才能体现员工"能不能"和"让不让"。员工对企业的承诺不仅仅是基于物质利益的一种承诺，更重要的应该是基于情感和义务的一种承诺。

请通过下面的"自我测试"测试一下自己的"组织承诺"，并结合前面的忠诚度测试结果，分析你的"忠诚度"和"组织承诺"二者是否相一致，说明了什么问题？

自我测试

"组织承诺"是员工对组织的重要态度之一，已被许多研究证实是预测缺勤、离职、组织公民行为和工作绩效的重要变量。请扫码打开 Mowday，Steers & Porter(1979)建立的组织承诺量表，并进行测试。该承诺量表共15个题目，分为三个因素：组织认同(2、4、5、6、8、10、14)、组织投入(1、3、13)、留职意愿(7、9、11、12、15)。

（扫码测试）

4.1.4　何时举报

在员工所面临的伦理困境中，很重要的一个伦理问题是举报或告密，这是一个普遍存在的但又经常被忽视的问题。一般来说，员工往往是第一个知道企业诈骗、贿赂、污染环境、销售不安全产品等违背法律或严重违反道德行为的人。当员工发现自己所在企业的内部存在违法或严重违背道德的行为时，应该如何处理？一方面，作为企业雇员，有忠于企业的义务，不能置企业于不利境地；另一方面，企业的这些行为违背了法律或严重不道德，损害了社会整体利益。因此，对企业及同事们的忠诚，与对其他人利益或社会整体利益的维护之间产生了矛盾。

1．是否要举报

员工的一项重要权利是良知的自由决定权——基于良知向内部或外部举报时受保护的权利，这项权利来自个人在遵守自身宗教信仰或道德信仰中所获得的利益，要求个人不被迫参与违背其良知的活动。因此，员工一旦发现企业行为违背了其良知，不仅不能被迫参与其中，还可以依据自己良知进行举报。在确定是否要举报时，可遵循下面步骤：

a. 对问题的感受有多强烈——是否触碰了道德底线？

b. 目的是什么——举报是于公还是于私？

c. 考虑权力和影响力——选择何种沟通方式？如何向上级或组织说明情况？

d. 权衡利弊——是激发矛盾还是以创造性的方法降低风险并增加潜在收益？

e. 把握时机——是否深入思考所有风险并做好了举报准备？

f. 思考备选方案——有无别的选择？如不成功怎么办？

在某些情形下，举报是员工的道德义务，换言之，如果员工对企业的违法行为或不道德行为知情不报，至少负有道德责任。这些情形是：①该员工有特殊责任阻止过失或其是唯一能够或可以阻止过失的人，阻止过失是其职责的一部分，如会计、工程师、律师、环境监测员等；②过失会对社会整体福利带来严重损害，或极其严重的不公正，或极其严重的权利侵犯。

第 2 章提到，如果将检举揭发作为一种角色要求，写入工作规范和守则里，这种行动可能就会变得容易。这就是说，有些企业会对员工的举报行为做出相应规定，因此了解企业的举报政策非常重要。

2. 什么时候举报

一旦确定了要举报，接下来就要明确什么时候举报，这往往取决于问题的严重程度。判断问题严重程度的因素主要有真实性、员工或顾客的权利、信任、伤害、个人名誉或组织名誉、违反法律……

问题是否严重，严重到什么程度，也决定了向谁报告。一般来说，向直接上级报告是惯例，但是，如果问题非常严重，或者问题涉及直接上级，也可以越过直接上级举报。例如，如果企业所排放的垃圾含有剧毒成分，这不仅会涉及当地社区和其他利益相关者的利益，还会对企业的名誉带来损失，可能辜负公众的信任，这可能既是一个法律问题，也是一个伦理问题。这时，越过直接上级进行举报在伦理上是被理解的。

3. 怎么举报

一般来说，可按照如下顺序进行举报。

a. 首先向直接上级汇报。前提是要确认直接上级没有参与其中。

b. 征求家人的意见，家人可能会受举报行为结果的影响，他们有必要知道事情的前因后果，并且家人往往会提出中肯的建议。

c. 向再上一级汇报。如果直接上级没有给出满意答复，或者拒绝进行上报，那么可以向再上一级汇报。

d. 联系企业伦理办公室或监察员。如果再上一级仍未给出满意答复，那么考虑从职责范围之外寻求帮助，如企业的伦理办公室或监察专员。

e. 授权范围之外寻求帮助。如果企业没有专门的伦理办公室或监察专员，可以在授权范围外，根据举报内容联系相应部门，如人力资源、法律、审计部门，如果对这些部门的答复仍不满意，企业内部的最后途径就是企业高管(首席执行官、总经理、董事会成员等)，但要再次确认事情的真实性并做好详细记录。

f. 企业之外寻求帮助。如果从直接上级到最高层，都未得到满意答复，并且幸运地未被开除，这时只能向企业外部寻求帮助，如所在行业的监管部门、新闻媒体等。

g. 辞职。一旦走上举报之路，可能前面的任何一个步骤都会让情况变得很糟，如果又不愿违背良心生活，与自己的原则妥协，那么唯一的办法就是辞职后继续举报。

需要明确的是，当在企业内部穷尽所有途径时，可转向企业外部寻求帮助。这时就从内部举报转向了外部举报。外部举报不仅可能使举报人甚至家人、朋友遭受伤害，企业也可能会因举报遭受经济惩罚、名誉受损，继而股东和员工受到伤害，因此向外部举报时需要慎重决定。

存在以下情况时，向外部举报在道德上是合理的：

a. 违法或者错误是明确的，有清晰、充分及合理的综合证据表明，企业实施了违法或严重违背道德的活动；

b. 内部举报等其他方法均失败；

c. 外部举报一定会阻止过失；

d. 错误非常严重，即使外部举报对个人、家庭或他人可能会造成的伤害，举报也是合理的。

当上述条件都满足时，外部举报是一种道德的行为。

法律之窗

《关于保护、奖励职务犯罪举报人的若干规定》节选

（最高人民检察院、公安部、财政部，2016）

（扫码阅读）

4.2 管理者的伦理与责任

作为企业的一员，管理者也会遇到上述员工所面临的伦理问题。但是，根据汤普森的观点，组织中管理者是连接组织高层（着重于组织战略、决策、社会联系的制度性工作）与基层（着重于实际工作、执行决策的技术性工作）的重要桥梁。即是说，管理者更多的工作职责是上传下达，与人打交道。一个管理者最重要的责任是将优秀的人带到组织中，并且通过一定的管理方式让那些优秀的人想要留下来。在今天的市场上，也许没有什么比雇用和留住有能力的员工竞争更激烈了。因此，管理者所面临的伦理问题，除利益冲突、企业资源使用以及客户信心之外，主要是人力资源管理方面的伦理问题。

4.2.1 管理的基本内容

管理者必须精通如何雇用最好的人，评估他们的绩效，认可和表扬杰出者，并且训导甚至解雇绩效差的人。雇用和工作委派、绩效评估、训导以及停职或解雇成为伦理问题，是因为处理这些问题会涉及诚实、公平以及个人尊严。

1. 雇用和工作委派

如何雇用一个人？几乎所有国家的法律都给出了明确的保护性规定，那就是：雇用、

评估、晋升以及解雇都应该基于能力、业绩和工作期限。但是，现实中，民族、宗教、性别、年龄、孕妇、残疾人等特殊因素往往成为重要的影响因素，继而出现各种不公平或歧视。

思考与讨论

你正在计划雇用一个新的销售经理，最有前途的候选人外貌不好看。你担心客户和同事会歧视他。他所申请的具体工作需要细致的客户接触，而他的外貌坦率地说令人不安。可是他的资历很优秀，他可以胜任这份工作。你该怎么办？

毫无疑问，基于能力和资历来雇用、晋升是公平的，按此原则，似乎可以委派这位长相"不好看"的人担任销售经理。但是，你并不能控制你的客户，如果委派他，可能会将其置于被歧视的工作环境，你明知会这样还委派，那么你是失职的。如果你担心客户会歧视而不委派他，做出这一决定的依据是他长相"不好看"而非是工作资历，无疑你也陷入了歧视之中。在重大的组织决策或者涉及员工重要利益的决定中，让员工参与进来，也许是一种较为可行的方式。

偏见无处不在。常言道，"爱美之心，人皆有之"，尽管对"美"没有一个绝对标准，但每个人都有自己的偏好，高矮胖瘦、络腮胡、鹰钩鼻、秃头、长发、口音等，这些能力和资历之外的其他因素，都有可能成为偏见而带来歧视。现实中，一些企业在与外界"广泛公开接触"的职位招聘中非常注重应聘者的"形象"，将此视为"企业形象"。除了身高、体形、健康等外在形象，有时学历、任职经历等也成为"形象"或者"门面"，如员工中"985""211"或"双一流"高校毕业人员的比例、有海外求学经历人员的比例、有研究生学历人员的比例常成为宣传的噱头。如何看待这些对"形象"的要求？

2. 绩效评估

雇用最好的人固然重要，评估绩效，识别出卓越者并给予认可和奖励同样重要。这里讲的绩效评估有以下两层含义。①正式的绩效评估。目前绝大多数企业都有正式的绩效管理系统，有明确的绩效考核标准、程序和方式，绩效结果作为薪酬、奖励、升职的重要依据。这种正式的绩效评估，一般是一年一次，有的企业还会进行季度或半年考核。②非正式的绩效评估。所谓"非正式的"，实际上就是指管理者对员工进行的持续不断的绩效沟通、监督与帮助等日常评估。现实中，很多企业和管理者只注重正式的绩效评估，忽略非正式绩效评估的重要性。

持续的绩效评估是管理者最基本的工作职责。首先，通过持续的绩效评估，有助于及时地识别出优秀者和卓越者，及时地认可和奖励是驱动员工参与、发挥员工积极性的重要因素。其次，持续的绩效评估，能够及时帮助那些处于绩效阶梯下端的员工，在他们遇到困难或需要帮助时及时地扶一把。最后，更重要的是，这种日常的绩效评估，本质上是一种绩效沟通，便于管理者将组织目标和自己的预期及时与员工交流，让员工明白组织的期望，让员工知道管理者在关注他们，继而在组织中形成一种支持性的组织氛围。如果真正做好了日常的、持续的绩效评估，正式的绩效评估就是水到渠成的、流于"形式"的评估了。

作为管理者，无论组织是否有正式的绩效评估，要让持续的绩效评估发挥作用，最好的方式是在自己的团队里建立一个正式的绩效评估系统。首先，要有明确的目标和标准，组织最关心的是什么，测量每个目标的成功标准是什么，哪些行为是被支持和鼓励的，哪些行为是不被允许的。其次，要建立畅通的沟通机制，帮助员工在组织目标和个人目标之间建立起清晰的联系，员工需要得到帮助时你就在他身边。再次，要建立持续的反馈机制，以清晰（有明确的改进目标和进度要求）、诚实（提供所有问题的细节）、敏锐（一开始就有明确预期）的方式，对员工进行持续的工作表现反馈。持续反馈是高效的部门和组织不可或缺的要素之一。最后，要保证绩效评估的公平公正。

思考与讨论

两年前，我刚升为项目经理，管理一个有9名成员的团队。企业每年年末都会进行绩效打分，团队成员的得分由团队经理根据能力和业绩表现综合决定，年终奖以及岗位晋升与该绩效打分直接相关。绩效结果分为A（优秀）、B（良好）、C（合格）、D（不合格）四等，按照分配原则，9名成员中，1个A，3个B，C或D没有数量控制。团队中有两名成员是我直属上司的亲戚。这两名成员平时工作态度一般，业绩中等，根据考评标准，他们该年度的绩效得分应该是C。这时，上司直接找到我，希望把1个A和1个B给他的两位亲戚。直属上司是我进入企业后一直带我的师傅，并且鼎力推荐我晋升为项目经理。我该怎么办？

定期和员工进行有效沟通，实际上就是员工参与的过程。作为管理者，要意识到驱动员工参与的重要性：在个人和组织目标之间，以及在组织和个人的结果之间建立一个清晰的联系，并保持持续沟通。一个持续的程序能够极大地减少员工的误解、憎恨以及对歧视或偏见的控诉。在上述案例中，如果做好了日常的持续沟通，那么这时只需要保持你的诚实和正直就可以了。

3．训导

作为管理者，训导也是常见的工作内容。训导就是培训和教导，旨在帮助员工以最佳途径迅速掌握技巧、方法和理念，或者纠正不良习惯，从而帮助员工进步。现实中，人们更多地将训导放在纠正不良习惯方面，成为教训或者训斥的同义词。很多管理者不愿意训导，将训导员工视为能拖就拖的事，或者不善于训导，甚至出现一些不必要的误会。一个优秀的管理者，不仅要善于激励员工，也要善于训导，这也是确保员工生产率、在组织或团队中确立行为标准的重要方式。

如何训导？很多研究提供了不同的训导方法，其中重要的、最有效的，无外乎下面这几条。

（1）训导必须以建设性而且专业的方式进行。所谓建设性，是指既要指出问题，更要指明改进的目标和方向，"少批评、多鼓励"；所谓专业性，是指就事论事，不针对个人，具体分析行为，找出问题、分析原因、提供建议。例如，当某个员工迟到的时候，尽管你很想当众训斥他，但是更有效的方法是和他会面，向他说明迟到的影响，然后重点讨论他的行为而非他这个人。

(2)训导应该私下里完成。无论是教导还是训斥，最好不要在其他员工面前进行。因为这会让人感到尴尬，讨论应该关起门来进行。

(3)鼓励员工为自己的行为进行解释。也许管理者永远不知道员工行为的理由和想法，但是鼓励他们自己说出来，总比去猜测更好。更重要的是，鼓励个人分享他们的观点是"团队"管理的核心和基石。

(4)训导应该适当严厉而且对所有员工一视同仁。对于不良习惯或者公认的不道德行为，应当保持适当的严厉，而不能因能力、业绩或资历等有所区别。不公平的训导，会迅速产生破坏力，让其他员工怀疑组织的价值观。从确保将来的良好绩效来看，训导的这个方面可能是最重要的。

4．停职或解雇

也许，管理者最不愿面对员工的工作就是停职或解雇。员工享有不能随意被停职或解雇的权利，停职或解雇必须是基于某些明示的原因，必须遵循相应的程序，这些原因和程序一般会写入公司章程、员工手册或者合约条款中。

停职或解雇的原因主要有三类。第一类是主观恶性行为，如偷窃、攻击、造假、伪造、欺诈或粗鲁的不服从等，基于这类行为的停职或解雇一般被视为商业惯例。第二类是工作绩效差，必须是基于绩效评估、出勤记录等书面材料而做出停职或解雇。第三类是缩减规模或裁员，无论是基于兼并、收购、重组、搬迁等原因，还是基于战略调整、经济原因等，任何裁员都会导致士气低、效率差、不信任管理层等后果。

停职或解雇的原则。①尽量保持公平，无论是被停职或解雇的员工还是其他员工，都会很在意公平性，应该向员工们提供清楚、客观、充分的理由，让他们感觉到停职或解雇是合法的。②方式要与企业价值观保持一致，对待被停职或解雇员工的方式是企业文化的体现。③让员工保持自己的尊严。

停职或解雇的技巧。①要做好功课，管理者必须事先想好如何简洁、清楚地向员工解释停职或解雇的理由，准备好相应的补偿，选择好时机，最好避开员工的生日或重要纪念日等。②可能的话，最好和外部顾问或专家一起与员工会面。③选择中立场所宣布停职或解雇的消息，如公司的会议室，最好不要在自己的办公室，因为这会让人感觉解雇是你的个人行为。④注意态度和方式，要当面告诉员工这个消息，不能通过电子邮件、电话的方式，也不要在开会或其他公众场合下宣布，同时不要情绪化，保持客观，保持同情心，不能有辱骂、嘲笑或轻蔑等方式。⑤在私下里进行，不要和其他没有必要知道这些消息的人解释理由，即使是大规模裁员，在向留下来的员工解释时，也不要解释为什么解雇某些人而留下其他人。公开解释一个员工为什么受到停职或解雇是不合适的，任何时候都要保护任何员工(即使犯了错误应该受到惩罚的员工)的尊严和隐私。

4.2.2　全方位管理

1．管理多元化的员工

现代社会是一个多元化的社会，多元化的积极结果赋予了个体充分展现个性和自由发展的机会，消极后果带来了各个层面的分歧和冲突，甚至整个社会的内在分裂。员工的多元化是一个客观事实，管理者的成功关键在于如何劝说多元化的员工和谐地在一起工作。

多元化的员工不仅包括不同性别、种族、民族的个体，还包括持不同价值观、道德认知、宗教信仰的个体，同时还意味着要面对员工的家庭和个人问题，如照顾家人、盖房子、生病、药物或酒精依赖症、慢性病等。

积极面对多元化的客观现实，首先，管理者要具备与多元化个体相处的能力，不仅自己要具备这种能力，还要鼓励和培养团队成员拥有这种能力。其次，管理者要创造一个能让每个个体的贡献最大化的环境。如果说员工的贡献是 X^2，其中 X 是能力和努力之和，那么管理者就要确保 X 大于1，至少等于1，否则员工贡献比 X 还会小。最根本的是，管理者要意识到多元化因素随时可能成为引起歧视、偏见、不尊重的根源。因此，公平和对个体的尊重是面对多元化的根本原则。

2．自我管理——管理者就是一个透视镜

管理者在组织中扮演着十分关键的角色。可以说，一个组织是否成功，很大程度上取决于管理者，这是因为，管理者解释组织的政策、执行组织的方针、传递高层的命令、管理所在的团队、反馈员工的需求。更为重要的是，管理者通过自身言行，将组织文化和价值观传递给每个员工。管理者是一个透视镜，通过他们，员工可以看到整个组织，高层通过他们可以看到员工。对员工而言，管理者就代表组织，管理者是发展员工忠诚的关键因素，管理者可以是一个人离开组织的缘由，也可以是一个人留在组织的动力。

基于管理者的特殊地位，其道德素质和伦理观念影响和决定了整个组织的伦理道德状况。要构建一个良好的组织伦理道德体系，首先需要组织的管理者有较高的道德素质，管理者的道德素质是建立和维持组织信誉最重要的因素。简单来讲，管理者必须具备的基本道德素质包括：诚实守信，不弄虚作假，恪守信用；权利与责任意识，尊重他人权利，恪守个人责任；公平与正义观念；仁爱之心，关心员工尤其是组织中的弱势群体等。研究表明，管理者伦理水平越高，员工的满意度、忠诚度也越高；反之，员工满意度和忠诚度就会特别低。

当然，管理者加强自身的道德修养固然重要，但作为团队表现的"指挥者"，还要多和员工交流，指导和培训他们，与员工共同进步。

第一步，从明确的标准开始。管理者在员工中获得信誉和尊重的最好方法，就是设立明确的标准，并有意识地与员工沟通，并坚持每个人都要遵守这些标准。不要害怕设

立道德标准，事实上管理者时刻都在设立标准，而明确的标准会告诉员工你的期望，并将员工的关注点从利润、财务等指标上转移开。

第二步，设计一个可以持续沟通所设立的标准的计划。好的沟通技能是有效伦理管理的核心，道德行为和伦理氛围是在持续的沟通中形成的。如果管理者不主动和员工沟通，员工就不会和管理者沟通，慢慢就在管理者和员工之间形成了鸿沟，管理者不知道发生了什么，就会被隔离在圈外，就会被员工无视，就会放任不道德行为的产生。除了与自己团队的成员沟通，还要和不同层级、不同团队的其他员工沟通，倾听不同方面的声音总不会错的。

第三步，作为一个榜样行动。在与员工打交道的过程中，管理者要时刻提醒自己，自己就是员工心目中的榜样。作为榜样，意味着不仅自己要做正确的事，还要帮助员工做正确的事。一方面，对于管理者而言，做的远比说的更重要，"群众的眼睛是雪亮的"，管理者的行动就是在践行自己设立的标准，行胜于言就是这个道理；另一方面，在员工遇到困境时，要及时为他们提供帮助和指导，尊重他们的想法，鼓励他们勇于承担责任。

3．横向和纵向管理

作为管理者，不仅是团队的带头人，也是组织层级系统中的一员，在管理好、服务好团队和有效地自我管理的同时，还需要有效地管理组织中的其他关系。在组织中，只有管理者才会真正地面临 360°的管理：向上、向下、横向的管理。这种全方位的管理，既是掌握全面信息、防止本位主义的重要途径，也可能是应对组织政治策略的必要方式。无论基于何种需要，有效地管理在工作中的各种关系，有利于营造良好的团队氛围以及和谐的企业文化，是成功管理者的必备素质之一。

要有效地进行全方位管理，最重要的是做好自己。首先，诚实是第一要务。要对工作中的所有事情保持完全诚实，包括自己的能力、掌握的信息、面临的困难、能否及时完成任务等。我们说管理者是透视镜，因为管理者是员工和高层相互透视对方的棱镜；但不仅仅如此，还因为在组织中，无论其是否自愿，管理者是透明的，应对透明的最好方式就是保持诚实。其次，坚守自己的价值观。如果不想对自己所秉持的价值观妥协，就礼貌地且坚定而清楚地说出来。例如，你会帮你的领导向他妻子撒谎吗？也许有人觉得这没什么大不了，也许有人觉得这关乎诚信。如果你今天为他的私事帮他撒谎，明天他可能会要求你在工作中撒谎。无论是从功利主义，还是从道义论和美德论来思考，一旦确定了自己的价值观，就要信守它，而不要一会坚持，一会摒弃，给人以多种标准的"摇摆翁"形象。

总而言之，员工会受到管理者行为的极大影响，管理者的一言一行在传递和创建组织文化。因此，作为管理者，必须意识到，如果想要创建一个鼓励员工道德行为的环境，那么就要从自身做起：设定标准、持续沟通、作为一个榜样行动。反之亦然，管理者是培养员工满意度和忠诚度的关键所在。

4.2.3 管理者与员工参与

在现代企业的人力资源管理中，如果说最根本的目标是激发员工提高工作效率，那么哪些因素能使员工效率更高呢？很多研究早已表明，简单的物质刺激已经不足以激励员工了，而是指向了员工参与。可以说，现代企业的管理或者说更大范围的整个企业的运营不仅仅是管理者的事，那种个人在组织中仅仅遵照上级指示工作的日子已经一去不复返了，员工参与具有非常重要的意义，"员工是企业的主人"不是一句空话。

从商业伦理的角度看，员工参与不仅是一种管理方式和手段，还是一种商业伦理行为和组织文化。鼓励员工参与和商业伦理行为交织在一起，而鼓励员工商业伦理行为最好的方法就是创建一种组织文化，以增强员工的参与度，即一种员工参与的文化。员工参与，简言之就是员工自己决定的努力程度，或者员工对工作的投入度。一般来说，积极参与的员工，在认知、行动和情感上，会全身心地投入工作，会主动为客户提供优质服务、会自愿加班完成紧急任务、会毫无抱怨地多跑一些路程去提供解决方案等。按照员工参与的程度，可以将组织中的员工区分为三个群体：积极参与的、不参与的、积极脱离的(见表 4-5)。[①]

表 4-5　员工参与的群体特征描述

积极参与的　　←—————————	不参与的　　—————————→	积极脱离的
• 有激情和热情 • 觉得和公司有深刻默契 • 积极创新 • 推动公司向前 • 渴望卓越	• 梦游似的 • 工作中没有激情或精力 • 可能不追求卓越	• "这不是我的工作" • 对公司文化持消极态度 • 对公司只有一点点或无忠诚 • 暗中破坏同事完成的工作 • 可能曲解公司初衷、员工善意

据盖洛普研究，在美国、英国、日本、法国和德国的企业里，积极脱离的员工比例分别达到 16%、20%、19%、26%和 18%，每年给企业带来的损失达数万亿美元。而积极参与的员工会通过绩效、更低的流动率和缺勤率、更高的客户忠诚度、高利润率及低事故率为企业每年创造数十亿美元的收益(见表 4-6)。

表 4-6　积极参与型员工对组织的益处

对组织的益处	可能性(%)
更低流动率和缺勤率	>50
更高顾客忠诚	=56
更高利润(每个员工多创造 3800 美元)	=27
发生事故可能性	<46
每个员工多创造 27000 美元销售额 每个员工多创造 18600 美元市场价值	—

---

① 屈维诺，尼尔森. 商业伦理管理[M]. 7 版. 吴晓蕊，陈晶，译. 北京：电子工业出版社，2020.

员工参与是构建组织伦理文化的基石。组织和管理者必须意识到，员工参与不仅能带来更高的生产率，而且能持续创建积极的组织文化，提高员工的参与水平可以改进一个组织的伦理文化。如何才能提高员工参与的水平？研究表明，驱动员工参与有四个因素：长远的目标、包容的组织氛围、开放的信息共享机制和必要的激励机制。

在组织中，除了上述四个方面的因素，管理者角色也是促进员工参与的关键要素。下面这些管理者行为有助于提高员工参与水平：

a. 管理者发自肺腑地关心员工身心健康；

b. 管理者能够坦诚、诚实地与员工沟通；

c. 管理者是随时待命且平易近人的；

d. 对于关键的商业政策，管理者会与员工有效沟通并说明理由；

e. 管理者的行为和组织价值观保持一致。

4.3　董事的伦理与责任

从个体层面看，除了员工和管理者，主要还有董事、监事和股东。前面重点介绍了员工和管理者在企业中所面临的商业伦理问题以及相应的责任，下面简要介绍董事、监事和股东面临的商业伦理问题及相应责任。

4.3.1　企业治理及伦理困境

与传统企业相比，现代企业是建立在所有权与经营权相分离的基础上的，这是现代企业制度的核心，也是现代企业治理中各种问题的症结所在。现代企业治理结构包括股东会—董事会—监事会。企业是股东的，作为全体股东的代表，股东会是企业的权力机构，代表着企业的所有权。股东会选举产生董事会和监事会，董事会聘任经理层，经理层具体执行董事会决策、负责企业的实际运营。董事会、监事会和经理层实际管理和经营企业，行使的是经营权。这就是所有权与经营权的分离。企业治理主体包括股东、董事、监事、经理层。

现代企业治理的内容，本质上是企业治理权力的分配与制衡。董事会是股东会的业务执行机关，负责企业和业务经营活动的指挥与管理，对股东会或股东大会负责并报告工作。股东会或股东大会所做的决定，董事会必须执行。董事会负责选聘经理层，经理层执行董事会决议并向董事会报告，接受董事会领导和监督。监事会由股东会选举产生，代表股东会执行监督职能。因此，在企业治理中，董事会行使决策权，经理层行使执行权，监事会行使监督权，三种权力如何分配与制衡，是现代企业治理的基本内容（见图 4-1）。在不同国家和不同的企业制度中，这三种权力的分配和制衡机制有区别，存在英美模式、日德模式等不同模式。

在实践中，无论哪一种模式，都有两个基本的共同点：一是所有权与经营权是相对分离的，股东会和董事会之间会形成一种委托-代理关系；二是在经营权层面，决策权与执行权也是相对分离的，在董事会和董事长、执行董事，董事会和经理层之间又形成了一种委托-代理关系。于是，在企业治理的权力架构中，出现了双重委托-代理关系。所有权与经营权的分离及基于此的双重委托-代理关系，是企业治理商业伦理困境产生的根源。

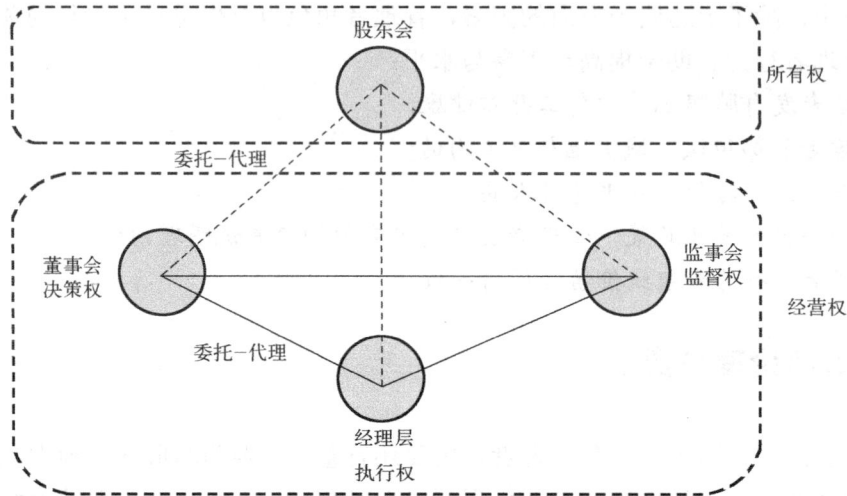

图 4-1   现代企业治理结构基准图

4.3.2　董事可能存在的商业伦理问题

作为股东会的常设机关，董事会责无旁贷地承接了对全体股东的道德责任，是平衡各利益相关者利益的关键机构。作为个体层面的董事长或董事，所存在的商业伦理问题往往是董事会伦理的反映，而董事会伦理也必然通过其成员的行为体现出来。具体来说，现实中董事可能存在的商业伦理问题主要有以下几类。

（1）牺牲企业及股东利益而追求自己的最大利益。当董事自身的利益与股东和企业的整体利益相偏离或者冲突时，董事可能会牺牲股东和企业的利益而追求自己利益的最大化，由此产生决策不当、滥用权力甚至中饱私囊等逆向选择行为，这是第一重委托-代理关系中的代理成本。

（2）董事会主席兼任 CEO（首席执行官）或执行董事的存在，导致对经理层监督的不力。实践中，很多企业的董事会主席兼任 CEO，带来 CEO 中心主义扩大化；还有部分董事会成员成为执行董事，一手决策，一手执行，"既当裁判，又当运动员"，模糊了董事会对经理层的管理和监督的职责，从而使得其对经理层监督的缺位或者不力。

（3）独立董事成为花瓶董事。为了降低或避免第一重委托-代理关系中的代理成本，从外部引入独立董事来制约董事会中作为内部成员的董事。从理论上讲，这是一种有效的制度设计。但是，在实际运行中，独立董事成为"花瓶董事""缄默董事""橡皮图章"，完全没有发挥其应有的独立发表意见和表决的正当职能。

(4)被动行权,即被"管理者势力"掌握决策权。在一些企业,经理层凭借在实际运营中所积累的信息优势、人脉优势、资源调配优势等,左右甚至反向控制了董事会,掌握企业的实际决策权,导致董事会成员难以形成合力并对企业发挥实质影响力,因而各董事更多是被动行使其董事权力。

4.3.3 董事的商业伦理责任

(1)保持独立性,形成独立自主人格。独立性是董事的灵魂,董事在履行董事会业务、参加董事会决策时应当在精神上和形式上超出一切界限,独立于经理层,取信于企业各利益相关者。尤其是独立董事,应该挺直脊梁,做到真正的独立。

(2)勤勉尽责、实事求是,真诚为企业及各利益相关者谋取正当利益。董事应该基于客观中立的立场,以事实为依据,从实际出发,不掺杂个人主观意愿,不为第三方意见所左右,忠于企业,模范遵守企业章程,忠实履行职责,积极维护企业及各方正当利益。

(3)善管守信,维护企业资产,审慎行使决议权。董事必须积极维护企业资产,在董事会上审慎行使决议权,遵守竞业禁止和私人交易限制的道德义务,忠诚履行法律和企业章程所赋予的董事会职权。

▶▶▶ **拓展阅读**

A 股最大财务造假案宣判

请扫描阅读本资料。

(扫码阅读)

4.4 监事的伦理与责任

4.4.1 监事会及监事的职能

监事会是公司法人治理的制衡机构,根据《中华人民共和国公司法》的相关规定,设立监事会和不设立监事会的公司的监事行使下列职权:

(1)检查公司财务;

(2)对董事、高级管理人员执行公司职务的行为进行监督,对违反法律、行政法规、公司章程或者股东会决议的董事、高级管理人员提出罢免的建议;

(3)当董事、高级管理人员的行为损害公司的利益时,要求董事、高级管理人员予以纠正;

(4)提议召开临时股东会会议,在董事会不履行本法规定的召集和主持股东会会议职责时召集和主持股东会会议;

(5)向股东会会议提出提案；

(6)依照相关规定，对董事、高级管理人员提起诉讼。

实践中，很多企业的监事会存在难以有效发挥监督职能的问题，主要有：人员构成不合理，缺少中小股东或其他利益相关者的代表，外部监事人数占极小比例；人员素质不达标，缺乏法律、会计、审计等方面的专业人员；监事会缺少独立性，没有独立的否决权，过于依赖董事会，难以形成权力制衡和有效监督；监事会流于形式，权力范围过小，行使职权缺乏力度。监事会存在的上述问题，也极大地制约了监事有效地发挥职能。

4.4.2 监事可能存在的商业伦理问题

从个人层面看，监事可能存在的伦理问题，主要表现在以下三方面。

(1)无视董事会、经理层的违规行为。监事的主要职责就是公正审查，正确处理各种不同类型的经济利益关系。但在具体履责过程中，监事难以正确对待与被审查单位有利害影响的各方面关系人，对董事、独立董事或经理层的违规行为视而不见、袖手旁观，甚至合谋，损害企业的正当利益。

(2)贪污腐败。监事的另一个重要职责是代表全体股东和监事会廉洁执法。但在实际监管中，有些监事利用自己的身份、地位和执业中所掌握的企业信息，为自己或所在单位牟取私利，甚至接受被查单位馈赠礼品或其他好处，有些甚至明目张胆地索贿。

(3)监督不力。监督工作应该贯穿于企业活动的全过程，监事应该对企业活动进行严格的事前、事中、事后监督，从而系统地、全方位地预防可能出现的各种问题，避免给企业造成损失。但是，一些监事为了减轻工作负担或者基于其他原因，对企业中的大小决策漠不关心，放任各种问题的产生。

4.4.3 监事的商业伦理责任

监事所担负的监督职责是企业合法、正当运营的基本保障，是代表股东、社会和政府对企业实行监督的"权力之眼"。因此，监事必须意识到监事职责的重要性和神圣性，其主要责任体现在以下三方面。

(1)以身作则，模范遵守法律法规。要有效地履行好监督职责，监事必须培养自己公正、客观的品质和忠于职守的精神，自觉遵守财经纪律和经济法规，积极宣传解释各项法律法规，严于律己、大公无私、不谋私利。

(2)严格监督，坚决执行各项法律法规。严格履责，切实地遵照法律法规的要求，把好事前、事中、事后的各个关口，着力提升监督工作的有效性。

(3)公正审查，廉洁执法。在具体监督过程中，秉持正直、诚实的品质，正确处理各种类型的经济利益关系，不偏不倚、客观公正。

4.5 股东的伦理与责任

4.5.1 企业与股东的内在利益关系

按照法律和企业章程规定，股东依法享有权利、追求利润、获得剩余价值的最大化，但同时也需要承担义务和责任，其权利和义务的平衡，既是一个法律问题，也是一个商业伦理问题。

(1)商业伦理维护股东利益。首先，企业利益与股东利益的本质是一致的，股东利益的最大化依赖于企业的良好发展。其次，传统观点主张"股东利益至上"，但是企业不仅仅有股东的投入，本质上是各利益相关者缔结的一组合约，如还有员工的人力投入，商业伦理主张突破股东单方利益的局限，并通过平衡股东与其他利益相关者的关系，来获得企业的可持续经营。

(2)股东尤其是控股型股东对商业伦理具有重要影响。一般来说，控股型股东会实际参与企业的经营管理，其言行对企业目标、战略、愿景、使命、文化等具有不可忽略的影响。很多公司的创始人实际上就是企业文化的创建者，是企业价值观的践行者，是商业伦理的倡导者。

4.5.2 股东可能出现的商业伦理问题

现代企业制度中，股东是分散的、多元的甚至流动的，很多股东并不参与企业的经营，对企业发展产生的影响很小。因此，股东可能出现的商业伦理问题主要体现为控股型股东(或大股东)所面临的商业伦理问题。

(1)控股型股东与小股东之间的商业伦理问题。这方面的商业伦理问题主要有：①掏空行为，是指控股型股东为了自身利益将企业的财产和利润转移出去的行为，如低价抛售企业资产、支付高管过高薪酬、为其他企业提供贷款担保等；②操纵盈余管理，是指控股型股东根据自身需要编制和变更财务报告，向外界披露虚假的盈余数据，损害中小投资者的利益；③占用上市企业资金，控股型股东为满足自身利益，利用其拥有的具有绝对优势的表决权占用企业资金；④掌控股利政策，控股型股东以实现自己利益最大化的方式，左右企业股利的派现。当企业保留资金对自己有利时，主张少派现或者不派现，损害中小股东获取股利收入的权益；当控股股权缺少流动性时，为实现经济利益，倾向于大量派现，导致企业留存收益减少，后续发展缺乏足够资金，经营绩效下跌，最终损害中小股东权益。

(2)损害消费者、员工等利益相关者的利益。有些控股型股东为了追求自身利益的最大化，尤其是通过并购成为控股股东后，为度过财务难关、提高生产率、实施新战略等，会不惜一切代价采取措施降低成本。例如，降低生产成本，影响产品和服务质量，损害消费者利益，或者降低工作条件、削减工资、大量裁员等，损害员工的利益。

（3）企业利益最大化与环境污染冲突。为了确保企业利益的最大化，将企业本身应该承担的环境保护责任外部化，在消除空气污染、水污染、废气物排放等方面控制成本，减少投入，甚至不采取任何措施，严重破坏环境。这不仅是股东所面临的伦理问题，也是员工、管理者和企业所面临的伦理问题。

4.5.3　股东的权利与责任

企业有各种各样的形式，不同企业的股东构成也不一样。无论是个体企业或者合伙制企业，还是以公司形式出现的企业，股东都拥有企业的所有权，继而在此基础上享有企业的剩余控制权、剩余索取权等，享有股东的权利，同时承担股东的相应权利和责任（见表 4-7）。相对而言，控股型股东承担着更为重要的责任。

表 4-7　企业股东的权利与责任

股东的权利	股东的责任
<ul><li>对企业资产的拥有权</li><li>剩余控制权</li><li>剩余索取权</li><li>企业解散时参加分配并获得份额内的剩余财产</li><li>获得企业经营信息和新股摊认权</li><li>其他权利</li></ul>	<ul><li>及时如数供应财务资源</li><li>对企业经营成果最终负责</li><li>促使企业与其他利益主体保持协调</li><li>民族责任心和自豪感</li><li>其他责任</li></ul>

本章小结

1．从理性组织看，在企业与员工之间形成了一种基于合约的相互道德义务：员工有忠诚追求组织目标实现的义务，企业有提供公正工资和工作条件的义务。与员工义务冲突的商业伦理问题主要有利益冲突、商业贿赂或礼物、盗窃和内幕交易等。

2．组织政治模型既关注正式权威，也更关注非正式权威。基于"政治"所产生的伦理问题是权力的获得和使用，或者说与滥用权力有关，体现为两个主要的伦理问题：员工权利——员工如何获得和行使权力；组织政治——管理者行使对下属的权力会有哪些限制。

3．员工享有自由签约权、公平工资权、晋升权、在被解雇时的权利，以及在工作时间之外享有的言论自由、参与组织、选择自己生活方式的权利等。举报是个人良知的自由决定权的体现。员工的雇员责任主要包括：为企业劳动的责任；立足本职，放眼全局；遵纪守法，以身作则；敬业。

4．员工忠诚是指员工对企业使命、愿景、价值观的认同以及为实现企业目标而竭尽全力的态度和行为，包括主动忠诚和被动忠诚。员工对企业的承诺体现员工和企业之间关系的一种心理状态，隐含了员工对于是否继续留在该企业的决定，被分成三个层次：延续承诺、感情承诺和规范承诺。

5. 管理者所面临的伦理问题主要是人力资源管理方面的伦理问题：雇用和工作委派、绩效评估、训导以及停职或解雇。这些问题涉及诚实、公平以及个人尊严。作为管理者，不仅是团队的带头人，也是组织层级系统中的一员，在管理好、服务好团队和有效地自我管理的同时，还需要有效地管理组织中的其他关系。

6. 员工参与是员工自己决定的努力程度，或者员工对工作的投入度。员工参与是构建组织伦理文化的基石。驱动员工参与有四个因素：长远的目标、包容的组织氛围、开放的信息共享机制和必要的激励机制。

7. 所有权与经营权的分离及基于此的双重委托–代理关系，是企业治理伦理困境产生的根源。董事可能存在的伦理问题主要有：牺牲企业及股东利益；对经理层监督不力；成为花瓶董事；被动行权。董事的伦理责任主要有：保持独立性，形成独立自主人格；勤勉尽责、实事求是，真诚为企业及各利益相关者谋取正当利益；善管守信，维护企业资产，审慎行使决议权。

8. 监事可能存在的伦理问题主要表现在：无视董事会、经理层的违规行为；贪污腐败；监督不力。监事必须意识到监事职责的重要性和神圣性，主要责任体现在：以身作则，模范遵守法律法规；严格监督，坚决执行各项法律法规；公正审查，廉洁执法。

9. 控股型股东（或大股东）所面临的伦理问题主要有：与小股东之间的伦理问题；损害消费者、员工等利益相关者的利益；企业利益最大化与环境污染冲突。

关键术语

理性组织　　政治组织　　员工的权利　　员工的义务　　员工的责任
利益冲突　　信息盗窃　　内幕交易　　权力　　权利　　非正式权力关系
政治策略　　自由签约权　　公平工资权　　员工忠诚　　员工承诺　　举报
多元化劳动力　　自我管理　　员工参与　　董事伦理　　监事伦理　　股东伦理

问题讨论

1. 与员工义务相冲突的伦理有哪些？
2. 员工有哪些重要的权利？
3. 员工的雇员责任主要有哪些？
4. 员工在确定是否要举报时，须考虑哪些因素？
5. 驱动员工参与的因素有哪些？
6. 董事可能存在的商业伦理问题主要有哪些？
7. 董事的商业伦理责任主要有哪些？
8. 监事可能存在的商业伦理问题主要有哪些？

9．监事的商业伦理责任主要有哪些？

10．控股型股东可能存在的商业伦理问题主要有哪些？

案例分析

请扫码阅读案例，思考以下问题：

(1) 哪些人对于 A 公司的崩溃负有责任，分别负有什么责任？

(2) 如何看待董事、监事和高层管理人员对企业发展的影响？

（扫码阅读）

第5章　组织层面的伦理与责任

学习目标

1. 理解利益相关者治理；
2. 掌握企业对消费者的责任；
3. 掌握企业对员工的责任；
4. 了解企业对投资者、竞争者与合作者的责任；
5. 了解企业对市场的责任。

开篇案例

请扫码阅读案例，思考以下问题：

1. 996加班文化对员工有什么影响？
2. 加班文化与法律规定冲突吗？
3. 员工的权利和义务有哪些？
4. 如何从商业伦理角度评价加班文化？

（扫码阅读）

思维导图

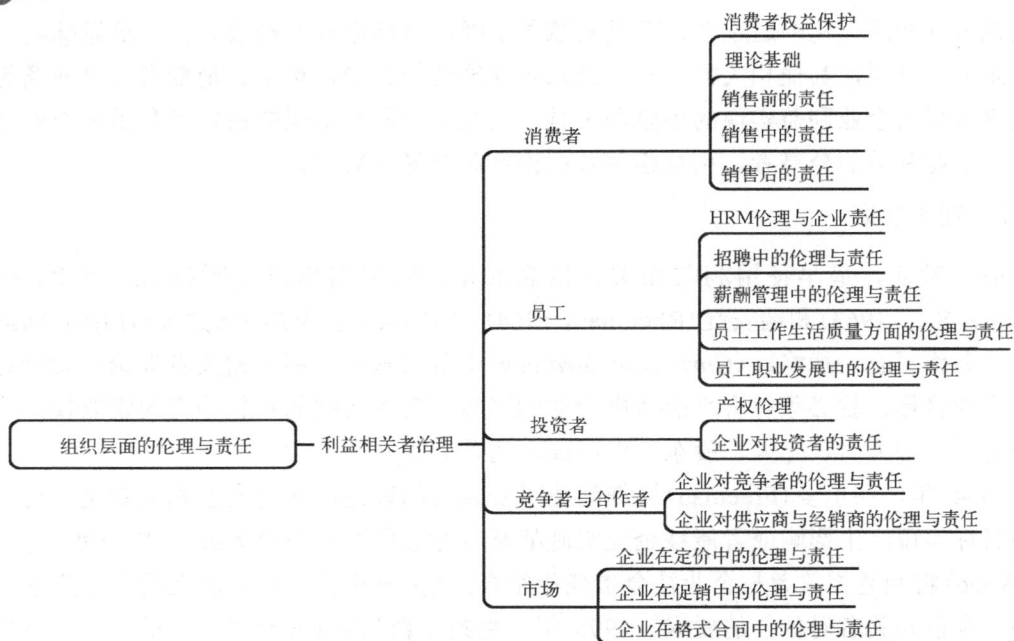

5.1 利益相关者治理

企业是一个组织，在作为组织的活动过程中，企业往往被视为一个独立的主体与其他主体进行各种活动。这些主体既包括组织内部的员工，也包括组织外部的消费者、竞争者与合作者，离开了这些主体，企业的活动就无法开展。也正是在和这些主体的交往互动中，企业的利益得以实现，这些主体是与企业利益息息相关的直接决定者和影响者。企业与这些主体之间形成的关系，构成了企业生存与发展的具体环境。因此，从组织层面来分析企业所面临的商业伦理问题与应承担的责任，较为合适的理论视角是利益相关者理论。可以说，一个企业是否成功，取决于能否有效地实现利益相关者治理。

5.1.1 理论产生、发展及基础

1. 产生背景

在 20 世纪以前，即现代企业制度形成之初，企业奉行的是"股东主权"思想，企业的一切行为都是以追求股东利益最大化为目标的。这就是说，股东是企业唯一的利益主体，所有其他主体都是为企业和股东的利益服务的，由此形成了一个以股东和企业为核心的封闭的企业经营管理模式。

进入 20 世纪后，随着所有权和经营权的分离，现代企业制度逐步发展和成熟，职业经理人的出现为现代企业制度提供了必要的人力资源条件。企业经营模式的改变，撬动了"股东至上"的利益分配模式，管理层持股（Management Buy-Outs，MBO）成为一种较为普遍的现象，管理者与企业成为休戚与共的利益共同体。

20 世纪 60 年代前后，关于商业伦理、企业社会责任的讨论开始兴起，企业不再仅仅被视为利润最大化的追逐者，而是被赋予了经济目标之外的社会责任。这意味着，除了股东和管理层，其他相关群体开始进入企业经营的视野，员工、消费者、供应商等不再仅仅被视为企业利益实现的手段和工具，而是企业利益实现的决定者和重要影响者，甚至是企业利益的分享者。利益相关者理论在此背景下兴起。

2. 理论发展

根据考证，最早使用利益相关者概念的是国际斯坦福研究所（Stanford Research Institute，SRI，1963）和瑞安曼（Rhenman，1964）。1965 年，伊戈尔·安索夫（H.Igor Ansoff）在其成名作《企业战略》（*Corporate Strategy*）中首次阐述了利益相关者理论：要制定理想的企业目标，就必须综合平衡考虑企业的诸多利益者之间的互相冲突的索取权，他们可能包括管理人员、工人、股东、供应商和消费者等。

1984 年，弗里曼（Freeman）详细阐述了安索夫的理论，认为利益相关者是指对企业战略目标实现产生影响或者能被企业实施战略目标过程影响的个人或团体。1991 年，伍德（Wood）将利益相关者与企业社会责任相结合，认为一个具有社会回应的企业应该关注更多的利益相关者对社会的要求。1995 年，克拉克森（Clarkson）进一步扩展了利益相关

者的概念和范围，认为对企业及其过去、现在和未来活动享有或者主张所有权、权利或者利益的自然人或社会团体，都是企业的利益相关者，并区分为一级利益相关者(与企业经营密切相关的群体，如股东、投资者、员工、消费者等)和二级利益相关者(不直接介入企业事务的相关群体，如媒体、社会团体等)。[①]

从理论发展历程来看，利益相关者理论和企业社会责任原本是两个相互独立的研究领域。利益相关者理论着重研究与企业利益有关联的各类群体，说明企业与各利益相关者的关系。企业社会责任则侧重于从整体角度来探讨企业对社会应该承担的责任。到了20 世纪 90 年代后，利益相关者理论作为主要视角被引入企业社会责任的分析中，进而被认为是评估企业社会责任"最为密切相关"的理论框架。[②]

3．理论基础

除股东外，企业为什么还会存在其他利益相关者？对此的理论解释主要有两个：一是契约理论，二是产权理论。

契约理论认为，企业是一组契约，是所有利益相关者之间的一系列多边契约。企业是各方契约的产物，是由股东、投资者、员工、供应商、消费者、社会等各方签订的一系列显性或隐性的契约所组成的，各方产权主体向企业投入了专用性资产(有形的和无形的)，为企业财富和价值的创造做出了贡献。契约表明了各方的权利和义务，而权利意味着利益，义务意味着责任。凡是与企业有各种契约关系的主体，或近或远，或直接或间接，都是企业的利益相关者。

与之相应的是，产权理论也发生了变化，从强调股东利益至上的狭隘产权理论，向多元理论的产权定义转变。这里的多元理论，是包括自由意志论、功利主义论和社会契约论等在内的多元"个体判断"理论，只有基于多元"个体判断"来描述产权才是完整的。企业产权是企业存在的前提，决定了企业归谁所有以及剩余索取权和剩余控制权。从契约角度看产权与人权的关系，产权必须受到一定限制，不能是股东权利的无限扩展，产权对应着每一位利益相关者；从所有权概念本身看，内涵复杂，难以依靠某一个"个体判断"的理论来完整描述产权，基于"多元个体判断"来描述产权才更符合实际。企业所有权是一个复杂的概念，自由意志论鼓励不同的所有权人自由地使用各自所拥有的资源而不受某一方的限制；功利主义论要求各所有权人在追求自我权利时不能损害其他人权利要求，必须压抑自我欲求；社会契约论强调各方在财产和利益的分配和使用上相互表达和理解。

5.1.2　定义及范围

随着利益相关者概念的提出以及理论的发展，利益相关者的覆盖范围越来越大，从单向的企业立场转向了企业与相关者的双边视角，从狭义的利益相关者概念向广义的利益相关者概念拓展。

狭义的利益相关者，是指企业没有其支持，就不能存在的群体或个人，主要包括股

---

① 赵斌. 企业伦理与社会责任[M]. 北京：机械工业出版社，2021.

② 田虹. 企业伦理学[M]. 北京：清华大学出版社，2018.

东、员工、消费者、供应商、重要政府机关、相关金融机构等。广义的利益相关者，是指任何能够影响企业目标的实现或受这种实现影响的群体或个人，除了股东、员工、消费等狭义的相关者，还包括社会公益团体、抗议团体、政府机关、业界团体、竞争者、工会等（见表 5-1）。

表 5-1 利益相关者的定义及范围

	定　义	范　围
狭义的利益相关者	企业没有其支持，就不能存在的群体或个人	股东、员工、消费者、供应商、重要政府机关、相关金融机构等
广义的利益相关者	任何能够影响企业目标的实现或受这种实现影响的群体或个人	股东、员工、消费者、社会公益团体、抗议团体、政府机关、业界团体、竞争者、工会等

什么是利益？不同的相关者，利益表现各不一样。利益可能是一个要求或对一件事情的权利，股东投入了资金和财物，承担了风险，有权利要求获得稳定的回报；员工认为自己有隐私的权利；消费者花了钱，有得到高质量产品和服务的权利。这些要求是对应得的东西或认为应得的东西的一种要求。利益也可能是努力的一种利息，是在企业生产运营中所付出的一种预期收益。例如，企业周边社区的居民认为他们在企业新建工厂中有发言权，消费者认为企业在设计一款新产品时应征询他们的意见，员工认为他们在企业修订政策时有发言权。

5.1.3 利益相关者治理

在现代企业治理中，利益相关者的范围非常广，那么企业如何来界定对不同利益相关者的利益，如何来确定对各自利益相关者的义务，当这些义务相互冲突时，如何平衡和解决？实践中，企业不可能对所有利益相关者同等对待。因此，一方面，企业必须适应社会发展趋势，将利益相关者纳入企业的治理过程中；另一方面，企业治理实践必须考虑利益相关者的显著性（Salience），即利益相关者的优先次序（Priority），[①]只有这样，才会更好地服务不同利益相关者。

对所有利益相关者进行区分，这不是歧视，而是一种管理智慧。最简单的方法就是区分主要利益相关者或次要利益相关者，前者是指那些和企业有正式的契约性关系的群体或者个人，后者是指企业对其具有义务的那些非正式或者非契约性的合作者。还有些学者提出要区分一般利益相关者和战略利益相关者。战略利益相关者是指对企业具有直接贡献的相关者，并且需要从股东和企业利益的角度出发来考虑。简言之，利益相关者治理，是指根据利益相关者的特性和利益来调整企业和利益相关者之间的关系，通过吸纳利益相关者尤其是关键利益相关者参与企业治理来实现企业和利益相关者的双赢或多赢。

至今，对于利益相关者当中"谁"（哪些利益相关者）"能够"或者"应该"参与到

---

① MITCHELL R，AGLE B，WOOD D . Towards a theory of stakeholder identification and salience： Defining the principle of who and what really counts[J]. Academy of Management Journal，1997，22（4）：853-886.

企业治理中来，理论上仍有分歧，由此形成了不同的利益相关者治理的观点。对于不同的企业，以及每个企业在不同发展阶段，各方利益相关者的地位可能也不一样。例如，美国管理协会认为，消费者和员工是企业最重要的利益相关者（见表 5-2）。[①]卡罗尔则根据企业社会责任的四层次划分，指出在不同的社会责任层面，各利益相关者对企业的重要性是不同的。相对而言，经济责任层面，所有者是最重要的利益相关者；法律责任层面，员工是最重要的利益相关者；伦理责任层面，消费者是最重要的利益相关者；慈善责任层面，社区是最重要的利益相关者（见表 5-3）。[②]

表 5-2　各利益相关者团体对企业的重要性

利益相关者团体	得分排序（最高 7 分）
消费者	6.40
员工	6.01
主要股东	5.30
一般大众	4.52
一般股东	4.51
政府	3.79

表 5-3　企业社会责任的利益相关者观点

社会责任的构成	所打交道和受影响的利益相关者群体				
	所有者	消费者	员工	社区	其他利益相关者
经济责任	1	4	2	3	5
法律责任	3	2	1	4	5
伦理责任	4	1	2	3	5
慈善责任	3	4	2	1	5

从组织层面来看，企业的利益相关者有员工、管理者、投资者、消费者，以及供应商、经销商等。下面主要从员工、消费者、所有者或投资者、竞争者与合作者角度来分析企业在组织层面所面临的伦理问题及应承担的责任。同时，企业作为市场中的一员，对于市场体系的良性运行和有序发展承担应有的义务和责任。

5.2　企业对消费者的伦理与责任

5.2.1　消费者权益保护

从历史看，消费者保护最早兴起于欧美国家。1890 年，美国国会通过《保护贸易和商业不受非法限制和垄断损害法》（谢尔曼法），这部法律旨在反对托拉斯或垄断集团对

---

① 赵斌. 企业伦理与社会责任[M]. 北京：机械工业出版社，2021.
② 卡罗尔，巴克霍尔茨. 企业与社会：伦理与利益相关者管理[M]. 5 版. 黄煜平，等译. 北京：机械工业出版社，2004.

于经济的影响，继而保护消费者利益。1906年，美国《联邦食品和药物法规》通过，禁止在食品和药物中掺假。1914年成立美国联邦贸易委员会，这是执行多种反托拉斯和保护消费者法律的联邦机构。1916年，在麦克弗森和美国通用汽车案件中，消费者被赋予对有缺陷的汽车起诉制造商并索赔的权利，此时第一部消费者法律才真正诞生。

>>> **拓展阅读**

被告公司是否承担义务

被告公司是一个汽车制造商。它将一辆汽车卖给零售商。零售商又将它卖给原告唐纳德·麦克弗森。原告驾车途中，突然出了故障，他摔下车并受了伤。有一个轮胎用的是有瑕疵的木料，其辐条粉碎。轮胎并非被告所造，而是从另一制造商那里购得的。然而，有证据显示，经适当检查，本可发现这一瑕疵，但被告公司未这样做。所要确认的是，除了直接买主即零售商，被告公司是否还要对他人承担谨慎义务。主审法官卡多佐以客观的态度对事实进行了描述，以免使问题带有任何主观色彩。卡多佐认为由于有充分证据证明被告公司存在过失责任，因此本案主要讨论的问题就剩下纯粹的法律问题，即被告公司对麦克弗森应尽的义务。

但是，直到20世纪60年代，消费者保护才全面进入公众视野，一些真正的保护性条款生效，消费者才真正成为主要利益相关者。1962年3月15日，美国总统肯尼迪向美国国会提出了"关于保护消费者利益的总统特别国情咨文"，首次概括了消费者的四项权利：安全权、知情权、选择权、建议权。但是这四项权利更多是一种无形的利益要求，无法对消费者的利益提供实质性保护。1969年，美国总统尼克松在四项权利基础上，又提出了索赔的权利。1975年，美国总统福特提出消费者应当享有接受消费教育的权利，这些举措使消费权利体系进一步完善。1983年，国际消费者组织联盟做出决定，将每年的3月15日定为"国际消费者权益日"。

1993年10月31日，第八届全国人大常委会第四次会议通过《中华人民共和国消费者权益保护法》（以下简称《消费者权益保护法》），第一次以立法的形式全面确认消费者的权利，该法自1994年1月1日起施行。此后，适应社会发展趋势和消费者权益保护的新要求，又分别在2009年8月、2013年10月对该法律进行修订，进一步完善消费者权益保护制度、强化经营者义务、规范网络购物等新的消费方式、建立消费公益诉讼制度等。《消费者权益保护法》的颁布实施，对保护消费者的权益，规范经营者的行为，维护社会经济秩序，促进社会主义市场经济健康发展具有十分重要的意义。

我国《消费者权益保护法》规定了消费者享有安全权、知情权、选择权、公平交易权、求偿权、结社权、获得知识权、受尊重权和监督权九项权利。国际消费者协会提出消费者享有八条基本权利：满足基本需求的权利、安全消费的权利、消费时被告知基本事实的权利、选择的权利、呼吁的权利、公正解决纠纷的权利、掌握消费者基本知识的权利及在健康环境中生活和工作的权利。这与我国法律所规定的消费者权利内涵基本一致（见表5-4）。

表 5-4　消费者的权利

国际消费者协会	我国《消费者权益保护法》
满足基本需求的权利	安全权
安全消费的权利	知情权
消费时被告知基本事实的权利	选择权
选择的权利	公平交易权
呼吁的权利	求偿权
公正解决纠纷的权利	结社权
掌握消费者基本知识的权利	获得知识权
在健康环境中生活和工作的权利	受尊重权
	监督权

优质的产品或服务是企业安身立命的根本，企业的最大使命就是为消费者提供好的产品与服务。"顾客是上帝"，企业只有从根本上将企业自身的利益与消费者的利益统一起来，才能像对待上帝一样对待消费者，承担起企业应尽的商业伦理与责任，才能获得真正的、长久的成功。一个企业如果背离对消费者应尽的义务与责任，就会失去消费者的信任与选择，企业发展就会成为无根之木、无源之水，失去市场认可，失去投资者的信任，失去社会信用。

>> **拓展阅读**

第四次工业革命下的消费者权益保护

请扫码阅读本资料。　　　　　　　　　　　　　　　　　　　　　　　　　(扫码阅读)

5.2.2　理论基础

为什么要保护消费者的权益？有三种基本观点：契约观、社会成本观、应尽关怀观。

契约观认为，作为自由市场体系中的一员，任何一方遵守契约要求即可，这种观点要求消费者承担更多责任。对于企业而言，其遵守的道德责任主要是：①遵守销售契约的条款；②公开产品的本质；③避免歪曲事实；④避免使用压力或过度影响强迫消费者。这种观点基于自由、平等的理念，催生出购者自慎的观点，即购买者自己必须当心。

社会成本观是一种基于社会效用的严格责任观，认为即使伤害来自无人可以遇见或消除的缺陷，或者说即使制造商采取了所有的合理预防措施，也应该承担责任，这既会激励制造商实行更多关怀，提高产品的安全性，又通过制造商将伤害成本或损失在所有使用者之间分配，而不必由少数受害者个人承担损失，还能引导人们有效利用社会资源，降低社会成本。

制造商对消费者义务的应尽关怀观(Due Care View of The Manufacture'S Duties to Consumers)强调，尽管消费者可能并不从制造商那里直接购买产品，但产品的质量安全完全取决于制造商，制造商拥有生产该商品的专业知识、专门技能和内幕信息，以及其生产规模，相对于消费者处于更加有利的位置，因此制造商有义务确保消费者的利益不被自己提供的产品损害。正是赋予制造商对于消费者以应尽的关怀义务，传统的"购者自慎"观念被"包退包换"观念所取代：销售者必须自己当心。[①]应尽关怀观从产品的设计、原材料选择、生产、质量控制、包装、告示等方面赋予了制造商以应尽的关怀义务，涵盖了销售前、销售中和销售后的全过程（见表 5-5）。总而言之，企业对消费者的伦理责任就是，为消费者提供设计完善、功能便利、价格合理、经济适用、安全性高、耐用性强的产品，以及周到、便捷的售后服务。

表 5-5　应尽关怀观

设计	产品和服务应该符合政府法规和要求，且在所有可预见条件下是安全的，包括避免被消费者误用
原材料	原材料应符合政府法规，并且应该足够耐用，经受得住合理使用
生产	制造的产品应该没有缺陷
质量控制	产品应该定期做质量检查
包装、商标和警示	安全包装、清楚易懂的使用说明、清楚描述任何可能的危险
告示	拥有敏捷系统，在产品制造和分销后发现有危险时及时召回

5.2.3　销售前的责任

1．设计与配方中的伦理与责任

产品的设计与配方是企业的核心竞争力，在完成产品或服务使命的同时，还应追求绿色、环保、可持续、应尽关怀的理念，这正是消费者所希望的、所追求的、所要求的。那些有设计缺陷的，未对目标人群考虑完全的，或为节省设计成本而去除必要设计的产品，将会引发本可以避免的社会悲剧。例如，知名家具零售商宜家（IKEA）生产销售的马尔姆系列抽屉柜由于设计原因，没有固定在墙上，截至 2017 年，至少有 9 名美国儿童因该款抽屉柜的翻倒而死亡。还有曾被视作儿童益智玩具的磁铁珠，近年来多发儿童不幸吞咽造成伤害的事件，被列入家长眼中的"儿童玩具黑名单"。企业应该为产品的目标使用人群提供体现关怀的、细致的、安全的、有效的产品设计。

对于消费者而言，产品的设计与配方应该紧贴消费者的需求和使用场景。

首先，提供符合消费者需要和实际情况的产品，要充分考虑不同特质的消费人群，深入消费者多重的使用场景，厘清所有可能的使用时机和用途。其次，要考虑到产品使用过程中的安全问题，竭尽所能地调查、设想、列清并且解决所有可能出现的意外情况，采取合理的预防措施，提出有预见的危险并警示，及时淘汰无法完善的、有设计缺陷的产品。再次，要充分尊重消费者、使用者的生活习惯、宗教信仰和个人隐私，尤其是一些特殊种类的商品，如家庭用摄像头，医疗器械等。最后，要提升产品的美观感和收藏价值，尽力在有益于消费者使用的基础上增加产品给人带来的精神上的愉悦和满足。产品设计的极致追求是，"用充满善意和创造力的产品和服务唤醒客户心中的天使，然后，我们一起来自由飞翔"。

---

① 贝拉斯克斯. 商业伦理：概念与案例[M]. 8 版. 刘刚，张冷然，程熙镕，译. 北京：中国人民大学出版社，2020.

从社会层面来看，产品的设计与配方必须接受法律和道德的双重检验，必须符合国家法律要求，符合社会伦理道德要求，符合社会发展趋势。

首先，企业提供的所有产品和服务应该是合法的，否则法律不会允许这类企业的存在，这是底线要求。其次，大多数产品和服务同时也要符合道德要求，有些产品如香烟、酒精饮品等存在道德上的争议，但在很多国家是合法的，不合乎道德的产品并非必然违法，但在具体销售或使用过程中会有一些限制要求，如禁止对未成年人销售。最后，在产品原料的选择上，应尽可能使用绿色的、可降解的、符合国家要求与行业标准的、顺应科技发展的原料，避免使用高耗能的、非绿色的，甚至对人体有危害的原料。例如，洗衣粉中曾经广泛添加的磷，因其特殊的化学性质引起了广泛的水污染与皮肤损害；曾作为冰箱制冷剂被广泛使用的氟利昂，泄露后会造成对臭氧层的破坏，现在已经被更为安全、更环保的制冷剂所替代。

总而言之，企业提供的产品或者服务应该有利于企业、行业和社会的整体利益。任何一项产品的推出，既要满足顾客需要，也要考虑该产品是否符合行业和社会的整体利益。这里，可以运用结果主义、道义论和美德论进行伦理分析。例如，从结果主义来分析，可基于顾客的需要，分别从企业、产业、社会三个角度综合比较，进行伦理序列分析（见表 5-6、表 5-7 和表 5-8）。

表 5-6　消费者需求与企业业绩的伦理序列分析

	消费者合理需求		
	消费者急需（成为社会问题）	消费者一般需要	消费者可有可无
企业高业绩	1 合理	4 合理	7 合理
企业中业绩	2 合理	5 合理	8 有限合理
企业低业绩或无业绩	3 合理	6 基本不合理	9 不合理、违法

表 5-7　消费者需求与产业利益的伦理序列分析

	对产业有利	对产业不利
对消费者有利	1 合理	3 有限合理
对消费者不利	2 基本不合理	4 不合理、违法

表 5-8　消费者需求与社会利益的伦理序列分析

	对社会有利	对社会不利
对消费者有利	1 合理	3 有限合理
对消费者不利	2 有限合理	4 不合理、违法

在具体分析时，一般首先从企业自身角度，尤其是从企业的业绩或收益角度来进行分析，继而从产业角度来分析产品对行业的影响。无论是从企业还是产业角度分析，都是不全面的，还应该从社会层面进行分析。从社会层面看，对于消费者和社会都有利的产品是合乎社会整体利益的，是被允许和鼓励的；对于消费者和社会都不利的产品是不尽合理的（如香烟）甚至是违法的（如毒品和走私），是被严格限制和禁止的；对消费者有

利但对社会不利的产品（如奢侈品、一次性消费品等），以及对消费者有潜在危害（不利）但对社会无害的产品（如高脂肪食品），则需要综合考虑顾客、企业、产业等各种因素，同时跳出结果主义分析，结合道义论和美德论做进一步分析。

请阅读下面的案例，思考：做产品设计和决策时应如何进行伦理分析？

思考与讨论

某公司推出了一个爆款手机游戏，引起全国范围内的热潮，尤其是年轻人非常痴迷。该公司也因为这款游戏持续带来了很好的业绩收入。就在这时，发生了一件事情，一些青少年家长要求这家公司停止对未成年青少年开放游戏权限，因为他们的孩子沉迷于这款游戏。有的孩子不仅变得脾气暴躁、耽误学业，还花了很多钱买装备，给青少年家庭带来了矛盾和冲突以及经济损失，影响了青少年健康成长。社会舆论中有一种讨论，说游戏对于沉迷者就是网络罂粟，即使家长强行没收手机，孩子也会想办法借用手机或偷拿手机玩。但是，对于这家游戏公司而言，其经营行为并没有触犯任何法律条款和规定，如果停止对未成年青少年开放游戏权限，将面临接近三分之一的收益损失，而该公司作为游戏行业的新兵，亟须借助该产品在该领域立足，那么作为公司的负责人，该怎么办？

2. 质量控制中的伦理与责任

产品质量是消费者在同类产品中进行比较和选择的重要依据。除了在产品设计与配方之初需要考虑周全，在产品的制造过程中，也需要通过质量控制承担起企业的伦理与责任。

产品质量是指产品功用在可靠性、使用寿命、安全性以及可维修性方面满足顾客预期的程度。[①]因此，在生产过程中，企业可以从这四方面进行产品质量的控制，增强产品的经济性、耐用性，以满足消费者的期望。

（1）可靠性，是指产品表现与成果符合销售者通过明示或暗示性描述引导消费者产生的期待的概率。产品能够极大概率正常运行，得益于企业对产品的质量控制，出厂前对产品进行相应的持续测试，以确保产品到消费者手中时符合企业对产品质量做出的明确或暗示性描述。例如，每款新手机上市时，手机制造商都会通过自动控制部署两百台手机在工厂不间断运行一个月，测试整个手机的稳定性，以确保新产品的产品质量可靠性。

除此之外，企业还应当通过适当的生产质量控制、物流控制等，承诺并且保证消费者能获得品质稳定、生产连续的产品，不会由于产品的特性不稳定、销售途中的变质等原因，损害消费者的利益。

（2）使用寿命，即产品有效运行的时间。企业应当将产品使用寿命列为重要的一项质量标准。即便产品的使用寿命很大程度上也取决于个人使用者的使用习惯与维护程度，但是在购买行为发生之前，企业通过宣传、舆论引导或在包装上对产品质量所做的描述，会使得消费者对产品使用寿命有一定的预期。这一预期与实际情况不应该有严重偏差。

---

① 贝拉斯克斯：商业伦理：概念与案例[M]. 8版. 刘刚，张冷然，程熙镕，译. 北京：中国人民大学出版社，2020.

（3）安全性，指与使用产品相关的风险程度。消费者的安全使用永远是企业考虑的首要事项。任何产品，即便是被视作最人性化的、最安全的产品，也可能会由于操作失误、缺乏使用知识、意外等原因产生一定的危险。安全问题本质上是风险的接受水平和认知水平问题。如果风险可以通过企业质量控制、明确提示、规范操作、学习知识、适当监督等工作降低甚至规避，那么风险就是可接受的。此时，消费者应该得到来自企业的保证——除企业所明确表示或暗示描述的风险外，不再有其他的风险。例如，明示"有毒"的产品就不应该有易燃易爆的风险。

（4）可维修性，是指产品能够被修理并保持运行的难易程度。企业应当通过生产中的质量控制，给产品留出一定的可维修性空间，减少一次性损坏就危害整体产品的零件比例。除在生产中加以控制外，企业还要：①在售卖前铺设可获得的售后服务站点，对相关的维修人员进行专业的培训；②免费或廉价提供可能需要的零部件；③某些类别产品还应承诺一定期限的保修服务。

上述四项质量要求中，产品安全无疑是重要的。但是，要使所有产品在任何情况下都绝对安全是不现实的。如果要求绝对安全，某些产品根本就无法面世，因为技术上做不到，或者经济上不可行，因为要使得产品绝对安全所增加的成本是消费者无法或无力支付的。因此，产品安全问题实际上是企业生产的产品要能够保证一个合理的期望值，这个期望值是在消费者意料之中的。

从伦理角度对产品进行安全评估，有三个步骤：一是通过现有技术或一定努力，能够获得的安全级别以及如何获得；二是确定某一产品要求多大的安全度，这是一个可以接受的风险程度的问题，是一个价值和价值比较而非技术的问题，可以由那些经历过这些风险的人来确定，包括最终客户、普通公众和代表公众利益的政府；三是确定某个特定的产品是否满足各项具体的安全要求。随着科学和知识的进步，可接受的风险水平应该是不断降低的。

扫码阅读材料，请思考：是否可以要求消费者合理地评估风险，进而由其承担相应责任？

那么，如何保证产品质量安全，企业应该采取什么措施呢？在产品质量的安全分析中，可结合产品使用过程中不合格地方可能带来的危害（扫码阅读）

性，消费者对于安全的自觉程度以及采取防范措施的成本、能力等，提炼出消费者安全使用和便利防范的需要，从企业生产、销售等各个职能环节或职能部门的责任来确定采取的具体措施，以及从产业链的角度，分别从采购、质检、研发等链条完善本企业的产品质量与安全措施（见表 5-9、表 5-10）。

表 5-9 产品质量与安全的本企业措施

| | 消费者的安全需要 | | | | | | |
	N1	N2	N3	N4	N5	……	Nn
研发							
采购							

（续表）

	消费者的安全需要						
	N1	N2	N3	N4	N5	……	Nn
生产							
销售							
人力资源							
财务							
组织							
……							

表 5-10　产品质量与安全针对产业链的本企业措施

	供 应 商	分 包 商	批 发 商	零 售 商	其他合作方
研发					
采购					
加工					
质检					
物流					
销售					
售后					
……					

3．包装中的伦理与责任

包装是消费者对产品的直观感受来源，不仅要传达产品理念、企业愿景，还需要承载具体细节、警示、商标等重要信息。作为重要的产品信息载体，包装需要包含准确无误的信息并且呈现给消费者。同时，作为产品的外部包装，包装常常被赋予一些额外的意义，成为赠礼者与接受者身份、品位、诚意的象征，或是为节日增添气氛，这是非常正常的现象。但我们应该反对不恰当、不道德、不环保的包装。具体来说，包装的伦理道德要求主要有以下几方面。

（1）包装应该有助于提升产品的附加值，可以借助图片、代言人等，通过通感、形象的方式向消费者展示产品形象与设计理念，展现产品的品质和细节，传达产品的社会价值，传递企业精神和价值观。此外，包装还可以根据生产时机、节日、社会重大事件等，做出合理的纪念形式，产生附加收藏价值和意义，满足消费者的意愿和喜好。

（2）包装应该尽可能地保护产品质量和安全，尽力通过包装减缓产品破损和变质给消费者带来的影响，或者避免给消费者带来安全隐患。举例来说，通过包装避免自然因素的侵袭，如保鲜、减震、免受日晒雨淋和灰尘污染等；根据产品特性设计特殊包装，避免产品挥发、渗漏、溶化、污染、碰撞、挤压、散失以及被不法分子利用等损失。1982年，美国发生了一起强生泰诺速效胶囊事件，当时的泰诺塑料药品缺乏防篡改的安全设计，犯罪人购买投毒后又重新完好地放回货架，杀害了多位无辜的市民。包装中的防篡改设计，成为一种基本要求，尤其是在食品、药品等行业。

(3)提倡公益性质的、环保性质的包装。包装使用环保、易降解的材料，既节约了社会资源，也传递了环保理念。此外，在包装的空余位置印刷公益信息，既有助于社会公益实现，也有利于树立企业形象。例如，天猫超市的包装箱上面印有被拐儿童信息，帮助一些被拐儿童凭借这样的打拐"盒子报"找回了亲生父母。

(4)拒绝过度的、浪费的、无用的包装。因产品的特殊性质或传统意义，适度包装是必要的，也是合理的，如人情送礼、庆祝节日等，但夸张的、巨大的、多层的、无用的包装，不仅让消费者承担额外的经济负担，造成浪费，还会给人过高期望，或者宣扬不正确的价值观，减损产品本身的价值，如前些年被曝光的月饼礼盒。

(5)拒绝欺骗性质的包装失真。产品包装形象应该紧贴产品内核，不能过分夸大产品特质和产品形象，不能引导消费者对产品产生严重误解，不能偏离产品特质和资质认证，进而误导消费者进行消费选择。

(6)拒绝模仿、非独创的包装。产品包装与产品本身都凝聚了原厂商的心血与辛勤付出，是其不可侵犯的知识产权。

(7)拒绝非健康的、低俗的包装。根据产品的市场定位和目标客户群体，做出合理、健康的包装设计。尤其是当目标客户群体包含儿童，或者产品容易被儿童接触到、购买到时，需要严格地审核产品的包装、代言照片等，拒绝出现非健康、低俗的图片设计或产品标语等。

此外，销售前的伦理问题除了体现在产品设计、生产、包装等方面，还体现在广告伦理问题方面，将在本章第 5 节中阐述。

5.2.4 销售中的责任

1. 清晰明确的告知义务

契约理论认为，企业最基本的道德是以清晰明确的描述引导消费者自由签订契约，保证消费者对所购买的产品形成正确的理解。

在销售中，企业应完全尊重消费者权利，尤其是知情权。首先，消费者应该明确知道的信息包括清晰的价格标识、明确的产品功能、真实的保质期限、醒目的提醒事项。其次，消费者如有关于产品的任何问题或质疑，企业有义务完全、充分地回答。再次，当产品预期使用寿命受到可能推出的新产品、新技术或时尚潮流影响而有重大改变时，企业应当在消费者购买前及时告知。事实上，企业明确的阐述和不含糊的态度，不仅不会因阐述所暴露的产品的局限性而导致客户流失，反而会让消费者体会到企业的诚实负责，增强消费者对企业的信任和忠诚度。

2. 提供安全、平等、丰富的购物体验

商业竞争愈发激烈，而产品的同质化也日趋严重。在产品体验相类似的情况下，购物体验就成了衡量购买行为的重要指标。安全的、平等的、丰富的购物体验对培养客户的忠诚度至关重要。在充分尊重消费者自由选购与人身安全的基础上，企业有责任为消

费者提供丰富的购物体验。

首先，企业应当提供公平自由的消费环境和购物体验。消费者的人格尊严和民族习惯、宗教信仰等应该得到充分的尊重；消费者应该能够自主地、自由地决定购买产品与否、购买产品的型号、购买产品的数量等，拒绝捆绑销售、套路销售等销售手段；消费者有权接受企业配套的质量保障、称量公平、计价准确的服务。

其次，企业要保障消费场景的内外部安全，为消费者提供安全可靠的购物体验。外部安全是指：消费场景有完善的安保制度和应急处理制度应对突发的医疗、灾害、社会治安事件等。内部安全是指：企业要通过提升员工法律意识、安全意识，制定合适的销售策略，保障消费者在挑选、购买或是离店过程中的人身财产安全，不能在试用、观看、挑选或接受服务的过程中受到意外的损害。例如，火锅店店员往未熄灭的燃料盒里倾倒液体酒精，可能会导致顾客被烧伤。

最后，企业应当提供丰富的购物体验。随着生活质量的提高，消费者对于购物体验的要求愈发强烈。购物体验不仅包括线下购物体验，也包括线上购物体验。线下购物的良好体验，包括舒适的休息区、迎来送往的礼貌待遇、一对一的专属服务、热情周到的店内款待(如茶歇、伴手礼)等，也包括文化沙龙、科普展、创业历史展览等。线上购物的良好体验，包括网购的安全性、购物平台的界面、便捷程度等。

3. 在收集信息时尊重消费者的隐私权

企业基于促销、服务等目的，在销售中收集、登记客户信息。首先要符合法律法规和伦理道德的基本要求；其次应确为销售需要，不能收集与销售和服务无关的个人信息；再次要获得消费者的明确准许，在过程上透明，在结果上告知；最后要妥善保管相关数据和信息，严禁泄露和买卖。随着互联网信息技术的发展，消费者的隐私保护也面临着新的挑战，企业应该采取相应措施，保护消费者的个人隐私。

5.2.5 销售后的责任

1. 为产品造成的不良后果负责

如前所述，制造商对于消费者义务的社会成本观认为，即使企业在设计和产品制造中实行了所有可能的应尽关怀，已经采取了所有合理可行的预防措施，并向购买者及使用者警示了所有被预见的风险，企业还是应当为产品的任何缺陷造成的任何不良后果负责任。对此，有反对者表示，如果制造商已经尽到了应尽的责任，在此之后还要求其承担不能提前预见和不能提前防止的伤害的责任，是不公平的。此外，即使将伤害成本转移给制造商，也不一定会强化企业在此之前的责任，反而会给消费者带来侥幸心理，放任其粗糙地使用产品，进而使得相关诉讼增加，加大保险行业负担。

尽管如此，赋予制造商对产品任何缺陷的赔偿责任，获得了大多数人的认可和支持，并且这是社会越来越强烈的希望和要求，而企业作为优势的一方，也有能力承担这些责任，这样有利于树立企业广博的、以消费者为中心的良好形象，同时也有利于缓解社会矛盾，在经济伦理和道德实践上都是可行的。

下面"拓展阅读"中巨额罚款的支出，实际上就是被罚企业对于消费者义务的社会成本观的体现。虽然药物在制造之初，并不是以毒品的形式出现的，制造和销售的企业可能也并没有想到药物被滥用成瘾的后果，但是，企业仍为此付出了巨额的赔偿金，缓解并挽回了一部分药物对社会带来的负面作用，一定程度上对企业形象是有益的。

>> **拓展阅读**

止痛片上瘾，致 50 万人死亡，4 公司赔偿 260 亿美元

在美国，阿片类药物成瘾一直是一个严重的、持续存在的问题。作为强效药物，阿片类药物常被用作医疗用药，阻断大脑和身体之间的疼痛信号。它们可以作为合法的处方药，也可以作为非法的街头毒品。根据美国疾病控制和预防中心报告，从 1999—2019 年，约有 50 多万人死于这种上瘾的药物。2020 年，阿片类药物过量导致的死亡人数创历史新高，部分原因是由新冠肺炎疫情期间隔离和关闭服务造成的。美国各州、各市和县对制药商、分销商和药店提起了 3000 多起诉讼，要求赔偿为抗击阿片类药物泛滥而花费的数十亿美元。2021 年 7 月，经过近两年时间的谈判，美国三大药品经销商和一家制药巨头与各州达成了一项 260 亿美元的协议。该协议将免除该行业一些最大的公司在阿片类药物泛滥方面的所有民事责任，并将 260 亿美元用于美国各地社区在毒瘾治疗、预防服务和其他方面而产生的巨额支出。

三家经销商在一份联合声明中表示：虽然这些公司强烈反对这些诉讼中的指控，但他们认为，拟议的和解协议和和解程序是实现广泛解决政府阿片类药物索赔的重要步骤，并为美国各地的社区提供有意义的缓解。

2．信息留存上的消费者隐私保护

在销售后的企业责任中，消费者隐私保护也是非常重要的一环。在消费者购买或者消费之后，企业可能有意或者无意地获得并记录消费者个人信息，包括消费者的姓名、性别、年龄、职业、联系方式、健康状况、家庭状况、财产状况、消费记录等与消费者个人及其家庭密切相关的信息。企业有责任对形成的数据和信息进行脱敏处理和妥善保管，对相关工作人员进行分级授权和知识培训，做好数据安全的监督与控制，保证消费者的隐私权不被侵犯，也就会获得消费者的信赖。

3．慎重采取对产品有计划的或强制性淘汰

事实上，企业强制性淘汰产品的策略，是另一种维度上对消费者的高位霸凌。强制性淘汰是指，企业在生产产品时预先设定一个寿命，这个寿命比正常情况下合理使用的寿命

要短，以此迫使消费者在短期内再次购买该产品或替代产品。一般有以下三种方式。①
①故意推迟某些产品的改进或革新，直到现有产品库存清理完毕或现有产品市场需求大幅下降时才推出新产品。②设计时故意缩短产品寿命，通过易碎、难寻的零部件、无兼容性的设计、系统更新、有使用次数限制的按钮设计等，加快产品的淘汰速度，导致产品短期内报废。例如，苹果手机每次升级系统都会对旧机产生不利影响，加速旧机的淘汰。2018 年，苹果公司因"有计划地淘汰，以加快客户换手机的速度，且并未告知如何维护锂电池"而被意大利反垄断部门罚款 1000 万欧元。③加快时尚和流行产品的淘汰，通过创造时尚概念，抛出新的产品机理，与原有产品进行明显的功能对比，以此淘汰还能使用的产品，这在一些日化产品中较为常见。

4．及时告知消费者可能产生的改变

在消费行为结束后，消费者可能还享有接受后续各种服务的权利。但如果企业由于某些原因无法按照原定规则履行承诺，应该借助邮件、短信、电话等手段，态度诚恳、及时地告知消费者改变产生的原因、时间和可能产生的影响等，确保将准确的信息传达至消费者，为消费者提供及时变更打算的余地和时间，并且应该提供给消费者合理的解决方案，如果造成一定严重后果的，企业还应当为未按时履行承诺提供经济赔偿。

5．建立适时的、负责的召回制度和售后服务

一些经检验合格的产品在流入市场，到达经销商、用户的手上后，依旧被发现了设计上或质量上的缺陷，甚至造成了使用者的人身、财产损害或环境污染时，生产企业有责任将已售出的产品收回。缺陷是产品召回的基础和标准。

由于产品是批量性设计制造的，分销的渠道多样，有缺陷的产品将会被运送到任何一个可能有市场的地区，被任何可能的消费者使用，在任何时间都有可能由于产品的缺陷导致严重的安全事件。所以，在企业通过暂时可控的意外事件或是企业的自我纠察发现已流入市场的产品具有某些可能导致严重后果的缺陷时，企业应当迅速地做出反应，及时干预，将已流出的产品召回；已经产生严重后果的，企业还需要进行公开道歉。

负责任的召回制度是产品质量和消费者权益的有力保证，及时高效地召回可以保护消费者的人身财产安全，建立负责的企业形象，促进企业发展，倒逼企业进行更为安全的设计与严苛的质量控制，以降低巨额的召回费用，有利于提高企业对技术改造和环保问题的重视，有利于建立合理的市场秩序。

除了召回制度，建立合理、有效的售后服务机制也是非常重要的。企业有义务为消费者提供一定的售后服务，包括但不限于接受消费者的问询，回答消费者的疑问，及时上报可能的产品缺陷和风险性，无偿维修符合保修规则的产品，提供便利的维修、升级、企业文化沙龙等售后服务，在受到质疑时积极响应等。良好的售后服务，逐渐成为消费者衡量企业产品与服务质量的重要指标，有利于维护消费者的忠诚度，提高企业信誉，建立良好的营商环境。

---

① 周祖城. 企业伦理学(第四版)[M]. 北京：清华大学出版社，2020.

5.3　企业对员工的伦理与责任

5.3.1　HRM(人力资源管理)伦理与企业责任

企业与员工之间的关系是既矛盾又统一的关系。员工给企业带来巨大的人力成本，企业想在尽可能降低人力成本的同时获得员工更多的劳动产出，员工想在尽可能多赚钱的前提下减少工作的付出；与此同时，员工与企业风雨同舟，是利益共同体，企业提供给员工安身立命的根本，提供更多的教育资源和职位晋升空间，给予其个人发展的机遇和工作成就的喜悦，而员工是企业最重要的资产，对企业的发展起到至关重要的作用。员工用他们的辛勤汗水和艰苦劳动为企业添砖加瓦，虽然没有资本投入，但是他们用体力、思想创造了财富，这是不可忽略的，没有他们就没有企业的发展。

从组织的"理性"模型看，主要是员工对企业的伦理，更多体现为员工的义务和责任，包括员工对企业的雇员责任、员工忠诚以及承诺等。从组织的"政治"模型看，主要是企业对员工的伦理，更多体现为企业的义务和责任。享有权利、履行义务、承担责任是有机统一的。在企业中，员工的权利和责任与企业的权利和责任是相对应的(见表5-11)。①例如，员工享有工作的权利，企业相对应的责任就是要保证在招聘和解雇时不存在歧视。又如，员工有遵守劳动合同的责任，企业则可以对员工提出最低劳动生产率的要求。当然，这种对应关系并不是完全对称的，尽管员工的权利看似较多，但在劳资关系中员工往往处于弱势地位，为了调整这种不对等的社会关系，需要法律法规对企业行为进行规范，企业需要承担对员工的伦理与责任。

表 5-11　员工与企业的权利、责任关系表

员工的权利和责任	企业的权利和责任
工作的权利	招聘和解雇的非歧视性
获得公平报酬的权利	给付公平报酬的责任
自由集会和罢工的权利	尊重工会的存在和权利
是非感的自由和言论自由	接受员工的批评
诉讼的权利	与员工讨论的责任
获得健康安全的工作条件的权利	承认劳动法庭，按劳动法律法规解决冲突
提高工作质量的权利	提高工作质量的责任
遵守劳动合同的责任	对员工最低劳动生产率的要求
忠于企业	忠于合作
尊重目前法律和道德的规范	要求员工在工作岗位上保持正确行为

如果企业从根本上不认同员工的个人发展和对公司的贡献，就无法真正对员工产生爱护之情，无法提供符合员工需求的尊重和保障。员工工作的积极性减弱，创造性降低，

①　叶陈刚. 商业伦理与企业责任[M]. 北京：高等教育出版社，2016.

不能真正投入，企业的经济效益就不能提升。所以说，员工与企业其实是相互成就的，统一两者之间的利益，减缓两者之间的矛盾，凸显两者之间的一致性，发展以人为本的用人准则，员工才能真正为企业所用，并创造价值。

企业对员工的伦理与责任，涵盖了人力资源管理"选、用、育、留"各个环节。从伦理角度来分析人力资源管理系统和模式，继而形成了 HRM 伦理的相关思想和观点，主要有两方面。一方面，从微观层面考察与个体相关的 HRM 实务是否合乎伦理；①另一方面，从宏观层面分析作为一个整体的人力资源，探讨 HRM 模式的合伦理性及其应遵守的伦理原则。②概言之，在个体层面，HRM 伦理主要从公平角度关注 HRM 实践对个体的影响；在组织层面，HRM 伦理聚焦于正义与权利、行为正当性之目的论与结果论等，来审查 HRM 实践的合伦理性。这里主要从招聘、薪酬管理、员工工作生活质量、员工职业发展这四个方面来描述和分析企业所面临的伦理问题。

5.3.2　招聘中的伦理与责任

1. 招聘中的伦理问题

企业为社会提供就业机会，通过招聘来选拔人才，员工凭借个人能力，通过应聘获得工作机会。企业拥有招聘自由权，可以自由地根据自己的发展情况选择聘用与否，或者对于所招聘岗位的资质加以合理的限制。员工拥有工作的权利与劳动自由权，有权获得平等就业的机会，并得到企业对个人特质的尊重，并且有权利对强迫劳动行为进行反抗。

现实中，一方面，社会上的劳动力供大于求，企业与员工之间的权利、需求往往不对等，个人的劳动自由权通常受到很大限制。另一方面，企业拥有资产、信息、社会地位的优势，在招聘过程中掌握着主动权。因此，招聘中出现的伦理问题往往是企业引起的，这些问题主要有：①发布虚假招聘信息；②恶意利用招聘，无偿获取求职者智力成果；③夸大宣传，不负责任地做出承诺；④就业歧视，体现在年龄、性别、户籍、健康、学历、血型、姓氏、籍贯、身高、相貌等方面；⑤设置劳动合同关系陷阱，体现在不签正式劳动合同、签短期劳动合同、有意设计不规范合同、故意隐瞒对员工不利的重要信息等方面。

除此之外，为了规避用人成本和风险，很多企业区分正式工与合同工、临时工、劳务派遣等，分别签订不同的合同。这种同工不同合同继而不同待遇的现象，本质上也是一种就业歧视。

---

① 冯明，郭雅丽. 我国企业人力资源管理伦理特征的实证研究——基于企业员工手册的内容分析[J]. 中国软科学，2009(5)：114-124；侯亚丁. 人力资源管理伦理与个体伦理行为实现[J]. 科学管理研究，2010(4)：88-92；房宏君. 浅议科技人力资源管理伦理对企业绩效的影响[J]. 科技管理研究，2011(12)：117-120.

② 赵曙明，黄昊宇. 企业伦理文化与人力资源管理研究[J]. 经济管理，2006(16)：4-15；侯亚丁. 人力资源管理的伦理道德、实践框架与伦理实现[J]. 华东经济管理，2010(11)：120-123；KEN S, JOANNE H G. Human resource management: meeting the ethical obligations of the function[J]. Business and Society Review，2010，115(1)：57-74.

2．招聘中的责任

人力资源伦理的核心原则是公平，即平等、互惠和公正。企业在招聘中的责任主要有两方面：一是不得有歧视行为；二是在招聘过程中保证公平性。

(1)反对招聘歧视

在招聘中，歧视分为直接歧视与间接歧视。如果非出于工作内在需要，在相似条件下，用人单位给予一人相比其他人较为不利的对待则构成直接歧视，这是一种个体歧视。如果一群人具有某种典型特征，如种族、肤色、性别、年龄、宗教、户籍地域、健康情况，甚至毕业学校等，用人单位在明知结果不利于此特定人群的前提下，对这群人和其他无该特征的人群适用相同的招聘、选拔、考核等涉及劳动权利的程序与条件，则构成了间接歧视，这是一种群体歧视。

无论是个体层面的直接歧视，还是群体层面的间接歧视，都违背了劳动者的基本人权，包括劳动自由权、隐私权、受尊重的权利等。这种歧视关注工作本身所需条件之外的其他因素，不以能力和资历为根本条件，导致劳动力配置失当和社会人力资源的浪费，甚至导致社会收益与负担的不公正分配，加剧社会矛盾。

(2)追求过程公平

在去除招聘歧视的基础上，企业有权利设置合理的人才考核选拔标准，尽力为应聘者提供公平竞争的上岗机会。

首先，确保招聘条件公平。①招聘岗位的关键条件必须是与岗位紧密相关的，能反映该岗位职责的内在要求，必须是坚持成就取向的，遵循能力、经验、业绩等选人用人标准；②非关键性的条件不能成为决定报考资格的关键要素，那些与工作岗位没有必然关系的先赋因素，不应成为"一票否决"的条件；③除非法律明确规定，应尽量减少"先赋因素"出现在报名条件中，如果必须有，也需尽量放宽要求，避免因条件设置不合理而成为"定向选拔""萝卜选拔"。

其次，招聘前的信息公开，包括招聘的职位、岗位要求、招聘流程、考试要求、录取原则等，"公开是最好的防腐剂"，广泛吸引人才的同时，还能受到社会各界的监督，防止招聘过程中出现以权谋私、假公济私等情况。

再次，确保招聘过程中的公平。在简历筛选时，必须有明确标准，根据招聘岗位，有针对性地选拔有利于企业发展的人才，特别注意有突出特长或发展潜质的应聘者。根据岗位需要，设计出完善的考核内容和准则，对专业技术知识和技能、职业道德、个人品质、心理健康等进行全方位、多层次的考察。充分运用多种考试考核方法，利用在线测试、线下笔试、人力部门面试、部门经理面试等，多角度筛选人才。在整个招聘过程中，凡是可能影响公正的情况都应该避免，实行回避原则。

最后，确保招聘结果的公正。结果是否公正是招聘公正与否的最后衡量尺度。在确定招聘结果时，既要以招聘过程的考察结果为依据，也要结合部门、员工的意见；既要破除唯分数论，也要综合考察思想素养和职业道德。一旦确定招聘结果，应该及时公示，而对于落选的应聘者，提供正式的反馈意见不失为一个好的做法。

5.3.3　薪酬管理中的伦理与责任

1. 薪酬管理中的伦理问题

薪酬是企业为员工付出必要劳动所支付的报酬，一般以货币形式支付，也包括非货币的形式。员工为企业目标的实现付出了劳动和心血，企业为其提供合理的补偿，这是一种公平。有效公平的薪酬能够激励员工更加积极地为企业付出，薪酬管理是人力资源管理的重要职能。现实中，薪酬方面的伦理问题主要有：①薪酬不公平，同工不同酬；②拖欠工资，尤其是拖欠农民工工资；③低于最低工资标准；④随意克扣员工工资。

2. 合理设计岗位和薪酬体系

一般而言，薪酬制度与员工的积极性有直接的关系。薪酬制度的公平性会极大提高员工工作的积极性，继而提高其工作效率。获得公平报酬是员工的基本权利。因此，企业应当合理设计薪酬体系，建立一套公平有效的薪酬制度。

薪酬与岗位密不可分，公平的薪酬有赖于合理的岗位设计。近些年，时常有工厂员工因无法忍受工作压力而结束自己生命的悲剧发生，究其原因，本质上与工作岗位设计有一定关系。与机器不同，人在劳动时需要有高昂的积极性、一定的成就感、有限的重复性，甚至一定的趣味性。在进行岗位设计时，除了考虑企业需求、降低成本、组织效率等，还需要把员工的个人发展、精神压力、最大负荷、协调配合、职业趣味及成就感等考虑其中。

简言之，进行工作岗位设计时，既要满足工作效率与质量的要求，也要注重工作人员的安全性、激励性、可持续性。除此之外，良好的工作设计还需要关注员工的心理健康，能使员工获得精神满足感和自我实现感，而工作程序带来的疲劳感和心理压力是可接受的。优质的岗位设计能够在提高生产质量与效率、降低成本、缩短生产周期的同时，给员工带来强烈的归属感和自我满足感。

基于岗位设计的薪酬体系建设，必须尊重员工拥有取得合理报酬的权利。科学合理的报酬与社会保险是员工付出劳动获得的应得报酬，是工作价值的体现，当然也是员工自我满足感的首要来源。这是因为，对于大多数员工来说，薪酬是支持其生活的主要经济来源，有稳定并公平的薪酬是幸福生活的基础保障。一个合理公平的薪酬体系，需要综合考虑劳动者所承担的风险与付出、责任能力与业绩表现、企业政策与行业水平等，在第 4 章已做过论述。

3. 确保同工同酬

《中华人民共和国劳动法》（以下简称《劳动法》）规定，工资分配应当遵循按劳分配原则，实行同工同酬。一般认为，同工同酬是指用人单位对于从事相同工作，付出等量劳动且取得相同劳动业绩的劳动者，支付同等的劳动报酬。

现实中，同工不同酬的现象主要表现为正式工与临时工、合同工与劳务工、实习生、新老职工之间的薪酬差别，此外，企业高管与普通员工、外籍员工与本地员工之间的薪酬差别也是同工不同酬的表现。尽管身份不同，但工作场合、工作内容相同，薪酬却差很多。虽然说同工不同酬，既有劳动力市场供大于求的必然性，也是城乡差别在用人单位体制上的反映，还有可能是某些地方政府为招商引资，制定劳务工、实习生、临时工等劳动政策，降低企业用人成本使然，但是同工同酬是社会发展的必然趋势。

同工同酬体现了两个价值取向。一是确保按劳分配原则的实施，即付出了同等的劳动应得到同等的劳动报酬。二是防止工资分配中的歧视行为，即在同一单位，对同样劳动岗位、在同样劳动条件下，不同性别、不同身份、不同户籍或不同用工形式的劳动者之间，只要提供的劳动数量和劳动质量相同，就应给予同等的劳动报酬。各种用人单位，无论是国有企业、事业单位，还是外资企业、民营企业、小微企业等，都应该严格遵循同工同酬原则，进一步完善、规范用工制度，科学确定岗位职责，制定与岗责相匹配的、公平的薪酬制度，从制度上减少或缓解同工不同酬的问题。

"密薪制"作为一种薪酬发放方式，广泛存在于中外很多企业中，但"密薪制"被指责为有可能掩盖同工不同酬的问题。阅读下面的案例，请思考：有必要打破"密薪制"传统吗？

思考与讨论

"密薪制"不是密谋私利[①]

所谓"密薪制"，俗称模糊工资制，是对员工的个人薪资（包括工资、奖金等）保密管理，既不允许员工泄露自己的薪资，也不允许员工打听别人的薪资，其核心思想是薪酬体系公开、个人工资保密。这一制度起源于欧美国家，近年来逐渐成为我国企业的常用制度。企业内部从经营者、管理者到劳动者的薪酬（包括工资、奖金等）都是保密的，工资单不公开，相互不得询问。

"密薪制"既保护了高薪员工免于可能的嫉妒、排挤和刁难，也保护了低薪员工可能遭受的歧视，固然维护了同事关系的和谐，降低了企业管理的难度，但也存在分配不公甚至违法操作的风险。近年来，多家美国企业先后被曝出不同背景的员工"同工不同酬"的丑闻。据中纪委网站曝光，不乏国有银行领导干部借"密薪制"谋取私利。其中，有人先给"亲信"发奖金，再通过亲信把钱装进自己的口袋；有人将薪酬分配作为维系小圈子的"筹码"，奖金只给"圈里人"；面对巡视、检查，有人动辄以"密薪制"为由拒绝提供薪酬情况。据媒体报道，以保密著称的苹果公司出人意料地告知员工：他们可以自由与同事讨论工资、工作时间和工作环境，打破了"密薪制"的传统。请问你怎么看？

5.3.4　员工工作生活质量方面的伦理与责任

确保工作条件利于员工的健康与安全，既是一项法律义务，也是一项道德义务。《劳

---

① 杨鑫宇. 员工能不能讨论工资？"密薪制"不是密谋私利[N]. 中国青年报，2021-11-24（02）.

动法》规定，用人单位必须建立、健全劳动安全卫生制度，严格执行国家劳动安全卫生规程和标准，对劳动者进行劳动安全卫生教育，防止劳动过程中的事故，减少职业危害，劳动安全卫生设施必须符合国家规定的标准。用人单位必须为劳动者提供符合国家规定的劳动安全卫生条件和必要的劳动防护用品，对从事有职业危害作业的劳动者应当定期进行健康检查。

劳动者在劳动过程中必须严格遵守安全操作规程，劳动者对用人单位管理人员违章指挥、强令冒险作业，有权拒绝执行；对危害生命安全和身体健康的行为，有权提出批评、检举和控告。从事特种作业的劳动者必须经过专门培训并取得特种作业资格。

1. 常见的伦理问题

从目前来看，关于员工工作生活质量方面的伦理问题主要有以下几方面。

(1)无视员工职业安全。职业安全首先是员工工作环境的安全，工作环境既包括物理环境，如工作场所的噪声、温度、照明、空气、卫生等，也包括心理环境，主要是指企业制度、文化在员工心理中的影响以及在工作场所营造的氛围等。研究表明，人的一生有 1/3 的时间是在工作环境中度过的，人在舒适的环境下工作，能更好地进入工作状态，效率会提升 15%。相反，如果在不舒适的环境中工作，不仅影响效率，还会出现安全事故。近二十年来，我国发生的安全生产事故无论是在起数还是人数上都有明显下降(见表 5-12)，但工作场所的安全问题仍不可忽视。

表 5-12　近二十年我国安全生产事故总起数及死亡人数统计

年　份	2000	2001	2002	2003	2004	2005	2006	2007	2008	2009
事故起数/起	975500	1000629	1073434	963976	854570	727945	627158	506376	413752	379248
死亡人数/人	120351	130491	139393	137070	136755	126760	112822	101480	91172	83196
年份	2010	2011	2012	2013	2014	2015	2016	2017	2018	2019
事故起数/起	363383	347728	336988	309303	305688	67107	63205	52988	49543	40477
死亡人数/人	79552	75572	71983	69453	66048	44760	43062	37852	34567	29519

数据来源：应急管理部(原国家安监总局统计司)、国家统计局《国民经济和社会发展统计公报》

(2)无视员工职业健康。员工享有在健康和安全的工作条件下工作的权利，工作场所的健康水平越来越成为企业效率和竞争力的重要因素。据世界卫生组织与国际劳工组织联合发布的研究报告显示，与职业关联的疾病和工伤每年导致全球近 200 万人死亡，其中大多数死亡由呼吸系统和心血管疾病引发。[①]我国职业病发生人数和因职业病而死亡的人数在世界上位居前列。职业病是指劳动者在职业活动中，因接触粉尘、放射性物质或其他有毒、有害物质等引起的疾病，常见职业病有尘肺、职业性肿瘤、职业性眼耳鼻喉疾病、职业中毒等。

(3)侵犯员工隐私。工作场所是一个介于私人住所和公共场所之间的空间，员工要接

---

① 梁凡. 职业病每年致全球近 200 万人死亡[N]. 工人日报. 2021-09-23(08).

受雇主的监督，其隐私权受到部分限制，同时也享有保留部分自己的物品、信息和心理秘密的权利。一定程度上，雇主对员工的监督和员工保留隐私都有合理性，关键是这两者之间如何平衡。侵犯员工隐私的方式主要有：①运用电子监控，如电话监听、计算机监控、电子邮件与语音邮件监控、定位跟踪；②运用测谎仪，进行诚信测试、不良习惯测试等，甚至以此作为随意裁员的借口；③强制性身体检查，暴露个人隐私。

(4) 超长工作时间。根据法律规定，我国实行每周 5 个工作日、平均每周 40 小时的工时制度，标准工作日工作 8 小时。目前在工作时间方面的伦理问题主要有：①每周工作时间超过 40 小时；②加班加点，即在法定节假日或公休日加班，在正常工作日 8 小时以外继续工作。工时过长也是导致劳动者死亡的主要原因之一。2019 年，世界卫生组织首次将"过劳"列入《国际疾病分类》。

2．企业应尽的责任

员工作为企业最重要的人力资源，企业应该确保员工在工作中的安全和健康，尊重员工的隐私，提升员工的工作生活质量。

(1) 应使危险最小化并保护和补偿员工。理论上讲，没有一个绝对安全的工作场所，但是，企业应该严格遵守《劳动法》和《中华人民共和国职业病防治法》等相关法律法规，致力于预防、控制和消除工作场所中存在的危险，避免职业病危害等。

(2) 合理使用电子监控，尊重并保护员工隐私。电子监控有利于保护消费者和员工人身财产安全、保障企业商业秘密不受侵犯、确保公司资源不被滥用等，但是电子监控的使用范围应该受到一定的限制，避免引起员工的反感甚至是心理问题。在使用电子监控时，向员工阐明电子监控的使用目的与范围，确定严格的程序，确保不越界、不触及个人隐私。

(3) 杜绝职场霸凌和性骚扰。职场霸凌是指在工作场所，个人或团体对于同事，尤其是新员工、下属等弱势群体，持续性地进行不合理的行为，包括言语、非言语、身体、心理上的虐待，常表现为孤立、侮辱，带有故意、精神控制成分地贬低员工，甚至指使员工做具有羞辱性质的行为等。无论是职场霸凌还是性骚扰，都会严重损害员工的身心健康，破坏员工工作的积极性，助长组织内的歪风邪气。企业必须高度重视，对职场霸凌和性骚扰绝不纵容，明确惩罚机制，改进组织构架，设立举报沟通渠道，营造健康和谐的组织关系，并在新员工培训中加入相关内容，树立员工自我保护意识。

(4) 提升职业生活质量。职业生活质量是指在工作中员工所产生的心理和生理健康的感觉。对于员工来说，职业生活是生活中的重要组成部分，职业生活质量将对个人生活质量有重大的影响。对于企业来说，靠薪酬与传统激励方式对员工的工作效率提升是有限的，只有更为有力的职业生活质量提升，才能更好地激励员工。良好的员工职业生活质量不仅可以提升组织运行效率，还能够有效提升员工的忠诚度与自豪感，降低员工流动率，降低管理成本。

(扫码阅读)

请扫码阅读资料并讨论：提升员工职业生活质量的方式有哪些？

5.3.5 员工职业发展中的伦理与责任

1. 常见的伦理问题

从目前的情况看，我国企业在员工职业发展中存在的问题主要有以下几方面。

(1)企业培训缺位或者缺乏科学的培训制度。①缺乏培训，很多企业为了降低成本，减少培训或者不培训，导致员工素质低下和技能单一。②只对"关键员工"和"核心员工"培训，缺少公平性。③为企业所支付的培训费用设定过高的赔偿费用，将培训作为限制员工流动的重要因素。④培训内容和方式单一，内容上只注重技能培训，忽视职业伦理和人文素质方面的培训，方式上以灌输为主，不注重员工的参与，难以调动员工积极性。

(2)女性歧视。除了招聘、薪酬中存在性别歧视，在员工的职业发展过程中，也会存在性别歧视。很多女性，因为性别原因，在职位晋升或教育培训时得不到平等的机会和尊重。很多企业，在女性员工发展空间上设置"玻璃屋顶(Glass Ceiling)"或者"职场天花板"，导致女性员工难以进入企业高层管理行列。

(3)变相裁员或解雇。一些企业为了降低用人成本，逃避法定义务，往往采取变相裁员的方式来解雇员工。例如，为逃避对员工的补偿，不主动提出辞退，而是让员工做不愿意做的事、从事不胜任的工作，甚至故意刁难，逼迫员工自己开口提出辞职。又如，在绩效考核时，有意提高绩效考核标准，以员工未达到企业要求为由辞退员工。

2. 企业应尽的责任

员工职业发展是员工的一项基本权利，为员工的职业发展创造良好的条件，是企业的基本义务。

(1)建立科学的培训制度。员工培训和职业发展是人力资源不断优化和实现增值的重要途径。我国《劳动法》明确规定，用人单位应当建立职业培训制度，按照国家规定提取和使用职业培训经费，根据本单位实际情况，有计划地对劳动者进行职业培训。当然，培训不仅是一个有无或"0和1"的问题，要想让培训发挥其应有的功能，还需要建立起一个科学的培训制度，精准分析企业和员工的培训需求，合理选择培训的内容和方式，将培训与企业运营紧密结合起来，将培训融入员工的职业发展。

(2)建立公平合理的用人机制。员工职业发展是企业人力资源管理的重要职能和内容，而人力资源管理最根本的伦理原则就是公平公正。因此，企业在员工的职业管理中也要秉持公平公正原则，在用人上，坚决反对歧视，坚决反对用人偏见，知人善任、用人之长、人尽其才。

(3)构建完整的职业生涯管理体系。一方面，企业应该帮助员工确定职业生涯目标与规划，为员工提供职业支持。另一方面，企业应建立起完整的职业开发和职业管理体系，职业开发体系包括工作岗位分析、员工素质测评、职业生涯知识培训等。职业管理体系包括多元个性化发展通道、差异化职业生涯规划、多样化激励手段以及按需培训等。通过职业生涯管理体系的构建，将员工职业生涯目标和企业发展目标有机结合起来，为员工找到归属感，为员工人生发展指引方向和增加动力，也为企业的创新和可持续发展保驾护航。

(4) 负责任地解雇员工。任何组织都没有保有一定数额劳动力的伦理义务，但有负责任地雇用和解雇一个人的义务。解雇权是企业雇用自由的体现。但是，企业解雇员工需要有正当的理由、程序与补偿，否则将承担法律责任。

▶▶▶ 拓展阅读

关怀组织

请扫码阅读本资料。 (扫码阅读)

5.4　企业对投资者的伦理与责任

5.4.1　理论基础——产权伦理

不同的企业形式与投资者组成，决定了企业对投资者的伦理与责任是不尽相同的。现代社会的企业形式主要分为个体制企业、合伙制企业、公司制企业。当然，无论何种企业形式，企业作为一个组织实体，必须为投资者的利益服务。由于个体制企业、合伙制企业一般是由投资者或合伙人自己经营管理，所有权与经营权没有发生实质性分离，因此企业行为即投资者行为，反之亦然。这里，主要谈公司制企业对投资者应承担的伦理责任。

现代企业的资本结构形式、所有权制度较为复杂。一般来说，所有者包括债权人和股东。广义的投资者包括公司股东、债权人和利益相关者，狭义的投资者仅指股东。任何企业，对股东和其他所有者都有一个伦理责任：为所有者的利益服务，不仅短期还要保证长期经营好这个企业。相关调查表明，很多投资者在选择投资对象时，在非财务因素外，首要考虑的是 CEO 和管理人员能否为股东创造长期利益。

企业对投资者承担责任是产权伦理的必然要求。产权是人的一种权利，是对所拥有财产的占有、使用、收益和处分的合法所有权，并由此产生责、权、利关系。产权伦理，就是指在人们处理产权关系中形成的各种价值观念、伦理规范和道德意识，其实质和核心是尊重和维护人们正当的财产权利。根据财产所有权的性质，具体包括私有产权伦理、公有产权伦理和共有产权伦理。

首先，私有产权伦理的核心是强调私有财产的保护。《中华人民共和国宪法》（以下简称《宪法》）明确规定，公民的合法私有财产不受侵犯。私有财产获取的正当性、使用的合理性、支配的自由性原则，构成了私有产权伦理的规则体系。保护私有产权，不仅是实现市场经济效率的前提条件，也是公民自由权利的重要保障。

其次，公有产权伦理的核心是维护公有产权的不可侵犯，实现效率和公平的统一，让公共产品惠及人民。我国《宪法》明确规定，社会主义的公共财产神圣不可侵犯，国家保护社会主义的公共财产，禁止任何组织或者个人用任何手段侵占或者破坏国家的和集体的财产。

最后，共有产权伦理是共有产权制度安排的内在要求与伦理价值的有效整合。社会主义市场经济体系中，除了私有财产和公有财产，还存在大量基于信用、互利等原则而进行财产集中形成的共有产权，如按份共有的合伙制或股份制。信用原则是共有产权的灵魂，公正的产权安排是共有产权的制度保障，互利原则是共有产权的动力源泉，信用、公正、互利是共有产权有效运作的基本规则，也是共有产权伦理的价值追求。

综上所述，企业对投资者承担各种责任，既是法律的基本要求，也是伦理道德的体现，既是法律责任，也是伦理责任。

5.4.2 企业对投资者的责任

根据卡罗尔对企业社会责任的划分，在经济责任层面，企业应为投资者追求利润持续最大化；在法律责任层面，企业应确保投资者享有合法权益；在道德责任层面，企业应保障所有股东、债权人和利益相关者享有平等的权益。从现代企业治理结构出发，要充分实现这些责任，企业治理应集中在"双完善"——完善治理结构、完善信息披露，具体包括以下几方面。

1. 通过完善治理结构来保障投资者利益

企业治理结构是所有者、董事会、监事会、高层管理者以及其他利益相关者之间权利分配和制衡的一种制度安排。完善的治理结构，既要保证企业管理者从投资者利益出发进行经营管理而不能只顾个人利益，又应给经营管理者足够空间发挥其企业家才能。完善的治理结构，有利于保障企业合法合规地良好运行，进而保障包括投资者在内的所有利益相关者的利益。因此，一方面要建立良好的权力制衡与监督机制，实现企业的有序运行，另一方面也要保护中小股东的权益。

2. 提供真实准确的企业信息

企业有义务为投资者提供法律要求提供的各类文件，及时披露各类真实准确的企业信息，以辅助投资者做出正确的、合时宜的投资选择，不至于因为企业的瞒报、漏报、错报，甚至是故意舞弊而做出错误的投资决策，引起经济上的巨额损失。这个要求对于上市企业来说尤为迫切。

具体来说，对于上市企业，应当披露的文件包括招股说明书、上市公告书、定期报告和临时报告等。其中，定期报告指的是要求在一定期限内公示的中期报告与年度报告，并且在我国证监会指定的信息披露报刊上公布，报我国证监会和证券交易所备案。临时报告主要指的是重大事件公告、上市公司的收购或合并公告。此外，企业还需要公布公司的董事、监事、管理者的持股情况，以及证券交易所要求披露的其他信息。

3. 及时回复投资者关切

市场情况变幻莫测，投资者对于企业的关切却是持续的。作为被投资方的企业，应该建立合理的与投资者交互的通道，如网站留言、接听电话咨询等，以及时回复投资者的关切，使其掌握企业动向，必要时还可以召开股东大会。

4．爱护企业资产，减少流失

企业应当谨慎决策，尤其是在投资、评估资产、改制、激励措施设计等决策时，需要保证决策的公正、科学，以防止企业资产以非正常的形式流失，造成投资者的损失。

5．让投资者与企业一同分享发展带来的成果

投资者与企业的关系归根到底是产权关系，两者之间，最基本的是信任。企业需要与投资者进行内在利益的协调，与投资者一道分享企业发展带来的成果。持有优秀企业的具有盈利表现的股票是投资者财富能力的象征，除了参与分红与买卖流通股票，投资者还能受益于所持有的企业股份，从银行获得更好的信用评估，从而获得更多的贷款，从其他的商业领域获得收入。除此之外，在商业领域，持有优质盈利企业股份的投资者更容易获得其他商业领域投资者及合作伙伴的信任，从而更容易进行商业活动。

企业依附于投资者的投资得以成长，投资者期望从企业获得利润，企业的盈利也应当让投资者受益。因为企业并不能仅仅将投资者获利作为唯一目标，在实际经营中，还应当考虑诸多的"利益相关者"以及自身的发展，所以企业在平衡各方利益的基础上，首先需要保证企业的正常运营与继续发展，之后才考虑为投资者分红。这时，虽然提倡从以往的"仅对股东负责"观念中剥离出来，考虑更广意义上的利益相关者，但也并不是忽略股东利益，而是通过追寻和承担更博大的责任，来实现企业的高质量发展，也能够更好地与投资者分享企业发展的成果。

5.5 企业对竞争者与合作者的伦理与责任

5.5.1 企业对竞争者的伦理与责任

1．企业竞争中的伦理问题

市场经济是一种竞争经济，只有充分展开市场竞争，才能激发市场主体的活力并促使其不断提高竞争能力，向社会提供质优价廉的产品和服务。也只有展开充分的竞争，才能推动企业以消费者为中心，真正保护消费者权益，并从根本上盘活社会资源，优化社会资源配置。竞争是市场经济的本质，著名战略管理学者迈克尔·波特（Michael Porter）认为，企业面临着五种竞争力量：现有竞争者的竞争能力、潜在竞争者的进入能力、替代品的替代能力、供应商的讨价还价能力、购买者的议价能力。这五种能力构成了企业发展的竞争环境，影响和制约着企业竞争战略的选择。

进一步看，企业竞争的内容主要体现为市场（顾客）、人才、信息和物质的竞争。企业竞争的形式包括产品竞争、价格竞争、非价格竞争等。目前，在市场竞争中存在的伦理问题主要有以下几方面。

(1)竞争手段不合理。①低价倾销。以低于成本价格的方式向市场抛售大量产品，旨在挤走无法承担如此巨额损失的竞争者。②滥用市场优势地位。企业利用消费者的信任，进行强制买卖、强行搭售、拒绝交易、非合理收费。③混淆行为。企业通过模仿竞争者产品生产自身产品，以达到利用竞争者广告资源、渠道资源等的目的。④虚假宣传，欺骗消费者。以根本不存在的产品特质进行虚假宣传，招徕消费者。⑤诋毁商誉。通过无端指责、安立莫须有的罪名、花钱雇水军等手段，诋毁竞争对手，以打倒竞争者在消费者心中良好的企业形象，再乘虚而入，推销自己的产品。

(2)以非伦理手段获得物资资源(上游供应商)，以挤占竞争对手的生存空间与机遇。例如，向供应商或资源拥有者贿赂或提供回扣、在招标中围标或串标等。

(3)不道德的人才竞争。例如，重金收买人才，不尊重市场中人才的价值水平和规律，而是用难以想象的价格抢人才、挖人才，这既可能违反法律，同样也是不道德的行为。

(4)不道德的信息获取。对企业有效的竞争信息包括竞争者的企业背景、企业财务、企业产品、销售状况、市场策略、生产能力、研发能力、上下游供应商、仓储物流、渠道建设、人力资源、企业战略等信息。现实中，要甄选有效信息是一项庞大而复杂的工作，而通过公开方式获取的竞争者信息是有限的，因此一些企业采取欺骗、贿赂、间谍或监视等非法、非道德的方式获取竞争者信息，损害正常行业竞争秩序，损害他人利益，对社会产生恶劣影响。

2．企业对竞争者的责任

市场经济是一种竞争经济，同时也是法治经济。经济能否健康发展，良好的市场秩序和良性的竞争生态是一个重要的基础。从伦理层面来看，企业对竞争者应该坚守以下的伦理责任。

(1)追求竞争者的道德价值。①大力弘扬企业的主体精神，通过发挥主体的主动性和创造性获得竞争优势；②激发人性潜能，"向善而为"，在市场竞争中促进人的全面发展和自我体现；③升华经济人格，不断求实创新、主动进取、超越自我，塑造市场经济中独有的人格形象；④致力社会公平，以竞争谋发展，以发展促竞争，成为社会公平正义的重要推动者和践行者。

(2)弘扬竞争道德。一方面，企业必须在法律框架下寻求竞争，遵纪守法是最基本的要求，也是竞争道德的前提，进而反对一切形式的不正当竞争。另一方面，市场中存在各种各样的不正当竞争或不道德竞争，企业必须坚持自律，"打铁还需自身硬"，坚决杜绝伦理上的"破窗效应"，坚决反对侥幸和投机心理。

(3)践行市场竞争伦理。严禁产品竞争中的不正当竞争，坚持价格竞争中的伦理道德，严禁收取回扣和索取贿赂。企业应该以诚信的经营理念、过硬的生产素质、一贯的合作风格、适时的商业手段，来与市场竞争中的各方建立良好的合作关系，继而建立在竞争中的先发优势，实现与竞争者的公平竞争。

(4)讲求信息竞争道德。坚守道德义务和良心，严禁侵犯商业秘密，严禁散布虚假信息，严禁盗版。"知己知彼，百战不殆"，必须以正当的方式获取竞争对手的信息，如公开的企业信息、社会宏观的统计信息、专业咨询调查公司提供的信息、借助专业的舆情监测平台获取的信息，以及竞争对手发布的公开新闻与即时信息等。企业不仅要拒绝并且坚决反对非道德、非法的获取竞争信息手段，还要理清自身获取有效信息的合法渠道，避免含糊不清的获取信息渠道给企业带来声誉与法律风险。

总而言之，市场上的竞争者百花齐放，通过合法、合乎道德的方式进行良性竞争，互相促进创新和迭代，在竞争中展开合作，在合作中开展竞争，继而形成合力，竞争者之间就能共同创造本行业以至整个市场的健康生态。

阅读下面的案例，如果领导要求你必须"黑回去"，请结合结果主义、道义论和美德论，做出你的决定。

思考与讨论

在市场拓展中，公关宣传是一项非常重要的工作内容。我曾在某家知名的上市互联网教育公司工作。在竞品公司资料收集过程中，我突然发现对方发布了很多不利于我所在公司的消息，有对负面行为恶意放大的，也有纯粹捏造的。这些黑料在互联网上传播得非常迅速，对公司造成很大影响，甚至在一段时间内导致公司销售额明显下降了不少。我将此事汇总分析后汇报给了领导。不久，领导指示我，让我想办法"黑回去"。我该怎么办？

5.5.2 企业对供应商与经销商的伦理与责任

企业的合作者主要包括供应商与经销商。供应商掌握着企业原材料的质量与价格，与企业的产品质量和成本息息相关，经销商则把控着企业产品的销路与客户服务，对企业的社会声望至关重要。

1. 企业对供应商的伦理与责任

供应商是企业最重要的合作伙伴之一，企业应主动与供应商建立起良好的伦理关系——供需伦理。供需伦理是指供应商与生产商之间的供需关系及其伦理准则和规范。供应商与生产商之间的根本利益是一致的，供应商需要稳定的、源源不断的订单，生产商则需要原材料、零部件等及时、稳定、保质保量的供应。因此，供需伦理对双方都是有利的，基本要求是：①平等互利；②质量第一；③服务至上；④真诚合作；⑤充分的信息技术交流与合作。供需伦理的目的是要将供应商与生产商打造成一个利益共同体。

企业与供应商之间存在的伦理问题主要有以下几方面。一是款项中的伦理问题，表现在：①违背合同，故意拖欠供应商货款；②企业以自身优势，通过招标、反向拍卖等议价方式，强行压价；③强制收取各类不合理费用，如上架费、进门费、促销费等。二是品牌控制的伦理问题，要求供应商为自己的品牌提供便利，甚至要求供应商将原有品牌更换为自己的品牌。三是纵容、默许供应商的不道德行为，如非法雇用员工、污染环境等，同时对供应商存在的安全隐患漠不关心，拒不负责，认为与自己无关。

企业应当与供应商建立良好的合作关系。①与供应商制定、签署并严格遵守平等互惠、合理共赢的商业合作协议，可以给予供应商尽量多的优惠政策与合作诚心，打动合作方。②按时支付相应价格，可以通过减少付款周期等手段提升对方的经济性与自身的可靠程度，按时按量地将购买的货物及时收入库中，充分执行购买合同，建立稳定的、长期的供应关系，不随意更换供应商。③敦促供应商对产品原料的质量与安全性负责，并且帮助供应商解决与本企业相关的环境问题和社会问题，具体表现在经济责任、法律责任、道德责任和自愿责任方面(见表 5-13)。[①]

表 5-13　企业对供应商的社会责任

责任类别	示　例
经济责任	制定合理采购价格，按期付款，不恶意压价，鼓励、促进供应商承担社会责任并适当分摊成本
法律责任	促进双方尊法守法，依法办事；确保供应商具备合法资质
道德责任	将道德、环境等要求纳入采购合同；将自身社会责任理念贯穿于整个供应链
自愿责任	鼓励并带动整个供应链的责任行为，形成"自愿责任链"

2．企业对经销商的伦理与责任

经销商是企业产品走向市场、创造价值的关键环节。分销渠道是产品从生产商到消费者的路径。广义的分销渠道包括生产商、经销商、赞助商和终端消费者等，狭义的分销渠道包括中间商和代理商等。分销渠道成员的目标是一致的，即在满足消费者需求的基础上求得企业的生存与发展。但是在实际运营中，各成员间存在不同的利益选择，继而带来伦理问题。例如，生产商的目标是打开市场，增加知名度；中间商的目标是尽量获取更多的利润和返点；零售商则希望提供多样化的产品满足消费者；批发商则希望主打一个生产商品牌，以获得最大数额的回报。不同的利益追求导致矛盾的产生，进而滋生了非伦理行为。

分销渠道中不同成员之间的目标不同，利益追求也不同，继而产生的伦理问题也不同。生产商与经销商之间的伦理问题主要有以下两类。

(1)生产商方面存在的问题。①产品质量问题，如向经销商提供假冒伪劣产品，或以次充好，缺斤少两。②歧视问题，如对部分经销商歧视定价，不同批次不同价格，或逼迫其向中间商订货，变相提高价格；又如在经销商之间厚此薄彼，不按合约规定及时、足量提供给经销商产品。③品牌控制，凭借其经营性垄断地位，要求经销商只卖自家产

---

① 曾萍. 企业伦理与社会责任[M]. 北京：机械工业出版社，2011.

品，不准销售竞争对手的产品，或者迫使经销商只能从事某种特别的经营活动。④分销渠道方面的问题，如为了自身利益控制供货，采取威逼手段对经销商减少或停止供货；又如出于产品推广需要，可能越过一级渠道成员而直接向二级渠道成员甚至销售终端直接供货，或者干脆采取直销方式，使上下游渠道产生矛盾。⑤其他违约行为，如不按时交货、拒绝提供售后服务等。

（2）经销商方面存在的问题。①强制性补贴，凭借其在销售领域中的优势地位，让生产商接受强制性的补贴条款，后果是可能拉高产品零售价，损害消费者利益，并挫伤生产商研发和创新的积极性。②扰乱分销渠道关系，如经销商在实力增强后肆意挑战、控制上下游渠道；又如窜货行为，即特约经销商为获取额外利润，向合约规定以外区域销售产品。③款项方面，不及时付款并有意根据情况囤积库存，影响生产商的资金周转和生产计划。④产品方面，如经销商为了谋求更大利益，不顾合约规定，销售其他企业好销的产品；又如经销商回避合法生产者和批发商，从非法渠道进货。

要彻底解决上述问题，企业应该立足自身，尽力与经销商处理好各自的利益关系，遵循平等互惠、合作共赢的原则，以合约形式明确规定双方的权利和义务，诚实守信、严格履约。在此基础上，企业还可以向经销商承担必要的社会责任，与经销商实现合作共赢，这些责任包括：

① 督促经销商深入了解产品信息，使得经销商合理考虑产品性质与目标受众，精准定位，选择合理的销售位置，铺设正确的销售渠道，进行恰当的渠道管理，及时开辟新的，淘汰旧的，灵活改变策略；

② 警示经销商，以合适的温度、湿度等条件保存产品，确保产品到消费者手中时的品质得到保障；

③ 帮助经销商合理制定零售价格；

④ 向经销商索取其产品销售的一手数据，确保企业在产品换季、更新时能够得到合理的消费反馈与经销信息；

⑤ 鼓励经销商尽力销售本企业的产品，努力扩大产品影响力；

⑥ 监督经销商采取合理的销售手段，不能因为眼前利益，而损害生产企业的企业形象与长期利益；

⑦ 帮助经销商建立合理的销售环节，对突发事件建立迅速的反应机制，例如，为召回产品等突发情况做出相应的准备。

5.6　企业对市场的伦理与责任

作为市场主体，企业对市场的伦理责任与消费者、员工、股东等利益相关者息息相关，更重要的是还体现了企业作为市场主体的角色和义务，主要包括合法参与市场竞争、积极维护市场秩序、自觉净化市场环境。因此，除了对消费者、员工、股东等微观个体的伦理责任，企业对市场的责任还包括作为市场一员，对市场整体的伦理与责任。这里主要介绍企业在定价、促销和格式合同中的伦理与责任。

5.6.1 企业在定价中的伦理与责任

价格竞争是企业参与市场竞争的重要手段。价格在市场中扮演着调节供求、传递信息、配置资源的角色。价格变动的方向和幅度，将市场商品供销等经济信息、调节供给需求的状况传递给关注者，以促进资源的优化配置。合理的价格竞争，一方面可以推动企业加大技术创新力度，降低产品生产成本，节约社会资源；另一方面可以让消费者在价格竞争中获得实惠，以较低价格获得优质服务。但是，实现这两方面目标的前提是，价格竞争必须是公平、公正的，恶意的价格竞争和不公平的定价策略会扰乱市场秩序，影响企业自身形象，最终损害消费者利益。

1. 定价中的伦理问题

定价中的伦理问题包括三类：不公平的价格竞争，包括歧视性定价、串通定价、垄断性定价和掠夺性定价等；价格欺诈与误导性定价，包括虚高定价或虚假打折、建议零售价等；暴利行为。

不公平的价格竞争。这一行为损害了正常的竞争，难以真正反映市场需求和价值规律。①歧视性定价，即针对同一商品对不同买主确定不同价格，这是一种价格歧视，可能削弱竞争关系。②串通定价，即生产商、经销商等互相串通，订立价格协议或达成价格默契，以共同占领市场，获取高额利润。主要形式有：协议定价，通过明确或隐含的协议来固定价格；价格领导，中小企业跟随行业中领导者制定的价格；转售价格维持，生产商为零售商和批发商规定一个最高或最低价格，禁止打折。③垄断性定价，是指处于自然垄断或行政垄断地位的企业制定远高于产品成本的定价的行为。④掠夺性定价，即为了排挤现有的或潜在的竞争对手而故意压低价格至成本以下，待竞争对手退出市场后再提价。

价格欺诈与误导性定价。企业以不正当的价格手段，欺骗消费者，导致其利益受损的行为。①虚高定价或虚假打折，即先定一个较高价格，随后以打折、优惠、清仓等方式促销。②价格比较，一般是指零售商将其商品价格与竞争对手的商品价格进行比较。③建议零售价，如果建议价格远高于产品的正常价值，这种价格就是误导性的。

暴利行为。企业通过不正当手段在短时间内获得巨额利润，或者某一产品的价格水平、差价率、利润率远远超过同一地区、同一时期、同一档次、同类商品的市场平均水平，就可定义为是暴利行为。当然，高额利润不等同于暴利行为，是否暴利，需结合法律规定、消费者的价格感知、企业获取利润的手段与数量，以及对产业、社会和国家的实际影响等因素综合确定。

法律之窗

《中华人民共和国价格法》（节选）

（1998 年 5 月 1 日起施行）

第十四条　经营者不得有下列不正当价格行为：

（一）相互串通，操纵市场价格，损害其他经营者或者消费者的合法权益；

（二）在依法降价处理鲜活商品、季节性商品、积压商品等商品外，为了排挤竞争对手或者独占市场，以低于成本的价格倾销，扰乱正常的生产经营秩序，损害国家利益或者其他经营者的合法权益；

（三）捏造、散布涨价信息，哄抬价格，推动商品价格过高上涨的；

（四）利用虚假的或者使人误解的价格手段，诱骗消费者或者其他经营者与其进行交易；

（五）提供相同商品或者服务，对具有同等交易条件的其他经营者实行价格歧视；

（六）采取抬高等级或者压低等级等手段收购、销售商品或者提供服务，变相提高或者压低价格；

（七）违反法律、法规的规定牟取暴利；

（八）法律、行政法规禁止的其他不正当价格行为。

2．定价中的责任

《中华人民共和国价格法》明确禁止经营者的串通定价、掠夺性定价、欺诈性定价、误导性定价、歧视性定价等行为。2002 年 1 月 1 日起施行的《禁止价格欺诈行为的规定》进一步对价格欺诈行为、误导性定价行为做了详细规定；2003 年 11 月 1 日起施行的《制止价格垄断行为暂行规定》对通过串通行为、市场支配地位形成的垄断性定价做了明确规定。企业在经营中，必须严格遵守法律法规的规定，切实承担起合理定价，自觉维护市场正当竞争的责任。企业在定价中的责任可概括为以下三方面：①摒弃价格垄断；②不得价格欺诈；③放弃暴利行为。

一般把定价看成是营销过程的重要环节。生产者希望通过产品盈利，一方面必须控制成本，另一方面就是必须对产品进行恰当定价。价格过高，市场份额就会缩小，销售量不足以大到能带来利润，而如果产品缺乏吸引力，过高价格将会驱使消费者转向竞争对手购买替代产品。除非企业具有垄断地位，合理的定价应该是市场结果的一部分，即合理的定价应该充分考虑市场的因素。具体来说，合理价格可按照国家和社会→消费者→产业→企业的序列进行综合权衡。

合理的价格首先需要考虑国家相关政策规定，是否属于政府指导价范畴，是否与社会经济发展水平相符，是否受地区、季节等差价因素影响。其次要考虑消费者的消费行为、消费水平和消费心理等，是否符合消费者的实际需求，是否能达到消费者的心理预期等。再次要考虑产业或行业状况，是否有替代品和连带品，市场供求状况和竞争状况如何等。最后从企业自身角度出发，考虑研发、生产、销售、储运、机会等方面的成本，以及由社会必要劳动的消耗而形成的商品价值等。

商品定价过程和方法非常复杂，是一个专业性和技术性很强的工作，这里不做赘述。简而言之，公平的价格是与商品价值相一致的，如果消费者感受到过高的价格水平，会质疑企业存在暴利行为，从长远来看，对企业发展是不利的。当然，在没有明显伤害消费者、社会、国家发展和产业环境，且市场存在充分竞争时，企业为了彰显自身的竞争力优势，适当溢价在道德上是可接受的。

5.6.2 企业在促销中的伦理与责任

产品促销也被称为销售促进，是指企业通过人员推销或者通过广告、宣传报道等非人员推销的方式，向消费者传递产品或服务以及企业本身重要信息的行为。企业促销一般会采取组合的方式进行，常见的是人员推销、广告促销和公关宣传。这里主要介绍人员推销和广告中存在的伦理问题及相应的责任。

1. 人员推销中的伦理与责任

人员推销是产品促销常用的方式。作为企业产品或服务的推广者，同时也是与消费者直接接触的推销人员，一方面，企业与消费者都希望推销人员对他们具有一定忠诚度，企业希望推销人员维护企业利益，消费者希望得到质优价廉的产品；另一方面，推销人员有自身的利益追求，面对销售业绩的压力，就可能出现一些不道德的推销手段。这种不道德的推销手段，既可能针对消费者，也可能针对竞争者，其最终结果必然会损害企业的利益。

(1) 面向消费者的伦理问题。①高压推销，对消费者纠缠不放，反复劝说，或者通过限时、限量、折扣、赠品等方法，使消费者产生紧迫感和压力而购买不需要或不急需的产品。②误导宣传，对产品或服务进行不正确陈述，或夸大或歪曲，或者进行虚假承诺，从而扰乱消费者自主决定的购买意愿。这既是一种违法行为，也是一种不道德行为。③差别对待，对不同消费者给予不同待遇，这是消费者歧视，或者对同一消费者在购买前后给予不同待遇。④送礼和款待，通常被视为推销人员拉近与消费者关系的重要方式，但是一旦送礼和款待超出了产品价值功能对消费者的吸引，给消费者带来额外的影响和压力，继而导致消费者不能客观做出判断时，就会产生利益冲突，就是一种不道德行为。

(2) 与竞争者关系的伦理问题。①排他行为，通过向消费者送礼、回扣或者行贿等方式，排挤其他品牌的产品。②阻挠对手，采取一些破坏行为阻止竞争者产品在商场、货架上的展示或陈列。③诋毁对手，即在消费者面前毁谤竞争者公司或其产品。④窃取信息，以欺诈手段获得竞争者的信息，进而有针对性地推销自己产品、打压竞争者产品。

(3) 企业应尽的责任。促销中的伦理，最基本的道德要求是讲诚信、守信用，这也是市场有序竞争的基本要求。企业首先要建立起严格的考核制度和责任机制，绝不纵容有损企业形象和利益的行为；其次是要加强对企业产品推销人员的法律知识和商业伦理培训，提高推销人员的职业素养；最后要建立畅通的投诉反馈渠道，接受消费者对推销人员不道德行为的监督。

2. 广告中的伦理与责任

现代社会中，广告是企业与消费者进行沟通时最迅速、最直观、最易引起消费者共情的宣传手段，通过饶有趣味、颇具创意、引人深思的广告理念，抑或是依靠消费者喜爱的公众人物，向目标群体传达产品特质与相关信息，强调产品的功能性和创新性，以公开的方式引导广告受众购买产品，进而塑造企业品牌、开拓市场和扩大销路。广告以说服消费者为目的，因此会结合消费者的心理、文化背景以及审美习惯等，进行一定的夸张。一方面，广告具有引导消费者的作用。另一方面，广告具有文化传播、教育等社会功能，对大众的价值观念、道德取向及生活方式等会产生潜移默化的影响。因此，广告中的伦理问题既体现在经济层面上，也体现在社会影响上。

1) 不道德广告的形式

不道德广告的形式主要有以下几种类型：①虚假性广告，广告内容不真实，宣传内容与产品客观事实不符，如某品牌乳茶曾因涉嫌虚假宣传"0 糖"被罚并且致歉。②误导性广告，通过故意的、引人误解的商业宣传，多重复杂的暗示提示，委婉地将产品本不具有或不够强烈的特质信息传达给消费者，引起消费者的误解，从而逐渐改变或者误导大众的价值观、审美观等，倡导享乐主义、物质主义等，更严重的是对未成年人的误导。2021 年 5 月，某网络综艺节目中，要为偶像助力，必须扫描某赞助商奶制品瓶盖内的二维码，很多青少年粉丝为了以最"快捷"的方式助力偶像，买了该奶制品后直接倒掉，只为了扫描瓶盖内的二维码。③媚俗性广告，即违背社会主流道德文化精神、低级趣味或庸俗化的广告。④比较性广告，以任何明示或暗示的方法，将自己的产品或服务与同类竞争者的产品或服务进行对比或比较。这类广告存在真实性、局限性以及侵权性等问题，会造成不公平竞争。⑤无孔不入的广告，通过电视、报纸、广告牌、互联网等方式，高频率"轰炸"，无穷尽地推送，形成暴力传播，影响人们生活的安宁、城市美观以及网络环境等。

值得指出的是，在互联网越来越普及的今天，网络直播销售或者直播带货成为一种非常重要的促销手段，产生了重要的经济价值和社会价值，但同时也存在一些伦理问题，主要如下。

① 分级销售：将直播与正常销售的同一产品采用不同的标准分生产线生产，在产品的价格、赠品，甚至是主产品的品质上存在极大的差距。

② 制造焦虑，高压推销：通过制造矛盾、吸引眼球、戏剧表现等方式，制造"产品限量、限时""买不到就是吃亏"的假象，促进消费者消费自己本不需要，或者不需要这么多的产品。

③ 夸大功效、故意误导：当消费者犹豫不决时，有误或失真的描述可能会成为购买决定的助推剂，造成消费者的损失，买到不合适、不符合预期的产品。

④ 套路营销、利益诱惑：通过一些赠品、试吃、试用装等引导消费者进行消费，如果消费者不按照其预设的办法消费、办卡等，可能会遭受一定的人身攻击。

2)广告中的伦理规范

广告既是一种经济活动，也是一种社会活动，既是企业实现利润最大化的主要方式，也是大众文化创造和价值观塑造的活动方式。因此，企业的广告行为必须遵循法律法规和伦理规范的要求。遵守法律是基本要求，践行广告伦理是道德义务。广告伦理，是与广告活动相关的所有参与者从事广告活动的行为道德准则和道德规范，包括广告从业人员、企业、新闻媒体等。

1994 年，第八届全国人民代表大会通过《中华人民共和国广告法》（以下简称《广告法》），确立了广告活动的基本行为准则。1997 年，国家工商行政管理总局在《广告法》基础上制定了《广告活动道德规范》，进一步明确了广告活动的基本道德准则。2015年 9 月 1 日起，实施 20 年后首次修订的新版《广告法》正式实施，新《广告法》对虚假广告进行了明确定义，对明星代言、互联网广告、未成年人代言、烟草广告、公益广告、媒体监管等进行了完善。从上述法律法规来看，广告活动主体应遵循的道德规范主要有以下几方面。

(1)客观真实。广告要客观真实地反映商品面貌，既不夸大或虚构优点，也不缩小或隐瞒缺点，不故弄玄虚，不哗众取宠。客观真实是广告的灵魂，是广告活动的黄金法则，几乎所有国家关于广告的法律规范中最重要的条款就是客观真实。

(2)公平公正。广告是一种经济活动，主要目的是获取经济利益，因此广告必须遵循市场经济中的公平公正原则。企业既要遵守国家法律规范，与竞争者进行公平、正当的竞争，也要保持对消费者的公平公正，客观真实地反映商品信息就是一种公平公正，不欺不诈、不蒙不骗，消费者由广告信息所产生的实际理解要符合其所购买产品的价值。例如，"买一送一"，如没有明确说明，根据习惯理解送的应是同一样东西。

(3)高雅健康。广告是一种社会活动，必须承担应尽的社会责任和义务。广告不仅在内容上要高雅健康，在展现内容的形式、图片、道具、语言、技巧等方面也要高雅健康，要符合社会主义精神文明建设要求，符合社会主流价值观念和道德规范要求，尊重民族传统风俗习惯，弘扬主旋律，传播正能量。例如，一些商家借灾难营销、蹭热点无下限的行为，还有商家让扮演过领袖的演员以领袖形象出现在商场开业庆典上，这些都是不道德的行为。

(4)以义取利。广告的经济属性聚焦于利，广告的社会属性聚焦于义，广告活动要义利结合，义在利先，不能追求一时、一己之利，要尊重他人利益，维护社会整体利益，做到利益追求的根本性、整体性和长远性。

广告的利益相关者既包括消费者、本企业、同行业竞争者，也包括所属行业、社会和国家。一个符合伦理规范的广告，应该尊重并维护所有利益相关者的利益。从结果主义来看，这些利益相关者的优先序列是：符合国家和社会整体利益→符合社会主义精神文明→维护消费者的利益(消费者由广告信息所产生的理解)→符合产品价值→不会严重恶化本产业的生态环境→不会伤害竞争者→对本企业有利。事实上，这也是广告从业人员和相应机构在义务上应该考虑的顺序。

5.6.3 企业在格式合同中的伦理与责任

在企业的销售服务中，除了定价、促销中存在伦理问题，合同签订和履行中也会存在伦理问题，其中最典型的就是格式合同中的伦理问题。这类问题主要是针对作为弱势群体的消费者而言的，通过格式条款限制和剥夺了消费者的自由选择权、知情权等基本权利，违背了公平、诚信的伦理原则。如果市场中大量不公平的格式合同存在，无疑会降低消费者信心，影响市场秩序，恶化市场环境。

1. 格式合同中的问题

格式合同，也称为定型化合同、标准化合同或附从合同。一般来说，格式合同是指全部由格式条款组成的合同；只有部分是以格式条款形式反映的，被称为普通合同中的格式条款。除了正式合同，通知、声明、店堂告示等也属于格式合同。这里讨论格式合同问题时，将格式条款也包括在内。

格式合同之所以存在，是基于该企业在行业中的垄断性存在。在市场中，如果双方交易内容具有重复性，为了双方交易的简便，节约时间，降低经营成本，企业一般会事先制定好格式合同。具体来说，格式合同具有以下优点：①降低缔约成本，提高交易效率。市场经济是一种效率经济，每个企业都立足效率最大化，以最小投入获得最大利润，随着交易速度和频率不断提高，企业不可能与每一个消费者逐一谈判签订合同。格式合同的存在，精简了缔约程序，节约了交易时间，适应现代商业发展的要求。②预先分化风险，维护交易安全。在技术不断推陈出新和加速迭代的今天，格式合同当事人面临的风险越来越复杂和不确定，越来越不可能事先对未来做出完全预测，如不确定或偶发事件、市场行情变化、不道德行为的存在等，格式合同可以事先对这些风险进行分解和约定，保障各方利益，维护交易安全性。③确保公平性。格式合同和条款是事先拟定的，因此不会因当事人合同地位、履行能力、交易经验、知识能力乃至社会地位等的不同而不同，为所有人提供了自由交易的公平机会，同时也为不特定当事人积聚成对抗企业的联盟创造了条件。④有利于国家进行宏观调控和市场监督。格式合同的预先拟定，为国家加强经济干预、确保国家经济安全提供了重要手段，政府专门机关可以主动参与和指导格式合同的拟定，同时也可以对企业或行业自主拟定的格式合同加强审核监督，实现对市场经济的调控。

当然，格式合同虽然具有降低经营成本、事先分配风险、确保公平等优点，但也存在诸多弊端。①违背了契约自由原则。市场经济是一种自由经济，自由是市场的灵魂，任何契约都必须是双方自由意志的体现，但企业事先拟定好了合同和条款，消费者的自由意志只能体现在选择签约还是不签约上面，对合同条款没有选择和协商的权利，即使该合同事先经政府有关部门审批或者邀请部分代表参与协商，但仍然违背了市场自由和意思自治的原则，事实上构成了对消费者的强制。②不公平条款的存在。企业利用自身的优势地位，拟定对自己有利、对消费者不利的条款，如为自己规定免责条款或限制责任条款，或者加重消费者的义务和责任。格式合同因此也成为垄断和强制消费者的工具，正所谓"店大欺客"。③影响市场秩序。如果格式合同没有得到有力的监督，不规范的格式合同大量存在，会严重损害契约自由、平等公正、诚实守信等市场经济的基本原则，损害消费者正当权益，破坏经济秩序。目前，不公正、不合理的格式合同较为严重的行业是供水和餐饮、住房、维修、燃气、供电，以及新兴的互联网平台企业、物流快递行业等。

法律之窗

《中华人民共和国民法典》（节选）

（2021 年 1 月 1 日起施行）

第四百九十六条　格式条款是当事人为了重复使用而预先拟定，并在订立合同时未与对方协商的条款。

采用格式条款订立合同的，提供格式条款的一方应当遵循公平原则确定当事人之间的权利和义务，并采取合理的方式提示对方注意免除或者减轻其责任等与对方有重大利害关系的条款，按照对方的要求，对该条款予以说明。提供格式条款的一方未履行提示或者说明义务，致使对方没有注意或者理解与其有重大利害关系的条款的，对方可以主张该条款不成为合同的内容。

第四百九十七条　有下列情形之一的，该格式条款无效：

（一）具有本法第一编第六章第三节和本法第五百零六条规定的无效情形；

（二）提供格式条款一方不合理地免除或者减轻其责任、加重对方责任、限制对方主要权利；

（三）提供格式条款一方排除对方主要权利。

第四百九十八条　对格式条款的理解发生争议的，应当按照通常理解予以解释。对格式条款有两种以上解释的，应当做出不利于提供格式条款一方的解释。格式条款和非格式条款不一致的，应当采用非格式条款。

……

第五百条　当事人在订立合同过程中有下列情形之一，造成对方损失的，应当承担赔偿责任：

（一）假借订立合同，恶意进行磋商；

（二）故意隐瞒与订立合同有关的重要事实或者提供虚假情况；

（三）有其他违背诚信原则的行为。

……

第五百零六条　合同中的下列免责条款无效：

（一）造成对方人身损害的；

（二）因故意或者重大过失造成对方财产损失的。

2. 企业在格式合同中的责任

格式合同是社会经济不断发展的产物，是市场交易发展的需要，具有节约交易成本、维护公平等基本价值。因此，不能因为格式合同存在，就因噎废食，限制或取消格式合同。要充分发挥格式合同的价值和功能，除了政府、社会媒体和行业组织等各方加强监督，企业自身也具有不可替代的首要责任。

(1)要充分保证多方参与。格式合同涉及众多利益相关者，其中最重要的是消费者。因此，企业在制定格式合同时，可以邀请潜在的消费者代表参与协商，听取消费者的意见。其中，涉及水电气等关系群众切身利益的公用事业价格、公益性服务价格和自然垄断经营的商品价格还需按规定举行听证会。除此之外，行业组织、政府相关部门等利益相关者也应该参与到格式合同的制定中来。

(2)不能弱化自身责任。企业在制定格式合同时，应当遵循公平原则确定双方的权利和义务，不能凭借其优势地位，在合同中减轻或免除自己的责任，也不能变相增加消费者的义务，限制消费者的权利。《消费者权益保护法》第二十六条规定，"经营者不得以格式条款、通知、声明、店堂告示等方式，做出排除或者限制消费者权利、减轻或者免除经营者责任、加重消费者责任等对消费者不公平、不合理的规定，不得利用格式条款并借助技术手段强制交易"。例如，"打折商品，恕不退换""货物出门，概不负责"等声明就是免除自身责任的格式条款，在道德上是不可接受的。

(3)提前告知和充分说明的义务。企业在向消费者提供格式合同时，应该将那些可能减轻或免除自身责任、加重消费者义务或限制消费者权利等与消费者有重大利害关系的条款，明确告知消费者，提醒消费者注意，同时消费者要求解释说明的，企业应尽充分说明的义务。例如，在快递合同中，对于快递丢失或损坏的赔偿限额规定，应事先向顾客说明，尤其是快递较贵重的物品时，否则快递企业不能以限额规定要求减轻自己的赔付责任。

总而言之，一个良好的市场环境，离不开市场主体的诚信、依法经营。这样的市场，交易双方互信度高，交易成本低，市场关系才会和谐、可持续性强。相反，如果双方严重信息不对称，企业产品、服务质量没有保障，甚至"店大欺客"，那市场生态就是恶劣的，也是不可持续的。

本章小结

1. 狭义的利益相关者，是指企业没有其支持，就不能存在的群体或个人，主要包括股东、投资者、员工、顾客、供应商、重要政府机关、相关金融机构等。广义的利益相关者，是指任何能够影响企业目标的实现或受这种实现影响的群体或个人，除了股东、员工、顾客等狭义的相关者，还包括社会公益团体、抗议团体、政府机关、业界团体、竞争者、工会等。

2. 关于保护消费者权益的理论观点有契约观、应尽关怀观、社会成本观。其中，应尽关怀观从产品的设计、原材料选择、生产、质量控制、包装、告示等方面赋予了制造商以应尽的关怀义务。

3. 企业在销售前承担的责任涵盖了设计与配方、质量控制、包装方面的责任；销售中的责任主要有清晰明确的告知义务，提供安全、平等、丰富的购物体验，以及在收集信息时尊重消费者隐私权；销售后的责任主要有为产品造成的不良后果负责、信息留存上的消费者隐私保护以及慎重采取对产品的有计划或强制淘汰。

4. 企业对员工的伦理与责任，涵盖了人力资源管理"选、用、育、留"各个环节，包括招聘、薪酬管理、员工工作生活质量，以及员工职业发展中的伦理与责任。

5. 企业对投资者的责任主要有：通过完善治理结构来保障投资者利益；提供真实准确的企业信息；及时回复投资者关切；让投资者与企业一同分享发展带来的成果。

6. 市场竞争中的伦理问题主要有竞争手段不合理、以非伦理手段获得物资资源、不道德的人才竞争和信息获取。企业对竞争者的伦理与责任是追求竞争者的道德价值、弘扬竞争道德、践行市场竞争伦理、讲求信息竞争道德。

7. 企业应当与供应商建立良好的合作关系，承担对供应商的法律责任、经济责任、道德责任和自愿责任。与此同时，企业应当与经销商处理好各自的利益关系，遵循平等互惠、合作共赢的原则，以合约形式明确规定双方的权利和义务，诚实守信、严格履约。

8. 作为市场竞争的主体，企业对市场的伦理责任与消费者、员工、股东等利益相关者息息相关，更重要的是还应承担合法参与市场竞争、积极维护市场秩序、自觉净化市场环境的责任，在定价、促销和格式合同中遵循法律要求，合乎伦理规范。

关键术语

利益相关者　消费者权益保护　契约观　社会成本观　应尽关怀观　产品质量
产品安全　HRM 伦理　招聘　薪酬管理　同工同酬　员工工作生活质量
员工职业发展　关怀组织　产权伦理　供需伦理　定价伦理　广告伦理　格式合同

问题讨论

1. 利益相关者的含义及范围是什么？
2. 消费者权益保护的理论基础是什么？
3. 企业在销售前、中、后的责任分别有哪些？
4. 企业在招聘中有哪些责任？
5. 企业在薪酬方面有哪些责任？
6. 企业对投资者应承担哪些责任？
7. 企业对竞争者应承担哪些责任？
8. 企业对供应商应承担哪些责任？
9. 企业对经销商应承担哪些责任？
10. 定价中存在哪些伦理问题？

11．广告中的伦理问题主要有哪些？

12．企业在格式合同中应承担哪些责任？

案例分析

请扫描阅读案例，思考以下问题：

1．你对消费者的责任是什么？

2．利益相关者有哪些？

3．你对其他利益相关者的责任是什么？

4．对于你的员工和公司里其他员工，你的责任又是什么？

5．你将采取什么行动？请说出你的理由。

（扫码阅读）

第6章　社会层面的伦理与责任

学习目标

1. 理解企业公民理论；
2. 掌握企业对环境的责任；
3. 了解企业对社区的责任；
4. 了解企业对政府的责任；
5. 了解企业对网络社会的责任。

开篇案例

请扫码阅读案例，思考以下问题：

1. 京东的行为是否超出了企业的本分？这些行为给京东带来了什么好处？

2. 如何评价京东的行为？

3. 如何理解企业公民行为？

4. 成为企业公民需要经过哪些阶段？

（扫码阅读）

思维导图

6.1　成为企业公民

6.1.1　为什么要成为企业公民

1．理论产生及发展

市场是工商业发展的产物，因此市场往往被看作是商业与经济运行的领域，"没有市场，社会便没有自我分化的能力，市民与市民社会的概念便不可能由此产生"。[①]市民、企业是市场领域的主体，或者说，企业是市场中的主体，但不能就此认为企业与公民没有关系。企业不仅是市场领域中的主体，同时也是公共领域中的重要一员。这是因为，一方面，历史地看，市场是市民社会和公民国家不可分割的一个构成部分，在古希腊时期，不仅市场和市民社会是不可分割的，而且也是市民社会和整个城邦的核心。[②]另一方面，在近代以来，随着企业社会责任意识的觉醒，企业的公民定位逐渐成为共识，企业公民(Corporate Citizenship，CC)理论成为解释企业社会责任的统一性框架。[③]

企业公民理论缘起于 20 世纪 50 年代末，与企业社会责任运动相伴随。学术界在探讨企业为什么要承担社会责任时，常寻求多角度的理论解释。企业像普通公民一样，拥有对企业财产的占有、使用、收益和处分的权利，有自主决定经营策略的民主权利，同时也承担纳税的义务，以及向工人支付工资、向其他相关者支付款项、向消费者承担责任的义务等。20 世纪 80 年代，"企业公民"成为表达企业社会责任的流行术语，或者说，从企业社会责任概念中延伸出了企业公民概念。企业公民理论走向了企业社会责任实践，被广泛传播和接纳。1979 年，强生公司在其公司信条中首次提出"我们应做个好公民——支持有益的事业和慈善事业，并承担应尽的纳税义务。我们应促进公民素质的提高和医疗与教育的改良。我们应爱护我们有权使用的财产，保护环境和自然资源"。1989 年，加州大学伯克利分校的爱普斯坦在《企业伦理学刊》发文《企业伦理、企业好公民和企业社会政策过程：美国的观点》，明确阐述了企业公民理论。

进入 20 世纪 90 年代，企业公民理论在学术界和实务界持续发酵，得到了越来越多的研究者和管理者的关注。狭义的企业社会责任、企业社会回应、企业社会表现、利益相关者管理等理论逐渐融合为一个统一框架——企业公民理论。在实务界，1996 年，美国时任总统克林顿召集商界领袖在华盛顿特区的乔治敦大学召开"企业公民会议"，专门讨论企业公民和社会责任问题。同年，克林顿倡议设立"罗恩·布朗(Ron Brown)企业公民总统奖"，从 1997 年开始每年评选一次，奖励那些依靠员工和所在社区获得发展

[①] 张康之，张乾友. 对"市民社会"和"公民国家"的历史考察[J]. 中国社会科学，2008(3)：15-27.

[②] 米德克罗夫特. 市场的伦理[M]. 王首贞，王巧贞，译. 上海：复旦大学出版社，2012.

[③] 关于企业公民与企业社会责任的关系，学术界存在三种观点：局部说、等同说和超越说。从企业公民理论的演进过程来看，企业公民理论是在企业社会责任运动中产生和发展的，并对解释企业社会责任的其他观点进行了不断扬弃、吸收和超越。

的美国企业。1999 年，顺应经济全球化发展趋势和企业公民理念的全球化扩散，美国国务院设立"企业杰出奖"，"推动美国企业在美国以外承担社会责任，争做企业好公民"。[①] 2001 年，《企业公民》杂志创刊，致力于企业公民的专门研究。

21 世纪初，企业公民理论引入我国并得到迅速发展。2003 年 8 月，《21 世纪经济报道》在上海召开了国内第一次关于企业公民的研讨会。同年 10 月，中国社会工作协会（2015 年更名，升级为中国社会工作联合会）企业公民工作委员会成立，由民政部批准并主管。2004 年，中国社会工作协会企业公民工作委员会和有关研究机构合作，设计了"中国 100 位优秀企业公民排行榜"的评价标准和评价程序。2005 年，由中国社会工作协会企业公民工作委员会主办的第一届中国企业公民年会暨论坛和优秀企业公民表彰大会，在北京人民大会堂成功举办。此后，中国企业公民年会暨论坛每年举行一届，并先后签署和发布了《中国企业公民宣言》（2005）、《中国企业公民财富新观念行动纲领》（2006）和《中国企业公民道德宣言》（2009）等。

2．成为企业公民的意义

企业是社会的重要组成部分，源源不断地为社会创造动力、流通"血液"，从而长久地从社会中赚取利润，壮大自身。正是受益于社会的快速发展，利用了时代的良好机遇，企业才得以立足于社会、发展自身。因此，企业公民也应该在享受权利的同时，承担起相应的经济、法律、道德和慈善的责任与义务，以符合伦理与道德要求的行动回报、奉献社会。企业公民不仅要承担经济和法律责任，为市场提供产品和服务、依法纳税、为社会提供就业机会等，还需要支持社会公益活动、福利事业、慈善事业和社区建设等。这体现了企业的价值追求和长远发展，能够帮助企业树立更正面积极的社会形象，加固消费者对企业的信赖与忠诚度，也能够更容易、便捷地获得政府的政策帮助和外部的投资。

企业成为企业公民的意义可概括为以下几方面：①有利于获得消费者、员工更深厚的信任与感情，研究表明，良好的企业公民形象有助于获得消费者的广泛认同，增强消费者的忠诚度，同时也会提升员工的组织认同感和忠诚度，进而吸引更多优秀人才，提升企业竞争力；②有利于获得更广泛的社会支持和认同，企业公民是企业可持续发展的动力源泉；③有利于建立良好的市场秩序，促进各企业和谐发展、合作共赢；④有利于自然环境和社区环境的共同维护，企业公民理论更加强调企业对环境、社区履行自愿责任，进而提升企业形象；⑤有利于社会整体进步，促进资源平均分配，形成互帮互助的良好社会风气，同时也能促进企业不断追求创新与科技进步，切实承担对社会的责任。

6.1.2　什么是企业公民

1．企业公民的含义

要了解企业公民的含义，关键在于理解公民的含义。工业革命以来，社会领域不断分化，逐渐形成私人领域（或称为市场领域）、公共领域和日常生活领域。自从德国哲学

---

① 沈洪涛. 21 世纪的公司社会责任思想主流——公司公民研究综述[J]. 外国经济与管理，2006，28（8）：1-9.

家黑格尔明确区分市民和公民两个概念后，市民一般被认为是私人领域中的行动主体，公民则是公共领域中的行动主体。随着社会领域的不断分化，人的社会角色出现多重化，最基本的是，在社会，以市民身份参与活动，有着个人的追求和责任；在国家，则是以公民角色参与活动，拥有在政治生活中的权利和义务。①进一步而言，市民常以个体形式出现，追求自我利益的最大化，构成了市民社会。公民则与国家相联系，常以整体形式出现在公共领域，构成了公民国家。当我们说市民时，暗含着与利益尤其是经济利益相关；当我们说公民时，更多强调的是在公共领域中或者参与公共生活的权利和义务，更多地与照顾社会利益的义务和责任相联系。因此，一个人不能只追求自我利益，否则可能会被带有贬义地称为"小"市民，个体除了市民的自我利益追求，还拥有公民权利，并且承担着公民义务，一种超越自我利益的义务。由此看来，企业公民意味着企业在追求自我利益外，还需要承担超越自身利益的社会责任。

关于企业公民的含义，目前还没有统一的定义，有代表性的观点主要是：美国波士顿大学企业公民中心、英国企业公民公司、世界经济论坛及中国社会工作联合会企业公民工作委员会的定义。从这些定义可以看出，首先，企业公民要遵守法律，这是企业公民概念的底线，是成为企业公民的必要条件。其次，企业公民必须遵守伦理道德，如同一个普通公民一样，仅仅遵守法律并不一定能成为好公民，要成为一个好的企业公民，还要践行企业伦理，这是成为好的企业公民的充分条件。最后，一个好的企业公民还必须自觉承担社会责任，社会责任是企业公民内在的必然要求。

（扫码阅读）

到底如何理解企业公民中的"公民"？学术界围绕企业公民中的"公民"有三种不同理解：第一种理解认为企业就是公民，企业区别于拥有它的所有者或者受雇于它的管理者和员工，企业是独立的客观存在，在享有权利的同时也承担责任，与个体公民一样，都是社会中的一员；②第二种理解认为企业像公民，从法律地位来看，企业并不是公民，只是具备独立法人资格的一种组织，但企业和公民一样自由地参与社会和治理，因此企业只是一种拟人化或者说"隐喻的（Metaphorical）"公民；③第三种理解认为企业是公民权的管理者，个体公民权的保护本来是国家和政府的应尽义务和责任，但是由于政府失灵或者说政府的缺位和失位，企业参与到公民权的管理中来，即个人公民权利的实现有赖于企业的行为。④无论"是"还是"像"，或者是公民权的管理者，毫无疑问，企业公民的概念将企业的角色指向了"公民"，企业拥有"公民"权利，同样也必须履行"公民"义务，承担更多社会责任。

---

① 张康之，张乾友. 对"市民社会"和"公民国家"的历史考察[J]. 中国社会科学，2008（3）：15-27.

② LOGSDON J M, WOOD D J. Business citizenship: from domestic to global level of analysis[J]. Business Ethics Quarterly，2002，12（2）：155-187.

③ MOON J, CRANE A, MATTEN D. Can corporation be citizens? corporate citizenship as a metaphor for business Participation in Society[J]. Business Ethics Quarterly，2005，15（3）：429-453.

④ MATTEN D, CRANE A. Corporate citizenship: toward a extended theoretical conceptualization[J]. Academy of Management Review，2005，30（1）：166-179.

2. 企业公民的类型

企业公民不仅是解释企业为何承担社会责任的理论，更是一种企业社会责任实践。那么，企业公民在实践中有何表现，如何来评判一个企业是否达到了企业公民预期或标准，这就涉及企业公民行为的衡量问题。从企业边界来看，可以从外部和内部来衡量企业公民行为。外部衡量主要是各种社会投资对企业在企业公民行为方面的表现进行评估，或者其他机构对企业公民行为表现进行排名。内部衡量则指企业自己对其承担社会责任的审计。①企业积极主动地对自己在企业公民方面的行为表现进行持续的审计或评估，是推动企业社会责任建设、促进企业可持续发展的关键因素。

企业如何对自己的企业公民行为进行内部衡量？主要看以下两方面。①企业公民行为的目标是什么？是追求管理者满意，还是追求股东价值最大化？这里，坚持"三重底线"标准是非常重要的。作为一种衡量方法，"三重底线"是企业在经济责任、社会责任和环境责任方面的具体表现，是包含盈利能力、社会关注和环境持续性的一种综合衡量方法。传统的企业内部衡量仅仅关注利润和财务，"三重底线"更加关注企业的可持续发展，强调对企业绩效进行全面和综合的衡量，目的是将企业公民与整个企业价值观和经营实践有机地整合在一起，建立起一套全面完整的经营策略。②企业公民行为的态度：否定的态度——企业仅遵守法律、纳税，拒绝承担其他社会责任；被动参与的态度——企业迫于外在压力对自己所产生的社会问题承担责任；主动参与的态度——企业主动采取行动对其经营活动所涉及的自身或社会问题承担责任。

将企业公民行为的态度和目标结合起来，可以形成9种不同类型的企业公民类型（见表 6-1）。②马斯登认为，很多大企业处于第(4)种行为类型，即企业公民行为仍致力于为了股东价值的最大化而疲于应付外部事务，同时还保留第(2)种和第(3)种行为，即聘用外部专家来解决问题，这表明企业公民行为总体水平在当时还不够高。经过 20 余年的发展，可以说，越来越多的大企业已经达到第(5)种和第(6)两种类型，并且有些大型企业已经跨入第(8)种甚至第(9)种的行为类型了。

表 6-1　企业公民类型

企业目标		企业公民态度		
		否　定	被 动 参 与	主 动 参 与
	三重底线	(7)	(8) 被动地全面参与	(9) 主动的可持续领导力
	股东价值	(4) 致力于外部事务	(5) 被动地部分参与	(6) 主动地部分参与
	管理者满意	(1) 随意的慈善行为	(2) 向 CEO 报告的专家制度	(3) 专家介入社会问题

---

① WADDOCK S. The multiple bottom lines of corporate citizenship: social investing，reputation，and responsibility audits[J]. Business and Society Review，2000，105(3)：323-345.

② MARSDEN C. The new corporate citizenship of big business: part of the solution to sustainability[J]. Business and Society Review，2000，105(1)：9-25.

6.1.3　如何成为企业公民

如果说企业公民已经成为社会普遍接受的共识，那么如何成为企业公民？必须清醒地认识到，良好的企业公民并非一蹴而就，亦非一日之功，这是一个长期的过程。

莫维斯（Mirvis）和古金斯（Googins）认为，企业公民发展要经历五个阶段，在不同阶段，企业公民在公民概念、战略意图、领导、结构、问题管理、利益相关者关系、透明度这七个维度（Dimension）的表现也不同。[①]第一阶段是初始阶段（Elementary），企业公民的内涵局限于工作、利润和税收，企业追求法律上的合规，奉行单向的利益相关者关系，企业公民行为较少。第二阶段是参与阶段（Engaged），企业公民的内涵开始纳入慈善和环境保护，企业通过参与社区和社会活动等措施来赢取公众信任。第三阶段是创新阶段（Innovative），企业公民内涵向利益相关者管理延伸，既考虑股东利益，也照顾利益相关者的利益。第四阶段是整合阶段（Integrated），企业公民内涵发展到可持续性或三重底线，开始全方位统筹考虑经济、社会和环境的责任。第五阶段是转型阶段（Transforming），企业公民的内涵是改变策略，企业公民行为是一种持续行为，致力于市场创造或社会改变，关注世界贫困、疾病等系列社会问题（见表 6-2）。

表 6-2　企业公民发展的五阶段

初始阶段	企业公民活动是短暂的，且公民项目未被关注和开发
参与阶段	高层管理者开始觉醒，意识到企业不仅要守法，更要赢得公众信任
创新阶段	通过对公民概念更加深刻的理解来扩大公司的议事日程，高层管理者采用更多服务者角色来深化企业公民思想的渗透
整合阶段	将企业公民理论在整个企业加以制度化，在董事会下设公民委员会，并采取有效措施在日常经营活动中推进公民项目
转型阶段	企业战略意图是通过公民理念与经营的整合而创造新的市场

企业公民在进入第五阶段前，每一个阶段都面临着不同的挑战，而这些挑战又推动或者激发着企业公民向下一阶段发展（见图 6-1）。具体来说，第一阶段面临着如何赢取公众信任（Credibility）的挑战；第二阶段面临着缺乏从事企业公民行为能力（Capacity）的挑战；第三阶段面临着如何创造企业凝聚力、保持一致性（Coherence）的挑战；第四阶段面临着如何控制和协调各方关系以实现承诺（Commitment）的挑战。在不同阶段所面临的 4C（Credibility、Capacity、Coherence、Commitment）发展性挑战成为企业公民行为的关键性推动力量。

上述五个阶段对企业公民发展历程做了较为客观的描述，企业公民从单向、片面、被动、短暂的行为逐渐向多维度、全面、主动、长期的行为转变。良好的企业公民，必须制定符合时代发展与道德观念的发展愿景及战略，妥善处理长期利益与短期利益的关系及冲突，积极维护战略合作伙伴的稳定关系，积极承担社会责任，实施以人为本的经营战略。

---

① MIRVIS P, GOOGINS B. Stages of corporate citizenship: A developmental frame[J]. California Management Review, 2006, 48(2): 104-126.

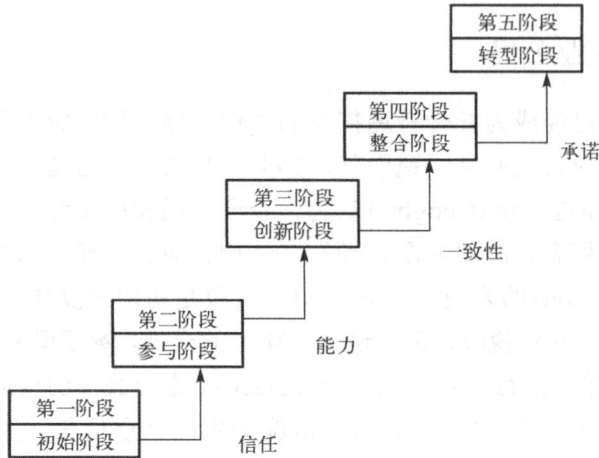

图 6-1　驱动企业公民行为的发展性挑战

6.2　企业对环境的伦理与责任

从社会层面来看，企业所面临的最重要的伦理问题可能非环境问题莫属。一个有趣的现象是，商业伦理领域很多学者对商业伦理、企业社会责任、企业公民等概念及内涵都存在不尽相同的看法，但是几乎所有学者都会将环境伦理及责任纳入这些理论之中。在第 3 章，我们已经识别出环境伦理问题是一类特殊的伦理问题，这里进一步讨论人类与环境的关系、具体的环境伦理问题以及企业应该承担的环境责任。

>> **拓展阅读**

《寂静的春天》与环境保护

这是一本激起全世界环境保护事业的具有里程碑意义的书,被公认是 20 世纪最具影响力的书籍之一。该书于 1962 年出版,作者是美国海洋生物学家蕾切尔·卡逊,两年后因罹患癌症去世。

该书描述了由于人类大量使用 DDT 之类的杀虫剂,可能将面临一个没有鸟、蜜蜂和蝴蝶的寂静世界。由此引起人们对野生动物的关注,唤起了人们的环保意识,引发了公众对环境问题的注意,将环境保护问题提到了各国政府面前。

该书出版后,时任美国总统约翰·肯尼迪责成"总统科学顾问委员会"对书中提到的化学物进行试验,来验证卡逊的结论。试验后的报告发表在《科学》杂志上,完全证实了书中的论题。同时,报告批评了联邦政府颁布的直接针对舞毒蛾、火蚁、日本丽金龟和白纹甲虫等昆虫的灭绝纲领。报告还要求联邦各机构之间协调,订出一个长远计划,立即减少 DDT 的施用。1972 年,DDT 被禁止使用……

1969 年,美国环境保护相关法律出台。

1970 年,美国政府设立环境保护局。

1972 年 6 月 12 日，联合国在斯德哥尔摩召开了"人类环境大会"，并由各国签署了"人类环境宣言"，开始了环境保护事业。

2020 年 4 月，该书被我国列入《教育部基础教育课程教材发展中心 中小学生阅读指导目录(2020 年版)》。

6.2.1　人类与环境的关系

1. 传统的人类中心主义环境观

人类很早就开始思考人类与自然的关系，这个命题常想常新，永不过时。人与自然的关系的哲学观点也是一个不断演化的过程，在不同的时段，以不同的视角去思考，往往会得到不同的看法。在传统观念中，人与自然的关系是主体和客体的关系，人类为了满足自身的需要，为了生存和发展，以主体的姿态开发和利用自然，"向大自然宣战""向大自然进军"，自然作为被征服的客体似乎天经地义。这样，人与自然就被置于主体和客体两端，二者相互割裂、相互分离。在这一过程中，逐渐形成了人类中心主义的观点。

简而言之，人类中心主义就是指人类是地球乃至整个宇宙中最重要的物种。这一思想是关于人与自然关系的一种非常流行的，也是非常传统的理论，具体包含三个核心观点。

从价值层面看，人类中心主义坚持"人是万物的尺度"，只有拥有意识的人类才是主体，而自然处于满足人类需要的客体地位。价值是指"对于人的意义"而言的，价值评判的尺度必须掌握并始终掌握在人类手中，而自然无所谓价值，或者说自然的价值就在于满足人类的需要。

从伦理层面看，人类中心主义坚信"人是目的"，这是人类中心主义在理论上完成的根本标志。人类有充足的、绝对的权力支配地球的资源、气候、生物等，对其进行改造以方便加以利用，并且对自己产生利益。自然万物的利益与损害考量都应该以人类为中心点、出发点，从结果上看，只要是有利于人类生存和发展的行为就是道德的，因此，自然就沦为实现人类目的的手段。

从哲学的终极层面看，人类中心主义坚持以人为本，人类的一切活动都是为了满足自己的生存和发展的需要，不能达到这一目的的活动就是没有任何意义的。因此，一切应当以人类的利益为出发点和归宿，这就从根本上否定了自然万物存在的本身意义，一切的存在都是为了服务人类。

正是在人类中心主义的辩护中，人类肆无忌惮地、无休止地伤害自然，使得自然环境产生的"反扑"层出不穷。例如，由于汞污染引起的日本水俣症、伦敦大气污染的烟雾事件、美国洛杉矶的空气污染、美国西部草原地区的黑色风暴、苏联切尔诺贝利核电站泄漏等，都是人类历史上一次又一次惨痛的教训。历史与现实告诉我们，人类必须正视人类中心主义的不足，人类对自然的"征服论"并不那么恰当，自然并非"人类的奴隶"，各种自然资源更非"取之不尽，用之不竭"，只有呵护自然、尊重自然，认识到人类行为的局限性，才能真正实现人与自然的协同发展。

2. 人与环境和谐共生的现代观点

人类发展史的任何一个时间节点上，都投下了人类认识自然、利用自然、改造自然、思考自然的影子，古往今来的人类所有活动归根结底都是在自然环境中进行的。从远古人类走出山林，到后来的四大发明、工业革命，再到今天的新能源。"绿水青山就是金山银山。"不得不说，人类的历史就是一部探索自然并不断进步的历史，正如恩格斯所言："人本身是自然界的产物，是在他们的环境中并且和这个环境一起发展起来的。"[①]马克思主义唯物史观认为，人与自然环境具有双向互动性：人可以改变和创造自然环境，自然环境也会制约和影响人，人与环境的发展是同步的，作用也是同时的。

新的环境伦理观认为，整个生态系统，包括动物、植物，都有其自身存在的价值，并不依附于人类。各种生物个体嵌套于相互影响的一系列环境系统之中，在这些系统中，系统与个体相互作用并影响着个体发展。在这其中，人类并不因其特有的智慧与能力而超然于其他生物，所有生物地位平等。人类仅仅是众多数以千万计生物中的一种，是整个生态系统中的一部分，并没有权利伤害或者灭绝某一物种，也没有权利耗尽某一种资源。

应该看到，环境所能提供的资源是有限的，环境对资源的容量也是有限的，人类在享受便利与优质生活同时，应该以包括整个代际、自然、世界、宇宙效用的大格局观念去看待环境，以整体的效用衡量对人类的效用，即在评价一切与自然相关的经济与社会活动时，不仅要考虑其经济价值，也要考虑其生态效用价值；不仅要考虑短期价值，也要考虑长远价值；不仅要考虑从自然中所得，也要考虑如何回报自然。换言之，人类作为万生万物的一分子，人类的活动应该也必须考虑到整体效用，也应当受到来自自然环境的制约，不能无节制、无顾虑地对自然进行索取。人与自然是和谐共生的，人类必须承担保护和改善环境的责任。

6.2.2 环境问题

1. 空气污染

空气污染，是指人类活动或自然过程引起某些物质进入空气中，导致空气中的污染物与其转化而成的二次污染物达到一定的浓度，持续一定的时间，超出了自然净化能力范围，破坏了生态系统，从而危害全体人类，甚至全球生物舒适、健康的生存和发展环境的现象。从污染源的形态看，空气污染物既包括粉尘、烟、雾等小颗粒状的污染物，也包括碳氢化合物、氮氧化合物、硫氧化合物、一氧化碳等气态污染物。从污染源的产生过程看，这些污染物可能来自自然过程，如火山喷发、森林火灾等，但最主要的来源还

---

① 马克思，恩格斯. 马克思恩格斯全集(第二十卷)[M]. 中共中央马克思恩格斯列宁斯大林著作编译局，译. 北京：人民出版社，1973.

是人类活动，包括工业生产、燃料燃烧、交通运输、农业活动排放等。从污染地域上看，有害气体的排放分布并不均匀，有显著的集中现象，主要集中在非洲和亚洲，包括孟加拉国、印度、尼泊尔和巴基斯坦在内的南亚部分国家是世界上空气污染最严重的地区，这些国家正在经历自 2010 年以来最严重的空气污染，相关死亡人数超过 150 万人。[①]

作为人类赖以生存的空气，具有流动性和共享性的特性，因而空气污染一旦形成，就是系统性和全局性的——空气既是被污染的对象，也是污染传播的载体，扩散在空气中的污染物将会在空气湍流和地形通道的作用下产生长距离的迁移和扩散，超越国界，造成非局部的、全球性的空气污染，给人类带来的也绝不仅仅是环境的损害，更有对人类工农业和自身健康的损失与伤害，对社会的进步与经济的发展产生阻碍，造成大量人力、物力和财力的损失。

2. 淡水污染

工业发展较早的美国、德国、英国等国家，在历史上都遭受过淡水污染，承受了巨大的损失。所谓淡水污染，指的是由于人类的生活、农业、工业活动，直接或间接地向河流湖泊等淡水水体中排放了大量未处理的污染物，包括有毒化学物质、病原体、放射性物质等污染物，极大程度损害了水体的质量，降低了水体的价值，使得水体发生物理、化学性质的改变，影响了水体原有的生态群落，甚至危害人类健康。

淡水污染主要包括自然污染和人为污染，后者对水体危害更大。淡水污染的主要影响因素包括人口密度、工业和农业发展的类型和数量以及所使用的"三废"处理系统的数量与效率。人类活动会使大量工业、农业和生活废弃物排入水中，使水受到污染。除了一般的工业生产、生活废弃物，现代水利工程、地质采矿、木材开发等，在给社会带来一种或多种经济效益的同时，还会带来一定范围内的水资源破坏。例如，防洪、发电、航运、灌溉、养殖供水等水利工程对其所在地、上下游、河口乃至整个流域的自然生态环境都会产生一定负面影响；又如煤炭开采，会对地下水体及地质构造造成极大的破坏，无限度地乱砍滥伐，造成植被严重破坏，严重影响水土保湿及水资源的地表埋藏。

随着环境意识的觉醒，人们认识到淡水污染带来的严重后果。首先是淡水污染对人类健康造成的危害，被污染的淡水会直接影响居民的饮水安全、粮食生产和农作物安全。其次，未经处理的废水是温室气体的重要来源。2020 年联合国《世界水发展报告》显示，有 80%的废水未经处理就排放到环境中，在排放前对有机物进行处理可以有效减少温室气体的排放。再次，淡水资源的不合理使用会导致环境退化。2021 年联合国《世界水发展报告》显示，全球淡水资源使用中大部分为农业用水（69%）。在世界许多地区，粮食生产的用水效率较低，是导致环境退化的主要原因，包括地下水过度开采、河川径流减少、野生动物栖息地退化和环境污染等。当前，全球近 40 亿人在一年中至少有一个月面临严重缺水，联合国人类环境和世界水会议对此发出警告：人类在石油危机之后，下一个危机就是淡水污染。

---

① 2019 全球空气状况报告：每年死于空气污染人数超交通意外[N]，科技日报，2019-04-17.

3. 海洋污染

海洋是地球上最广阔的水体，占到地球表面积的 71%。随着人类社会的进步，人类享受海洋、探索海洋、利用海洋的能力已经有了质的飞跃。人类不仅通过海上通道打通贸易运输，还通过探索海洋的水资源、生物资源、矿产资源、能源资源等加速推进人类科技与文明的发展。海洋面积辽阔，储水量巨大，长期以来是地球上最稳定的生态系统。然而，地球是一个整体的生态圈，人类向空气、江川湖海中排放有害物质，甚至是直接在海上开发、倾倒、泄露等，都不可避免将产生的污染物质排入海中，对依靠海洋的生物资源产生威胁，危害人类健康。除此之外，海洋对地球的气候也有重要的调节作用，海洋污染会进一步导致气候问题的产生，破坏整个生态系统的平衡。海洋污染已经引起了国际社会的广泛关注。

与淡水污染相比，海洋污染具有污染源广、持续性强、扩散范围大、防治困难、危害极大的特点。一旦海洋环境遭到破坏，就会带来很多影响深远的问题。例如，海洋生物的数量锐减、一些海洋生物甚至濒临灭绝、被污染的海洋生物作为食物而危害人体等。2010 年 4 月 20 日晚 10 点左右，美国南部路易斯安那州沿海一个石油钻井平台起火爆炸，导致人员伤亡、失踪和原油泄漏，超过 160 千米的海岸受到泄漏原油的污染，2500 平方千米的海域被石油覆盖，墨西哥湾沿岸生态环境遭遇"灭顶之灾"。事故发生 10 年后的 2020 年，科学家仍在当地的鱼体内发现石油污染痕迹，甚至连生存在墨西哥湾水深 200～1000 米地方的鱼类也受到影响。研究人员预计深海生态系统可能需要 50～100 年才能恢复。

4. 土壤污染

工业化和城镇化的快速发展，带来的还有大量土壤的污染和受损。大量的生活垃圾被掩埋，无节制地使用农药化肥，城市、工业排污水与废气、汽车尾气等有机物、无机物，不断地加剧土壤的受污染程度，直至超出了土壤的自我修复能力，引起了土壤结构、组成以及功能的物理、化学性质的改变，土壤质量恶化，就产生了土壤污染。

土壤污染物根据其性质的不同，可分为化学污染物、物理污染物、生物(病菌)污染物、放射性污染物等。这些污染物以不同的方式进入土壤，主要途径包括废水废气中的颗粒重力沉降、人为添加等。具体而言，气体中的污染物质，特别是颗粒物，在重力作用下沉降到地面，被土壤吸收；液体中溶解的大量有害物质进入土壤，被土壤层层过滤；掩埋固体中的细菌病毒等直接进入土壤。这其中，农药、化肥的大量使用，使得土壤有机质含量下降，土壤板结，对土壤安全构成巨大威胁。

土壤一旦被污染，其影响将会是广阔的，其危害将会是巨大的。一方面，土壤遭受污染后，会导致土壤质量下降，土壤中有益的微生物活动受到限制，以土壤为生存环境的植被受到损害，农作物的质量下降。另一方面，土壤处于陆地生态系统中无机界和生物界的中心，其与水体、空气及其他生态系统紧密相连，土壤中的污染物会进一步污染空气、水体等。有害物质会继续通过食物链逐渐产生生物累积，发生土壤的富集作用，最终危害人类。毒性大的污染物，如汞、镉等富集到作物果实中，会使食用者中毒。例如，一些地方长年累月地用工业废水浇灌土地，所种植的稻米中重金属镉含量严重超标。

根据《2020 中国生态环境状况公报》，全国农用地土壤环境状况总体稳定，水土流失面积逐年减少，沙漠化和荒化控制取得显著成效，但是土地资源有效利用和土壤污染治理仍然任重道远。2017 年 11 月 1 日起施行的《农用地土壤环境管理办法(试行)》明确提出，环境保护、农业等相关部门建立农用地土壤污染状况定期调查制度，每十年开展一次，进一步加强农用地土壤环境保护监督管理，保护农用地土壤环境，管控农用地土壤环境风险，保障农产品质量安全。

5. 生物多样性遭到严重破坏

生物多样性包括基因多样性、物种多样性、生态系统的多样性和景观多样性等四个层次，层层递减，相互依存，缺一不可，共同构成了地球生态圈和谐发展的基础与前提，对人类的生存与发展起着重要的作用。

生物多样性具有不可替代的价值。生物多样性除了能供消费者和生产者直接利用产生直接价值，还能够产生巨大的间接价值，包括非消费性使用价值(如降解污染、稳定水土、调节气候等)、选择价值(基因多样性为人类培育、自然进化出更优质的生物种类提供可能)、存在价值和科学价值四种价值。生物资源与生态系统功能息息相关，直接影响到生物对于人类的直接价值。所以事实上，生物多样性的间接价值可能远远大于直接价值。

但是，由于人口迅速增加、环境加速污染、生物家园被破坏和外来物种入侵等原因，使生物多样性遭到严重破坏。联合国《生物多样性和生态系统服务全球评估报告》显示，受农业、渔业、狩猎和气候变化的影响，在人类已知的大约 800 万个物种中，100 万个物种将面临灭绝的威胁，其中很多物种灭绝将发生在数十年后。全球物种灭绝的速度"已经比过去 1000 万年高出几十到几百倍"。导致物种灭绝的主要驱动因素是：栖息地的减少、自然资源的开采、气候变化、环境污染，这些因素将 40%以上的两栖动物、33%的珊瑚礁和超过 30%的海洋哺乳动物置于灭绝的危险之中。[①]有科学家甚至认为，地球已经进入非禽类恐龙灭亡以来的第一次"大灭绝"时期。

我国是地球上生物多样性最丰富的国家之一，在全世界占有十分独特的地位。为保护生物多样性，我国先后制定了五十余部与其相关的法律法规。在过去数十年间，我国在遏制生物多样性下降方面取得了积极的进步。2021 年 10 月 11—15 日，因新冠肺炎疫情被推迟一年的联合国生物多样性大会在云南昆明举行，国家主席习近平在《生物多样性公约》第十五次缔约方大会领导人峰会的讲话中指出："生物多样性使地球充满生机，也是人类生存和发展的基础。保护生物多样性有助于维护地球家园，促进人类可持续发展。"

6. 能源消耗

由乱捕滥猎、乱砍滥伐、无节制排污、毁林造田等人类社会活动引起的生态退化及

---

① 联合国公布全球生物多样性报告：100 万种生物面临灭绝[N]. 文化艺术报，2019-05-08（A02）.

由此衍生出的系列环境问题,除了导致生物多样性遭到严重破坏,还表现为"绿色屏障"森林减少,农业、渔业、矿产资源和化石燃料的枯竭,环境承载压力过大等。总体看来,我国资源总量和人均资源量都严重不足,对外依赖度高,已成为我国经济社会发展重要的制约因素。其中,能源消耗居于关键地位,同时也是环境问题产生的重要原因。

改革开放 40 多年来,我国能源生产和消费总量跃居世界首位,有力地支撑了国民经济高速增长。从能源消耗角度看,2012 年以来能源消耗总量均处于低速增长状态,实现了以较低的能源消耗增速支撑经济的中高速发展,在能源消耗方面取得了可喜成绩,但同时也存在一些问题,主要表现在两方面:①能源消耗结构持续优化,但煤炭消费占比虽持续下降,但总体仍偏高。此外,石油和天然气对外依存度仍然较高。②能源清洁度方面,我国一次性能源消耗结构中清洁能源占比持续上升,但与其他国家相比,清洁能源占比仍然较低。

在深化能源供给侧结构性改革、优先发展非化石能源等一系列政策措施的大力推动下,我国清洁能源继续快速发展,可再生能源发电稳居世界首位,清洁电力生产比重大幅提高。与此同时,能效水平持续提升,能耗强度、单位 GDP 能耗比、单位 GDP 二氧化碳排放持续下降,能源消耗弹性系数大幅提升。在绿色低碳循环发展的国家战略中,如何确保在 2030 年前实现碳达峰、在 2060 年前实现碳中和,是我国政府与各行各业面临的重要任务,优化产业结构和能源结构是必然之路。

6.2.3　企业环境责任的内容

从商业伦理的角度看,环境保护作为一种特殊的商业伦理问题,企业在环境保护中具有义不容辞的责任。如第 3 章所述,企业的生产行为是影响环境的重要因素——"谁污染、谁负责";企业股东和消费者从影响环境的生产行为中获益——"谁受益、谁负责",这是分配正义的必然要求;企业在资金、专业能力方面更有优势——"谁有能力、谁负责";环境问题是全人类面临的紧迫问题——"人人有责,概莫能外",每个人、每个组织都有责任为环境保护做贡献,企业也不例外。

企业承担环境保护的责任,不仅对人类社会的长远发展具有现实意义和战略意义,而且对企业自身的发展也具有长远意义。首先,环境保护是法律的基本要求。目前世界各国越来越重视环境保护,并出台系列法律法规,来规范和约束企业的行为。因此,企业承担环境保护的责任很大程度上是法律的要求,企业也只能遵守这些法律要求,才能得以长期发展。其次,环境保护是企业实现可持续发展的必然要求。可持续发展既是联合国的重要议程和行动方向,也是未来企业发展的必然趋势,企业要获得可持续发展,必须自觉适应全球可持续发展的要求。最后,环境保护是企业获得利益相关者支持的重要途径。企业只有严格履行环境保护责任,才能得到政府认同、公众信任、同行支持、社会赞许,从而树立良好的企业公民形象,提升企业声誉,实现可持续发展。

企业对环境的社会责任主要是遵守相关法律法规、减少环境污染、节约资源与能源、加快节能减排步伐。下面从生产前、生产中和生产后三个环节,介绍企业对环境在法律、经济、道德和自愿方面的社会责任(见表 6-3)。

表 6-3 企业对环境的社会责任

环　节	法 律 责 任	经 济 责 任	道德责任与自愿责任
生产前	《中华人民共和国环境保护法》《中华人民共和国清洁生产促进法》《中华人民共和国大气污染防治法》《中华人民共和国节约能源法》……	设立环评预算和设施预算	资助环保活动和相关研究尽量利用可再生原材料与能源追求碳中和
生产中	《中华人民共和国环境保护法》《中华人民共和国清洁生产促进法》《中华人民共和国水污染防治法》……	设立环保设施运行预算	建立环境管理体系自觉实行循环经济
生产后	《中华人民共和国环境保护法》《中华人民共和国再生资源回收管理办法》《中华人民共和国电子信息产品污染控制管理办法》……	设立废旧产品处理预算为建立企业内部的循环经济体系提供预算	重视废旧产品回收与综合利用资助相关研究积极宣传

（1）企业对环境的法律责任。企业必须遵守《中华人民共和国环境保护法》《中华人民共和国清洁生产促进法》《中华人民共和国大气污染防治法》《中华人民共和国节约能源法》等法律，在生产前，大力发展清洁生产技术，在产品设计、原料选择等方面采用资源利用率高、污染排放量少的设备和工艺技术；在生产中，将环境保护纳入生产计划，建立环境保护责任制度，通过工艺改革、技术管理，进行清洁生产，提高资源利用效率，采取有效措施防治对环境产生的危害，避免或减少污染物排放。生产后，在回收、加工、再生利用等方面，实现企业的"废物不废"。

（2）企业对环境的经济责任。首先，企业应当在生产前对环境保护提供充足预算和资金。企业需要事先对相关生产环节可能对环境的影响进行评估，制定环保控制标准，设立环评预算和设施预算。其次，企业应当为生产中设立环保设施运行预算，确保环保设施有效运行，推进绿色技术和工艺的使用，提高能源使用效率。最后，企业应该为生产后设立废旧产品处理预算，为建立企业内部的循环经济体系提供预算。

（3）企业对环境的道德责任和自愿责任。在道德责任层面，企业既要在生产前环节资助政府、科研机构、社会团体和个人的环境保护活动，以及可再生资源和技术的研究等，也要在生产中主动建立环境管理体系，高标准要求企业生产行为，还要在生产后环节重视废旧产品的回收和综合利用。在自愿责任层面，企业要尽可能地选择和使用可再生原材料与能源，自觉实行循环经济，努力实现碳中和，自觉回收废旧产品，资助循环利用技术研究等。

需要指出的是，为应对气候变化，世界各国正在开展一场史无前例的碳中和国际合作行动，"30·60"碳达峰、碳中和目标也成为我国新时期高质量发展的战略目标，企业在实现这一伟大战略目标的过程中具有重要地位，承担着不可替代的责任。企业既是碳排放主体，又是实现碳中和愿景、发展碳中和技术的行动主体，这一双重角色赋予了企业在我国低碳转型中的中坚地位。在愈发激烈的低碳转型浪潮下，企业应采取更加积极的态度，主动承担起低碳减排任务，同时搭乘能源转型快车，顺势获取更大的发展空间。[①]

6.3　企业对社区的伦理与责任

社区是一个社会学和政治学的概念。一般来说，社区是指一定领域内由相互关联的人群所组成的共同体及其活动区域。传统的社区包括一定数量的人口、一定范围的地域、一定规模的设施、一定类型的组织、一定特征的文化。随着互联网信息技术的发展，现代社区突破了物理空间的限制，一些具有共同爱好、共同利益、共同经历、共同文化的居民组成了虚拟社区。这里的社区主要是指具有一定地域范围的传统实体社区。

企业应当成为企业公民。一个良好的企业公民，首先是属于社区的。只有当企业真正将自己融入所在社区的发展中，获得所在社区的支持和认可，才会得到长远发展，走出所在城市、所在国家，真正走向社会，走向世界。企业与社区是相互依存的，互惠互利的。凭借社区内的自然资源和物质条件，企业能够生产产品、经营服务。社区内的居民因地理因素与情感考虑，会对本社区内的企业更为信赖和依靠。企业受益于社区内政府提供的法律管辖和稳定的社会环境，还可能受到来自政府的创业帮扶。企业在获益成长后，可以支持社区建设，进行慈善事业，赢得社区的信任与支持。企业发展离不开所在社区的支持，和谐社区的构建离不开企业的参与。

6.3.1　企业与社区的关系及问题

1. 企业与社区的关系

1）社区是企业重要的劳动力来源

从社区内的劳动力来看，由于地理位置、心理认同等因素，一般会优先选择所在社区内的企业，这些劳动力参与企业的建设，为企业贡献体力、智慧，创造价值财富，助力企业发展。作为有劳动力需求的企业，必须雇用一定的劳动力，企业行为究其根源就是企业员工的行为，而来自社区内的劳动者可以帮助企业节省一定的用人成本，更重要的是能够助力企业融入当地社区，获得社区居民的认可。很多国家和地区出台优惠政策鼓励企业优先雇用本地劳动力，而企业雇佣本地劳动力，不仅解决了当地劳动力就业问题，还能获得社区的广泛认同和支持。总之，社区的劳动者和社区的企业关系密切，二者相互依存、一同发展，这是企业与社区之间的重要关系。

2）社区是企业最优的产品销售地

企业生产的产品输出的第一站就是社区，因为更低的运输成本和更短的运输时间，本地产品更及时、更便宜、更优质、更新鲜，社区内的居民对本地企业更加了解，因而

---

① 安永碳中和课题组. 一本书读懂碳中和[M]. 北京：机械工业出版社，2021.

会更加相信本地的企业，对企业产品的忠诚度更高，更愿意将它分享推荐给他人，更愿意为产品的更新迭代提出意见和提供帮助。社区居民是企业非常重要的客户，这种客户关系需要企业的长期维护。

3）企业与社区共同成长，相互守护

社区与企业的命运休戚与共，企业为社区的劳动力提供就业岗位，配套的服务系统与设施，如企业医院、幼儿园等，会增加本社区的财政税收收入，繁荣社区的经济、文化生活。社区则为企业及其员工提供归属感和共同体认同，让社区的劳动力参与到企业的建设中，购买企业的产品与服务，与企业成为命运共同体。

2．企业给社区带来的问题

企业在给社区发展带来便利的同时，也会给社区带来很多问题。

（1）企业正常的生产经营活动会给社区居民生活带来不便。例如，企业的员工通勤、客户拜访、运载产品进出等都会给社区带来不少的困扰，尤其是运载货物的重型卡车穿梭于社区，可能会产生严重的道路拥堵状况，存在交通安全隐患，而长时间、高频率的道路拥堵，会极度影响周边地区居民的心情和生活体验。企业在生产、施工中所产生的噪声可能会造成扰民，而且如果建造的厂房、锅炉等具有一定高度的话，还会阻挡社区居民本来应该获取的阳光。

（2）企业生产经营中的负面效果会转嫁给社区，从而严重影响社区居民的生活质量。社区资源是有限的，企业势必会和居民抢夺有限的社区资源，挤占社区居民的生活空间。更为典型的是，企业在生产经营中所产生的废气、废水和固体废弃物等，要比普通居民生活中的排污多得多，而这些污染最直接的受害者就是社区居民及其生活环境。因此，那些对环境有严重影响的企业，带给社区的可能更多的是消极影响，进而会受到当地居民的强烈抗议和反对。这方面的事例比比皆是。

6.3.2 企业对社区的社会责任

1．企业对社区的伦理关系

企业与社区是一个和谐共生的命运共同体，企业与社区之间的关系更多地体现为一种伦理关系，具体包括以下几方面。[①]

1）回报社会

企业生存于社会，发展于社会，因此必须回报社会，既包括宏观的国家和全体社会，也包括具体的社区。企业的生产经营受社区的支持和制约，反过来也影响社区。企业回报社区的方式主要体现为参建社会公益活动以及构建社会公益伦理，包括公益事业宣传、公益事业关联营销、企业的社会营销、企业的慈善活动、社区志愿者活动、对社会负责的商业实践等。

2）企业捐赠

这是企业公益活动中传统的、最常见的行为。一般包括三种类型的捐赠：①利他型

---

① 曾萍. 企业伦理与社会责任[M]. 北京：机械工业出版社，2011.

（Altruism）捐赠，即完全以促进公共利益、增进社会福利为唯一目的的捐赠，如公共灾难、扶贫等方面的资助；②互利型（Mutualism）捐赠，既以公共利益和社会福利为目的，又追求企业自身利益的实现，如支持所在社区发展计划、与相关研究机构合作研发、支持员工对社区的志愿服务等；③自利型（Egoistic）捐赠，主要目的是提升商业利益，如产品捐赠、活动赞助、实物广告等。

3）发展战略性公益活动

这是一种自觉地、有意识地将社会责任融入企业战略的活动，对企业改善经营环境会产生积极影响。①有助于改善要素条件，如通过改善教育培训状况，为企业提供高素质劳动力储备；改善社区居民生活环境，增强企业的人才吸引力等。②影响本区域市场规模，改善市场质量。③创建更有效率和公共透明的竞争环境。④推动支持性事业的进一步发展。

2．企业对社区的责任

美国著名企业伦理学家爱普斯坦（Epstein）认为，一个好的企业公民是从"企业多年来通过货币或非货币形式援助社区的社会责任行为反映出来"[①]的。企业要树立起社区责任意识，了解企业自身与社区的关系，理清双方利益的一致性和冲突性，充分认识到只有获取社区居民的支持，才能长长久久地办下去，为以后的可持续发展打下基础。这就要求，企业需要深入到社区内部，了解社区的地理特点、资源容量、居民结构、人才库资料等，倾听社区居民的呼吁，了解居民的需求，降低企业生产对社区的影响或者进行相应的赔偿，解决力所能及范围内的社区难题，兴建社区的福利设施，保护社区、服务社区，提升社区居民的幸福感。企业也要积极参与社区建设，与社区共同成长，为社区的发展添砖加瓦。

从责任对象来看，企业所在社区的主要利益相关者包括政府、社区居民、行业组织、同行、民间组织等。对于不同的利益相关者，企业承担的社会责任也略有区别（见表6-4）。[②] 从责任性质看，企业对于社区承担的社会责任主要体现在社区的社会发展、经济发展及社区参与方面（见表 6-5）。[③]总而言之，企业要做一个良好的企业公民，必须重视公益活动与捐赠，建设慈善文化，实施战略性公益工程，与社区内的非营利组织合作，支持志愿者，积极履行对社区的社会责任。

表6-4　企业对社区不同利益相关者的责任

类　别	法　律	经　济	道　德	自愿（慈善）
政府	遵守法律法规及政策	主动纳税，提供就业机会	响应政府倡导的产业投资活动，如产业扶贫、基础建设	积极向政府提出合理化建议，积极响应政府号召的慈善公益活动
社区居民	依法利用社区资源	推动地方经济发展	推动社区发展	社区捐赠
行业组织	遵守行业标准和规范	有实施行业标准和规范的预算	主动参与制定行业标准和规范	积极资助促进行业发展的活动

① EPSTEIN E M. Business ethics. corporate good citizenship and the corporate social policy process: A view from the United States [J]. Journal of Business Ethics, 1989, 8(8): 583-595.

② 赵斌. 企业伦理与社会责任[M]. 北京：机械工业出版社，2021.

③ 曾萍. 企业伦理与社会责任[M]. 北京：机械工业出版社，2011.

续表

类　别	法　律	经　济	道　德	自愿(慈善)
同行	依法公平竞争，杜绝价格联盟		尊重竞争对手，主动维护公平竞争环境	
民间组织			积极回应民间组织的关注和诉求	与民间组织建立伙伴关系，积极资助并参与其组织的活动

表 6-5　企业对社区的责任

社　会　发　展	经　济　发　展	社　区　参　与
1. 提高居民对权利和义务的认识 2. 促进居民身心健康，尤其是雇员 3. 推进文化活动，保护传统和文化遗产 4. 与公众权威部门合作，推动各类教育发展 5. 努力增加就业和收入，照顾各种群体的价值	1. 有效利用资源 2. 积极促进当地经济发展 3. 履行纳税义务 4. 开展科研合作，提升当地科技水平 5. 充分考虑环境、社会、公司自治等各方因素	1. 充分考虑对社区发展的影响并积极补偿 2. 与利益相关者积极沟通并保障知情权 3. 积极评估社区需要，提升社区能力 4. 为对社区和环境有影响的领域进行社会投资

6.4　企业对政府的伦理与责任

6.4.1　政企关系及其存在的问题

政府是企业重要的利益相关者，二者是两种不同的组织，在性质、目的、价值取向、行为方式等方面均有本质区别。[①]政府与企业之间的关系，实质上是政府与市场关系的具体反映。从人类社会的发展历史看，随着政府治理方式的不断转变和市场体系的不断完善，政府与企业的关系经历了三个阶段的演进过程(见图 6-2)。

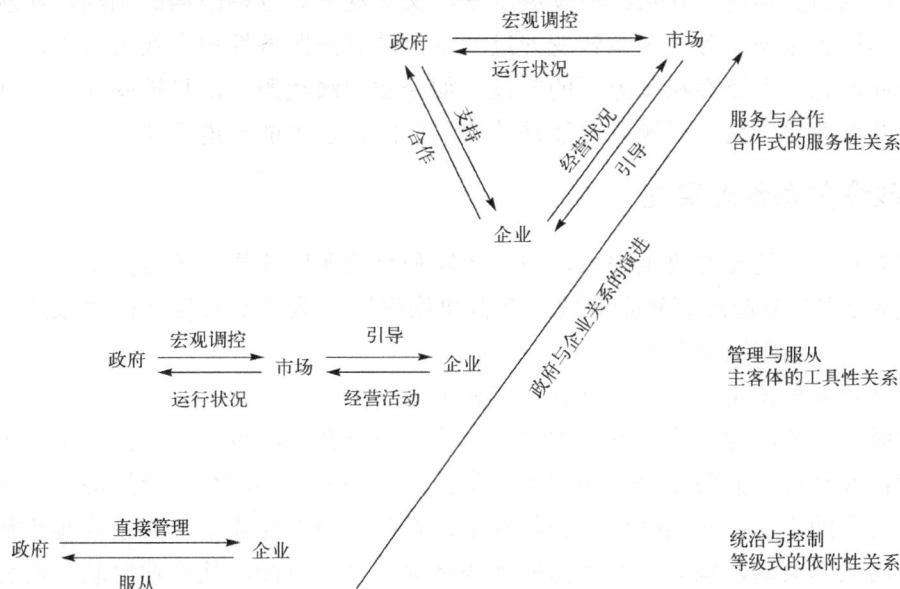

图 6-2　政府与企业关系的演进过程

---

① 杨艳. 精兵简政之道：公共行政的改革与发展[M]. 北京：中国人事出版社，2014.

在传统社会中，政府掌握了社会资源的绝对控制和分配权，市场体系缺乏或者非常弱小，政府直接管理企业，企业的生产经营计划完全遵循政府的行政指令，没有经营自主权，这时政府与企业的关系呈现出强烈的控制特征，本质上是一种等级式的依附性关系。

在现代工业社会中，市场体系逐步建立和发育，政府不再直接控制和管理企业，而是通过政策和监管进行宏观调控，通过市场机制实现对社会资源的配置，而企业遵循市场机制的引导，有序参与市场竞争。这时政府与企业的关系呈现出管理与服从的特征，政府与企业之间是一种主客体的工具性关系。

随着社会治理模式和政府管理方式的转变，企业在政企关系中越来越主动，企业不再被动地服从政府的监管，而是积极参与甚至承担一些原本由政府承担的职能，企业以各种方式参与公共事务和公共产品的提供，如对在水电气、交通运输、道路桥梁、机场港口等公用基础设施领域中可收费的公共物品，采用建设-经营-转让（BOT）、建设-拥有-经营（BOO）、租赁-建设-经营（LBO）、购买-建设-经营（BBO）和公私合营模式（PPP）等方式。政府与企业之间的关系不再是一种单向或双向的线性关系，而是一种去中心化的网络关系，以服务与合作为主要内容，本质上是一种合作式的服务性关系。

上述关于政府与企业关系的概括，反映了政府与企业关系的发展趋势，是基于历史与现实发展所抽象的"理想类型"（Ideal Types），为分析和把握政府与企业之间的伦理关系提供了一个解释框架。

尽管说理想的政企关系是一种合作式的服务性关系，但是由于政府和企业在各自发展过程中，受历史传统、政治经济发展水平、文化观念等各种因素的制约，在从依附性关系或工具性关系向服务性关系转变的过程中，政府的服务性和企业的自主性还未完全建立，因此政企关系还存在多方面的问题，如企业业绩造假、信息披露违规、地方保护主义、行业腐败等。这些问题既可能是法律层面的，也可能是道德层面的。

6.4.2 政企关系伦理实施

要建立起合乎伦理的政企关系，需要政府和企业各归其位，各尽其责。从伦理实施角度看，要分别建立起政府和企业的"双自律伦理"、反贿赂反腐败的"双反伦理"以及"亲""清"新型政企关系。

1）建立"双自律伦理"，即政府自律和企业自律

一方面，从政府对企业而言：①需要加速政企分开，减少行政干预，确立企业的经营自主权；②履行好监督和服务的职责；③公平对待非公经济和民营经济，为各类企业提供平等竞争的平台；④增强政企合作互动，及时了解企业需求，为企业排忧解难；⑤坚持公平与效率兼顾，构建有竞争力的市场格局。另一方面，从企业对政府而言：①必须练好内功，坚持自主创新，增强自身的核心竞争力；②摆脱对政府的依赖，坚持自力更生，自主经营，独立负责。

2）建立反贿赂反腐败的"双反伦理"，即以企业为主的反贿赂伦理和以政府为主的反腐败伦理

贿赂、腐败是社会有机体的腐蚀剂，不仅危害社会公众利益，破坏市场秩序，也影响经济社会的健康发展，败坏社会风气和伦理道德。因此，贿赂和腐败是政企关系中极具破坏力的伦理问题，也是全球性的政企伦理困境，反贿赂反腐败成为各国建立良好政企关系面临的共同挑战。

3）建立"亲""清"新型政企关系，这是新时代政企关系的根本要求和目标

2016 年 3 月 4 日，国家主席习近平在看望出席全国政协十二届四次会议部分委员时提出要构建新型政企关系，概括起来就是"亲""清"两个字。其中，"亲"强调政府官员和企业家之间的沟通与协作，政府官员要积极地关心和解决企业发展面临的难题，企业家也要积极、主动地向政府反映情况、建言献策，"讲真话，说实情，建诤言"；"清"则强调政府官员和企业家之间交往的界限，二者在交往过程中要遵守相应的法律规范，杜绝权钱交易等行为，保持二者关系的纯洁性。"亲""清"新型政企关系的提出为政企关系内涵注入了鲜明的中国特色和时代特色。

6.4.3 企业对政府的责任

良好的企业公民不仅是对社会而言的，也是对政府而言的。这就是说，企业不仅要对社会承担其"公民"责任，也要向政府承担其"公民"责任。政企关系是政府和企业互为构建的结果，合乎伦理的政企关系不仅意味着企业向政府"尽责"，也意味着政府向企业"尽责"。政府在企业公民的塑造中扮演着规制者、推进者、监督者、服务者和合作者的角色（将在第 8 章详细阐述）。这里主要谈企业对政府应承担的责任。

如前所述，政府是企业在社区中重要的利益相关者，企业对政府承担四方面的责任。首先是法律责任，企业必须严格遵守国家的法律法规和各项政策，这是企业对政府最基本的责任。其次是经济责任，企业应积极创造就业岗位，提供就业机会；按时主动纳税，税收是国家经济的命脉，是财政收入的重要来源，是国家稳定的基础，企业应恪守商业准则，坚决抵制偷税漏税的行为。再次是在道德责任方面，积极响应政府倡导的产业投资活动，支持政府推出的新兴政策，积极投身于新政策，如在产业扶贫、基础设施等方面积极行动。最后是自愿责任方面，积极为国家宏观政策的制定与修正献言献策，积极参与政府发起和号召的慈善公益活动，主动将企业的命运融入民族的命运。

6.5 企业对数字社会的伦理与责任

6.5.1 数字社会的伦理问题

从 1946 年第一台计算机开始，到 1969 年互联网诞生，经过 20 世纪 80—90 年代的发展，直到进入 21 世纪，信息网络技术一路高歌猛进，催生了一个与传统社会完全

不同的数字社会。狭义的数字社会是指拟社会化的赛博空间(Cyberspace),这就是通常所说的数字社会,广义的数字社会是指网络时代的整个社会,是现实社会与狭义数字社会的统一体。数字社会是人类社会的映射,与现实社会紧密相连,交融共存,共同构成了现代社会人类基本的生存环境。但是,数字社会不同于现实社会,在美国未来学家尼古拉·尼葛洛庞帝看来,现实社会是以原子为基础的社会,而数字社会是以比特为基础的社会。

数字社会具有以下特点:①开放性。数字社会是一个跨领域、跨地域、无国界的自由社会,不同国籍、不同民族、不同身份、不同信仰、不同价值观的人都可在其中相互交流和互动,这是一个多元、包容、开放的社会。②隐匿性。数字社会中人们都以数字化方式进行社会交往,以数字技术为基础,人们可以在任何时间、任何地点以数据、文字、语言、声音、图画、影像等任何方式(或组合)与任何人或机构进行交流沟通,在此交往过程中,人们完全可以隐去自身的姓名、身份、国籍、信仰等,以匿名化的符号代替。③全球性。数字社会以大数据、AI、区块链、互联网技术为基础,联通世界各地,缩短时空距离,将地球变为一个人们可随时交流的村落,人们的行动及其后果可能会溢出传统的时空而影响更远距离、更长时间的人们。

数字社会中,在各种信息技术的加持下,人类生产、生活变得更加方便、快捷和有效,人类处理复杂事件的决策能力得到极大提升,但同时也带来前所未有的伦理困境。在第 3 章我们简单总结了隐私泄露、信息安全和数字鸿沟等大数据伦理问题,这里进一步详细描述。

1. 侵害个人隐私

数字社会中,在大数据面前,个人乃至整个世界都彻底透明化。个人隐私被侵害的途径主要有三种:数据挖掘、大数据预测和大数据监控。①数据挖掘是指运用算法对个人出行记录、健康信息、购物记录等进行收集整理。②利用大数据预测个人隐私,继而进行有针对性的"投喂"①。例如,美国一家购物网站通过女性顾客购物数据,成功获取到一位在校女生的妊娠隐私,比其家人还早一个月知道。③大数据监控可能带来"数据暴政",人们在数字社会中的一言一行所留下的一串串数字脚印,可能会被泄露和利用。个人隐私泄露和被侵犯是数字社会面临的最重要的问题之一。

2. 信息污染

所谓信息污染,是指在信息活动中,混入有害性、误导性和无用的信息元素,从而给人们生活带来极大的不便甚至损失和伤害。信息污染主要包括三方面:①虚假信息,2021 年"3·15"晚会,曝光了某搜索引擎存在大量医药造假广告,这是一种"搜索之病";②信息超载,一方面是大量垃圾、无用的信息在网络空间满天飞,另一方面是大量信息被网站重复转载、复制和传播,信息本身价值递减和流失,产生大量信息废弃物,挤占存储空间,造成信息通道梗塞;③信息骚扰,即将无用的、没有价值的信息粗暴地

---

① 投喂:一种个性化的但非人为介入的算法推荐和持续更新,以达到精准推送的目的,有效满足了当今的社交需求和个性化需要,但这种个性化投喂的信息可能并非是被投喂者感兴趣的。

推送给用户，严重影响用户体验，甚至干扰用户的正常生活。日常生活中，几乎所有人都会受到垃圾邮件、短信炸弹、推销电话的骚扰。

3．数字鸿沟

数字社会是现实社会的映射。尽管数字社会是一个开放、自由的社会，但是参与数字社会的都是现实中的人，现实中的不平等因素会映射到数字社会中，在数字公民之间造成不公平。数字鸿沟主要体现在不同信息主体对信息资源在配置、占有、使用和收益等方面的不对等或不均衡，继而出现信息霸权、信息垄断、信息红利分配不均等不公平现象，加剧群体差异和社会矛盾。

4．价值迷失

数字社会中最大的伦理问题也许就是价值迷失进而带来"人的异化"的问题，这是与每个人都息息相关的问题。由于数字社会的去中心化、隐匿性的特点，无限放大了个人的自由，导致各种违法犯罪行为和不道德行为无处不在。而数字社会的开放性与多元性，让各种价值观在虚拟空间中进行碰撞，难以形成共同的价值认同和判断标准，转而用流行的、能打动他人的或能吸引眼球赚取流量的"时尚道德"来代替基本信念和道德立场。

5．信息茧房

数字社会中人的异化还表现在信息茧房或者数字控制的伦理问题。在迷失了方向的数字社会中，人们更加依赖信息，甚至被信息所支配和主宰，成为信息的奴隶，普遍存在信息恐慌、信息强迫、信息癖、信息至上等病相，一旦离开网络就空虚、恐慌。更令人担忧的是，随着推荐算法技术的发展与应用，人们在畅享网络自由的同时进入"信息茧房"，习惯于获得与自己兴趣和价值观相符合的信息，在不经意间将自己的生活桎梏于蚕茧般的"茧房"中，个人生活呈现定式化和程序化。这种"定制化""个人化"的信息，不断强化人们的认知偏见，导致社会共识难以达成，甚至出现社会群体极化、社会黏性丧失等社会撕裂的严重后果。

6.5.2　企业对数字社会的责任

信息技术已经渗入人类生产生活的方方面面，数字社会已然成为人类新的社会形态，人类社会正处于一个历史转折点。人们在数字社会中生存的同时，需要构建与之相适应的伦理文化，需要深入研究大数据伦理、人工智能伦理、算法伦理、数字伦理，确立数字社会的基本伦理原则，确保数字社会处于良好运行状态，为数字公民享受美好生活创造一个公平公正的环境，维护数字社会的可持续、健康发展。

从最早的计算机到网络、信息，再到如今的数据和算法，伴随着技术的发展，伦理研究也从计算机伦理到网络伦理，再到信息伦理。当我们在争论信息技术的优点和危险时，必须记住，人类的尊严必须成为解决所有问题的基本框架。在这一框架中，数字社会中伦理的基本原则主要包括：①公开、公正与共享原则，所有信息资源对公众公开透明，消除信息鸿沟，实现信息资源的人人共享；②无害原则，也称为不伤害原则，信息技术的开发与利用必须有利于人的生存与发展，所有信息行为不应当对人造成伤害；③互惠原则，每个人既是信息的使用者和享受者，也是信息的生产者和提供者，在享受信息服务的权利时，还必须承担维护信息安全可靠的义务；④包容原则，这是数字社会开放性、多元性的必然要求，允许多种价值观的碰撞，求同存异，兼容并包；⑤知情同意原则，所有信息的收集与利用，必须事先告知被收集者并征得其同意，充分尊重其知情权和自主选择与决定权。

作为企业公民，企业是数字社会中最重要的责任主体之一，企业必须强化其意志自主性，在享受数字自由时承担更多的社会责任。

（1）合法收集和利用信息

在数字时代，数据获取的方式方法或多或少都存在非法获取或使用的困境，数据获取的合法性与合理性至关重要。《中华人民共和国数据安全法》第八条规定，任何组织和个人在开展数据处理活动时，应当遵守法律法规，尊重社会公德和伦理，遵守商业道德和职业道德，诚实守信，履行数据安全保护义务，承担社会责任，不得危害国家安全、公共利益，不得损害个人、组织的合法权益。《中华人民共和国个人信息保护法》第十条规定，任何组织、个人不得非法收集、使用、加工、传输他人个人信息，不得非法买卖、提供或者公开他人个人信息，不得从事危害国家安全、公共利益的个人信息处理活动。

（2）尊重和保护员工、消费者的权利

首先是保护员工和消费者的隐私权。中国互联网信息中心发布的第 48 次《中国互联网络发展状况统计报告》显示，在网络安全方面，遭遇个人信息泄露的网民比例最高，达到 22.8%。其次是要保护消费者的"被尊重权"，充分尊重并公平对待每一位消费者，理解并尊重多样化的需求，多样性是维持数字社会文化生态平衡的关键。再次是要更好地保护消费者的"被遗忘权"[①]，关于消费者的所有数据，必须在其知情并得到其允许的情况下收集，更重要的是，只要消费者不希望其数据得到处理，该数据就必须删除，除非有存储的正当理由。

（3）杜绝信息垄断、确保信息安全、避免信息污染

企业相对于个人而言，在信息收集和使用方面处于绝对优势地位，企业不能凭借其对信息的垄断而损害消费者利益，不能因为其处于信息技术的权威地位而形成对个体的信息霸凌，确保人人都有追求数字福祉的权利。数字化时代，安全的威胁即时化，确保信息安全，既是一个完善法律与技术的问题，也是关系国家与社会正常秩序的道德问题。第 48 次《中国互联网络发展状况统计报告》显示，在 10 亿～11 亿名网民中，遭遇网络诈骗的网民比例为 17.2%，其中，虚拟中奖信息诈骗是网民最常遭遇的网络诈骗，占比为 40.8%。

[①] 由于数据拥有几乎无限的记忆力，这意味着某个人的一时错误可能会影响其一生，对此牛津大学教授迈尔·舍恩伯格在其 2009 年出版的《删除：数据时代的遗忘之美德》（中译本翻译为《删除：大数据取舍之道》）中提出一种权利——被遗忘的权利，即任何数据包括电子信息都应该有一定年限，到一定年限就应将其删除——被遗忘，这是一种美德。

(4) 尊重和保护知识产权

得益于数字社会的开放性，知识信息获取更加快捷方便，但在获取同时，必须树立知识产权的保护意识。例如，目前网络上短视频侵权问题频频发生，大量短视频在未经授权的情况下被免费搬运、传播并获利，严重损害版权所有者的权益。企业在知识产权保护上应做出表率，这是维护市场公平竞争秩序的基本要求。

(5) 平衡好企业利益与社会公共利益

良好的企业公民，要积极维护数字社会自由，坚持现实社会与数字社会责任伦理的和谐一致。积极适应数字社会转型，创新商业模式，利用数字化技术和能力，实现业务的转型、创新和增长，满足用户多样化的个性需要。在享受数字红利的同时，积极践行"科技向善"，充分发挥人工智能、区块链等新技术的巨大"向善"潜力，善用技术塑造健康、包容、可持续的智慧社会，持续推动经济发展和社会进步。

(6) 传承优秀文化，宣扬正向价值观

数字社会中的行为传播快、影响大、覆盖广，企业必须树立正确价值观，坚持道德自律，提升道德认知能力，在企业的生产经营中积极传承民族文化，弘扬民族精神，传播主流文化和价值观念。正确利用网络宣传，维护良好舆论秩序，坚决反对以故意炒作、引发网络热议为目的的商业行为。坚持正确的舆论导向，确保内容的真实性与准确性，要引导网民树立正确的理念与观点。

本章小结

1. 成为企业公民，有利于获得消费者、员工的信任与感情，有利于获得更广泛的社会支持和认同，有利于建立良好的市场秩序，有利于自然环境和社区环境的共同维护。企业公民必须遵守法律，遵守伦理道德，自觉承担社会责任。

2. 关于人类与环境的关系存在"人类中心主义"和"人与环境和谐共生"两种不同观点。人类面临的环境问题主要有空气污染、淡水污染、海洋污染、土壤污染以及生物多样性遭到严重破坏、能源消耗等。

3. 企业公民首先是属于社区的。社区是企业重要的劳动力来源，是企业最优的产品销售地，企业与社区共同成长，相互守护。企业在给社区发展带来便利的同时，也会给社区带来很多问题。企业与社区是一个和谐共生的命运共同体，企业应在经济发展、社会发展以及社区参与等方面承担相应责任。

4. 政府是企业重要的利益相关者，政府与企业的关系经历了三个阶段的演进过程。要建立起合乎伦理的政企关系，要分别建立起政府和企业的"双自律伦理"、反贿赂反腐败的"双反伦理"以及"亲""清"新型政企关系。

5. 数字社会中存在侵害个人隐私、信息污染、数字鸿沟和价值迷失等伦理问题。企业对数字社会承担的责任主要有：合法收集和利用信息；尊重和保护员工、消费者的权利；杜绝信息垄断、确保信息安全、避免信息污染；尊重和保护知识产权；平衡好企业利益与社会公共利益；传承优秀文化，宣扬正向价值观。

关键术语

企业公民　　　环境保护　　　人类中心主义　　空气污染　　　淡水污染　　　海洋污染
土壤污染　　　生物多样性　　能源消耗　　　社区　　　政企关系　　　数字社会

问题讨论

1. 成为企业公民的意义是什么？
2. 关于"企业公民"中"公民"的理解有哪些观点？
3. 如何理解人类中心主义的观点？
4. 企业对环境的责任有哪些？
5. 企业对社区的社会责任有哪些？
6. 企业对政府应承担哪些责任？
7. 数字社会中的伦理原则主要有哪些？
8. 企业对数字社会的责任有哪些？

案例分析

请扫码阅读案例，思考以下问题：

1. 经济发展与环境保护哪个更重要？
2. 如何平衡经济发展与环境保护？
3. 如何从伦理上评价环境保护？
4. 企业在环境保护中有什么责任？

（扫码阅读）

第7章 全球化背景下的商业伦理

学习目标

1. 认识跨国企业普遍存在的商业伦理问题；
2. 理解从商业伦理角度思考国际经营问题的必要性；
3. 理解文化差异对商业伦理问题敏感度的影响；
4. 了解文化的相对性及制定全球性商业伦理规则的必要性；
5. 了解企业在国际经营中的基本商业伦理规范。

开篇案例

请扫码阅读案例，思考以下问题：

1. 在福耀玻璃美国代顿工厂里出现了哪些分歧？
2. 这些分歧背后存在何种价值观冲突？
3. 如何从商业伦理视角看待这些分歧和冲突？
4. 解决上述冲突的规则有哪些？

（扫码阅读）

思维导图

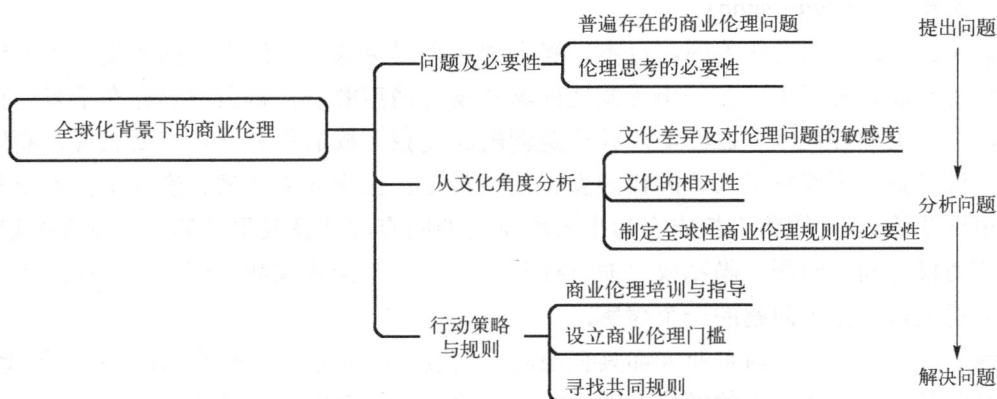

7.1 问题及必要性

在全球化时代，企业公民理论要求一个企业不仅仅是本国的"公民"，还应该正确"看待跨越国家和文化界限的企业承担社会责任的方式"[①]。这就是说，随着经济、社会活动的全球性发展，企业公民不仅仅是本国的，还应该是世界的，即全球企业公民。全球化一方面使得任何一个企业的行为及其结果可能会跨越国家疆域，走向世界，最典型的就是通过分支机构或子公司进行跨国生产和经营；另一方面使得任何一个企业都可能受到来自不同国家或地区、不同文化传统的企业或者个人的影响。例如，越来越多的外国员工进入本地企业。全球化驱使人们重新思考对企业的社会责任要求。

7.1.1 普遍存在的商业伦理问题

在商业伦理中，全球化问题集中在国际化经营的跨国企业身上。对许多企业来说，全球商业环境中产生的伦理问题与在国内环境中产生的伦理问题是类似的。这些伦理问题涵盖所有的功能领域：生产经营、营销、财务和人力资源管理等，本质是如何公平对待利益相关者——员工、消费者、社区、竞争者……，具体表现为产品安全、工作环境安全与健康、广告活动、人力资源管理、环境问题、市场垄断等。美国学者费雷尔等人基于美国的情况，将这些问题概括为全球伦理风险、贿赂、垄断活动、互联网安全和隐私，以及卫生保健、劳工、薪酬、消费至上主义等涉及基本权利的问题。[②]事实上，由于欠发达国家或发展中国家正处于市场经济发展早期，跨国企业带来的伦理问题相对更为严重。总体来说，跨国企业普遍存在的商业伦理问题有以下几方面。

1. 人力资源方面的伦理问题

1）血汗工厂（Sweatshop）

血汗工厂最早出现在美国，日本、澳大利亚等国也都有血汗工厂的历史。随着经济全球化的发展，血汗工厂在美国等发达国家并没有销声匿迹，目前主要存在于东南亚、非洲、中南美洲等地区。血汗工厂往往是剥削和侵犯人权的代名词，主要表现在剥削与奴役、低工资、不尊重工人、虐待妇女、使用童工、工作环境恶劣、漠视工作安全和禁止自由结社等。联合国将人权定义为个人所享有的固有尊严及其平等的不可剥夺的权利，包括劳动权、同工同酬、隐私权、非歧视和有权参加工会等权利。可以说，血汗工厂是跨国公司人权和劳工问题的一个缩影。

涉及血汗工厂的跨国企业大都具有很高知名度，如耐克、沃尔玛、凯马特、锐步等。苹果公司是"全球代工"的经典企业，每一部苹果手机都印有"加州设计，中国制造"的字眼，这意味着位于美国的苹果公司只负责设计、技术监控和市场销售，而所有生产

---

① QUEIROZ A. About "Conversazione 2003" [J]. Business and Society Review，2004，109（1）：103-106.

② 费雷尔 O C，弗雷德里克，费雷尔 L. 企业伦理学：诚信道德、职业操守与案例[M]. 10 版. 李文浩，卢超群，等译. 北京：中国人民大学出版社，2016.

加工环节都以"委托生产"方式，外包给遍布世界各地的下游制造商。

血汗工厂另一个被关注的问题是使用童工问题。2021 年 6 月 9 日，国际劳工组织和联合国儿童基金会发布的报告显示，全球童工人数在过去四年中增加了 840 万人，达到 1.6 亿人。联合国前大使安德鲁·杨把解决童工问题称为"世界的下一个道德改革运动"。2002 年 6 月，第 90 届国际劳工大会决定将每年的 6 月 12 日定为"世界无童工日(the World Day Against Child Labor)"，呼吁世界各国密切关注童工问题，并采取切实有效的措施解决这一问题。

近年来，为了"消除"血汗工厂，各国政府、行业组织和知名企业都在努力，主要集中在保证工人拿到至少满足当地法定标准的最低工资，改善工作条件和环境，对工厂实行外部认证和监督等。然而，当一家企业被指责为血汗工厂时，企业经常会为自己的行为辩解，常用的理由是：①企业并没有违反当地的法律；②企业所支付的工资已经相当于甚至超过了当地的法定最低工资或平均工资；③企业为当地劳动力提供了就业机会，解决了生计问题；④促进了当地经济发展，保证了当地政府的财税收入；⑤不能以发达国家的工资水平和工作条件来要求和衡量。尽管这些理由看似有道理，但一旦背上"血汗工厂"之名，对企业形象和长远发展是非常不利的。需要思考的是，企业是否能够以符合当地法律或者经济发展水平为由，为自己进行道德辩护；是否仅满足于自己为当地所做的贡献(甚至把自己塑造成英雄、济世者形象)而不考虑对当地资源的消耗、环境的影响以及所获得的利润远高于在其他地方获得的利润。

2) 不公平薪酬

不公平薪酬主要表现在三个方面：①不同国籍、不同性别员工之间的工资不平等，相对而言，来自国外尤其是发达国家的员工薪酬明显高于本地员工的薪酬；②高管薪酬与一般员工收入差距过大，这在跨国公司中表现非常明显；③最低生活工资问题，一些跨国企业一方面选择将劳务外包给不设最低生活工资要求的国家，尽量压低企业的工资支出，另一方面以当地最低生活工资要求为标准支付员工报酬，拒绝提高报酬，而不管自己是否赚得盆满钵满。"最低工资标准"成为一个方便的逃避条款。问题的关键是：最低工资标准是否如实反映了工作的劳动价值？是否满足了员工的基本生活需求？因为在很多发展中国家，法定最低工资低于贫困线。当不同国家的最低工资标准不同而工作内容相同时，这种做法是否公平？

2. 顾客信心方面的问题

1) 互联网安全和隐私

一些跨国企业利用自身的信息、技术等优势，肆意追踪搜集用户信息，进行定向推送或精准投喂。例如，一些网站在浏览用户的电脑上安装信息记录程序或者少量文本识别字符串，在其再次登录时进行识别记录。有些企业甚至入侵用户账户并窃取财务信息。另一个问题是企业对个人信息的随意使用。例如，国外广受欢迎的 Meta(前 Facebook) 社交网站，因缺乏隐私政策、用户信息过于公开而遭到多方质疑和批评。

2）攻击性营销

跨国企业为争夺海外市场，通过各种促销手段，夸大或美化自身产品功能，诱导或误导不了解产品或不能正确使用产品的消费者购买，进而损害了消费者利益。最糟糕的营销案例也许就是发生在 20 世纪 70 年代，且延续到 90 年代的配方奶粉问题。数据显示，正是一些跨国企业的宣传诱导，营造出奶粉喂养比母乳喂养更好的错觉，1966 年墨西哥的母乳喂养人数与 1960 年比下降了 40%，而在智利，奶粉喂养的 3 个月以下婴儿死亡率是母乳喂养婴儿的 3 倍。一些知名企业因此被非营利组织和媒体称为"婴儿杀手"。

3）市场歧视

跨国企业的市场歧视主要体现在同样产品的设计、销售和服务存在国别差异。尤其在产品设计上，同款产品的配件或配置不一样。近年来，一些跨国企业在我国一边跑马圈地，一边傲慢成性，奉行双重标准，很重要的一个理由是缺少相关的法律法规的制约，难道没有违反"法律"的不公平对待就是道德的吗？

4）文化歧视

某些跨国企业凭借其母国的国际地位，在生产经营中对东道国有意、无意地表露出文化傲慢和歧视行为。文化歧视本质上是一种文化中心主义或者种族中心主义。与种族和性别歧视一样，文化歧视会给东道国的消费者、员工和普通民众带来心理不适与反感，给人类社会的生态多样性、世道人心及社会和谐造成持久伤害，也必然会损害企业的持续发展。跨国企业要想获得持久的发展，必须摒弃文化中心主义，尊重东道国的历史传统、宗教信仰和文化习俗，任何傲慢和侥幸必然招致失败。

3. 利益冲突方面的问题

1）腐败

跨国企业的腐败行为包括公开的贿赂、政治捐款以及微妙的礼物等。商业腐败的根本危害在于破坏市场竞争，损害消费者利益。几乎所有国家都认为商业腐败是一个不负责任或不公平的经营之道。一些跨国企业为获得国外市场，对当地国家的官员或商业伙伴进行赤裸裸的贿赂。例如，1976 年，美国军火制造商洛克希德为了向 All Nippon Airways 航空公司销售价值 43 亿美元的飞机，向日本前首相田中角荣行贿 1250 万美元，这一事件被称为日本在第二次世界大战后四大丑闻事件之一。

除了向政府官员贿赂和向政党捐款，腐败行为还包括为政党利益滥用企业资产、回扣、秘密的定价合同、内部交易、警察收保护费、政府官员公费旅游等。所有这些活动的共同点是试图暗地里影响决策的结果，本质上属于滥用权力。关于腐败的最大困境可能在于，不同国家对商业腐败的法律规定和所接受的程度不同，因此企业必须确定什么是腐败或贿赂。例如，在一些国家，做生意之前赠送小礼物被认为一种礼貌和尊重，而在其他国家则可能被视为贿赂。

2）垄断

公平竞争是市场经济的核心原则，但是一些大型跨国企业，为了维持其在市场中的主导地位，利用自身的规模经济，为竞争者尤其是本地企业设置高竞争壁垒，将小企业挤出行业，削弱总体竞争。较为常见的方式为掠夺性定价和品牌控制。掠夺性定价（Predatory Pricing）是指跨国企业为了挤出或吓退意欲进入该市场的潜在对手，凭借其自身的优势地位，不惜降低价格至其成本以下，以此驱逐竞争对手，获得或增强"市场控制力"，待对手退出市场后再提价，独享高额利润。由于掠夺性定价的目的是削弱竞争，因而是反垄断法所禁止的不正当竞争行为。品牌控制主要发生在跨国企业与东道国企业所组建的合资企业中。跨国企业在进入东道国初期，与东道国企业进行合资，充分借助本土企业的品牌、渠道等优势，在逐步获得控制权后，将合资企业的资源主要用于推广自身原有的品牌，其品牌价值在此过程中获得大幅提升，但是对东道国企业的品牌则采用闲置的方式，不投入或者很少投入资金来对其进行宣传和维护，逐渐将本土品牌逐出市场，从而达到控制合资企业的产品生产与销售，甚至控制整个产品市场的目的。在我国，跨国企业对本土品牌的控制发生在日用化工品、城市水务、家用电器，以及食用油、矿泉水、火腿肠等各领域。例如，有近百年历史的上海家用化学品厂，在与美国公司合资后，其原有的著名品牌"美加净"与"露美"被冷冻雪藏，只使用美方的品牌，最后只好重新花巨资将这两个品牌买回来。

3）卫生保健问题

这一伦理困境主要体现在制药企业追求利润与保护当地居民卫生健康方面的冲突。一方面，一些制药巨头，出于利润追逐，往往在支撑奢侈消费的市场上维持高投入（如秃发的治疗），而不关注更广泛、更普遍的致死疾病的治疗（如疟疾）；另一方面，充分利用专利保护，为药品设定高昂价格，远远超过当地经济发展水平和消费水平。

4）转移定价

这是跨国企业为逃避所得税或关税，实现利润最大化常采取的策略。①通过企业内部的关联交易，提高高税率国家或地区的子公司的成本（结果是降低利润），降低低税率国家或地区的子公司的成本（结果是提高利润），从而实现整个公司的税负最小化、利润最大化。②利用转移价格逃避东道国的价格控制。由于转移价格是在跨国公司内部进行的，具有一定隐蔽性，会导致东道国税收流失、损害东道国合资者利益等。

4．环境问题

1）有害产业转移

一般来说，跨国企业母国多是发达国家，对有害产业的控制和管理比较严格，处罚力度大，企业生产经营成本与社会舆论反对的声音更高，因此跨国企业倾向于将这些有害产业转移到环保法律不完善、滞后，经济发展水平低的国家或地区。这些有害产业主要涉及：①高能耗、高污染的初级产品；②技术许可和贴牌的生产资源消耗型产品；③淘汰的工艺设备或生产线；④垃圾废物再加工。毫无疑问，有害产业转移会给东道国的环境带来巨大影响，破坏当地的生态环境。1984 年，印度博帕尔惨案的阴影至今仍没有消散。因为废弃物是制造业的重要来源，我国曾经是世界上最大的废弃物进口国。2017年，我国开始禁止洋垃圾进口，两年后东南亚一些国家也宣布拒收洋垃圾，倒逼发达国家正视自己的垃圾问题。

2）资源掠夺

除了有害产业转移，跨国企业对东道国环境带来破坏的常见方式还有资源掠夺，尤其是石油、矿产等资源。这方面的问题并不在于这些资源是否应该被开采，而是跨国公司往往以较低价格获得开采权并在国外以高得多的价格出售，东道国的资源财富因被开采而减少，但获利的却是跨国企业。不仅如此，资源开采还带来了严重的环境破坏和环境污染。2010 年 4 月，玻利维亚外交部部长痛斥日本企业在过去数年里免费使用大量水资源洗选矿石，每秒钟要用掉 600 升水，但是没有支付一分钱。

3）鼓励消费至上

一些跨国企业坚信消费者的选择就是合乎伦理的选择，通过奢侈项目与技术创新以提升生活质量，改善生活舒适度、便捷性，但给当地带来大量的垃圾和污染，导致社会资源浪费和不公平。因此，跨国企业在推陈出新时，必须思考：产品对环境、社会和个人的影响是什么？特定形式的消费对环境、社会和个人的影响是什么？谁影响着消费，产品如何生产、为何生产？什么是必需品，什么是奢侈品？该产品确系消费者本身所需还是企业所鼓动？发达国家的消费模式对发展中国家有何影响？等等。

7.1.2　伦理思考的必要性

上述问题并非是跨国企业在国际经营中遇到的所有问题，还有诸如贸易保护主义、行业政策、政治风险、恐怖主义以及国家安全和利益等问题。这些问题也并非所有跨国企业都会遇到，但是值得所有的跨国企业认真思考。跨国企业如何理解并遵从当地的法律法规，进而获得当地政府和民众的认可？跨国企业在遇到利益冲突时如何决策？前者涉及公司的合法性问题，后者则是来自母国和东道国之间因世界观、文化模式的不同可能造成的伦理冲突问题。跨国企业应意识到全球企业公民角色的重要性，在企业社会责任方面做出表率。

1．跨国企业的合法性问题

合法性首先是一个政治学和社会学概念。任何一个组织，其合法性必须建立在一个共同认可的基础上。遵从法律是最基本的要求，但这还远远不够，更重要的是要获得普遍的或者共同的认可。跨国公司在合法性方面遇到的困境来源于以下两方面。

（1）在身份认同上，跨国企业的动机经常遭到质疑，"无利不起早"。跨国企业常常被东道国视为局外人，是为了追求经济利益而来到东道国的，即使严格遵守了东道国的法律法规，合规经营，也很难获得东道国的认可。与此同时，跨国企业常被东道国民众视为先进技术、先进生产力的代表，人们对其期望远比其他小公司或本地公司高，因此被赋予了承担更多社会责任的期许。因此，跨国企业除了遵守东道国法律以获得形式上的合法性，还必须努力承担社会责任，既包括法律责任和经济责任，也包括道德责任和慈善责任，以获得实质性的认可。

（2）利益冲突导致合法性认同困难。跨国企业和东道国在利益上真正的或潜在的冲突，常把跨国企业置于一种"非赢"的两难境地。例如，在技术创新方面，如果跨国企业采用最新的、节省劳动力的技术，可能会减少就业岗位，不利于降低失业率；在利润分配方面，如果跨国企业将大部分利润返回国内，可能会被看成是对当地经济的剥削，如果把利润再投资到当地中去，又会被看成是一种扩张，是为了加强控制，增强当地对其的依赖性；在员工工资方面，如果跨国企业按当地市场支付报酬，可能被认为利用低工资剥削劳动力，如果为劳动力支付高工资，可能会被看成是扰乱当地劳动力市场。无论跨国企业怎么做，似乎都很难摆脱利益相关者的批评。此外，当东道国政府认为跨国企业超越了其控制或者会影响当地重要经济命脉时，就会施加各种控制措施，如要求本地企业拥有控制权，禁止跨国企业参与某些行业等，这在任何国家都有可能发生。总而言之，在利益冲突引起的有些敌意的环境中，合法性是难以琢磨的和短暂的，不易获得，更难保持。

2．跨国企业和东道国之间的文化差异

与上述合法性问题紧密关联的是跨国企业与东道国在世界观以及文化模式上的差异。这里的世界观是指对商业贸易、经济发展的基本看法和观点，是跨国企业与东道国之间文化差异的核心。来自西方国家的跨国企业把世界观的重点放在经济增长、效率、专业化、自由贸易和竞争优势上，更强调经济上的利益，这也是跨国企业的本分。相反，欠发达国家或者发展中国家看重的是更平等的工资分配，或者更自主的经济决策权，更强调经济之外的社会、政治利益等。两种不同的世界观，可能会在跨国企业和东道国之间营造一种紧张的环境，有时会导致东道国单方面采取严格措施，如限制利润、潜在控股和彻底没收（如曾经发生在石油行业的事件）。

除了世界观的差异，跨国企业母国与东道国在文化、语言、法律制度、利益相关者和社会价值观等文化方面的差异，也使得正常经营变得更加困难。这种差异使得跨国企业在面临利益冲突时容易陷入两难境地，不知选择何种决策依据和标准。当跨国企业身处法律、政府、发展水平和文化差异都较大的国家时，应该怎样做呢？有人建议，当跨国企业在欠发达或发展中国家经营时，应该坚持其母国的更高标准。事实上，这忽略了实际可能性。因为，所谓发达国家的高标准并不一定就利大于弊的。如在墨西哥经营的跨国企业，对当地人支付其母国水平的工资，可能会把所有经验丰富的工人从当地的企业吸引过来。也有人建议，跨国企业应该遵守当地的法律和惯例，但这样可能会带来更糟的结果。例如，墨西哥较低的环境标准会容忍严重损害当地居民健康的污染水平。很明显，不分青红皂白地遵从当地法律或坚持所谓母国更高标准都是不恰当的。这是一种伦理困境，需要结合当地的法律要求、经济发展水平、技术能力、政策、惯例、民意代表程度等来思考。

随着我国综合国力的增强及"走出去"战略的实施，越来越多的我国企业开启了全球化战略，到世界各地投资办厂、生产经营。我国企业在"走出去"的过程中，也可能会遇到各种各样的伦理困境，其中最重要的困境可能就是文化整合。相关报告数据显示，我国企业海外并购失败率高达 70%，而其中大部分是文化整合不善造成的。因此，文化整合的有效一致是我国企业在"走出去"过程中需要逾越的障碍。可以说，对境外并购交易中文化融合的难度，估计多高都不算过分，"文化磨合决定收购的成败"①。无论是"走出去"还是"引进来"，随着商业全球化的发展，利益相关者骤然增多，来自不同文化背景的人与人之间的互动不断增加，企业处于一个充满伦理挑战的全球化环境。企业及其管理者要想在国际经营中取得成功，必须迈过文化和伦理这道坎。

7.2 从文化角度分析

如上所述，跨国企业所面临的很多问题，根源在于其母国与东道国之间在历史传统、价值观念、政治体制等方面的不同，归根结底就是一种文化差异。在外国文化环境中，跨国企业管理者们失败的最主要原因是没有与当地文化进行很好协调。从社会学角度看，当处于亚文化中时，人们往往会经历文化震惊(Culture Shock)，这不仅是精神和心理上的，还会表现在行动及其结果上。文化已经变成跨国企业经营的一个最重要的、成败攸关的因素。文化、风俗、语言、态度及制度因国家而异，有时这些差异对跨国企业的成功造成了难以逾越的障碍。文化整合是跨国企业国际经营的一项必修课。

7.2.1 文化差异及对伦理问题的敏感度

不同文化中人们的认知方式是不同的，人们用不同的方式来理解世界并指导他们的行为。在异地文化环境中工作的人们，如果不能很好地理解当地人们的认知和行为方式，就只能按照自己的文化模式来解释身边所发生的事并做出相应行为，这就不可避免地会产生误解，甚至引发冲突，最终导致管理失败。那么，如何理解不同国家的文化呢？

由于全球化的交流与发展，现代社会使我们很难从当地人那里洞悉该国的文化，但一些研究成果为我们理解各国文化之间的差异提供了方便。著名心理学家、文化学者杰尔特·霍夫斯泰德(Geert Hofstede)给我们理解不同国家的文化提供了一个框架，②不同国家的员工和管理者分别在以下五个方面表现出差异。

1. 个人主义与集体主义

这一维度反映的是人们为促进自我利益的行为取向。个人主义表示了社会中个体在多大程度上把自己当作自治的个体，即主要是对自己和直系家庭成员承担责任，反映了一种以"自我"为中心的思维，强调自我或个人成就。集体主义强调集体目标高于个人目标，集体和谐高于个人成就，反映的是一种以"集体"为中心的思维，强调个人服从集体。这一维度的得分衡量了个人主义的程度。个人主义与国家富裕程度有着密切关系，美国、英国、加拿大、澳大利亚和北欧国家的个人主义倾向非常突出，而中国、巴基斯坦、哥伦比亚等大多数亚洲和拉丁美洲国家的集体主义倾向较为突出。

---

① 余典范. 中国企业海外并购文化整合失败的案例与经验教训[J]. 企业文明，2013(9)：27-29.
② HOFSTEDE G. National Cultures Revised. Behavior Science Research，1983，18(4)：285-304.

2．权力距离

权力距离是指组织和社会中的权力等级现象，反映的是人们在多大程度上接受组织和社会中的等级制度和不平等的权力分配，即人们对上下级之间的权力不平等状况的容忍度。高权力距离意味着人们能够接受组织和社会中的不平等，重视社会地位和阶级界限、头衔、地位和礼节等，认为老板拥有权力仅仅因为他是老板。低权力距离不太重视社会地位和阶级差别，人们珍视平等，老板拥有权力是因为他拥有知识，而非他是老板。印度、菲律宾、墨西哥和委内瑞拉等是高权力距离国家，美国、以色列和大多数北欧国家是低权力距离国家。

3．避免不确定性

该维度反映的是社会成员对模棱两可或不确定性的容忍程度。世界上最确定的就是"不确定"，尤其是随着风险社会的来临，未来的事物大部分是未知的，难以预测，正所谓世事难料。但是，不同社会对不确定性，有着不同的处理方式。有些社会的成员能够镇静地接受不确定性，习惯于风险，乐于冒险，较能容忍别人的行为与意见，易于接受反常规的思想和不同观点，属于低度避免不确定性，这类国家包括新加坡、丹麦等。有些社会的成员视不确定性为威胁，关注安全感和行为的规范性，对新思想或新行为持怀疑态度，行为表现为紧张与暴躁，会创设各种机制以达成保障与降低风险，属于高度避免不确定性，这类国家包括日本、葡萄牙和希腊等。

4．男性作风与女性作风

该维度反映的是人们对成就或创业的一种倾向。有的社会文化视男女一律平等，男女在组织内可以担任相同角色，有的社会则认为必须严格按照性别来分配不同角色，并且总是将男性分配到主动进取和支配他人的角色，将女性分配到服务性与被动分工的角色。一般来说，男性作风的特征是充满自信、喜欢自我表现、追逐金钱和社会地位、极少或不会强调照顾其他人。而女性作风的特征是强调性别间的平等、强调相互服务和相互依赖、关心他人以及胸有全局的生活品质。日本是全世界男性作风程度最高的国家，荷兰及北欧国家最具女性作风。

5．长期化导向与短期化导向

该维度衡量一种文化是强调未来还是强调过去和现在。长期化导向秉持的是面向未来、追求回报的价值观，坚定不移，注重节约。短期化导向则强调过去和眼前，尊重传统，爱面子，履行社会责任。在长期化导向的国家，人们更加注重长远目标，愿意为长远目标而不断奉献；在短期化导向的国家，人们更加注重当前的生活和享受。亚洲国家（菲律宾除外）的文化更关注长期导向，欧美国家的文化趋向于短期导向。

根据霍夫斯泰德的研究，下面列举了世界部分国家的文化差异（见表 7-1）及 10 个国家或地区在不同维度的得分情况（见表 7-2）[①]。

---

① 皮尔斯，纽斯特罗姆. 领导者与领导过程[M]. 北京华译网翻译公司，译. 北京：中国人民大学出版社，2002. 更多国家的结果可参见：霍夫斯泰德. 跨越合作的障碍：多元文化与管理[M]. 尹毅夫，陈龙，王登，译. 北京：科学出版社，1996.

表 7-1 部分国家/地区文化差异简列表

类　别	国别/地区	类　别	国别/地区
高个人主义	美国	高集体主义	中国
	澳大利亚		巴基斯坦
	英国		哥伦比亚
	加拿大		秘鲁
高男性作风	日本	高女性作风	瑞典
	奥地利		挪威
	委内瑞拉		丹麦
高权力距离	意大利	低权力距离	奥地利
	菲律宾		以色列
	墨西哥		丹麦
	委内瑞拉		中国香港
高度避免 不确定性	希腊	低度避免 不确定性	新加坡
	葡萄牙		丹麦
	比利时		瑞典
	日本		中国香港
长期化导向	亚洲国家	短期化导向	欧美国家

表 7-2 10 个国家/地区的文化维度得分表

国家/地区	权力距离	个人主义与集体 主义	男性作风与 女性作风	避免不确定性	长期化导向与短期 化导向
中国内地	80*H	20*L	50*M	60*M	118H
美国	40 L	91 H	62 H	46 L	29 L
德国	35 L	67 H	66 H	65 M	31 M
日本	54 M	46 M	95 H	92 H	80 H
法国	68 H	71 H	43 M	86 H	30*L
荷兰	38 L	80 H	14 L	53 M	44 M
中国香港	68 H	25 L	57 H	29 L	96 M
印度尼西亚	78 H	14 L	46 M	48 L	25*L
西非	77 H	20 L	46 M	54 M	16 L
俄罗斯	95*H	50*M	40*M	90*H	10*L

说明：H 为前面的 1/3，M 为中间的 1/3，L 为后面的 1/3(前 4 个因素结果为 53 个国家和地区的研究结果，第 5 个因素为 23 个国家和地区的研究结果)。

*表示该数值为估计值。

伦理是文化的核心，文化是伦理的沃土。既然不同国家的文化存在差异，或者说可以从不同维度区分不同国家的文化，那么这些文化维度与伦理之间是什么关系？学者们在霍夫斯泰德文化理论框架的基础上，进一步探讨了不同文化维度与伦理之间的关系，揭示了文化维度对伦理问题的敏感程度。

(1)个人主义者比集体主义者对伦理问题更加敏感。这一维度对个体的道德推理有强烈的影响，有两层含义：第一层含义是高个人主义者经常质疑社会中已经建立的伦理标准，而高集体主义者更倾向于接受这些伦理标准；第二层含义是高集体主义者为维护集体荣誉更可能会采取不道德的"掩盖手段"。例如，如果说谎会使群体获益的话，集体主义者可能会接受它，而个体主义者更可能坚持认为说谎违背了社会规范，是严重违反道德的事。

(2) 男性作风的个体不如女性作风的个体对伦理问题敏感。男性作风在伦理上的含义主要体现在人们怎么看待进取心和伦理上可接受的行为之间的关系。与女性作风个体相比，男性作风个体更能容忍攻击性的、有疑问的行为。贪婪、野心、好竞争、追求金钱和功名常常是不道德行为的根源，而这些正是男性作风的主要特征。男性作风的管理者更愿意雇用与组织的攻击性目标相一致的人员。相对而言，女性作风的个体更关注伦理问题，不太能容忍那些攻击性的、由金钱驱动的行为。

(3) 高权力距离的个体不如低权力距离的个体对伦理问题敏感。权力距离的伦理含义是指下属在上级压力下是否会做出不道德的行为。高权力距离的个体更认可领导权威，会遵守其伦理准则，而低权力距离的个体则不大会遵守群体的伦理准则，更倾向于将那些有疑问的商业行为看成是不道德的。

(4) 高度避免不确定性的个体比低度避免不确定性的个体对伦理问题更加敏感，低度避免不确定性的个体更可能去冒风险。从伦理的角度看，冒风险的倾向与不道德行为高相关，他们强调"实质胜过形式"，认为如果对群体有利就可以考虑破坏规则。高度避免不确定性的个体更希望有一种书面的、正式的规则的存在，如果从事了不符合伦理的行为，他们常用的理由是"没有这方面的规定"。

(5) 长期化导向的个体比短期化导向的个体对伦理问题更加敏感。从伦理角度看，长期化文化导向下的个体更消极地看待"走捷径"获取短期利益这种方式。相对于短期化导向的个体，长期化导向的个体更加理想化。

此外，霍夫斯泰德在 2010 年出版的《文化与组织》(第 3 版)中补充提出了文化的第六个维度：放纵与约束(Indulgence Versus Restraint)。这一维度主要是指社会成员对人基本需求与享受生活、享乐欲望的允许程度。一般来说，持放纵倾向的人有更积极的生活态度，更强调享受，更强调朋友的重要性，有着更少的道德约束。持约束倾向的人认为应克制自我欲望与享乐，强调更宏观的目标和社会责任感，因而对伦理问题也更加敏感。

文化对人的行为起着潜移默化的作用，来自不同文化模式中的个体往往会表现出不同的价值取向和行为特征。中华文明经过五千多年的孕育和发展，形成了独具特色的文化传统。[①] 从表 7-2 可以看出，中国内地在五个维度上的得分，其中权力距离 80 分，属于较高的；个人主义/集体主义维度得分 20，个人主义倾向较低，有较强集体主义倾向，提倡整体团结作战，组织内部"和为贵"，不提倡孤军作战，不提倡个人英雄主义；男性作风/女性作风维度得分 50，属于中等水平，既不像荷兰那样表现出强烈的女性化倾向，也不像日本社会表现出极端的男性化倾向，既强调以人为本的"柔性管理"，也倡

---

① 周祖城. 企业伦理学(第四版)[M]. 北京：清华大学出版社，2020.

导"刚柔并济""恩威并施";避免不确定性 60 分,属于中等水平,当然这种态度会随着不同个体、不同职位和不同情境而有所不同;长期倾向 118 分,是最高的,管理中特别重视长期形成的惯例,防微杜渐,重视预防式管理。

此外,在人与自然的关系上,中国伦理文化从自然反观人伦,主张天人合一,西方伦理文化强调战胜自然、驾驭自然;从个人与群体角度看,中国伦理文化强调对秩序的维护,以集体为重,以社会利益为价值取向,西方伦理更看重人的权利和需求,以个人利益为价值取向;从对竞争与和谐的态度看,中国伦理偏重于中庸、和谐,西方伦理侧重于竞争;在道德教育与制度约束方面,中国伦理偏重于道德教化,坚持个人道德修养,"德教"与"修身"合一,西方伦理从自然主义人性论(性恶论)出发,更看重用制度来约束人的行为。

7.2.2 文化的相对性

1. 认识选择性知觉的力量

全球化时代是一个信息爆炸的时代,海量信息铺天盖地,人们必须学会有选择性地接受。某种意义上,当知识和信息不再是精英专属物而越来越平民化时,在众多知识和信息中的选择能力对于个体往往更具有决定意义,这就是常说的"选择更重要",所选即所是,选择的是一种方向和价值观,选择性知觉的过程往往受到文化的影响。

在集体主义文化中,人们更加看重社会关系的和谐稳定,不太关注个人的表现。例如,在中国伦理文化中,家庭往往排在首要位置。当家人犯罪了应该怎么办?不同文化背景中的选择可能就不一样。我国传统文化主张"亲亲相隐",即"父为子隐,子为父隐,直在其中矣"(《论语·子路》),也就是说,除了谋反、谋大逆、谋叛或者家庭内成员间犯罪,父与子(或夫妻、兄弟姐妹之间)可以为对方的其他不法行为进行隐瞒,甚至拒绝出庭作证或作伪证,尽管这一规定在现代刑法中已被包庇罪、窝藏罪所摒弃,但其中所蕴含的伦理思想还存在于人们的文化观念中。与之相关的就是对举报、检举揭发行为的消极看法。在企业中,来自集体主义文化中的个体对企业的不道德行为往往选择沉默,因为他们认为维护集体荣誉更重要,而个体主义文化中的个体可能更倾向于举报,因为这与其价值观不符合。

因此,当我们到其他国家去工作时,必须意识到,在国内为人重视的东西在其他文化中可能就不为人重视。对此,我们必须发挥选择性知觉的作用,忽略在国内看来很重要,但国外没人注意的一些行为、角色和价值观。同样,我们也必须意识到,所工作的国家的人们也会存在选择性知觉,无意中可能会做出冒犯我们的行为。

2. 关于文化与行为的三种假设

1)行为一致性假设

一般而言,通过文化能预测人的行为。但是,理解了文化并不一定能保证预测成功。在国际商业活动中,经常存在一个不太准确的假设——如果理解了东道国的文化,就能理解该国的人会如何思考和行动。例如，当我们理解了美国文化时，就会预测美国人对我们的态度、对我们的期望以及可能采取的行为方式，我们也就知道了如何与他们相处。

但是，人类有着非常强悍的适应能力，当你自认为已经理解了他们的时候，他们又不按照原来的方式行事了。因为，当他们将你视为外国人时，已经意识到你可能不理解他们的文化，继而可能改变自己的行为方式来与你相处，正像你会改变自己的行为方式以适应他们的文化要求一样。根据美国社会学家查尔斯·霍顿·库利提出的"镜中我"理论，人的行为很大程度上取决于对自我的认识，而这种认识往往是通过与他人的社会互动来形成的，他人是自我的一面"镜子"。这就是说，人们通常会按照别人的期望或评价来调整自己的行为，这增加了行为预测的难度。

简而言之，了解文化规范和行为仅是一个起点，还不能保证你足以应对文化差异可能带来的困境和冲突，必须意识到你和你所接触的外国人都可能会按照对方的期望来调整自己的行为。因此，必须保持开放的心态，保持足够的应对不确定性的忍耐力，从身边的各种情境中灵活学习。

2）文化同质性假设

这一假设认为同一文化内部是同质的，即来自同一文化背景中的个体是完全相同的。社会成员在社会化过程中，该社会的文化模式，包括价值、信仰、语言和其他符号等会内化为该成员的人格系统，在社会中形成具有共同心理特质、性格特点的普遍性社会人格，因此经常会有"你是哪里人"的说法，意味着来自某个地方的人就有与之文化相一致的人格特征。但是，人是具有主观能动性的社会性动物，个体在社会化过程中，既会遵循社会化的一般过程，同时其独有的性格、经历的差异会造就独特的人格系统，继而导致行为上的差异。

因此，行为一致性假设是一种简单而呆板的固化思维。在任何文化内部，个体性格和经历都会有很大差异。有效的跨国企业的管理者，在有证据证明其思想与现实相矛盾时，应该改变甚至抛弃自己的固有思想。

3）文化相似性假设

与文化同质性假设的逻辑相似，文化相似性假设认为，只要在和自己有相似文化的国家或地区开始国际化进程，就会很容易成功。事实上，相似文化背景并不一定容易取得成功。一方面，很多管理者将"相似"看成"相同"，因此会理所当然地站在自己的角度思考问题，误将自己的文化模式等同于相似的文化模式，进而忽略确实存在的文化差异，相似经常导致粗心。另一方面，相似毕竟只是"似"而非"是"，相似意味着不同，意味着一定的心理距离。

例如，中国和韩国同处于东亚地区，属于儒家文化圈，但这并不意味着没有文化差异。2004—2005 年，上海汽车公司（以下简称"上汽"）收购韩国双龙汽车（以下简称"双龙"），成为绝对控股的大股东。这一并购行为一度被视为我国企业走出去的标杆，但并购后双龙并未给上汽带来理想中的业绩。2009 年，双龙申请法院接管，上汽正式放弃对双龙的经营权，这也意味着上汽对双龙的并购失败。①究其原因，文化差异和相互认同的障碍，阻碍了双方的有效整合。作为跨国企业的管理者，必须将相似等同于差异，只有这样，才不会被"相似"所误导。

当我们从文化角度来思考跨国经营中的伦理困境时，上述关于行为与文化的三种假设，都可能是不正确的，但这并不是告诉大家我们对此无能为力，而是要提醒大家不仅有必要理解不同文化的特征，还有必要清楚地意识到文化的相对性，时刻保持清醒和灵活，不能陷入"自负"的陷阱。

7.2.3　制定国际性商业伦理规则的必要性

企业在走向全球化的过程中，由于不同国家和地区间的政治、经济、文化、宗教等各个方面的差异，难免会产生商业伦理冲突和困境，产生这些冲突和困境的根本原因在于文化的差异。当东道国的商业伦理规范和经营方式与母国不同时，应该以哪一种规范为准？"文化堕距"理论告诉我们，文化具有堕距性，企业不能也不可能等到这些文化共生共荣达成一致后再开始其国际化进程。文化有差异，但也有共同性，这就需要我们寻求共同的商业伦理规则。

从实践来看，跨国企业在国际化经营中遇到的商业伦理困境可能涉及五个层次：个人层次、企业层次、行业层次、国家层次、国际层次。每一层次的商业伦理问题表现各不相同，如何应对和解决？学者们提出了一个叫伦理置换（Ethical Replacement）的解决技巧，即将某一层次的商业伦理问题置换到另一层次去思考，并寻找解决之道。例如，个人层次所遭遇的商业伦理困境，可能只有在企业层次上才能找到有效的解决办法；企业层次的困境也许是整个行业普遍存在的问题，需要行业结构的改变；行业层次的困境则要求国家法律、政策的调整和改变；而国家层面的商业伦理困境，如污染、劳工问题等，可能需要国际层面的合作，建立或改变国际规则；而国际层次上的困境，可能只有通过国家层面和国际层面的同步活动才能得到解决。

因此，对于跨国企业而言，当其遇到的商业伦理困境涉及行业、国家、国际层面的问题时，最好的办法就是寻找被广泛认可和接受的国际性商业伦理规则。这些规则对于跨国企业和东道国都是有利的，既有利于企业解决在国际经营中遇到的商业伦理冲突和困境，也有利于东道国维护其国家利益。幸运的是，实践中已经发展出一些被各方认可和接受的国际性商业伦理规则。

7.3　行动策略与规则

7.3.1　商业伦理培训与指导

全球化的世界瞬息万变，文化差异及其冲突随处可见。跨国企业应对全球化经营中

---

① 余典范. 中国企业海外并购文化整合失败的案例与经验教训[J]. 企业文明，2013（9）：27-29.

商业伦理冲突和困境最直接的办法就是为管理者和员工提供培训和指导。

在培训之前，有必要了解管理者和员工跨文化适应的能力。2003 年，有学者提出用文化智商(Cultural Intelligence)来描述个体适应跨文化生活的能力。文化智商包含三部分：①知识构成——个人对新文化的了解程度以及了解新文化的方法；②动力构成——适应新文化的个人信心和动机；③行为构成——将知识和动力付诸实践。一般来说，文化智商中动力较高的个体，更有兴趣探索不同文化，更有信心适应新环境，因而能更好地适应外派工作。当然，文化智商并非是天生具有的，企业可以通过培训来提升管理者和员工的文化智商。

研究表明，跨文化培训有如下益处：①增进管理者和员工的幸福感和自信心；②改善与东道国民众的关系；③正确地理解东道国的文化群体；④增强对新文化的适应能力；⑤获得更高的绩效。

不仅要对驻外管理者和员工进行培训，还有必要对他们的配偶和家人提供培训和支持。配偶和家人通常会跟随驻外的管理者和员工，他们的态度、行为以及对生活的幸福感知会严重影响管理者和员工的适应能力与留任意愿。另外，管理者的层次越高，其配偶对企业的影响力就越大。因此，这种延伸培训和指导是有必要的。

商业伦理培训的内容很广，从商业实践来看，应该包括：如何识别特定情境中的商业伦理问题？在特定情境中如何谈判？如何处理回扣和贿赂？如何从事与商业伦理相关的商业伦理活动？等等。

首先，识别商业伦理问题往往是应对商业伦理困境的第一步。不同文化对同一现象的看法也许不同，在母国文化中视为重要商业伦理问题的，在东道国可能不受重视。例如，童工问题在很多国家都视为非常重要的商业伦理问题，但在经济落后、非常贫穷的非洲、南亚等一些国家可能并不是人们最为看重的问题。应对这种商业伦理问题的方式可能与在母国就不一样。

其次，在国际贸易中，谈判成为越来越频繁的活动，但是文化差异会影响到谈判者所能感知的谈判目的、谈判风格、谈判策略、冲突解决方式，以及心理战术、欺骗行为、肢体动作的使用等。例如，集体主义文化中的谈判者，初次合作更可能以建立关系为目的，因此往往会避免直接冲突，如果冲突不可避免也不会直接爆发，而是选择更加委婉的方式拒绝，如"我会认真地考虑一下你的要求"。当冲突发生时，集体主义者也偏好相互妥协的调解，因为这种方式会带来和谐关系，不到万不得已不会对簿公堂，但是个人主义者更喜欢判决，因为这种方式在他们看来更加公平。

最后，回扣和贿赂是跨国企业最常遇到的商业伦理问题之一，可能也是最为棘手的商业伦理困境。理论上，任何一个国家或地区，都会立法禁止贿赂和腐败行为，包括商业贿赂和腐败。但是，在任何一个国家或地区，都会存在贿赂和腐败行为。相对而言，腐败治理情况与一个国家的政治体制、法律实施、历史传统等有紧密联系，有些国家腐败程度低，营商环境良好，有些国家腐败程度严重，回扣和贿赂是被广为接受的。如果你不贿赂某人就会损失惨重，你会怎么办？

这是一位同学提供的真实案例：其所在的 A 公司是我国一家大型建筑企业，在刚进入非洲某国市场时就遇到当地上马一个大型项目，参与投标的还有日本、印度等几家企业，尽管各有优势，但从资历和综合实力来看，A 公司无疑是最强的，并且报价也是最低的。当地一位负责招标的官员明确告诉 A 公司，他们最希望 A 公司中标，且 A 公司的确也最具竞争实力，但是必须给其团队一笔数目不小的好处费，因为其他几家公司已经表示会给他们好处费。作为一家急于打开当地市场的跨国企业，如能拿下该项目，对 A 公司在当地乃至整个非洲的发展可以说非常重要。如果你是 A 公司在当地的业务负责人，你会怎么办？

在课堂讨论时，曾有同学说，应该答应该官员的要求，理由是：其他公司都在给好处费，如果 A 公司不答应，将会处于竞争劣势；拿下该项目有利于 A 公司迅速打开市场，站稳脚跟；以更低的价格中标，而提供同样甚至更高质量的建筑，对当地老百姓来说是有利的；当地法律不够健全，且民众普遍认可贿赂行为，行贿不会有法律风险……这些理由是否足够充分？如果答应了该官员要求，会有什么后果？如果拒绝该官员要求，是否有其他合理的办法进行补救？

>>> **拓展阅读**

联合国反腐败公约

经合组织反贿赂公约

（扫码阅读）　（扫码阅读）

在某些国家，允许向底层官员或商业伙伴提供一种被称为"润滑费"或"疏通费"的小额酬金，以便使他们更快、更好地行使自己的职责，这在欧美国家也称为"小费"。但是，这种疏通费不能对最终决策或结果产生实质性的重要影响。因此，首先必须确定小额酬金是否违反当地法律。但是无论如何，数目不小的好处费在任何一个国家或地区，都会被视为贿赂，都会触犯法律。幸运的是，上述同学所在的 A 公司没有答应该官员的要求，坚守住了底线，最后也中标了。

总而言之，从个人角度来说，在海外任职充满了商业伦理挑战。商业伦理培训是必要的，也许很多人已经具备了这些商业伦理知识，更重要的是如何将培训所学或所知运用到商业实践中。如果能保持开放和灵活的心态，保持诚信和理智，就已经迈出了成功的第一步。

7.3.2　设立商业伦理门槛

1．寻找道德共识

上面在讨论回扣和贿赂时提到，不同文化中的商业"实践"确实各不相同，有些国家或地区的腐败现象更为严重，有些国家则相对更为廉洁和透明，但这并不意味着关于商业实践的商业伦理价值观和标准完全不同。在人类社会发展过程中，积淀了为人类社会普遍认可和接受的一些道德标准。例如，古今中外的所有人类社会中，关于"诚实"的名言警句和故事数不胜数，即便是在最糟糕的商业环境中，大家都承认"诚实"是难能可贵的道德品质。

因此，认识和理解这些共同的道德标准就成为我们从事商业活动的一个基本前提。如果能够区分出普遍行为和价值观，那么就能够将这些道德标准运用于海外的商业实践中。一般来说，与个人生命安全、人格尊严相联系的价值观是现代文明社会所公认的道德规范，如"不可杀戮""不可偷盗"。在人与人的社会交往中，尊重他人就是尊重自己，"你要别人怎么待你，你也要怎么对待别人"，第 2 章曾提到的推己及人的黄金法则，在不同文化和宗教教义中都是最基本的道德律令。

这说明不同文化间具有道德共识。人类社会所共享的道德共识，为我们商业实践提供了商业伦理门槛。当然，商业世界远要复杂得多，很多相似的价值观在不同文化中会有不同的诠释。例如，关于诚信的解释，我国文化偏重于"诚"，无"诚"即无"信"，而英语中缺少与"诚"对应的单词，因此更偏重于"信"，即基于契约观之上的信用与信任。当然，这种诚信观也在转变。例如，在美国，"货物出门概不退换"，传统观念认为买家须自行当心，这一规则是合理的，现在则认为这一规则违背了诚信。又如，公正是所有文化普遍认可的，但在不同文化或者不同历史阶段，人们的解释或关注点也不同(第 2 章有所讨论)。

除了积极的被广泛接受的道德共识，还有消极的被普遍反对的道德共识，这些价值观正因为是人类普遍反对的，往往被列入法律进行明确禁止，如童工问题、腐败问题等。

2．反对伦理相对主义与道德帝国主义

全球化是一个多元化的时代，各种价值观和道德规范多元共存。随着商业实践的发展，尤其是一些国家凭借其传统优势坚持自我中心主义，对于国际规则"合则用不合则弃"，似乎越来越难以寻找到人类的道德共识。对此，必须明确两个观点：一是要坚决反对伦理相对主义；二是要坚决摒弃道德帝国主义。

伦理相对主义认为，没有哪一种文化的伦理比其他任何文化的伦理都好，宣称"入乡随俗"，因此，不存在绝对的权利和对与错。例如，在中东一些国家，主张大多数管理岗位不能雇用妇女，否则违法，那么，在那里经营的跨国企业就应该接受并采用这一准则，即使这样做违反了本国的准则。还有，如果东道国没有环境保护法，根据这一观点，跨国企业就无须顾忌环境标准。如何看待这种在东道国合法，但被大多数国家或国际社会普遍反对的规则呢？

美国学者贝拉斯克斯认为，在评价国外经营的政策和行为时，虽然必须考虑当地的法律、法令、经营惯例、发展水平、文化等因素，但也不能简单地不加分析地接受当地的标准，跨国企业的管理者仍然必须进行商业伦理分析，从功利主义、道义论和美德论角度进行全方位考虑。具体来说，可以按照以下步骤进行分析。

首先，立足于企业层面分析，在当地的文化背景下，企业的该政策或行为意味着什么？在商业伦理上是否可接受？是否严重违背了功利主义原则、权利原则、公正原则、关怀原则，以至于在商业伦理上不可接受？从美德论角度看，是否有利于实践和促进高尚的品德？

其次，结合东道国的实际情况分析，结合东道国的技术、社会、经济发展水平以及政府为促进发展正在采取的措施，企业的该政策或行为的结果，从功利主义原则、权利原则、公正原则、关怀原则和美德论角度看，在伦理上是否可以接受？在东道国的环境中实施发达国家的严厉的法律或惯例，对东道国及其发展会造成伤害吗？是否更加符合功利主义原则、权利原则、公正原则、关怀原则？是否有利于实践和促进高尚的品德？

再次，在合法性基础上进一步思考，如果企业的该政策或行为是东道国政府的法律、法令允许甚至要求的，那么需要问一下，这是否符合东道国所有民众的利益？是否违背了功利主义原则、权利原则、公正原则、关怀原则？从美德论角度看，是否应该受到谴责？

最后，需要思考，如果按照母国的标准，企业的政策和行为在法律和道德上是否有问题（如性别歧视、行贿等）？那么不采用这种做法，在东道国中从事经营是否可行？如果不可行，这种做法对功利主义原则、权利原则、公正原则、关怀原则的违背是否严重到了要从该国撤出的程度？从美德论角度看，这种做法的危害是否已大到要从该国撤出的程度？

与伦理相对主义相联系的是道德帝国主义，即假设存在一种绝对真理，要求人们在任何文化下都只能遵循一种标准，采取一种行为，这一标准在任何情况下都是最好的，这一行为在任何情境中都是正确的。这是很危险的，这可能会涉嫌种族中心主义和文化中心主义，导致灾难性的后果。例如，关于自由的看法，自由和秩序、自由和忠诚，哪个更重要？集体主义文化和个人主义文化对此有不同观点，但可能谁都没有错，谁也不绝对正确。又如，关于人权的看法，人权的含义到底是什么？人权中的生命权、自由权、发展权等如何平衡？人权是否可以超越任何权利？甚至凌驾于一国的主权之上？人权是否就只有一种标准？等等。

如何在伦理相对主义和道德帝国主义之间保持平衡？这就需要寻找道德共识，设立商业伦理门槛，继而把商业伦理门槛所设立的一般性原则，结合公司实际情况具体化为行动的指导方针，细化为可操作的措施，通过行为守则、帮助热线、组织绩效评估和奖励系统等，推动企业坚守住伦理底线，做一个良好的企业公民。当搜寻不到商业伦理门槛时，就需要从功利主义、道义论和美德论等角度，结合具体情况进行分析，但一定要记住，不能陷入伦理相对主义和道德帝国主义的窠臼中。

7.3.3　寻找共同规则

全球企业公民，意味着"能使企业遵守数量有限的一般道德原则（称为超规则），尊重那些与超规则一致的当地文化，尝试一些将当地的习惯与超规则相协调的做法，然后为了企业、当地利益相关者以及更广泛的全球社会利益进行系统学习"[①]。这里的超规则，就是前面所讲的道德共识和伦理门槛。事实上，这种超规则非常抽象，在商业实践中难以把握。在过去的五十多年间，随着全球化的发展和全球商业实践的深入，联合国组织、

---

① LOGSDON J M. Global business citizenship： applications to environmental issues[J]. Business and Society Review，2004，109（1）：67-87.

国家间组织或国际组织及跨国企业等都在探索制定并致力于推动一些能指导实践的共同规则，引发了一场"跨文化企业伦理"运动。尽管有些规则同样需要结合具体情况分析，但大部分规则具有很强的指导意义。

1．国际公约、原则与倡议

国际公约、原则与倡议是跨国企业或者企业国际经营中非常重要的企业社会责任规则体系。这些规则体系涵盖了保护劳工权利、维护消费者权利、保护生态环境和可持续发展等内容。下面简要介绍几种主要的规则。

1) 联合国"全球契约"

1995 年，在世界发展首脑论坛上，前联合国秘书长安南提出了"社会规则""全球契约"的设想。1999 年 1 月，在瑞士达沃斯世界经济论坛年会上，安南正式提出"全球契约"计划，呼吁和动员全世界跨国企业携手政府等公共机构共同致力于应对全球化进程中的各种挑战，参与解决人类共同面临的一些世界性重大问题，推进全球化朝积极的方向发展。2000 年 7 月，该计划在联合国总部正式启动。2004 年，"全球契约"首届峰会在联合国总部召开。

"全球契约"计划是一个企业自愿参与的社会责任倡议，目标是将良好的企业公民精神嵌入企业管理策略和决策中，推动企业与各利益相关者一道努力，号召各企业在人权、劳工标准、环境保护和反贪污方面共享价值标准和伦理准则，实施一整套必要的社会规则，即"全球契约"。该计划包括十项原则，这些原则来自《世界人权宣言》、国际劳工组织的《关于工作中的基本原则和权利宣言》以及关于环境和发展的《里约原则》等，具体内容见表 7-3。

表 7-3 "全球契约"十项原则

人 权	劳 工	环 境	反 贪 污
1．尊重和维护国际公约规定的人权 2．绝不参与任何漠视与践踏人权的行为	3．维护结社自由，承认劳资集团谈判权利 4．消除各种形式的强迫劳动 5．消除童工 6．杜绝用工歧视与职业歧视	7．对环境挑战未雨绸缪 8．主动承担更多的环保责任 9．鼓励无害环境技术的发展和推广	10．反对任何形式的贪污、勒索和行贿受贿

2) 国际人权公约

国际人权公约是联合国有关国际人权保护的三个公约的总称。这三个公约分别是《经济、社会、文化权利国际公约》（A 公约）、《公民权利及政治权利国际公约》（B 公约）和《公民权利及政治权利国际公约任择议定书》（B 公约议定书）。上述三个公约以《世界人权宣言》为基础，删除了该宣言中一些引起各国争议的条款，并增补了一些未涉及的内容，如应当以法律形式禁止"任何鼓吹战争的宣传""任何鼓吹民族、种族或宗教仇恨的主张"。其中最重要的增补是，确认"所有民族均享有自决权"和"自由处置他们的天然财富和资源"的权利。

除了上述三个公约，涉及人权的重要性国际公约还有《消除一切形式种族歧视国际公约》《消除对妇女歧视宣言》等。1948 年 12 月 10 日，第三届联合国大会通过《世界人权宣言》。其中，中国代表张彭春，以儒家的知识和智慧，为成功起草《世界人权宣言》做出了杰出的贡献。但它不是一项国际公约，不具有法律效力，被认为是对《联合国宪章》的权威解释。其他公约，我国已经签署并生效，具有法律效力（见表 7-4）。以联合国名义发起的重要宣言还有 1992 年通过的《里约环境与发展宣言》，该宣言包括 27 条指导环境政策的原则，但没有约束力。

表 7-4　主要国际人权公约

国 际 原 则	年　份	关 注 重 点	我国签署情况
世界人权宣言	1948	人的基本权利	主要起草国
消除一切形式种族歧视国际公约	1963	种族歧视	1981 年签署 1982 年生效
经济、社会和文化权利国际公约	1966	人权	1997 年签署 2001 年生效
公民权利及政治权利国际公约	1966	人权	1998 年签署
消除对妇女歧视宣言	1967	女性权利	1980 年签署 1980 年生效

除了国家或政府间所主导的公约和规则，一些知名企业、学者们也提出全球商业原则或标准，其中有广泛影响力的包括：①经济合作与发展组织的《跨国公司行为准则》（*Guidelines for Multinational Enterprises*），提出了一系列自愿性建议，内容涉及一般政策、信息发布、劳资关系、环境、反对行贿、消费者利益、科学技术、竞争、税收等；②社会责任国际和透明国际组织于 2002 年召集多方组织发布的《反行贿商业原则》；③沙利文全球原则（*Sullivan Principles*），针对 20 世纪 70 年代南非种族隔离政策所产生并扩展至全球的一项原则，旨在保证员工公平待遇、结社自由等权利；④考克斯圆桌商业原则（*Caux Round Table Principles for Business*），由欧美和日本一些企业共同协商并于 1994 年出版的商业原则，旨在贯彻实施两项基本原则——人类尊严和为了公益而共同生活工作以促进共同繁荣；⑤其他知名学者提出的原则或标准。例如，乔治为美国企业提出的国际经营五条标准（最低道德标准——在国际上不能造成直接伤害；必须对东道国有好处；尊重东道国工人、消费者和所有其他人的人权；在国际和国内层面推进公正制度的发展；尊重东道国的法律及其文化和当地价值）[1]。

2. 行业生产守则

上述公约、原则与倡议是面向所有企业的社会责任规范，在某些行业领域，一些国家或地区的企业、相关机构也提出了某一行业领域内的企业社会责任行为准则。

1）欧洲外贸协会 BSCI 倡议

欧洲外贸协会（Foreign Trade Association，FTA）1977 年成立于比利时的布鲁塞尔，是代表欧洲贸易中对外贸易业者的组织，是欧洲唯一专门从事外贸事务的专业协会，会

---

[1] 乔治. 企业伦理学[M]. 7 版. 王漫天，唐爱军，译. 北京：机械工业出版社，2012.

员几乎涵盖了欧洲所有的零售商协会及零售企业。从 2002 年起，FTA 致力为欧洲许多不同的行为守则和监督体系建立一个共同的平台，制定共同的行为守则。2003 年 3 月，正式倡议商界社会责任行动，并制定了欧洲商界遵守社会责任的行为守则(Business Social Compliance Initiative，BSCI)。该行为准则包括：遵守法律；结社自由和集体谈判权利；禁止歧视；补偿；工作时间；工作场所安全；禁止雇佣童工；禁止强迫劳动；环境和安全问题等。

BSCI 是一个行业解决方案，主要目的是为其会员和与会员相连带的供应商、生产厂家提供一个国际通用的遵守社会责任的可行性监督体系。2018 年 1 月起，FTA 正式改名为 Amfori，中文名为全球贸易协会，在参考联合国颁布的《2030 年可持续发展议程》基础上，提出了新战略愿景"Vision 2030"，为所有致力实现可持续发展目标(SDGs)的企业提供实际支持。

2) 公平劳工协会：工作场所生产守则

公平劳工协会(Fair Labor Association，FLA)，1999 年于美国正式成立，是一个非营利性组织，致力于团结工业界、非政府组织和大学等各方力量，共同促进工作条件的改善和国际劳工标准的遵守。FLA 开展独立的监督和认证活动，委派独立的监督员对工厂进行检查，确保"工作场所生产守则"得到严格遵守，并通过出版《年度公开报告》，为消费者和经营者提供可靠信息，指导其进行负责的购买活动。

FLA 的工作场所生产守则适用于所有企业，主要针对为美国市场生产名牌产品的企业，其会员企业必须在以下方面进行内部监督：①车间内通信标准；②企业监督员培训；③定期访问和审查以保证合格；④为工人提供保密报告机制；⑤同当地劳工、人权或宗教组织加强联系；⑥建立问题补救和 FLA 结果通知机制。

3) 中国纺织工业联合会 CSC9000T 标准

2001 年，我国正式加入世界贸易组织，以更加开放、透明、负责任的态度参与国际经济秩序的构建。我国纺织工业受益于这一世界性的制度红利，为了响应这一趋势，中国纺织工业协会(2011 年改名为中国纺织工业联合会)于 2004 年 7 月开始酝酿，2005 年 5 月 31 日正式成立社会责任建设推广委员会，下设社会责任办公室作为常设执行机构，作为我国第一个推动社会责任工作制度化的行业组织，开创了我国行业社会责任实践的先河，同时也为世界纺织贸易和经济发展做出重要贡献。

2005 年，中国纺织工业协会社会责任建设推广委员会推出了中国纺织企业社会责任治理体系(CSC 9000T 标准)。CSC9000T 标准基于我国国情，依据我国相关法律法规和有关国际公约及国际惯例，对纺织业中企业社会责任的要求进行了较全面的规定，内容包括社会责任管理体系、歧视、工会组织与集体谈判权、骚扰与虐待、职业健康与安全、环境保护和公平竞争等十二个方面。CSC9000T 标准在 2008 年和 2018 年进行了修订。2018 版 CSC9000T 标准修订的重要特点之一就是面向我国海外投资企业，为我国"走出去"的纺织服装企业提供履责指引，为企业满足法律和多种标准合规要求提供通用工具，为企业供应链管理提供尽责方法。

此外，比较有影响力的行业生产守则还有欧洲洁净成衣运动(Clean Clothes Campaign，CCC)、国际玩具业协会(International Council of Toy Industries，ICTA)商业行为守则等。

3. 多利益相关者守则和工具

如前所述，全球性、区域性、行业性的非政府组织和行业组织制定了各不相同的守则，同时很多跨国企业也制定了自己的社会责任守则。跨国企业既要推广本公司的社会责任守则，又要遵守各种行业性、区域性或全球性的守则，零售商、供应商和生产工厂等各利益相关者不得不花费大量人力、物力和财力用于守则的实施。公众和消费者对跨国企业这种缺乏透明度的内部监督体系也很不满意。跨国企业和公众一方面都希望建立一个类似于ISO9000标准，可全球通用的社会责任国际标准，另一方面也希望建立一套独立的认证认可机制，提高社会责任审核的透明度和公信力。从目前来看，社会责任国际标准主要有三个。

1) SA8000社会责任国际认证

随着企业社会责任全球化的开展，社会责任审核也相应地在全球范围内不断扩展，有必要制定通用的社会责任国际标准和规范，确立与公众相同的价值观和道德准则。1997年年初，一家专门从事社会责任及环境保护的非政府组织经济优先权委员会(Council on Economic Priorities，CEP)成立认可委员会(Council on Economic Priorities Agency，CEPAA)，着手制定社会责任标准——SA8000标准。2001年，经济优先权委员会更名为社会责任国际组织(Social Accountability International，SAI)，并于2011年12月12日发表了第一个修订版。为保证其连续性和适用性，该标准每五年修订一次，先后经历了2004年、2008年、2014年和2018年的修订。

SA8000的内容主要源于国际劳工组织宪章，禁止强迫劳动、结社自由的相关公约，联合国人权公约(包括《儿童权利公约》《世界人权宣言》)，旨在通过有道德的采购活动保护工人基本权利，改善劳动环境和工作条件，最终达到公平而体面的工作条件。SA8000的主要内容涉及童工、强迫劳动、健康与安全、结社自由和集体谈判权、歧视、惩戒性措施、工作时间、工资报酬、管理体系等内容(见表7-5)。

表7-5　SA8000主要内容及特征

主要内容(9要素)	特　征
童工、强迫劳工、健康与安全、结社自由和集体谈判权、歧视、惩罚性措施、工作时间、工资报酬、管理体系	1. 将劳工标准与订单挂钩：赚取利润的同时承担环保和保障劳工权利等社会责任 2. 对资本权力的制约：防范不合理工资、超强度劳动、不安全劳动环境、雇用童工、体罚等侵犯劳工权益的事情 3. 提倡仁义道德：延伸到产业链

SA8000是全球第一个社会责任认证标准，是继ISO9000、ISO14000之后出现的又一个重要的国际性标准。该标准适用范围既包括发达国家也包括发展中国家的所有企业，既适用于工商领域任何行业及企业也适用于公共机构。该标准的内容与我国的一些法律相关，如《中华人民共和国劳动法》《中华人民共和国未成年人保护法》《中华人民共和国安全生产法》《中华人民共和国工会法》《中华人民共和国妇女权益保障

法》《中华人民共和国残疾人保障法》等，其中我国法律关于童工、劳动时间、最低工资的规定更为严格。随着这一标准在世界范围内的认可度越来越高，对我国企业的影响也日益突出，尤其是对劳动密集型企业的人力资源管理、企业技术的保密工作等形成了挑战。

2）ISO14001 环境管理标准

随着环境责任在企业社会责任中越来越重要，为了强化对企业环境行为的约束与规范，国际标准化组织（International Organization for Standardization，ISO）于 1992 年成立了 TC207 工作组，借鉴 ISO9000 标准的成功经验，负责制定环境管理标准，并于 1996 年 9 月正式推出 ISO14001 系列标准。

该标准旨在为企业规定有效的环境管理体系要素，支持环境保护和预防污染，协调企业与经济需求和社会需求的关系。该标准适用于各种类型、各种规模的组织，包括企业、事业及相关政府单位，并适用于各种地理、文化和社会条件，包括发达国家和发展中国家。ISO14001 环境管理体系包括 SC1 环境管理体系（EMS）、 SC2 环境审核（EA）、SC3 环境标志（EL）、SC4 环境行为评价（EPE）、SC5 生命周期评估（LCA）等七个系列的环境管理标准。

3）ISO26000 社会责任指南

在全球化浪潮中，随着企业社会责任从理念、战略向企业经营各个环节的渗透，国际标准化组织于 2001 年进行了社会责任国际标准的可行性研究和论证。2004 年 6 月，国际标准化组织决定开发适用于包括政府在内的所有社会组织的"社会责任"国际标准化组织指南标准。该指南标准由 54 个国家和 24 个国际组织参与制定，广泛联合了包括联合国相关机构、GRI 等在内的国际相关权威机构，充分发挥各会员国的技术和经验优势。2010 年 11 月 1 日，ISO 在瑞士日内瓦正式发布了编号为 ISO26000 的指南标准，这是 ISO 在 ISO9000 和 ISO14000 之后制定的最新标准体系。

ISO26000 指南标准包括了七项原则和七个核心主题。七项原则是：①承担义务，对社会及环境承担责任；②透明度，就其影响社会、环境的决策及活动保持透明化；③道德行为，时刻遵循道德行为规范；④尊重利益相关方，尊重、考虑及回应所有相关方的所有关切；⑤尊重法规，尊重及遵守法规要求；⑥尊重国际行为标准；⑦尊重人权。七个核心主题包括：①组织的治理；②人权；③劳工惯例；④环境；⑤公平运营实践；⑥消费问题；⑦社区参与和发展。

ISO26000 与 SA8000 两个标准的发起组织不一样，前者侧重于各种组织生产实践活动中的社会责任问题，目标在于为组织履行社会责任提供可参考的指南性标准，不是一个认证标准，因此企业或组织自主申请执行，而后者旨在确保供应商所提供的产品要符合社会责任标准要求，是一个可认证标准，多为企业客户要求执行的，而"认证"可能被指责为"贸易壁垒"。与 SA8000 及其他国际标准相比较，ISO26000 最重要的贡献之一是颠覆社会责任的传统认知，即用社会责任（SR）代替企业社会责任（CSR），强调"社会责任"是所有组织而不仅仅是企业应尽的责任。其根本目的是扩大社会责任的适用范围，这意味着，社会责任不仅仅是"企业的"，从主体上看，其他各类组织和个人也是社会责任的主体；从行为影响来看，社会责任不仅仅与企业相关，早已渗透到社会和环境，更重要的是，社会责任不仅仅是理念和理论，需要从"是否应该做"转向"具体做什么"。

除了上述国际标准，2015 年 6 月 2 日，国家质检总局和国家标准化管理委员会联合发布了社会责任系列国家标准，包括《社会责任指南》《社会责任报告编写指南》《社会责任绩效分类指引》等。此外，还有些非政府组织专注于企业的可持续发展。例如，成立于 1995 年的世界可持续发展工商理事会（World Business Council for Sustainable Development，WBCSD），成立于 1997 年的全球报告倡议组织（Global Reporting Initiative，GRI），持续发布《可持续发展报告指南》，成为企业可持续发展的重要参考。

4．公司内部生产守则

进入 21 世纪后，越来越多的跨国企业不仅积极加入各种社会责任的国际组织或协会，同时也根据本国的法律法规要求，参考借鉴国际规则和标准，制定公司内部的生产守则或社会责任指南。如国家电网、中远集团、中铝集团、中钢集团等我国企业，耐克公司、李维斯等国外企业。2006 年 3 月，国家电网率先发布了《2005 年企业社会责任报告》，成为第一家发布企业社会责任报告的中央级企业。2021 年 6 月 5 日，国家电网首次发布《国家电网有限公司 2021 环境保护报告》（以下简称《报告》），《报告》包括旗帜领航、担当作为、精益管理、绿色行动、履责亮点、展望承诺六大部分，展现了国家电网在环境保护领域所采取的积极举措和突出成效。

本章小结

1．全球化问题集中在国际化经营的跨国企业身上，这些商业伦理问题涵盖生产经营、营销、财务和人力资源管理等所有功能领域，主要表现为血汗工厂、不公平薪酬、互联网安全和隐私、攻击性营销、市场歧视、文化歧视、腐败、垄断、卫生保健问题、转移定价、有害产业转移等，本质是如何公平对待各类利益相关者。

2．跨国企业在国际经营中会遇到两种挑战：一是企业合法性问题，二是运用何种规则处理商业伦理困境的问题，这两种挑战是商业伦理问题产生的根源。

3．不同国家的员工和管理者在五个方面表现出差异：个人主义与集体主义、权力距离、避免不确定性、男性作风与女性作风、长期化与短期化导向。

4．文化对人的行为起着潜移默化的作用，同时文化具有相对性，必须认识选择性知觉的力量。文化有差异，但也有共同性，在全球化商业实践中需要寻求共同的商业伦理规则。

5．跨国企业应对全球化经营中商业伦理困境最直接的办法就是为管理者和员工提供培训和指导。商业伦理培训的内容包括如何识别特定情境中的商业伦理问题、在特定情境中如何谈判、如何处理回扣和贿赂、如何从事与商业伦理相关的商业伦理活动等。

6．全球化是一个多元化的时代，在处理跨文化的伦理问题时，一是要坚决反对伦理相对主义，二是要坚决摒弃道德帝国主义。

7. 在"跨文化企业伦理"运动中，联合国组织、国家间组织或国际组织，以及跨国企业等探索制定能指导实践的共同规则，包括：国际公约、原则和倡议；行业生产守则；多利益相关者守则和标准；公司内部生产守则。

关键术语

血汗工厂　　市场歧视　　文化歧视　　文化差异　　文化维度　　文化相对性
文化同质性　　文化相似性　　商业伦理培训　　商业伦理门槛　　道德共识
伦理相对主义　　道德帝国主义　　共同规则　　全球契约　　生产守则

问题讨论

1. 跨国企业面临的商业伦理问题有哪些？
2. 跨国企业面临哪些合法性问题？
3. 如何理解文化维度对商业伦理问题的敏感性？
4. 如何理解文化与行为的假设？
5. 如何理解制定全球性商业伦理规则的必要性？
6. 商业伦理培训的主要内容有哪些？
7. 如何理解伦理相对主义？
8. 如何理解道德帝国主义？
9. 如何理解"全球契约"计划？

案例分析

请扫码阅读案例，思考以下问题：

1. 案例中的"双重标准"属于哪方面的商业伦理问题？产生的原因是什么？
2. 跨国企业在我国还存在哪些商业伦理问题？
3. 如何治理跨国企业的"双重标准"？
4. 跨国企业应如何获得其"合法性"？

（扫码阅读）

第8章 商业伦理建设

学习目标

1. 理解商业伦理领导力；
2. 掌握正式文化体系；
3. 理解改变组织伦理文化的方式；
4. 掌握企业内部治理的途径；
5. 了解企业外部推动的途径。

开篇案例

请扫码阅读案例，思考以下问题：

1. 客户满意与员工满意之间是什么关系？谁更重要？如何平衡？
2. 胖东来的成功靠的是什么？其中最重要的因素是什么？
3. 如何理解伦理文化在企业发展中的作用？
4. 胖东来的经验是否可以复制？为什么？

（扫码阅读）

思维导图

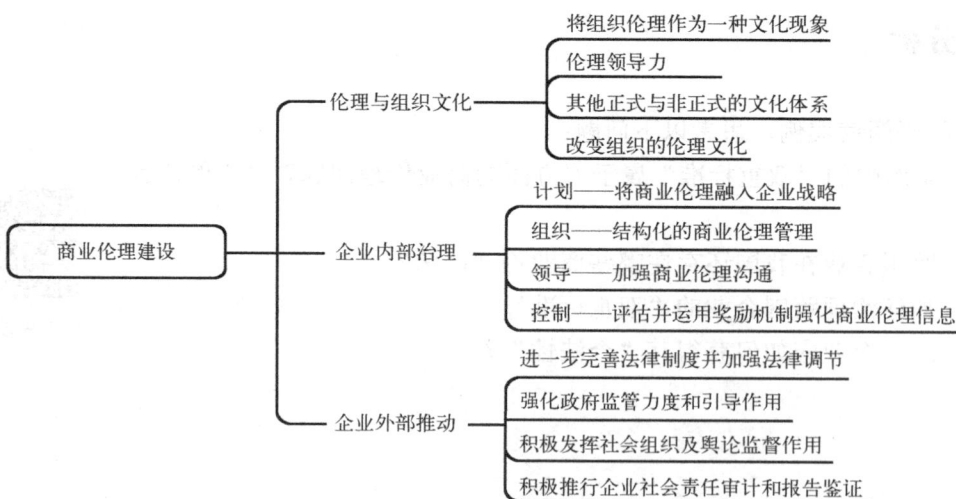

8.1 伦理与组织文化

8.1.1 将组织伦理作为一种文化现象

常言道，"一年企业靠运气，十年企业靠运营，百年企业靠文化"。我们在区别不同组织时，常用"文化"来描述组织的内部世界，也就是说，文化是区别不同组织的根本特征。企业文化是推动企业发展的精髓，也是企业最值钱的一种特殊资产。伦理是组织整体文化不可或缺的部分，因此要推动组织的伦理建设，就意味着要系统地分析组织文化的各个方面，促进各部分的协调统一，推动企业伦理文化的形成，从而通过这些方面的共同作用来支持有商业伦理的行为。

在第 1 章和第 2 章提出了伦理决策过程，伦理决策受个体因素、组织因素、行业/职业因素和社会因素的影响，而大部分员工处于科尔伯格道德认知水平的第 4 阶段，即人们高度关注外界因素并四处寻找行为指导规则。而组织的伦理文化正是这些外部因素中最能影响伦理决策的关键因素。伦理文化会对个人意识、判断和行为产生重大影响（见图 8-1），帮助员工发现伦理问题、做出判断，并选择是做正确的事还是错误的事。

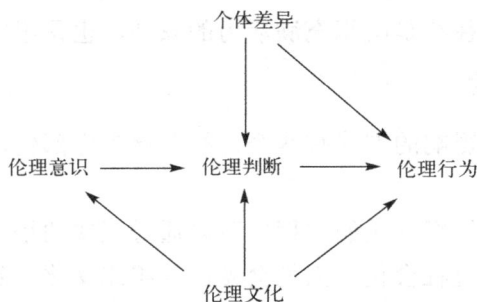

图 8-1　伦理文化对个体伦理决策的影响

1. 组织文化是什么？

正如第 1 章所述，文化概念内涵丰富。这里我们采用人类学家对文化的定义：在某一社会或者某一群体中，由人们已经习得的信仰、传统以及行为指导原则所构成的整体。这就是说，组织文化代表了其成员共有的价值观以及信念和行为准则。美国著名管理学家罗宾斯认为文化是存在于组织而非个人之中的一种"知觉"，即一种共享的"心理模式"，是组织之所以成为组织的社会黏合剂。组织文化的表现形式有很多，既包括正式的公司政策、愿景使命、行为规范、工作环境等，也包括那些非正式的日常规范、语言、庆祝活动、英雄人物和英雄事迹等。组织文化既可能体现为无形的、抽象的价值观念，也可能体现在办公环境、员工衣着，甚至建筑设施等可见的、具体的物体上。

每个组织都有自身鲜明特色的组织文化，即便是在同一地区、同一行业甚至同一办公大楼，组织文化也会有所不同。例如，银行业往往要求员工每天穿着正装办公，这与其严肃的组织文化相符；而互联网企业员工则保持休闲舒适的穿衣风格，以突出其开放自由的办公氛围。组织文化集中体现了一个企业经营管理的核心主张，以及由此产生的组织行为。

2. 强势文化还是弱势文化

组织文化可以是强势的，也可能是弱势的。尽管说强弱之分并没有明确标准，但总体来看，在强势文化氛围中，组织成员拥有共同的行为标准和指导原则，组织价值观和理想信念内化为每一个成员的行动指南。强势文化所包含的行为标准和指导原则甚至可能跨越地域，超越种族文化。在弱势文化中，组织内各个部门或者群体的亚文化更可能成为员工行为的指南，当组织文化与组织内各亚文化相冲突时，组织成员可能会优先考虑所在部门或群体的亚文化作为行为的指南，这是部门主义、本位主义的文化根源。因此，在弱势文化中，组织成员行为的一致性虽说不是完全不可能，但是极其困难的。

当然，这里区分强弱文化，意在提醒大家，在进行组织文化建设或者伦理文化建设时，需明确最终想要达到一个什么样的目标，强弱没有好坏之别。一方面，所谓的强弱并不是恒定的，可能会发生转化；另一方面，弱势并不一定是坏事，在某些情况下，弱势文化可能更加可取。因为弱势文化意味着亚文化很强势，意味着观念、价值观和行为的多样性和包容性，而这往往是组织充满活力的象征，也是组织创新的重要来源。

3. 文化如何影响行为

文化对个体行为产生影响的方式有两个：社会化和内部化。组织文化对组织成员的影响也遵循这两种方式。

社会化是指员工融入组织文化的过程，可以通过正式的培训和学习，或者与同行和上级沟通的方式实现。通过社会化，人们会做出与组织文化一致的行为，因为他们知道组织期望他们这么做。他们的行为可能与自身的偏好没有任何关系，但是因为他们很清楚组织的期望，并做出相应的行为，从而适应这个环境，得到他们在乎的组织内外成员的赞同。社会化是员工适应组织期望的第一步，一旦实现了有效的社会化，那么员工就能够做出与组织文化预期一致的行为，如着装风格、沟通习惯和行为处事方法等。

个人可能按照组织文化做出预期行动的另一个原因是他们将组织文化的期望内化了。通过内化过程，个人将外部的组织文化标准内化为自己的行为标准。如此一来，他们的行为与组织文化保持一致，而且与自身的价值观保持一致。

社会化和内部化既是文化影响个体行为的两种方式，也是文化在个体行为中发生作用的两个阶段。如果说社会化是一个被动适应的过程，那么内部化则是主动选择的过程，被动适应的社会化以主动选择的内部化为终点，而这一终点又构成了下一步社会化的起点。在此意义上，运用社会化和内部化这两个概念能很好地理解员工的道德或不道德行为。例如，当一个员工进入强势道德文化中时，诚实和尊重等观点如果与其信仰一致，就会产生共鸣，很容易内化，这时他的行为就会自然而然符合道德要求，符合组织文化期望。如果与其信仰不一致，刚开始他可能会被动地去做符合道德要求的行为，随着时间推移，强势道德文化会慢慢内化为其行动指南。但不幸的是，很多员工进入组织后，在被社会化过程中，会做出不道德的行为，尤其是那些没有多少工作经验，却又置身于不道德文化背景下的员工。例如，当一位员工身边每一个人都向客户撒谎时，那么这位员工也可能不得不这么做。

4．主动形成组织的伦理文化

伦理文化是更广泛意义上的组织文化中的一个层面，伦理文化的形成与维持是正式与非正式的组织文化体系互动的结果。组织的正式文化体系是指组织领导者或高管的指示、政策与规范、组织结构、选拔体系、培训计划和培训项目、绩效管理体系及正式的决策过程等。组织的非正式文化体系是指日常行为、团建活动、庆祝活动、传说与故事、榜样及英雄人物等（见图 8-2）。[①]正式文化体系维系着组织的正常运转，将组织的价值观和道德信念渗透到组织运行的各个环节，而非正式文化体系赋予组织生命力，使组织充满生机，并且通过非正式文化体系，组织内部与外部成员能够了解正式文化体系所传达的伦理信息是否真实或虚假。

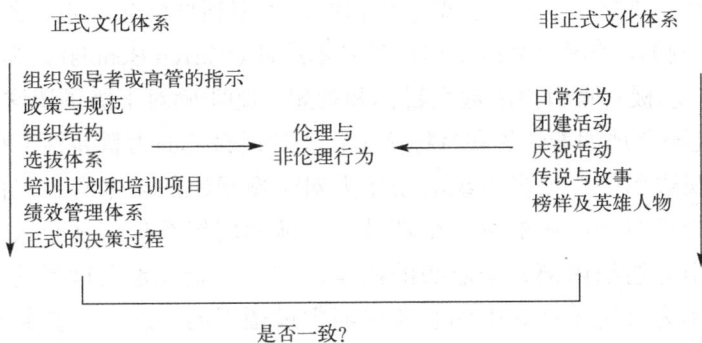

图 8-2　多体系伦理文化结构

为了创建组织的伦理文化，或者说为了创建伦理性的组织文化，必须保持组织正式文化体系和非正式文化体系所传递伦理信息的一致性，通过正式文化体系与非正式文化体系的互动，在组织中营造伦理氛围，支持伦理行为。因此，正式文化体系和非正式文化体系必须向员工传递相同的伦理信息，为员工指明道德行为的方向。例如，如果公司将诚实视为组织的伦理价值观，要求所有员工都必须向客户和同事讲真话、说实话，那么在选拔新员工时，要通过背景调查、面试设问等方式，考察应聘者是否具备诚实品质，在新员工入职时，培训项目必须向员工讲明诚实的重要性，并且告诉员工，遇到不诚实情况该如何处理。当然，在非正式文化体系方面，也必须让员工了解到，组织高管能够坦诚面对下属和客户，不会向下属和客户隐瞒相关信息。当员工从正式文化体系和非正

---

① 届维诺，尼尔森. 商业伦理管理[M]. 7 版. 吴晓蕊，陈晶，译. 北京：电子工业出版社，2020.

式文化体系所接受的伦理信息是一致的，都支持和鼓励诚实的行为，那么员工就会相应地保持诚实；如果是不一致的，那么员工就明白，这是明显的"说一套、做一套"，没人把诚实当一回事。

8.1.2　伦理领导力

如上所述，要创建表里如一的伦理文化，组织领导者或高管发挥着非常重要的作用。在第 2 章中，科尔伯格的伦理认知研究给我们的启示是：若领导者有高伦理水平，则组织伦理氛围更浓，反之亦然；若员工与领导者伦理发展水平相似，则员工满意度、忠诚度高；若领导伦理水平低，则员工满意度和忠诚度低。在图 8-2 中，组织领导者或高管在正式体系中占有首要位置，但是组织领导者或高管对组织文化的影响表现在正式和非正式两个方面。他们通过自己的一言一行创造、维持或改变着公司的正式文化和非正式文化。

1．创始人创造了组织文化

人们往往认为一个组织的创始人对组织文化的形成起着极为关键的作用。20 世纪初，著名社会学家马克斯·韦伯基于对权威的历史分析，提出了"超凡魅力型领导"的概念。20 世纪 70—80 年代，随着经济全球化的发展，市场竞争日益激烈，企业迫切呼唤具有改革和创新精神的魅力型领导，一批学者重拾韦伯的魅力型领导概念，并对之进行新的解释和进一步深入研究。例如，美国著名组织理论学者本尼斯（Warren Bennis）认为成功的领导者有四种共同的能力：①极富吸引力的远大目标和理想；②明确对下级讲清这种目标和理想并使之认同；③坚定不移地朝着理想和目标努力；④知道自己的力量并善于利用这种力量。

正如人们所观察到的，很多组织的创始人对于新组织的未来有自己的想法，会将个人的价值观和理想贯穿到组织的每一个环节中，从而将组织价值观个人化，成为组织成员模仿的对象，引导组织内部各个层级的决策。在中国企业走向世界的过程中，作为民族企业的代表，华为公司无疑是中国企业星河中最耀眼的一颗。一提起华为，人们都会想到其创始人任正非，甚至有人说，"任正非就是华为，华为就是任正非"。有人将任正非的个人特质概括为：头狼特质、目光远大、意志坚定、胸怀宽广、恩威并施、以身作则，而这些特质深深地影响了华为公司的企业文化。任正非曾经说，企业发展就要发展一批"狼"，"狼"有三大特性：①敏锐的嗅觉；②不屈不挠、奋不顾身的进攻精神；③群体奋斗的意识，而华为企业核心价值观中的"以奋斗者为本"正是狼性精神的体现。

2．领导者维持或改变组织文化

除了创始人对企业文化具有深刻影响，非创始人或者现任领导者对企业文化也会产生重要影响，他们或帮助企业维持现有的文化，或者改变现有文化。现任领导者维持或改变组织文化的方式有很多，如阐述自己对未来的愿景，关注、衡量或控制某些事情，批判性地决策，吸收、雇用能接受和执行组织愿景的新员工，改变组织流程、行为责任制度等。

成立于 1878 年的通用电气公司，前身是发明大王爱迪生所创立的爱迪生电灯公司。一直以来，通用电气公司以工作的稳定性出名，也不可避免地患上了诸如机构臃肿、人浮于事的大企业病，通用电气公司一度陷入发展困境。1981 年 4 月，年仅 45 岁的杰克 •韦尔奇成为通用电气公司历史上最年轻的董事长和 CEO。上任之后，杰克 • 韦尔奇提倡“速度取胜”，将通用电气公司的文化从原来的稳重、官僚文化转变为精简、高度竞争性的文化，从而让通用电气公司成功摆脱了官僚臃肿、人浮于事的问题，重新焕发生机。杰克 • 韦尔奇本人也被誉为“世界第一 CEO”“最受尊敬的 CEO”，2001 年他离任通用电气公司总裁。但是，在其离任 20 多年后的今天，人们又开始反思，认为杰克 • 韦尔奇提倡的“速度取胜”“市值为纲”的实业、金融混业经营战略是如今通用电气公司再次陷入困境的根本原因。当然，这并不能掩盖杰克 • 韦尔奇在企业管理方面的才华，至今其理论和经验还被视为企业管理的“圣经”。

无论是曾经的创始人，还是现任的领导者，对企业文化的影响不完全是其个人价值观、信念和行为规范的翻版，任正非也一再说华为的成功是众人的力量。但是，他们主持讨论，制定出企业使命、愿景、价值观和战略，并以身作则，严格要求自己，层层传递，最终让整个组织保持以同一种价值观、信念和行为规范去做事。这一过程既是正式体系的精神传递，也是非正式体系的示范驱动，是整个组织和所有员工自我进化的一个过程，进而影响和改变着企业文化。

3．有道德的领导者与伦理文化

无论是从正式文化体系还是非正式文化体系看，组织高层领导是组织伦理文化的重要组成部分，高级管理人员必须使自己在伦理方面的行为可视化，并逐渐培养道德声誉。这种声誉是建立在共同作用的二维空间上的，即作为社会成员的个人道德维度和作为组织成员的领导者道德维度（见图 8-3）。[①]

伦理领导力就是声誉，依赖于下面两个支柱

有道德的人 告诉追随者领导者会做出什么行为	**有道德的领导者** 告诉追随者他们应该怎么做并让他们对自己的行为负责
优点 正直 诚实 值得信任 **行为** 开放包容 关心他人 善于倾听 心胸宽广 **决策** 公平公正 关心社会 基于正确价值观	**榜样** 可以看到的伦理行为 **奖惩** 要为自己的伦理行为负责 **沟通** “伦理与价值观”信息

伦理方面的领导力声誉矩阵

有道德的管理者 \ 有道德的人	弱	强
强	虚伪的领导者	有道德的领导者
弱	没有道德的领导者	?

←道德上中立的领导者→

图 8-3　领导者的伦理领导力

① 屈维诺，尼尔森．商业伦理管理[M]. 7 版．吴晓蕊，陈晶，译．北京：电子工业出版社，2020.

个人道德维度代表的是"有道德的领导者"概念中的"道德"部分，是指领导者在作为普通社会成员"人"的层面应该拥有的品行，这是在企业和员工中培养声誉的关键所在。一般认为，有道德的个人在品质上，应该具备正直、诚实、值得信任等优良品质；在行为上，应该是开放包容、关心他人、善于倾听、心胸宽广；在个人生活中严于律己，以身作则，模范遵守伦理道德；在组织的决策中，能够秉持公平公正、关心社会、能够基于正确的价值观做出有利社会和他人的决策。领导者在员工眼中，就像玻璃缸中的金鱼，其一言一行时时刻刻都在被员工所关注、所效仿，同时也被评论、被质疑。因此，要成为一个"有道德的领导者"，首先要成为一个"有道德的人"。

领导者道德维度关注的是"有道德的领导者"中的"领导者"部分，即作为组织成员、组织高层管理者应该具有的品行。一个"有道德的人"不一定是一个"有道德的领导者"，即有时在评价一个领导时，说"人是好人，但作为领导是不合格的"。这是因为，作为有道德的人，仅仅是意味着员工知道这个领导者会做出什么样的行为，但是不知道领导者期望他们做出什么样的行为。员工需要引导，需要得到领导的明确信息。因此，如果要成为一个"有道德的领导者"，还必须关注其作为组织领导者对于组织和成员的角色义务，必须成为有道德的领导者，向员工传递伦理信息，使道德和价值观成为领导者信息的重要构成部分。

进一步讲，根据"有道德的人"和"有道德的领导者"这两个维度，可以区分出不同的领导者。在伦理矩阵中，最不愿意看到的也许就是没有道德的领导者，"上行下效"，必将严重影响公司伦理文化的形成，这方面的例子比比皆是。除此之外，从对企业伦理文化的影响角度讲，那些虚伪的领导者并没有比没有道德的领导者好多少。有些领导者喋喋不休地大谈、特谈正直和伦理观，却私下做出不道德的行为，并以明确或暗示的方式鼓励其他人做出同样的行为，对错误行为视而不见。这就是典型的"说一套、做一套""台上一个样，台下一个样；人前一个样，人后一个样；家里一个样，家外一个样"，这是双重人格的表现。虚伪的领导者将"正直""公平"等价值观放在聚光灯之下，提高了人们对伦理的期望，自己却做出有违道德的行为，等于告诉员工那些价值观是说给人们听的。

还有一类领导者，既不属于有道德的领导者，也不属于不道德的领导者，我们称之为"在道德上保持中立或沉默的领导者"。在"有道德的人"这一维度上，员工们并不是明显感觉领导者没有道德，只是感觉领导者是一个以自我为中心的人，不关心道德和伦理问题，不知道其对道德的态度。在"有道德的管理者"维度上，沉默的领导者只会设定伦理底线，不会有全面的伦理计划和目标，不会向员工传递重要的伦理信息。因此，沉默的领导者不会在关键的伦理问题上发挥领导作用，他们不愿意讨论或者根本不在乎伦理，他们对伦理问题是什么态度，员工们不得而知。对于员工而言，沉默往往意味着高层对伦理的不关心、不重视，会认为高层只关心结果是否达成，而不关心结果是如何达成的(是否符合道德地达成)。在高度竞争的商业环境中，在道德上保持中立或沉默的领导者，对于创建企业伦理文化同样是危险的。

毫无疑问，有道德的领导者对于企业创建伦理文化至关重要。首先，企业领导者提倡伦理文化并以身作则，率先垂范，会给员工形成良好的榜样，员工对组织的忠诚度会更高，伦理意识也会更强，会从伦理层面思考企业的所有行为并采取行动。其次，企业高层的伦理领导力会沿着组织运行链条自上而下地传递，影响企业中层管理者并最终影响员工，这就是组织中的"涓滴效应"。最后，尽管我们强调企业领导者对于伦理文化创建的作用，他们是建立并维护企业整体道德文化的有力实施者，但也不能忽视中层管理者在伦理文化创建中的作用，这在第 4 章已有所讨论。

4．如何发挥伦理领导力

要成为一个有道德的领导者，除了必须掌握相应的伦理知识和技巧，还必须在组织中充分发挥伦理领导力，具体包括以下环节。

1）设定组织伦理期望，规范员工伦理行为

明确的组织伦理期望是组织伦理建设的目标和员工行为的指南，有助于员工在处于伦理困境时避免模糊和犹豫不决。

2）给予员工积极的反馈和指导

商业环境日益复杂多变，员工可能会随时面临伦理困境，这就要求组织能够及时予以正确的反馈指导。领导者应该成为员工求助时第一个愿意联系且能联系到的人。

3）对伦理行为进行奖励以表达支持

对组织成员伦理行为的奖励可以进一步强化组织的价值观，明确组织的伦理要求，增强员工伦理认同感和自觉性，从而主动与组织伦理规范保持高度一致性。

4）率先垂范

领导者是为组织成员天生的行为示范者。领导者的一言一行，会直接或间接地向组织成员传达组织伦理规范及要求，清晰表达组织伦理价值，进而和组织伦理规则一起形成组织员工伦理行为的基本环境和参照模板。

5）塑造伦理风气

组织伦理风气是组织对于伦理行为的正确性以及伦理问题的解决方法的共同理解，包括对伦理有关行为的奖励、支持和期望所采取的政策、行动和程序。领导者可以通过政策规范、执行激励等过程来影响、引导和控制组织伦理风气的作用强度和发展方向。

8.1.3　其他正式与非正式文化体系

企业领导在创建企业伦理文化中非常关键，但其他方面的影响也不可忽视，下面分别从正式文化体系和非正式文化体系简单介绍。

1．正式文化体系

1）选拔体系，确立符合组织伦理要求的人才标准

选拔体系是为企业选择合适人选的正式文化体系，主要包括两方面。一方面是针对新员工的，企业在雇用新员工时，需要按照企业文化和伦理要求进行筛选，鉴别出符合

组织伦理要求的新员工；另一方面，企业在招聘或内部选拔管理者时，也要根据企业伦理价值观对候选者的道德素质和伦理品性进行考察，尤其是那些在企业决策中起重要作用的领导岗位。

2）使命、愿景、价值观（Mission、Vision、Value，MVV）及其说明、政策与行为准则

员工一旦进入企业并开始工作，组织就会通过正式的组织 MVV 及其说明、政策与行为准则来引导员工的行为。MVV 是指导企业如何经营的原则和价值观念，是企业文化的高度概括，一般都是抽象的、概括性的指导原则，形式上应该简短、易记，用清晰的语言表达，便于每个人都能明白其含义。企业都有其自身的使命和价值观，重要的是要确保 MVV 及其说明与公司文化的其他维度保持一致，否则容易引发员工抵触，即表里不一的文化会导致员工反感和抵触。

一般来说，企业政策手册是关于企业及其行业各种行为的规定，既包括企业外部的法律法规，也包括企业内部的各种规定，如人力资源政策、财会政策、道德政策等。道德政策是关于道德行为的规范或准则，比 MVV 的说明更详细，篇幅更长。道德政策往往会涉及很多行为领域并提供相应指导，如尊重他人、利益冲突、费用报告、收受礼物、性骚扰等行为。企业政策手册一般都很厚，而且包含很多专业和法律术语。一个有效的企业政策手册应该精心设计，能把相关信息准确传达给那些真正需要的人，而特别重要的政策要特别示列，并且语言要尽量简单易懂，专业术语必须有明确的解释。

行为准则并不是具体的商业伦理方案，只是商业伦理建设的开始。行为准则既要避免过于冗长，也要避免过于简短，因为越长喜欢看的人就越少，而越短就可能越宽泛和抽象。每个行业、每个公司因发展阶段、组织规模、国际化程度等方面的不同，所面临和需要解决的问题也不相同，因此行为准则也会大不相同。通常来说，在制定了行为准则的组织中工作的员工做出不道德行为的概率会更低。虽然可以肯定的是，仅制定行为准则并不能解决所有的组织伦理问题，但是在实施这些准则的过程中，忽略了伦理文化的其他构成部分，那么会给该组织带来新的问题。此外，如果没有按照行为准则做出相应的处理，那么这种言行不一的做法就会导致组织出现混乱，而且员工还会认为该组织是虚伪的，甚至产生愤慨的情绪。因而，一个组织是否能够按照行为准则的要求做出相应的行动是很关键的。

3）导向计划（Orientation Program）和培训项目

员工在组织中完成社会化的第一步往往从进入组织伊始的导向计划开始，然后通过培训项目进一步得到强化。很多企业都会对每一个初入企业的新员工进行入职培训，首先将企业的价值观和指导原则传递给新员工，然后通过培训项目进一步传达具体的伦理准则、行为规范和决策规则。

培训项目尤其是商业伦理培训必须与企业文化保持一致。否则，该项目的最好结果是被看作放假一天；而最坏结果可能是，员工将其所学到的知识与实际情况对比，会将商业伦理培训项目当作笑话来讲。因此，有效的商业伦理培训项目必须建立在对组织以及组织伦理文化进行深度分析之上。切记，"万能"的方式是很肤浅的，也是不起作用

的，"家家有本难念的经"。无论是企业自主开展的培训，还是聘请外部专业机构承担的培训，都必须对企业的正式和非正式文化体系进行商业伦理文化审核，有针对性地制定培训计划。

4) 全面的绩效管理体系

绩效管理及相应的奖惩机制是员工伦理行为的重要激励因素，有效的绩效管理体系是企业伦理文化的重要组成部分，对于伦理文化是否协调一致起着十分重要的作用。因此，有必要设计一种鼓励有商业伦理行为的全面的绩效管理体系。

要设计一个全面的绩效管理体系，必须搜寻决定组织目标能否实现的重要因素到底有哪些，将商业伦理准则融入绩效管理体系中。事实表明，在这些因素中，很少一部分属于财务因素，大部分属于驱动未来财务业绩的运营决策因素。如名誉，在很多情况下都是长期财务指标的驱动因素。这就是说，全面的绩效管理体系不能只考虑财务因素，不能只关注获得了"什么样的"结果，还必须考虑这些结果是"如何实现"的，为促进组织目标实现的商业伦理行为提供激励。当然，要保证商业伦理文化的一致性，还必须对有违伦理和道德的行为进行处分，并且平等对待每个人。

需要指出的是，组织对举报者的态度属于奖励体系的范畴。今天的组织，越来越多的员工脱离了直接的监管，因此需要员工主动汇报工作中所出现或遇到的错误。然而，现实中存在很多反对举报行为的"不成文规定"或者潜规则，人们通常用"打小报告""通风报信"类似的负面词汇来描述这种行为，举报者被打上"叛徒""告密者"的标签。不仅如此，举报者通常还会面临报复行为，尤其是被举报的行为涉及管理层面或组织层面时。一个有商业伦理的组织应该将举报者看作是其控制系统中的一个重要齿轮，必须努力保护举报者，并奖励举报行为。否则，一面宣称要形成有商业伦理的文化，一面打击报复举报者，这是明显的文化不一致性。

5) 调整组织结构确保个人伦理自主性

在第 2 章论述影响个人伦理决策的组织因素时谈到，组织中的权威、责任以及结构都会影响甚至左右个人的伦理决策和行为。这是因为，权威意味着服从和忠诚，而商业伦理强调自主和自由，当权威命令不道德时，就会导致伦理困境；责任在部门和层级之间的碎片化，将会导致没有人承担责任的不道德行为；而严格的部门分工和层级结构将个体视为组织大机器中的螺丝钉，拒绝并排斥个人的伦理自主性。因此，要创建企业的商业伦理文化，必须调整组织结构，消除官僚层级，下放责任，扩大个人的决策权。鼓励个人为自己行为负责的组织结构是构建组织伦理文化的重要保证。

6) 强化决策的商业伦理维度

组织的正式决策过程及其结果对组织运行具有关键性的影响，也是组织文化的重要构成部分。如果决策过程过度依赖"成本–收益"的定量分析，很有可能会导致没有商业伦理的行为，正如第 2 章开篇案例中提到的 Pinto 汽车拒绝召回事件所呈现的那样。因此，企业在决策时(尤其是那些涉及消费者、员工、股东等主要利益相关者的重要决策时），必须进行商业伦理考量，重视决策的商业伦理因素，即使决策中的商业伦理举证责任比较困难。

2．非正式文化体系

正式与非正式文化体系传递的信息应该一致，否则会出现冲突。非正式文化要素往往是组织保持活力的源泉。通过英雄人物与榜样、非正式行为规范、庆祝活动、传说与故事以及语言等非正式文化要素，人们可以了解什么行为"真正"得到了奖励、组织决策"究竟"是怎么制定的、组织领导者"真正"关心和期望什么。当正式与非正式文化体系传递的信息有区别时，伦理文化内部就发生了冲突。研究表明，人们往往更相信非正式体系传递的信息，或者说，非正式文化体系对员工的观念影响更大。因此，伦理文化建设必须重视对非正式文化体系的管理。

1）英雄人物与榜样

英雄人物与榜样是组织价值观的人格化，往往被看作是组织的绩效标准和行为典范。一般来说，组织创始人通常被视为英雄人物，即使他们已经辞世，其言行都会被后来者所传颂和模仿。相对而言，"和平发展"时期的榜样人物评选需要慎重，因为评选过程实际上就是在向所有员工传递组织的价值观。如果与组织价值观不符的人物被评选为组织的榜样，就只会增加大家茶余饭后的谈资。因为这等于告诉大家，组织所宣扬的价值观是一回事，而组织真正关注的却是另一种标准，所以这是正式与非正式文化体系不协调的重要表现之一。

2）非正式行为规范：正确的做事方式

行为规范是指组织成员认为恰当的、可以接受的行为标准，既包括正式的行为规范，也包括非正式的行为规范。现实中，很多组织的正式规则与不断发展的非正式规则往往是不一致的，而非正式规则对组织成员具有更大的影响力。因为作为一个社会人，作为群体中的一员，"我们在这里做事的方式"是"真实"而"正确"的。所以，当非正式规则与正式规则不一致时，组织内部的不一致就出现了，非常不利于伦理文化的创建。

3）庆祝活动：以有形的方式传递价值观

尽管说几乎所有企业都会以组织名义开展一些庆祝活动，但庆祝活动一般被看成是非正式体系的范畴，如跨年晚会、家庭开放日、表彰大会，以及各种团建活动等。组织以什么样的形式来举办庆祝活动，实际上是在以有形的方式确认和传递组织文化，象征性地告诉人们组织期望他们做什么以及怎样做。因此，庆祝活动是基于组织的什么价值观所开展的非常重要，如果与组织价值观不符，就会成为员工的负担，激发员工的抵触心理。

4）传说与故事：坚守早已阐明的规则

组织中流传的各种传说与故事，是组织非正式沟通网络的范畴，也是组织文化传承和价值观传递的重要方式。这些传说与故事，记载着组织发展过程中的一些奇闻轶事，赋予了组织文化和价值观以鲜活的生命力。2013 年，春晚小品《你摊上事了》，传递的价值观就是要坚守早已阐明的规则，这并非是小品中仅有的情节，在很多组织中真实发生过。如果人们将这些坚守信仰或公开规则的行为当成一种交口称颂的故事流传下来，这就意味着价值观的传承。

>>> **拓展阅读**

海尔：砸出来的质量

这是一个至今仍被奉为我国企业管理史上的经典案例。1985 年，张瑞敏刚到海尔（时称青岛电冰箱总厂）上任不久。一天，一位朋友要买一台冰箱，结果挑了很多台都有毛病，最后勉强拉走一台。朋友走后，张瑞敏派人把库房里的 400 多台冰箱全部检查了一遍，发现共有 76 台存在各种各样的缺陷。张瑞敏把职工们叫到车间，问大家怎么办？多数人提出，不影响使用，便宜点儿处理给职工算了。当时一台冰箱的价格 800 多元，相当于一名职工两年的收入。张瑞敏说："我要是允许把这 76 台冰箱卖了，就等于允许你们明天再生产 760 台这样的冰箱。"他宣布，这些冰箱要全部砸掉，谁干的谁来砸，并抡起大锤亲手砸了第一锤！很多职工砸冰箱时流下了眼泪。然后，张瑞敏告诉大家——有缺陷的产品就是废品。

三年以后，海尔人捧回了我国冰箱行业的第一块国家质量金奖。可以说，正是这一柄大锤，砸醒了海尔人的质量意识！正是从这柄大锤开始，海尔从一个濒临倒闭、资不抵债的集体所有制小厂，发展成为物联网时代引领家电行业的生态型企业。张瑞敏创立的"人单合一模式"和"生态品牌范式"使我国企业管理模式走近世界舞台中央。2021年 9 月 17 日，张瑞敏和 EFMD 主席联合签署首张"人单合一管理创新体系国际认证证书"，标志着我国企业创造了首个管理模式国际标准，并开创我国企业从接受国际标准认证到输出国际标准认证的新时代。

多年后，被问及 1985 年怒砸冰箱的动机，张瑞敏这样说："1984 年我到西德考察，当地产品精湛的工艺给了我极大的冲击，我问自己，'我们中国人并不比德国人笨，难道我们就不能做得和他们一样吗？'"正是在他的带领下，海尔一直坚持以"人的价值最大化"为宗旨，持续不断地创新，终成为世界家电品牌的领军者。而那张挥锤的画面被永久定格在一张相纸上，那把著名的大锤则被收入国家历史博物馆。

5）语言

语言是传递文化和价值观的重要载体。在马克斯·韦伯看来，要发挥官僚组织形式理性的优越性，必须坚持"道德祛魅"，或者说官僚组织是"价值无涉"的。这反映在现实中，就是人们通常认为在组织生活中谈论道德和伦理是不合适的，当提到伦理时往往会有"自己是否有问题"的消极性联想，他们会这样想，"为什么要在这儿给我讲伦理道德呢？我本身挺好的"。很多人对任何说明他们道德有问题的暗示都会有抵触情绪，他们更愿意用其他词来描述他们的行为，即使他们的行为是出于道德的原因做出的，也不愿从道德角度来描述。这就是道德沉默。

当然，在表里如一的伦理文化中，人们在日常谈话中会很自然地使用伦理语言，与同事或领导随意讨论伦理问题。在非伦理文化中，伦理语言几乎不存在，甚至会使用不道德的语言，赤裸裸地谈论有违道德的事。正如在第 2 章所提及的，无论是在诸如制定决策的组织正式文化体系中，还是在日常交流的非正式文化体系中，使用伦理语言会增强个体的伦理意识。因此，伦理语言是组织伦理文化不可分割的一部分。

8.1.4 改变组织的伦理文化

上述讨论并没有涵盖正式文化体系和非正式文化体系的所有要素，但是结论是明确的，那就是工作中的伦理受组织文化的影响。正式或非正式文化体系涉及很多因素，这些因素共同作用的结果会鼓励有道德或没有道德的行为，从而导致组织内部或者协调，或者冲突。组织伦理文化的形成是一个长期的过程，需要组织领导者充分发挥商业伦理领导力，并致力于正式和非正式文化体系之间的协调一致。否则，即使已经形成的商业伦理文化，在复杂的商业环境中，也可能会因为组织领导的行为或者上述正式和非正式文化体系中的某一或某几个要素的影响，转变成没有商业伦理的文化。商业伦理文化形成难，但破坏很容易，没有商业伦理的文化往往会自我繁衍。

要防止组织文化变成没有商业伦理的文化，或者说一个组织要使自身的文化更加符合道德标准，应该怎么办？要想获得最终的成功，就要实现正式和与非正式文化体系的协调一致。显然，这需要组织领导者或高层管理者做出努力，自上而下推动（从组织底层自下而上推动很难有效，除非获得组织高层的完全支持和模范引导）。在此基础上，还需要强调以下几点。

1. 基本原则

任何试图改变组织文化的尝试都需要确立三个原则：①文化体系的视角；②长远的视角；③人性善的假设。

首先要确立文化体系的视角，即正式文化体系和非正式文化体系缺一不可，不能指望在某一方面或几个方面做出改变，就能推动商业伦理文化的形成。其次要具有长远的视角，马克思唯物主义告诉我们，文化的发展总是滞后于社会经济的发展，"罗马不是一天建成的"，商业伦理文化的形成更非一日之功。正式文化体系与非正式文化体系的调整，需要时间来实施，而两者协调一致的结果也并不能即刻显现。最后是要从人性善的角度出发，相信人的本质是好的，并且乐于接受成长与变化。主流经济学和管理学将人定义为"经济人"，是"受自我利益和机会主义驱动的，很可能逃避责任"的理性个体。如果基于这一假设出发，就意味着几乎只能从行为控制的角度尝试改变。

2. 诊断：伦理文化审计

没有诊断就没法对症下药，同样，没有文化诊断就没法有效改变组织文化。正式改变或发展组织文化应该从诊断开始。诊断需要尽量对正式文化体系和非正式文化体系的所有要素进行全面分析。对于正式文化体系而言，可以通过调查、采访、会议观察、培训计划与培训项目审查、组织文件分析、网站评论调查以及组织数据分析等手段，确定正式文化体系是如何促进或阻碍商业伦理行为的。一定程度上，非正式文化体系的诊断更为重要，尤其是对那些没有或缺少正式行为规则和决策过程的小型组织而言。可以通过各种访谈、组织活动观察、英雄故事分析等，找出组织非正式文化体系中支持或反对商业伦理行为的因素。

在进行访谈、调查或小组讨论时，可以借鉴表 8-1 和表 8-2 中所列示的问题进行诊断和分析。[①]一方面，在具体开展时可以对这些问题进行适当改变或进一步细化，以适合组织实际情况；另一方面，需要进行体系内部各要素和体系之间的横向比较，以确定各体系内部或体系之间是否协调一致或者有哪些部分不一致。事实上，当我们以新成员身份进入一个组织时，也可以向领导、同事提出这些问题，从他们的回答和反应可以看出该组织的商业伦理氛围。

表 8-1　正式文化体系审计时用到的问题示例

1. 组织领导是否传达了清晰的商业伦理信息？商业伦理是不是其领导力的一部分？管理者是否被培训为遵守商业伦理的领导者？

2. 在选拔员工时，是否考虑了商业伦理因素？在培训新员工和现有员工时，是否会强调政治的作用？

3. 是否具有正式的商业伦理/价值观准则？是否传达了给员工？覆盖范围有多广？是否有人使用？该准则是否在诸如决策体系这样的正式体系中得到了强化？

4. 绩效体系是否支持商业伦理行为？正直的人是否得到了晋升？达成目标的方法和结果是否同等重要？

5. 无论当事人在组织中居于何种职位，错误的行为是否都能得到公正、迅速的惩罚？

6. 组织内各个层级的员工都要对自身的行为负责吗？如果他们收到了他们认为错误的命令，他们会向权威提出质疑吗？如何提出？

7. 组织是否鼓励举报者？是否存在正式的、保密的举报渠道？

8. 在正式决策过程中是否会考虑商业伦理因素？怎样考虑？是否只有财务问题是唯一要考虑的？

9. 是否对管理者和员工进行价值观培训？他们是否接受商业伦理决策的培训？

10. 商业伦理维度是不是政策制定会议以及新的风险投资报告的常规组成部分？组织是否教授和使用商业伦理语言？组织高层是否成立了正式的委员会来专门处理商业伦理问题？

表 8-2　非正式文化体系审计时用到的问题示例

1. 找出组织的英雄人物，他们代表什么样的价值观？师傅给你的建议是什么？

2. 现有的非正式的社会化过程是什么样的？宣扬的是什么样的商业伦理/非商业伦理规范？对于组织内的不同群体，是否存在不同的社会化过程和规范？

3. 有什么重要的组织活动？它们是如何鼓励或阻碍商业伦理行为的？什么样的员工获得奖励？是正直的员工还是通过没有商业伦理方式获得成功的员工？

4. 组织中的英雄事迹和传说讲述的是坚决抵制一切压力坚守自己价值观的人，还是唯命是从的人？这些故事中的主人公最终是被解雇了，还是得到了晋升？

5. 是否存在可以接受的商业伦理方面的语言？组织是否鼓励员工在商业决策中使用这些语言？

3. 改变商业伦理文化的干预手段，并进行效果评估

改变一个组织的文化往往比发展组织文化更难。同时也会陷入一个商业伦理困境，因为改变意味着要树立新的价值观或道德标准。为什么是新的而非原有的价值观占主导地位？改变是对员工的操纵、一种权力游戏，还是确实存在有待解决的商业伦理问题？

---

① 屈维诺，尼尔森. 商业伦理管理（第 7 版）[M]. 吴晓蕊，陈晶，译. 北京：电子工业出版社，2020.

因此，完成商业伦理文化审计还远未结束，应该进一步与员工讨论，让他们知道到底发生了什么，到底存在哪些问题，以获得他们的认可和支持，加入改变和发展商业伦理文化的实践中来，为解决问题献计献策。

如果员工积极加入商业伦理文化的改变中，问题就相对变得容易了。所诊断出的问题，可以通过不同方式有针对性地解决。首先，改变组织结构，下放权力，鼓励员工对自己的行为负责，阻止无条件地接受权威命令的行为，组织大家共同讨论并设定商业伦理准则；然后，进行传达和实施，设计大家共同接受的奖惩体系来处理没有商业伦理的行为等；最后，无论采取了哪些改变方式，都应该及时对这些改变方式的效果进行评估，评估意味着对过去的总结，也意味着新的开始。

4. 商业伦理文化传播

从传播学的角度看，无论是正式文化体系还是非正式文化体系，本质上都是商业伦理价值观念的传播。组织领导者和高层管理者对道德价值的看法，如果不能清楚地表达出来，让员工充分地了解，那就只能是他们自身的观念，而不能成为共享的观念，当然就不可能形成一种企业文化。因此，商业伦理文化传播非常重要，在具体实践过程中需要从传播时间、传播主体、传播对象、传播内容和传播方式这五个方面全面考虑。

1）传播时间

需要注意三个时间节点：①在新员工招聘时，向应聘者传播和展示公司所倡导的道德观念；②开展导向计划和培训项目时，需要进一步向新员工或现有员工强化公司期望的态度、价值观和行为模式；③日常的传播，包括组织的正式活动和非正式活动，都应该随时随地贯穿一致的道德价值观。

2）传播主体

传播者的职位高低往往表明了企业对待商业伦理文化的态度，因此企业领导或高层管理者是当仁不让最重要的传播者。如果一方面强调伦理价值观的重要性，一方面仅有人力资源部门或者中低层管理者和一线员工来传播，就意味着组织高层的道德沉默。

3）传播对象

任何一个企业的商业伦理文化都不应仅仅在企业内部形成，还需要向外扩散。总的来看，传播对象主要有三类：①向员工传播，这是最基本的；②向合作伙伴传播，这样做既向合作伙伴宣传了本企业的价值观，建立良好的外部形象，同时还能获得合作伙伴的信任和支持，进一步强化企业的道德文化，甚至向产业链进行传播；③向公众传播，向社会公开企业所倡导的价值观念，既有利于企业树立良好形象，同时还能强化社会监督，推动企业公民的形成。

4）传播内容

传播内容主要包括四个方面：①MVV 及其说明；②企业的道德政策和行为准则，为员工提供行为指南，为其他利益相关者提供评判标准；③企业的英雄人物、故事等；④对不道德行为的惩罚机制、举报途径等。

5) 传播方式

在商业伦理文化的传播上，与正式文化体系和非正式文化体系所有要素相关的行为方式都可以利用。较为常见的方式有：①企业领导人签署道德宣言；②在企业网站的显著位置公开企业价值观、道德宣言、道德政策、道德故事、道德问题受理方式等；③在培训中强化道德案例的教学、讨论和考核；④编写人手一册的道德手册；⑤开设道德论坛等。

上述五个方面，既可以从企业内部来推动企业文化的形成，也可以从企业外部来推动企业文化的形成，接下来进一步展开论述。

8.2 企业内部治理

商业伦理建设的目标是要建立一个伦理型的企业或者创建企业伦理文化，创建一个具有高度社会责任感的企业公民。从伦理建设的一般原理来说，商业伦理建设本质上就是企业要处理好自律和他律的关系。就企业作为一个整体而言，自律是指企业在道德上进行内部治理，他律是指从外部推动企业进行商业伦理建设，自律是根本，他律是关键，两者缺一不可。

一般管理学之父法约尔提出了管理的五项职能，这里我们将企业内部活动简单概括为四个环节：计划、组织、领导和控制。商业伦理建设的内部治理，本质上就是从这四个方面整合组织资源，实现企业内部的道德管理。

8.2.1 计划——将商业伦理融入企业战略

计划是企业管理的首要职能，是其他管理职能的基础或前提条件。从抽象到具体，计划表现为使命、目标、战略、政策、程序、规则、规划和预算等形式。因此，要推进商业伦理建设，必须从计划开始，将企业所坚持的道德价值融入战略、各项政策和行为规范之中，并且在企业的各项决策活动中坚持商业伦理分析。

1. 企业道德层次定位

企业将自身的道德标准定位于哪个层次，决定了企业道德建设的目标和最终结果。道德是分层次的，如果说法律是最低的道德，那么满足法律的基本要求也是一种道德层次的定位，现实中确实有很多企业将自身的道德定位于遵纪守法、不受制裁和处罚即可。但是，这种低层次的道德定位，可能并不会让企业在复杂多变的商业环境中很好地面对遇到的困境。1989 年，在美国掀起的"反埃克森运动"对此做了很好的现实注解。

▶▶ **拓展阅读**

反埃克森运动

请扫码阅读本资料。

(扫码阅读)

良好的企业公民，要求企业必须追求高层次的道德价值。这是因为：①高层次的道德定位会向管理者、员工、消费者、合作伙伴和社会等利益相关者传递企业真正关心的道德价值，树立企业形象，建立信任的商业伙伴关系；②在复杂多变的商业环境中，商业伦理无处不在，低层次的道德定位不足以应付各种可能面临的困境。海尔集团认为，技术检验合格的产品不一定是合格产品，用户满意的产品才是合格产品。技术检验合格是法律要求，而用户满意则是一种商业伦理追求。正是这种不断追求用户满意的高层次道德定位，使海尔集团一步步迈向了世界家电行业的领军地位。

2. 企业伦理规范

有了明确的道德定位，还需要制定企业的伦理规范、道德准则，以制度的形式将道德价值观呈现给各利益相关者。正如第 7 章所述，很多跨国企业都制定有企业内部的生产守则和伦理规范。这些守则和规范基本涵盖了产品和服务质量、利益冲突、诚实、贪污、自然环境保护等各方面内容，涉及企业对消费者、投资者、员工、股东、竞争者、合作者、社会和环境等各类利益相关者的社会责任。

3. 企业决策的商业伦理分析

作为计划的逻辑延续，决策是计划职能的实现载体，是对组织未来实践活动的方向、目标、原则、方法等做出决定的过程。商业伦理建设要求企业在做决策时，必须进行伦理考量和商业伦理分析，并对决策方案进行商业伦理评价。第 2 章具体介绍了商业伦理决策的理论依据、步骤和模型，这里不再赘述。

8.2.2 组织——结构化的商业伦理管理

企业管理的组织职能就是通过建立、维护并不断改进组织结构以实现有效的分工、合作的过程，具体包括部门设置、人员配备、职责划分等。企业在内部商业伦理治理过程中，建立正式的道德管理系统和程序至关重要，这就要求有相应的角色和行为出现。结构化的商业伦理管理不仅让企业内部治理更为系统，还使得责任能得到具体落实。

1. 设立伦理官（Ethics Officer）和伦理机构

1985 年，世界上第一个企业伦理官和伦理办公室在通用电气公司出现。通用电气公司是美国第二大防务承包商，当时美国海军部长出于对政府间接支付费用的合理性的担心，指示通用电气公司要为它所有员工制定一套严格的道德行为规范，并严格实施，对违反者加以制裁。通用电气公司在咨询机构的建议和帮助下，成立了伦理办公室，并且雇用了一位商业伦理管理员。随着"伦理官"的首次出现，越来越多的企业开始设立伦理官。1991 年，这些企业的伦理官创建了自己的专业组织——伦理官协会，并于 1993 年召开了第一次年会。2014年，伦理官协会在华盛顿与伦理资源中心合并，成立了新的组织——伦理规范倡议组织。

在实践中，从身份上看，伦理官主要来自企业内部，因为内部人员最熟悉和认可企业文化，而外部人员较少，当然外部人员也有其优点，那就是可以带来全新视角且更能胜任变革重任。从专业上看，伦理官以法律顾问最为常见，其他方面的专业还有审计人员、人力专员等。从称呼上看，各种头衔都有，如副主席或伦理规范主任、伦理规范遵守主任、商业行为主任、内部审计主任、伦理规范协调员，或者直接就叫伦理官。从职位上看，伦理官大多被定位在企业高层上，甚至有些企业将伦理官职位作为企业高管潜在培养对象的必经之路，高层职位更能提供指导及有效策略，确保企业商业行为标准在企业内部能得到传播和支持。从职责内容看，伦理官的职责主要是：①检查员工是否遵守企业的商业伦理守则；②是否遵守包括各种法律法规在内的与经营有关的规章制度；③指导员工进行决策判断；④负责员工的商业伦理教育计划，使他们在面对商业伦理问题的时候能够坚持道德原则。

除了伦理官，很多企业还设立了伦理办公室和伦理委员会。一般来说，伦理办公室是常设的办事机构，负责与企业伦理相关的日常工作，伦理委员会类似于政府部门中的议事协调机构，成员来自多个部门的高层管理人员，扮演委托人、专家、法官、督促者等不同角色。

2．招募道德素质较高的新人

组织职能的重要内容就是为企业配备合适的人选。这里主要是指为企业招募符合和认可企业价值观要求的人才。什么样的人才适合企业？首先有必要建立符合企业需要的明确的人才标准。目前，很多企业在选择新员工或者管理者时，会对候选人进行诚实度测评。人们越来越重视人才中的道德素质，人才标准=德商+情商+智商。事实上，在我国政府机关的选拔体系中，"德才兼备、以德为先"一直是人才选拔的第一标准。

3．商业伦理培训

仅有价值观声明、政策手册和行为准则是不够的，要让固定于手册上或墙壁上的各种价值观鲜活起来，还必须提供培训，促进员工对各种价值观的理解，并提高应用能力。心理学研究表明，当人们公开宣扬一种观点时，他们就倾向于在行动上与这种观点保持一致，即使他们此前根本不相信这种观点。培训就是一种很好的公开宣扬。

有效的培训方案应该是一种持续的努力，要对公司从新员工到高层管理人员的每个人都进行培训，包括新员工、现有员工、中层管理者、高级管理者、各部门负责人等。培训是组织正式体系中对伦理文化影响非常直接的一种方式。目前，越来越多的公司非常注重培训，科学设计培训内容，丰富培训方式，多元化培训师资，不断提升培训效果和质量。从内容上讲，每一次的培训内容都要专门设计，针对培训对象的不同，分层分类设计，有针对性地解决实际问题。从方式上讲，传统"灌输式""填鸭式"的教学方式仍有必要但早已不适应发展趋势了，很多企业在商业伦理培训中综合采取授课、研讨会、案例研究、观摩示范、辅导、指导、伦理游戏等方式，还有些企业会创建各类学习型团队，鼓励员工和团队的自我学习和自我精进。从师资上看，企业越来越注重聘请具有丰富实践经验的内部或外部老师。

8.2.3　领导——加强商业伦理沟通

在管理学中，一般把领导看成是一种影响力，是影响个人、群体或组织实现所设定目标的各种活动和过程。这个过程是由领导者、被领导者和其所处的环境三个因素组成的。在前面已经讲到，领导或高层管理者在伦理文化建设中具有至关重要的作用。如果一个企业具有表里如一的、坚定均衡的伦理文化，那么它内部的商业伦理沟通结构是最重要的，这种结构能够促成良好的交流——向上、向下以及双向的商业伦理沟通和交流，因而这种结构也是最基础的。

1. 基本的商业伦理沟通原则

1）系统性——综合使用正式和非正式的沟通体系

这里再次强调系统性原则，即对正式和非正式沟通体系的利用，因为伦理文化不仅仅受组织正式沟通体系的影响，而非正式沟通体系的影响在某种程度上更为重要。一般在讲到沟通体系时，人们最常想到的是那些显性的或者明显的途径，包括所有的正式书面文件和电子通信，如企业的报纸、杂志、政策指南、行为手册、备忘录、年度报告、网站和广告等，以及正式的口头交流，如会议和演讲等。但是，在企业沟通体系中影响最大的可能是其中的非正式渠道——小道消息，包括各种谣言、印象和感觉等。研究表明：小道消息中 70%～90% 是正确的。[①]有非正式群体的地方，就有小道消息生存的空间，每一个企业都不可能完全杜绝小道消息的传播。

当正式沟通体系和非正式沟通体系所传播的消息不一致时，最好方法是询问员工和团体访谈，并设计出一致性政策。这种一致性是正式沟通体系和非正式沟通体系的协调一致，同时也是面向所有人的一致，如果这些政策只是在部分员工中实行，或者对于不同员工存在多种不同规则和处理方法，那么小道消息仍然会流传，极有可能拉低企业信誉。由于员工学习的方式和了解信息的途径各不一样，企业必须以正式或非正式的方式来传递公司的价值观、准则和政策，以满足每个员工的需要。而这些交流工作应当是协调的、清晰的、一致的和可信的。

2）针对性——分析受众及其沟通需求

设计一个有效的沟通程序首先要从沟通受众的需求分析入手。例如，作为大数群体的员工，他们知道什么，不知道什么？他们有哪些基础和能力？他们想知道什么，有哪些期望和要求？他们应该什么时候提问，应该去哪里报告他们所关注的事并得到帮助和支持？

上述分析有助于了解员工的沟通需求和现状。在此基础上，还需要分析受众的特点。在第 4 章我们将组织内的员工区分为积极参与的、不参与的和积极脱离的三类，这里用军事术语将员工分为三种群体。

（1）"好士兵"。这类员工有良好的道德标准和道德基础，具备辨认对错是非的判断力和经验，因此明白并遵守企业的政策和规则，并且在收到不正确或不道德的命令时，会提出质疑。对于这类员工，企业应该给予大力支持，因为他们在坚持道德标准时可能会遇到压力，来自企业的支持意味着他们的行为是与企业要求相一致的。

（2）"松动的大炮"。这类员工可能有良好的伦理基础，但是他们不知道企业的政策，

---

① 屈维诺，尼尔森. 商业伦理管理[M]. 7 版. 吴晓蕊，陈晶，译. 北京：电子工业出版社，2020.

甚至不知道行业通用的商业伦理标准。他们可能缺乏经验，也可能来自一个完全不同的行业或领域。因此，他们需要接受教育，明白企业的行为准则和政策。否则，一旦缺少引导，商业伦理在他们眼里可能就根本不值得考虑，甚至做出有违商业伦理的事，这就是被称为"松动的大炮"的原因。

（3）"不定时炸弹"。这类员工很聪明，并非愚昧无知，但也不和蔼可亲，难以接近。他们可能知道也可能不知道企业的政策，但他们不在乎。他们有自己的主意，对企业和领导缺乏忠诚。因此，他们就像"不定时炸弹"，不知什么时候就可能会"爆炸"，给企业带来致命伤害。毫无疑问，这类员工需要被告知，道德方面的失误是不可原谅的；也需要让其看到，企业会对良好行为进行奖励。

2．评估组织伦理沟通现状

沟通程序的设计是基于企业现有的沟通现状做出的，因此有必要对企业沟通现状进行评估。评估时，从以下几个角度考虑是有必要的。①了解员工面临的伦理困境有哪些，是商业领域普遍面临的困境，还是行业或企业所特有的困境，最常碰到的困境是什么等。②了解员工们不知道什么、希望知道什么，满足他们的需求是设计沟通程序的目标。③评估企业现行的政策传达情况如何，这些政策是否在导向计划或培训时讨论过，员工是否清楚地知道如何获取这些政策，员工是否明白可能会犯哪些错误，是否明白企业的商业伦理标准，是否知道企业对他们的期望。④了解有什么样的沟通渠道存在，员工如何从管理人员那里接收信息，管理人员又如何从员工那里得到信息，当员工在上司那里求助无果或者上司就是问题本身一部分时是否知道去哪里求助，员工是否知道企业有申诉或举报程序和渠道。通过这些追问，就会明白有效沟通的渠道在何处、不在何处、应该建在何处。

评估完沟通现状，就要为正式和非正式的沟通体系建立多样化的沟通渠道，如前面所提到的报纸、杂志、网站、招聘手册等。

3．领导和高层管理者的商业伦理沟通

在企业伦理文化创建过程中，我们一再强调领导者和高层管理者具有非常重要的作用。可以说，没有领导和高层管理者的积极支持和参与，所有的道德理念都注定会有一个悲惨的命运。美国学者分别于 20 世纪 60—80 年代开展的研究表明，影响员工道德水平的因素主要有领导者的行为、同事的行为、本行业伦理惯例、正式组织政策、个人经济状况和社会道德风气，其中，领导者的行为一直排名首位。[①]领导和高层管理者发挥商业伦理领导力的过程实际上就是商业伦理沟通的过程，领导和高层管理者也只有在与员工之间建立了良好沟通时才能获得员工们的信任，才能发挥其商业伦理领导力的作用，建立一个具有商业伦理价值观的企业。

领导和高层管理者如何发挥其领导力？彼得斯和沃特曼忠告说，"一个大有作为的领导者必须兼顾思想和行动两个层面。他们的思想必须在最高的抽象层次上，行动必须落实

---

① 周祖城. 企业伦理学[M]. 4 版. 北京：清华大学出版社，2020.

到日常琐事中。一方面，为企业塑造价值观的领导者要具备极为崇高的愿景，激发企业数以万计员工的热情。领导者身为开路先锋的角色在此极为重要；另一方面，企业必须将价值观落实在许许多多日常的工作中，才能给员工传递执行价值观的热情。换言之，领导者也必须是卓越的执行者。在这样的角色里，领导者要极为注重细节，并把握所有的机会，直接通过行动对员工灌输企业的价值观，而不是光说不练，所以要极为注重企业的理念及各种工作细节。"[①]这就是说，领导者和高层管理者要有最抽象的思想和最具体的行动。

要促进商业伦理型企业的建设与发展，必须由上到下，由领导者和高层管理者推动企业向商业伦理型方向前进。当然，除了自上而下地沟通交流，还要给员工提供与上级交流商业伦理问题的机会。同时，打造一种开放的沟通环境，让人们在这种环境里可以很自由提问和讨论。

8.2.4　控制——评估并运用奖励机制强化商业伦理信息

控制作为管理工作最重要的职能之一，是管理过程不可分割的一部分。计划、组织和领导等其他职能，必须伴随有效的控制职能，才能真正发挥作用，组织的整个管理过程只有依靠控制职能才能得以有效运转、循环往复。同其他管理职能一样，控制职能是组织中各个层次的管理者必须承担的主要职责。所谓控制，就是根据事先规定的标准，监督检查各项活动，并根据偏差或调整行动或调整计划，使两者相吻合的过程。简言之，控制就是管理者确保实际活动与规划活动相一致的过程。

1．设定恰当的目标

商业伦理建设意味着不能仅将经济指标作为控制的主要甚至唯一指标，还必须考虑非经济因素，如顾客满意度、员工的缺勤率和离职率、公众对企业的态度、环境保护、企业对社会的贡献等。一方面，商业伦理标准必须成为控制指标的一部分，既要考虑行为的结果，也要考虑达成结果的方式；另一方面，从道德和伦理角度考虑控制指标，有时会被理解成越高越好，事实上这种不切实际的商业伦理指标会被质疑为"假、大、空"，要么被员工所忽视，要么被员工以造假的方式来应付。因此，控制标准必须符合企业实际情况，是切实可行的，通过努力是能够达到的。

2．评估商业伦理制度及其实施情况

评估是控制过程的重要环节。很多企业在商业伦理方面投入了大量资源——设立专门机构和岗位，制定价值观声明和行为规范，设计和实施培训方案，评选及表彰各类先进等。但是，很少有企业主动地对这些努力进行系统性的评估，因为与其他评估相比，商业伦理评估会面临更多的挑战。其中，很重要的一个挑战就是难以获得真实的、可靠的信息和数据。例如，当你询问员工是否喜欢所参与的商业伦理培训时，他可能会毫不犹豫地说"喜欢"，事实上这一回答对于评估商业伦理培训方案质量没有任何价值，因为他们"喜欢"的可能是可以离开工作岗位几小时、一天或几天，所以该培训方案的质

---

① 彼得斯，沃特曼. 追求卓越(全新修订版)[M]. 胡玮珊，译. 北京：中信出版社，2007.

量可能是其第二位考虑的问题。另外,即使他明白你的问题并对该培训方案确实不喜欢,他也可能会说"喜欢"。

尽管如此,评估是必要的。这需要科学设计评估方案,丰富评估方式。例如,关于上述商业伦理培训质量的评估,可能最关键的问题是该方案是否实现了其工作目标。同时,也可能需要结合培训前后的情况来评估,即在培训前和培训后分别搜集数据,以对比员工行为在培训后是否有所变化。这可能需要花费较长时间。事实上,商业伦理的影响和变化本身就是一个缓慢的过程,需要进行长期的跟踪和评估。

3. 赏罚分明,以奖促建

赏罚机制是控制职能的重要内容,其基本假设就是,人们具有趋利避害的本能,愿意从事会受到奖励的事情,而逃避会受到惩罚的事情,分明的赏罚机制是控制商业伦理建设效果,推动商业伦理建设的重要手段。企业首先必须建立起明确的赏罚机制,对于明显违背企业伦理价值观的不道德行为,决不姑息,严格公正地根据事先已阐明和公开的依据进行处罚,让员工明确什么行为是企业坚决反对和不能容忍的。

当然,仅仅有赏罚机制是不够的。在科尔伯格的道德认知水平上,避罚服从仅处于个体道德水平的第一阶段,如果控制机制仅满足于惩罚功能,会给员工形成一种印象,即不去触碰那些"底线"就足够了。因此,商业伦理建设还需要充分运用奖励机制,发挥商业伦理的"皮格马利翁"效应。也只有建立起有效的奖励机制,才能去激发和提升员工的道德意识和道德水准。这就是说,惩罚只具有"保底"功能,不具有"提升"功能。

奖励机制是保持企业伦理文化一致性的关键。将伦理标准和价值观融入考核指标中,不仅关注"结果"(成就),更关注"如何"达成或取得这一"结果",能够激发员工内心的驱动力,促进组织内部商业伦理行为的发生并阻止不当行为的发生。对符合企业价值观的商业伦理行为进行公开的奖励,即向员工表明企业所认可的价值观是什么,在企业中什么是"正确"的行为,而不仅是"结果至上"。

8.3 企业外部推动

企业的商业伦理建设仅寄希望于企业自身的道德良知、消费者的权利意识、雇员的自我保护、市场的约束机制是不够的。2008 年席卷全球的金融危机表明,一些经济体疏于监管,致使一些金融机构受利益驱动,利用数千倍的金融杠杆进行超额融资,在获取高额利润的同时,把巨大的风险留给整个世界,从而造成了全球金融经济瘫痪。唯物辩证法认为,"事物发展的根本原因,不是在事物的外部而是在事物的内部,在于事物内部的矛盾性。事物内部的这种矛盾性是事物发展的根本原因,一事物和他事物的互相联系和互相影响则是事物发展的第二位原因。……外因是变化的条件,内因是变化的根据,外因通过内因而起作用"[①]。辩证法告诉我们,在商业伦理建设中,一方面,企业自身起

---

① 毛泽东. 毛泽东选集(第一卷)[M]. 北京:人民出版社,1991.

着关键作用，加强企业内部治理和道德自律是根本；另一方面，企业伦理困境中内部的矛盾性往往与外部因素相联系，既可能由外部因素所引起，也可能是各种外部因素矛盾状态在企业内部的反映。因而，外部因素的作用同样不可忽视。

实践证明，加强商业伦理建设，推进企业社会责任落实，除了企业"内因"发挥关键性作用，还需要政府监管和社会监督等"外因"来推动。在制约企业讲道德的外部因素中，最为重要的是法律、政府和社会等几方面。

8.3.1 进一步完善法律制度并加强法律调节

法律是任何公民和企业在社会交往中的基本行为准则，完善的法律体系既为企业商业伦理建设提供基本的行动背景和框架，也为企业开展社会责任行动提供最坚实的保障。现代法治思想认为，对于公民和企业而言，"法无禁止即自由"，即法律作为国家意志的体现，不直接干预公民和企业的活动，公民和企业在法律框架下，可自由地决定其行为。因此，从商业伦理建设角度而言，法律层面的推动作用一方面更多地体现在法律的调节和引导方面，而非直接控制和干预；另一方面，伦理意味着责任，责任意味着行动，法律对企业商业伦理建设的推动作用主要聚焦于企业的社会责任方面。

1. 现有的法律体系

新中国成立七十多年来，在中国共产党的坚强领导下，我国在法治建设方面取得了卓越成就，逐步建立起以宪法为统帅，以宪法相关法、民商法、行政法、经济法等多个法律部门的法律为主干，由法律、行政法规、地方性法规与自治条例、单行条例等三个层次的法律规范构成的中国特色社会主义法律体系，在根本上实现了从无法可依到有法可依的历史性转变，各项事业发展步入法制化轨道。在这一过程中，围绕消费者权益保护、劳动保护、环境保护等内容，建立起多层次、多部门相互协调的企业社会责任法律体系，为企业商业伦理建设提供了坚实的法律依据。

例如，从部门法来说，在民商法领域，2021年正式实施的《中华人民共和国民法典》是关于市场经济的基本法，还有以《中华人民共和国公司法》《中华人民共和国合伙企业法》《中华人民共和国个人独资企业法》《中华人民共和国证券法》等商法为主体的相关法律。此外，在行政、经济、社会、刑罚等领域均重新修订了相应的法律。这些法律相互联系、互相支持，共同构成了调整、约束、指导和规范我国商业领域各类主体行为的法律体系，涵盖了我国商业领域的方方面面，在推进我国企业的商业伦理建设和社会责任落实方面发挥着重要作用。就企业社会责任而言，2005年修订的《中华人民共和国公司法》第五条规定："公司从事经营活动，必须遵守法律、行政法规，遵守社会公德、商业道德，诚实守信，接受政府和社会公众的监督，承担社会责任。"这是我国法律首次将企业承担社会责任写入了法律。《中华人民共和国民法典》总则第八十六条规定，"营利法人从事经营活动，应当遵守商业道德，维护交易安全，接受政府和社会的监督，承担社会责任"，进一步以法典的形式重申营利法人应当遵守商业道德，承担社会责任。

2．需要完善的内容

(1)适时制定、修订和完善相关的法律。法律具有滞后性，很多商业领域的法律都是在改革开放过程中制定的。改革开放以来，我国经济社会长期保持又好又快的发展，社会各领域发生了翻天覆地的变化，新生事物不断涌现。进入21世纪后，以正式加入世界贸易组织为契机，我国加快了商业领域和社会责任方面相关法律的制定、修订和完善，但受限于立法规划和其他客观原因，仍有一些法律还未能适时修订，甚至还存在法律空白，如在碳中和和碳达峰的战略要求下，适时出台《中华人民共和国能源法》是非常有必要的。

同时，要适应我国和世界经济发展趋势，适当调整相关标准。例如，在环境保护、消费者权益保护、劳动保护等方面，需要明确相关标准和流程，将这种保护落到实处。一定意义上，很多在华经营的跨国企业对相同产品采取双重标准，其中一个原因就是我国缺乏相关标准或者标准相对较低。又如，对于违反法律规定和严重违背商业道德的企业，我国相关法律缺乏惩罚机制，或者惩罚标准较低，企业违背法律和伦理的社会成本很低，一定程度上给那些不道德企业提供了侥幸的空间。还有很重要的一个方面，我国目前缺乏针对中小微企业承担社会责任的专门法律或条款。从数量上看，中小微企业占据了我国企业的绝对主体地位，其承担社会责任的环境压力、动机、类型、内容以及能力等与大型企业相比都有很大区别，是否有必要针对中小微企业的特殊性出台专门的法律或者法律条款，是需要充分考虑的。总而言之，进一步将企业社会责任的底线法制化、明细化是推动企业社会责任建设的重要途径。

(2)在法律基础上，以行政法规、地方性法规、部门规章、政府规章等形式，将法律的原则性规定进一步细化，为企业推进社会责任建设提供明确而具体的依据。法律条款相对于实践而言是原则而抽象的，可能缺乏直接、具体的可操作性。例如，《中华人民共和国民法典》和《中华人民共和国公司法》规定了企业应当承担社会责任，但社会责任具体包括哪些？有人从《中华人民共和国公司法》的相关条款总结出，企业的社会责任主要包括公司守法、治理结构、商业决策和社会披露这四方面。企业承担的社会责任是否只能从这些法律的条款中进行列举？这种学理性的解读具有何种权威性？要解决这一问题，最好的办法就是中央政府部门、地方立法机关和政府以法规、规章等形式进行细化规定。

作为发展中国家，印度是企业社会责任立法的先行者之一。2013年，印度通过了新的《公司法》，明确增加了企业社会责任条款，要求企业利润必须用于社会责任活动。2019年，印度对该条款进一步修订，明确规定，企业如果未使用的社会责任金额涉及一个财务年度内正在进行的项目，公司将被要求在财务年度结束后的30天内将这笔资金转入一个特殊银行账户，否则必须支付5万卢比的罚款，而每名不履行职责的人员将被处以最长3年的监禁或罚款5万卢比。

8.3.2 强化政府监管力度和引导作用

政府是现阶段任何社会中最重要的治理主体，良好的社会治理秩序需要一个良好的政府治理体系，同样，良好的营商环境以及商业伦理和企业社会责任建设，也有赖于良好的政商关系及政府治理体系。反之亦然，良好的政府治理是商业伦理和社会责任建设的前提条件和重要保障。政府在社会中扮演着"元治理"的作用，具体表现为规制者、推进者、监督者、服务者和合作者的角色。

(1)作为规制者，政府应当为企业进行社会责任立法，明确社会责任标准，制裁反责任行为，提起公益诉讼。一方面，政府作为国家意志的执行机关，必须加强法律的具体落实。如上所述，法律关于企业社会责任的规定一般较为抽象和原则，法律也不可能对纷繁复杂的商业领域一一制定出具体的操作细则，因此对法律原则和条文的可操作化工作就落到了政府的身上。遵循"法律优位"和"法律保留"原则，政府可以以行政法规、部门规章、政府规章以及其他政策文件等方式，进行适当的细化，作为企业推进社会责任建设的指导性框架。另一方面，在数字化时代，商业环境的复杂性和不确定性不断迭代，法律对此往往是滞后的，这时需要充分发挥前瞻性政府的职能，为新生的商业伦理现象提供有效指导和规制。

政府作为规制者很重要的一个职能就是严格执法，必须严肃查处那些反社会责任的企业，加大对违法行为的打击力度，提高企业违法成本，加大对不道德行为的打击，建立永久退出机制和信用档案，将严重失信者和不道德企业列入黑名单，在社会中积极营造"底线道德"意识。另外，在生态环境和资源保护、食品药品安全等领域建立和完善公益诉讼制度，积极回应人民群众的关切，确保人民群众生命健康安全。

(2)作为推进者，政府应当积极推行责任信贷和责任投资，出台激励措施，评选责任典型，形成长效推进机制。社会责任投资(Socially Responsible Investment，SRI)是一种适应可持续发展要求的新型投资理念，在鼓励企业追求利润的同时，最大化地承担社会责任。目前，很多国家都在通过绿色新政、绿色金融体系等方式，推动并帮助企业建立更有弹性的发展战略和行动，支持和引导金融机构、企业向可持续发展方向实现转型。"负责任"的信贷应该为实体经济服务，为人们的幸福生活做保障，为良好的经济及金融秩序做支撑。

此外，政府还可以发挥政府公信力，鼓励评选负责任的典型企业，在社会上形成良好的示范效应，建立推动企业可持续发展的长效机制。

(3)作为监督者，政府应当强化监督机制，落实监督责任，推动责任信息披露，做好责任评估，推行责任审计和认证。尽管说企业在法治范围内遵循契约自由和意思自治，但企业社会责任建设不仅仅是企业自身的事情，政府有责任监督企业是否遵循了法律的基本要求，并在法律框架内推动企业及时披露和报告相关信息，对国有重点企业和标杆企业做好责任评估，主导并推动国有企业的社会责任审计和认证，形成积极向上的社会氛围。

信息披露机制是推动企业承担社会责任、走向可持续发展的重要手段。"阳光是最好的防腐剂"，对政府、企业以及任何组织都是如此，信息披露本质上就是向社会公开组织运营过程中的重要信息，避免信息不对称，接受社会的监督。2019 年 3 月 1 日，《上海证券交易所科创板股票上市规则》正式发布，明确要求：上市公司应当积极承担社会责任，维护社会公共利益，并披露保护环境、保障产品安全、维护员工与其他利益相关者合法权益等履行社会责任的情况。事实上，这正是资本市场对社会责任的投资以及对企业 ESG[Environment(环境)、Society(社会)、Governance(治理)]要求的体现。建立和完善企业社会责任的信息披露机制，使企业接受社会的监督，让那些主动承担社会责任的企业得到社会的肯定、逃避社会责任的企业受到社会的惩罚。

(4)作为服务者，政府应当积极开展社会责任研究，为企业提供咨询建议，开展社会责任对话，搭建高层次交流平台，开展社会责任培训，提升社会责任意识。商业伦理和社会责任建设是一个系统性、专业性很强的工作，涉及法律法规要求、国际国内标准、行业发展情况、技术发展趋势等很多方面，有些并非是企业所擅长的，这时就需要发挥政府公信力，给企业提供权威可信的指导意见，搭建政府、企业、社会的交流沟通平台，帮助企业培训相关人才。2015 年 6 月 2 日，国家质检总局和国家标准化管理委员会联合发布的社会责任系列国家标准适用于所有类型的组织，旨在帮助组织在遵守法律法规和基本道德规范的基础上实现更高的组织社会价值，最大限度地致力可持续发展。

(5)作为合作者，政府应当与企业联合开展社会公益行动，积极支持和吸纳企业参与社会公益，为企业公民行为搭建平台。当代政府与企业之间的关系是一种合作式的服务性关系。除了上述几种角色，政府可以与企业发挥各自优势，在污染治理、生态保护、减少贫困、帮助弱势群体等方面进行合作，共同致力环境保护、贫困治理等公益性活动。

8.3.3 积极发挥社会组织及舆论监督作用

政府、市场、社会在我们的社会发展中必不可少。常言说，提供公共物品"不找市场找市长"，提供私人物品"不找市长找市场"，但这只是一般情况，因为政府和市场都有这样那样的缺陷，即所谓的"政府失灵"和"市场失灵"。社会总会出现单靠政府解决不了和单靠市场也解决不了的问题，这就为"社会"的出现创造了条件。这里的社会一般是指社会组织，包括商会、企业家协会、各种行业协会、消费者协会以及新闻媒体等。

企业承担社会责任，需要多方力量驱动。单靠政府驱动还不够，还需要社会其他组织给其增加各种社会压力，政府和社会所施加的外部压力形成一股合力，转化为企业的内在动力，推动企业自主、理性地进行商业伦理建设，自觉承担社会责任。这里主要从两个方面介绍。

1. 发挥行业组织的专业职能

行业组织是重要的社会产品和服务的提供者,主要为企业经济活动提供支持和服务,一方面为企业提供咨询、培训、宣传等服务,另一方面代表企业联系政府,参与政策制定，成为政府与企业联系的桥梁。对于企业而言，行业组织的主要活动包括以下几类。[①]

（1）加强组织成员的自治自律，实行自我管理、自我服务和自我监督，主要通过制定并实施相关的组织章程、准入资格、行业规范和行为准则等，负责组织成员的职业道德与纪律的教育、检查和监督，并对违反规章制度的成员在自治权限内采取批评教育以及制裁措施。2021年3月25日，中国电子工业标准化技术协会发布《电子信息行业社会责任治理评价指标体系》（T/CESA16003—2021），为电子信息行业企业履行社会责任提供了完整的理论体系和可操作性的标准规范，有助于驱动企业开展可持续的商业创新，提升行业竞争力和国际竞争力。2017年9月23日，以中国医药企业管理协会为首的八大行业最有影响力的协会共同发布了《中国医药企业社会责任实施指南》，标志着我国医药行业有了自己的企业社会责任标准。

（2）协调组织成员之间以及与其他组织或个人之间的关系，调解组织内部成员之间、组织成员与外部组织或个人之间的纠纷，组织本组织成员开展对外交流，向社会宣传介绍本组织成员情况等。2017年9月7日，中国纺织工业联合会发布《"一带一路"中国纺织服装行业企业社会责任风险管理指南》，为我国纺织企业"走出去"提供具体的指导和参考。

（3）服务组织成员，为组织成员提供信息、咨询、培训、促进合作等服务，如行业协会参与编制行业发展规划，反映本行业发展要求，组织行业培训、技术咨询和技术推广，举办专题研讨会，组织调查研究、行业宣传等。

（4）维护成员合法权益，并引导成员整体利益与社会公共利益相协调。2021年12月25日，中国纺织工业联合会及12家行业协会发布共同声明，坚决反对美国参众两院通过的排除新疆产品进入美国市场的所谓"H.R.6256涉疆法案"，坚决支持我国政府采取相应的一切必要反制举措，坚决维护新疆利益和产业利益，坚决维护好我国纺织全产业链的产业安全和正当权益，实现我国纺织产业可持续健康发展，并承诺，将继续坚定支持新疆棉花的种植与生产，坚定支持新疆棉及其制品在国内外的贸易与消费，全力支持新疆纺织服装产业的繁荣与发展，将与全球伙伴紧密合作，排除干扰，全力保障国际纺织服装产业链、供应链的正常运行。

2．加强公众舆论监督引导，唤醒公众责任意识

新闻媒体与生俱来的功能是文化宣传和舆论监督。2016年2月19日，习近平总书记在党的新闻舆论工作座谈会上发表重要讲话，强调"舆论监督和正面宣传是统一的。新闻媒体要直面工作中存在的问题，直面社会丑恶现象，激浊扬清、针砭时弊，同时发表批评性报道要事实准确、分析客观"。新闻媒体具有正面宣传和舆论监督的两种基本功能，在商业伦理和企业社会责任建设中扮演着十分重要的角色。

（1）新闻媒体的正面宣传。新闻媒体应积极向社会各界宣传介绍商业伦理和企业社会责任方面的相关理论、发展趋势和国际经验，积极介绍我国企业在商业伦理和社会责任建设方面取得的成果和经验，营造积极向上的社会舆论氛围。20世纪末到21世纪初，

---

① 杨艳. 精兵简政之道：公共行政的改革与发展[M]. 北京：中国人事出版社，2014.

当企业公民理论在国外刚刚兴起时，以《21 世纪经济报道》为首的媒体积极引进宣传，并在 2003 年召开了国内第一次关于企业公民的研讨会，为企业公民理论在我国的传播做出了重要贡献。

(2) 新闻媒体的舆论监督，这也是新闻媒体的基本权利。新闻媒体通过对不负责任、严重违背道德的企业进行曝光，深入挖掘商业丑闻背后的根源，及时披露企业社会责任信息，既能直接给当事企业形成巨大的社会舆论压力，同时也能对其他企业起到警示作用，还能唤醒社会公众的责任意识。当消费者、投资者和公众对社会责任的偏好强化到足以影响企业的选择时，社会责任意识就能转化成各利益相关者手里的"选票"，成为企业争夺的外部资源和市场。那些不承担社会责任的企业将面临市场的惩罚，而积极承担社会责任的企业则会因其良好的企业形象而获益。

8.3.4　积极推行企业社会责任审计和报告鉴证

企业承担社会责任已经成为全球性的普遍共识，世界各国政府、社会组织和企业都在探索如何推动企业有效承担社会责任，加强企业社会责任能力建设。其中，很重要的一个趋势就是推行社会责任审计和社会责任报告鉴证。

1．推行企业社会责任审计

企业社会责任审计，是指对企业生产经营活动所产生的社会影响及其所承担的社会责任进行独立而客观的审核、稽查及其评价。社会责任审计产生于 20 世纪 50 年代中期，兴起于 20 世纪 90 年代。20 世纪 80 年代，我国学界将社会责任审计概念引入国内。目前，关于社会责任审计的概念内涵尚无统一定义，但普遍认为，社会责任审计是促进企业履行社会责任的一个重要工具，有助于监督企业经营活动产生的社会后果，保护各利益相关者的利益。

从世界范围看，由于各国国情不同以及企业的利益相关者众多，其承担社会责任的范围广、内容多及形式杂，因而相关审计工作也具有范围广、难度大等特点，难以形成统一的模式。目前社会责任审计主要存在三种形式：政府监督实施的社会责任审计、独立社会机构实施的社会责任审计和企业自愿实施的社会责任审计。

(1) 政府监督实施的社会责任审计，是指由政府设立的有关机构执行对企业社会责任履行情况的监督和评价活动，主要存在于欧洲和美国。19 世纪在英国开展的工厂监察员制度，被视为是社会责任审计的起源。第二次世界大战以后，欧美国家通过逐步建立和完善一系列法律制度提升企业社会责任感，并设置监管机构来推进企业履行社会责任，如英国的劳动仲裁咨询委员会 (Advisory，Conciliation and Arbitration Service，ACAS)、美国的平等就业机会委员会 (Equal Employment Opportunity Commission，EEOC)。

(2) 独立社会机构实施的社会责任审计，即由政府和企业之外的、独立的社会机构对企业社会责任的履行情况进行审查和评价。这种审计的目的主要是披露企业履行社会责任的情况，并将审计报告公之于众，以便企业各利益相关者能更为有效地监督企业履行社会责任的情况，进而督促企业根据审计结果和建议进一步规范其社会责任行为，更好地履行其应承担的社会责任。相对而言，这种审计形式的真实性、客观性和公正性更高，但是也面临着企业不予配合，不提供真实全面信息的困境，因而审计质量和结果难以保证。

（3）企业自愿实施的社会责任审计，即由企业内部管理部门或由其委托的外部审计机构或人员对企业社会责任履行情况进行的审计。一般来说，企业主动实施社会责任审计，一方面是为了应对外部压力，摆脱社会公众对企业形成的唯利是图的印象，另一方面是为了强化自身承担社会责任的意识，提升企业形象，扩大知名度和美誉度，以期获得更好的发展前景。相比于其他两种社会责任审计，企业自愿实施的社会责任审计具有更强的灵活性，但是由于实施审计工作的人员是企业内部人员或者接受企业聘请的外部人员，使得审计结果缺乏客观性和公正性，审计质量难以得到保证。

2. 加强社会责任报告鉴证

随着社会责任意识的增强，越来越多的企业开始发布企业社会责任报告或可持续发展报告。但是，企业社会责任报告一般是由企业自己编写的，报告内容可能平衡性不足，即"报喜不报忧"，或者定性描述过多，数据和事实支撑不足等。因此，为了提升企业社会责任报告的质量和可信度，企业社会责任报告鉴证应时而生。欧洲会计专家协会可持续性审核主席拉森（Lars-Olle Larsson）认为，"没有经过审核的企业社会责任报告比广告好不了多少，不过就是自说自话罢了"。

通过鉴证可以有效提升企业社会责任报告的公信力。鉴证有利于保证企业对外披露社会责任信息的真实性与公允性，进而加强社会对企业履行社会责任情况的监督。同时，鉴证有利于督促企业认真梳理和分析在承担社会责任方面取得的成绩、存在的问题，让社会责任意识成为企业的自觉意识。目前，企业社会责任报告鉴证主要有两种形式。①强制性鉴证，主要在欧洲国家，法国从 2001 年起要求公众企业在年报中披露环境信息时应提供第三方鉴证，瑞典要求从 2008 年起所有国有企业要公布经第三方鉴证的可持续发展报告，丹麦规定从 2009 年起国有控股公众企业在年报或独立报告中披露经第三方鉴证的可持续发展信息。②自愿性鉴证，这是大多数国家的做法。

最后，需要指出的是，企业进行商业伦理建设的目标就是要推动企业积极践行伦理价值观念，将伦理行动转化为实际承担社会责任。但是，也应该看到，企业面临着各种利益相关者，对不同相关者承担的社会责任内容是不一样的，而承担社会责任是要付出成本和代价的，这与企业本身的发展阶段和规模实力等息息相关。一般认为，企业承担社会责任面临三个限制：①合法性限制，即企业首先必须满足法律要求，这是最基本的也是最低的要求；②成本和效率限制，企业承担社会责任既不能无视法律和道德要求，也不能无视自身成本和效率限制而好高骛远，这是最主要的限制条件和影响因素；③范围和复杂性限制，企业所面临的问题可能会超出企业的能力范围，需要联合政府和其他组织一起来解决。

美国著名管理学者罗宾斯认为，企业履行社会责任是和企业能力相关的，这有一个过程，什么阶段适合承担什么社会责任，由该阶段企业能力决定（见表 8-3）。[①]在企业成立之初的阶段 1，企业更加关注股东利益，遵循所有法律法规；在企业逐渐有所积累的

---

① 罗宾斯，库尔特. 管理学[M]. 9 版. 孙健敏，等译. 北京：中国人民大学出版社，2008.

阶段 2，企业将社会责任扩展至另一个更重要的利益相关群体——员工，致力改善工作条件、扩大员工权利和增加工作保障，并集中注意力于人力资源管理，以吸引、保留和激励优秀员工；在企业具有一定社会影响的阶段 3，企业进一步扩展社会责任范围到具体环境中的其他利益相关群体——消费者和供应商，社会责任目标包括公平的价格、高质量的产品和服务、安全的产品与良好的供应商关系等，并且所信奉的管理哲学是只有满足了具体环境中其他相关者的需要，才能实现他们对股东的责任；在企业承担社会责任不可避免的阶段 4，企业会意识到他们对社会整体负有责任，企业是一种公众财产，对提高公众利益负有责任，须积极促进社会公正、保护环境、支持社会活动和文化活动，即使这样的活动对利润产生消极影响。当然，"优先"并不意味其他责任不重要，只是相对而言企业在此阶段承担社会责任时应有所侧重。

表 8-3　企业发展阶段与承担社会责任的优先序列

阶　段	优 先 序 列
阶段 1：企业刚成立	股东
阶段 2：有所积累	员工
阶段 3：有一定社会影响	供应商、消费者
阶段 4：承担社会责任不可避免	环保、公益

概言之，企业在经营活动中既不能仅仅满足于法律的最低要求，甚至钻法律空子，违背社会道德，也不能好高骛远，超越自身现实情况，不切实际地空喊口号，而是要结合企业自身的发展阶段和社会要求，将企业自身情况与社会普遍性要求有机结合起来，有序地进行自身建设，确保企业可持续发展。

本章小结

1. 组织文化的表现形式多样，其对个体行为产生影响的方式有社会化和内部化。社会化和内部化既是文化影响个体行为的两种方式，也是文化在个体行为中发生作用的两个阶段。

2. 组织领导是组织伦理文化的重要组成部分，有道德的领导者对于企业创建伦理文化至关重要。组织领导声誉建立在作为社会成员的个人道德维度和作为组织成员的领导者道德维度二者共同作用的空间维度上。要成为一个有道德的领导者，必须掌握相应的商业伦理知识和技巧，在组织中充分发挥商业伦理领导力。

3. 伦理文化的形成与维持是正式与非正式文化体系互动的结果。要实现正式和与非正式文化体系的协调一致，必须坚持文化体系的视角、长远的视角和人性善的假设，对组织正式和非正式文化体系进行诊断，改变商业伦理文化的干预手段，并进行效果评估。

4. 伦理文化传播非常重要，需要从传播时间、主体、对象、内容和方式五个方面全面考虑。

5. 商业伦理建设的内部治理，就是从计划、组织、领导和控制等方面，整合组织资源，实现企业内部的道德管理。

6．加强商业伦理建设，推进企业社会责任落实，需要政府监管和社会监督等"外因"来推动。在这些外部因素中，法律调节、政府监管、社会组织、舆论监督与引导都是不可或缺的。

7．企业承担社会责任面临合法性限制、成本和效率限制、范围和复杂性限制。企业履行社会责任是和企业能力相关的，具体要结合企业自身发展阶段和社会要求，将企业自身情况与社会普遍性要求有机结合起来，有序地进行自身建设，确保企业可持续发展。

关键术语

伦理文化　组织文化　强势文化　弱势文化　社会化　内部化　伦理领导力
个人道德维度　管理者道德维度　有道德的领导者　伦理领导力　正式文化体系
非正式文化体系　伦理文化传播　内部治理　外部推动　道德层次定位
伦理官　伦理培训　伦理沟通

问题讨论

1．如何理解正式文化体系与非正式文化体系？

2．如何发挥商业伦理领导力？

3．借助商业伦理审计表格（如表 8-1、表 8-2 所示），对你所在组织的正式和非正式文化体系进行商业伦理审计。

4．如何理解企业内部治理中的计划？

5．如何理解企业内部治理中的组织？

6．如何理解企业内部治理中的领导？

7．如何理解企业内部治理中的控制？

8．如何理解政府在商业伦理建设中的角色？

9．如何理解企业社会责任审计？

10．如何理解企业承担社会责任的优先序列？

案例分析

请扫码阅读案例，思考以下问题：

1．分析 TAP 医药公司的商业伦理文化，是否协调一致？

2．对杜瑞德试图做出的改变进行评估，他试图改变的是什么体系？遗漏了哪些体系？为什么？

（扫码阅读）

3．杜瑞德试图改变文化的尝试为什么失败了？要取得成功需要付出什么代价？

4．请讨论如何在企业内部推行商业伦理建设。